文学、文化与文献
宋代寺记的多维研究

赵军伟 著

宗教文化出版社

图书在版编目（CIP）数据

文学、文化与文献：宋代寺记的多维研究 / 赵军伟著 . -- 北京：宗教文化出版社, 2023.11
ISBN 978-7-5188-1479-4

Ⅰ.①文… Ⅱ.①赵… Ⅲ.①佛教—寺庙—介绍—中国—宋代 Ⅳ.①B947.2

中国国家版本馆CIP数据核字(2023)第230598号

文学、文化与文献：宋代寺记的多维研究

赵军伟 著

出版发行：	宗教文化出版社
地　　址：	北京市西城区后海北沿44号　（100009）
电　　话：	64095215（发行部）　13699284123（编辑部）
责任编辑：	赛　勤
版式设计：	武俊东
印　　刷：	河北信瑞彩印刷有限公司

版权专有　侵权必究

版本记录：787毫米×1092毫米　16开　21.5印张　330千字
　　　　　2023年11月第1版　2023年11月第1次印刷
书　　号：ISBN 978-7-5188-1479-4
定　　价：198.00元

目 录

绪 言 ·· 1

上编　文学文化篇

第一章　宋代文人寺记产生之因缘·························· 3

 第一节　为权力书写：南宋文人浙江寺记研究············ 4

 第二节　"传灯护法"：宋代文人寺记与家族亲属因缘······ 17

第二章　宋代文人经藏记研究······························ 41

 第一节　经藏基本情形································ 43

 第二节　身份态度与书写策略：宋代文人的经藏书写······ 60

第三章　寺记作者的身份表达与思想区隔···················· 78

 第一节　"我尔不同道"：宋代寺记作者的身份表达········ 79

 第二节　宋代儒士的身份自觉与区隔···················· 99

下编　文献篇

第四章　宋代寺记文献来源与文献问题考述 …………………… 115
　　第一节　宋代寺记文献来源略说 …………………………… 115
　　第二节　《全宋文》所收宋代寺记文献问题辨证 …………… 117

第五章　《全宋文》所收寺记文献校正 ………………………… 127

结　语 …………………………………………………………… 208

征引文献 ………………………………………………………… 211

附录一：宋代文人寺记身份表达用语汇集 …………………… 229

附录二：《全宋文》所收文人寺记信息总集 ………………… 243

绪　言

本书以宋代文人寺记作为研究对象，所涉文章题目以"XX寺记"或"XX寺XX记"为主。据笔者初步的文献调查，以《全宋文》[①]（2006）这部宋代总集为最主要的搜罗对象，宋代文人寺记有一千余篇。

一、选题简介与现状述评

宋代文人寺记数量较为庞大，其所涵摄的文化信息较为丰富，但就目前的研究水平与成果而言，还有很多方面有待深化，寺记研究在全面化、系统性上有待进一步推进；同时，学界对唐代寺院的研究相对较为充分，出现了一些水平较高的成果，值得我们注意，因此于此略举几例以见借镜之意。

（一）直接关涉本课题之研究

美国学者马克·霍尔柏林（Mark Halperin）有专著《寺院之外：宋代文人的佛教观》（*Out of The Cloister: Literati Perspectives on Buddhism in Sung China, 960-1279*, Harvard University Press, 2006），此著乃作者博士论文《虔诚与职责：中唐至宋的中国佛教与文人》（*Pieties and responsibilities: Buddhism and the Chinese literati*, 780-1280, University of California, 1998）的一部分。霍尔柏林以佛教寺院碑记文（文中称commemorations，或commemorative inscriptions，或stele texts，或stele inscriptions）为研究对象，分六个章节来论述，包括背景介绍、以唐视宋、保卫达摩、帝国神殿、遗憾的展露与典范的启发、个人事务。此论著对本课题有较大的启发意义，

[①] 曾枣庄、刘琳主编：《全宋文》，上海辞书出版社2006年版（后同，引用较多，以下脚注不再标注版本信息）。

如其论述寺院的意义之于宋人更加复杂化与个性化，宋人的寺院书写突破了唐代的那种亵渎、神圣二元对立的模式，禅宗兴起导致佛教信仰的自觉与多元，等等。尽管如此，该论著的缺憾与不足也是较为显著的。首先，正如作者在背景介绍中所说的，其主旨乃是以唐宋转型论为理论出发点，论述宋人对佛教态度的转变，展现宋人与佛教的多样性关联，最终得出结论：佛教在宋代没有边缘化，相反，其成为士人日常生活的组成部分。由于该著作着重论述唐宋佛教转型下宋代文人寺院书写的特点，因此，所涉主题较为有限，一些更具价值的论题没有涉及。比如，寺记作为一种"涉佛文体"，其在文体学意义上有其独特的价值，作者对此没有着笔探讨；从寺记的整体性定量分析看，其表现出较为明显的地域特征，这也是作者忽略的；宋代佛教经藏记文作为比较独特的寺记形式蕴含了较为丰富的文化信息，可以与寺院藏书作综合性的文化研究，这也是作者没有讨论的；宋人寺记对已经出版的《汉魏晋南北朝佛寺辑考》①（2013）《唐五代佛寺辑考》②（2006）具有补正作用，这在当时也是不可能涉及的。其次，从文献利用上来说，限于当时条件，作者主要运用留存的宋人别集中的寺记，很少涉及很多分散于其他文献中的寺院记文，因此其论述不甚周全，有待进一步的细密研究。现在，《全宋文》的整理与出版，使很多留存于明清方志、寺志、金石文献之中的这些分散寺记，较为全面地进入了我们的考察视线，这有助于研究的进一步拓展与推进。再次，现如今各地碑刻集均有陆续出版，《中国佛寺史志汇刊》《中国佛寺志丛刊》实现了电子数位化，网站"中国佛教寺庙志数位典藏"（http://buddhistinformatics.ddbc.edu.tw/fosizhi/）已经开通运行，"中国基本古籍库""雕龙数据库"等电子资源（尤其是后者）收录了大量的方志文献，所有这些新型资源都利于本课题的推进与提升，这些条件在当时也是不具备的。

赵德坤、周裕锴论文《济世与修心：北宋文人的寺院书写》③（2010），该论文以北宋文人寺记为主要材料来源，辅以塔铭等文献展开论述，其对

---

① 封野：《汉魏晋南北朝佛寺辑考》，凤凰出版社2013年版。
② 李芳民：《唐五代佛寺辑考》，商务印书馆2006年版。
③ 赵德坤、周裕锴：《济世与修心：北宋文人的寺院书写》，《文艺研究》2010年第8期。

宋代文人的寺院书写缘起、寺院的文化空间、自然书写等进行分析论述，该文可以说是目前所见大陆学人撰述的较为深入、深刻的关涉宋代佛寺记文方面的论文，对本人颇具启发意义。但是，该文并非对寺记的专题研究，也非对两宋寺记的总体论述，同时，该论文的某些观点有待斟酌商榷，如言寺院记文"迄今为止，尚未真正进入学人的视野"，却是不确；同时，其结论言北宋文人寺院书写"对北宋佛教宗派发展的现状和趋势，具有重要的规约性""促进了居士禅的发展""加速了佛教的世俗化"，有倒果为因之嫌，实难以让人信服。赵德坤、陈传芝《宋代寺院碑文书写研究》①（2018）对宋代寺院碑文进行了较为系统深入的研究，对碑记文中的宋代多维度佛教信仰进行了探讨，关注佛教的现实价值，揭示其现实意义。该书与本书关注点大不相同，本书更关注寺记的文学、文化、文献价值与问题。

其他论文如李强《感慨发奇节　涵养出正声——曾巩、王安石、陆游寺观记探微》（2001）、赖井洋《余靖〈寺记〉与北宋韶州禅林发展探析》（2012）等均涉及本课题的研究对象，但其研究仅局限于有限的文人或地域，其研究不足也是显而易见的，在此不再详述。

（二）有助本课题研究之学术成果

1.宋代佛教方面的研究对本课题的研究提供了较好的佛教背景知识。诸如日本学者竺沙雅章《中国佛教社会史研究》②（1982），中国台湾学者黄敏枝《宋代佛教社会经济史论集》③（1989），中国台湾学者黄启江《北宋佛教史论稿》④（1997），游彪《宋代寺院经济史稿》⑤（2003），刘长东《宋代佛教政策论稿》⑥（2005），汪圣铎《宋代政教关系研究》⑦（2010），

---

① 赵德坤、陈传芝：《宋代寺院碑文书写研究》，中国社会科学出版社2018年版。
② [日]竺沙雅章：《中国佛教社会史研究》，同朋舍1982年初版，朋友书店2002年增订版。
③ 黄敏枝：《宋代佛教社会经济史论集》，台湾学生书局1989年版。
④ 黄启江：《北宋佛教史论稿》，台湾商务印书馆1997年版。
⑤ 游彪：《宋代寺院经济史稿》，河北大学出版社2003年版。
⑥ 刘长东：《宋代佛教政策论稿》，巴蜀书社2005年版。
⑦ 汪圣铎：《宋代政教关系研究》，人民出版社2010年版。

闫孟祥《宋代佛教史》①（2013），等等。

2. 宋代文学与佛教的交叉研究。宋代文学与佛教的关涉研究日渐获得学者的关注，诸如四川大学周裕锴教授、南开大学张培锋教授、浙江大学冯国栋教授等均有可喜成果面世。这里可以周裕锴教授为例略作说明：周裕锴教授精研宋代文学三十多年，可以说对宋代文学相当熟稔，尤其对宋代的代表作者苏轼、黄庭坚，诗僧代表惠洪的研究相当深入且有独得之见。同时，苏、黄二人与佛教有甚深渊源，而周教授从20世纪90年代就关注了佛教与文学的跨学科研究，1992年出版了《中国禅宗与诗歌》②，其后思考与研究愈加精微细密，1998年出版了《文字禅与宋代诗学》③，标志着作者融通诗学与佛学的进一步努力。2014年出版的《法眼与诗心——宋代佛禅语境下的诗学话语建构》④，是周裕锴教授"接着写"的一部著作，其体系更加周密，论述更加谨严，观点更具冲击力。虽然此书涉及的部分内容已经以单篇论文的形式发表过，但经作者精心设计经营，呈现在我们面前的却是上下勾连、框架谨严、符合逻辑链条的整体，这也能看出作者对佛禅世界与诗歌世界关系的整体性系统思索与探求。2021年，周裕锴教授出版了《石门文字禅校注》⑤，校注准确、可靠，为宋代文学、宋代佛教研究打下了坚实的基础。

3. 此外，学界对唐代寺院的研究成果对本课题具有一定的借鉴意义。按照时间顺序，我们作一挂一漏万地举例：严耕望《唐人读书山林寺院

---

① 闫孟祥：《宋代佛教史》，人民出版社2013年版。
② 周裕锴：《中国禅宗与诗歌》，上海人民出版社1992年版。
③ 周裕锴：《文字禅与宋代诗学》，高等教育出版社1998年版。
④ 周裕锴：《法眼与诗心——宋代佛禅语境下的诗学话语建构》，中国社会科学出版社2014年版。
⑤ 周裕锴校注：《石门文字禅校注》，上海古籍出版社2021年版。

之风尚》①（1989），孙昌武《唐长安佛寺考》②（《唐研究》第 2 卷，1996），李映晖《唐代佛教地理研究》③（2004），李芳民《唐五代佛寺辑考》（2006），陈凯《唐代佛寺的数量统计方法与地理分布研究》④（《觉群佛学》，2013），李艳茹《佛教寺院与唐代小说》⑤（2014），贾晓峰《北宋东京城佛寺与诗歌考论》⑥（2017），等等。

二、选题意义

日本学者竺沙雅章指出：宋代佛教并未衰落，而是更加深入社会生活，同时，具有中国近世佛教特色的居士佛教相当盛行⑦（1982）；美国学者马克·霍尔柏林认为"佛教不仅没有走向中国文化的边缘，反而成为宋代士人日常生活的一部分"⑧（2006）；中国学者亦认为，"赵宋时期，尤其是北宋中后期以及南宋中期，佛教在经历短暂的调整和恢复期之后，又迎来了一次大繁荣时期。"⑨因此，我们可以说，宋代佛教的兴盛逐渐得到中外学术界的一致肯定。同时，两宋作为"居士佛教的全盛时期"⑩（潘桂明《中国居士佛教史》，2000），佛教与文人的联系更为密切，通过探

---

① 严耕望：《唐人习业山林寺院之风尚》，见氏著：《严耕望史学论文集》，上海古籍出版社 2009 年版，第 886–931 页。按，该文于 1951 年即已发表，时称《唐人多读书山寺》，"1954 年改初稿为《唐人读书山林寺院之风尚》，1959 年再稿，1968 年又增订改写为《唐人习业山林寺院之风尚》，至 1988 年收入论文选集时犹作最后修订。"见廖伯源：《严耕望先生传略》，荣新江主编：《唐研究》（第 3 卷），北京大学出版社 1997 年版，第 456 页。

② 孙昌武：《唐长安佛寺考》，荣新江主编：《唐研究》第 2 卷，北京大学出版社 1996 年版，第 1–49 页。

③ 李映晖：《唐代佛教地理研究》，湖南大学出版社 2004 年版。

④ 陈凯：《唐代佛寺的数量统计方法与地理分布研究》，见觉醒主编：《觉群佛学》，宗教文化出版社 2013 年版，第 389–396 页。

⑤ 李艳茹、李瑞春：《佛教寺院与唐代小说》，人民出版社 2014 年版。

⑥ 贾晓峰：《北宋东京城佛寺与诗歌考论》，四川民族出版社 2017 年版。

⑦ [日]竺沙雅章：《中国佛教社会史研究·序言》，同朋舍 1982 年版，第 2 页。

⑧ MARK HAlPERIN.*Out of The Cloister : Literati Perspectives on Buddhism in Sung China*, 960–1279. Cambridge（Massachusetts）and London:Harvard University Press,2006,p26.

⑨ 赖永海主编：《中国佛教通史》（第九卷），江苏人民出版社 2010 年版，第 1 页。

⑩ 潘桂明：《中国居士佛教史》，中国社会科学出版社 2000 年版，第 475 页。

讨两宋文人寺记，可以更好更深刻地理解宋代文化。具体而言，宋代文人寺记研究有以下几个方面的意义。

第一，两宋文人寺记研究引起了中外学者的一定关注，但也存在着诸多问题。本课题可以更好地弥补以前研究的缺陷，回应存在的问题，推出一些尚未涉及的重要议题，因此，本课题可以推动与提升中外学界对该领域的研究水平，并推动该领域的国际学术交流。

第二，本课题可以推动宋代儒学的相关研究。寺记之"寺"虽然是佛教寺院，但其书写主体是儒家士大夫。在宋代，儒学之士的政治主体意识觉醒，与此同时，其思想主体意识亦觉醒，邓广铭先生曾言"北宋一代，是儒家学者们的觉醒时期"[11]（《邓广铭自选集》，2008）。本课题通过考察宋代儒士的寺记，可以更好地认识他们的身份焦虑与自觉，也为当今文化自觉、文化认同等理论提供必要的实证案例与研究。

第三，本课题对推动宋代文学与佛寺的互动关系研究具有一定的前提性、基础性功效。我们知道，唐五代佛寺与文学的互动关系，已引起学界的较大关注，西北大学李芳民教授的著作《唐五代佛寺辑考》业已出版，西南大学黄大宏教授的课题"空间视野中的唐五代佛寺与文学互动关系研究"于2013年确立为国家社科基金一般项目。唐代研究如此，而宋代"居士佛教"在中国历史上处于全盛时期，佛教更加渗透到宋代文人的生活中，"文字禅"风行一时，佛教资源作为思想养分为宋代文人所汲取。《全宋文》文题中就出现了2500多处寺院；《全宋诗》中，仅仅检索"寺"，去掉"寺丞"等不相关的诗题，出现约5000处，如果再加"院""塔""庵""禅院""兰若""招提"等名称，以及诗歌内容所涉寺院，其数确为庞大。宋代文人寺记研究作为先行研究，可以为更好地探讨宋代文学与佛寺的互动研究打下基础，进而推动下一步研究的深入进行。

第四，"涉佛文体"概念由浙江大学冯国栋教授提出并付诸研究实践，冯国栋教授云："翻阅古人的文集，我们常会发现这样一些文体，如寺庙碑记，募缘疏，释氏之碑传、塔铭、行状，文人与僧人的来往书信，文人写给僧人的赠序、语录序，文人仿拟释氏所作的偈子、佛教像赞等。这些文体或

---

[11] 邓广铭：《邓广铭自选集》，首都师范大学出版社2008年版，第250页。

由佛教的传入而产生，或为本土固有，后与佛教化合而产生新变，总之，都与佛教紧密相关，我们不妨姑且称之为'涉佛文体'"①。冯教授已就"塔铭""疏文"等涉佛文体做了卓有成效的研究②，本课题之寺记亦为"涉佛文体"之一种，因此，本课题可以拓展"涉佛文体"研究范围，推进相关理论的进一步提升与完善。

第五，本课题可以推动宋代佛教地理的研究。宋前佛教地理研究成果较多，如：严耕望《魏晋南北朝佛教地理稿》③（2007）、封野《汉魏晋南北朝佛寺辑考》（2013）、李映晖《唐代佛教地理研究》（2004）、李芳民《唐代佛寺辑考》（2006）等。宋代佛教研究资料相对分散庞杂，学界长久以来的忽视，导致宋代佛教地理的研究成果较少，至今未见专著出版。但是，宋代佛教地理研究具有较大的学术价值与空间，这已经引起一些学者的关注，比如浙江大学冯国栋教授的课题"两宋佛教地理流动研究"已经取得了可喜的成果。本课题可以为宋代佛寺辑考、佛教地域研究等方面提供一定的研究基础，对于推进宋代佛教地理研究有一定的助益。

三、基本思路

宋代文人寺记涉及的内容是文史哲三方面的综合体，因此本课题需要综合性的文化研究。基本思路是以寺记文献为基础对宋代文人寺记作综合研究。浙江大学冯国栋教授的相关研究对"涉佛文体"诸如塔铭、疏文等的研究为笔者的研究有诸多启迪，而其研究路径，"把文献与文化结合起来，以文献为基础，以文化为旨归，在文化语境中理解文献，从文献出发展开对文化的研究"，更为笔者的寺记研究提供了可供参考的研究路径。

---

① 冯国栋：《涉佛文体与佛教仪式——以像赞与疏文为例》，《浙江学刊》2014年第3期。
② 如论文《一月万川：塔铭文本的多样性》研究"一人多铭，一铭多本"这一特殊现象，对深入理解碑刻文献与传世文献的关系提供了启迪，见冯国栋：《一月万川：塔铭文本的多样性》，《安徽师范大学学报（人文社会科学版）》，2021年第1期。
③ 严耕望：《魏晋南北朝佛教地理稿》，上海古籍出版社2007年版。

上编　文学文化篇

本编共分三章：

第一章探讨宋代寺记产生的因缘。寺记产生的因缘可谓多样，本章重点选取了政治权力视角和家族视角来审视寺记产生的原因。

第二章探讨宋代寺记的文体特性。寺记首先是一种文学文体，本章以个案形式着重探讨寺记之文体特性。以宋代文人的六十五篇经藏记文作为考察对象，重点探讨宋代文人经藏书写的态度与策略。

第三章重点探讨宋代寺记涉及的文化思想问题。宋代寺记作者对自己身份的表达可以说是一种"名"的表达，是一种身份自觉的言说，是一种思想在另一类思想面前的誓词与宣言。在这一身份表达之中，宋代儒士所表现的思想倾向与主体意识尤其值得我们关注。

第一章　宋代文人寺记产生之因缘

汤用彤先生在《评〈唐中期净土教〉》中云："士大夫与佛法之关系，约有三事：一为玄理之契合，一为文字因缘，一为死生之恐惧。"[①] 在理上说，的确如此，但就事上而言则复杂多端。在宋代，文人与佛教的结缘形式更加多样复杂，日本学者铃木哲雄在其论文《北宋知识人的禅宗志向》[②]中总结出了宋代文人之于禅宗的十三种类型（并非皆为赞成），本书重点选择政治权力视角与家族视角来阐述宋代寺记的产生因缘。

寺记作为一种重要的"涉佛文体"[③]，在宋代数量较为庞大，其信息丰富值得我们关注。就地域而言，浙江寺记在数量上独占鳌头。随着宋室南渡，定都临安，浙江佛寺更因着地缘优势得以迅猛发展，而在此时期的浙江佛教寺院书写中存在着一种较为明显的倾向——"为权力书写"，这在严州兴圣寺、临安径山寺、陆游之寺院书写这三个典型案例中，我们可以很清楚地感受到。在南宋，佛教的世俗化加深，而浙江寺院与帝国政治关联颇多，这就使佛寺这一原本神圣的场域被世俗政治介入。同时，佛寺的这种政治属性也为多以儒家作为安身立命之本的宋代文人士大夫之寺院

---

① 汤用彤：《汤用彤全集》第2卷，河北人民出版社2000年版，第202页。

② ［日］铃木哲雄：《北宋知识人的禅宗志向》，《印度学佛教学研究》第51卷第1号，2002年，第44—50页。

③ "涉佛文体"概念是由浙大冯国栋教授提出并付诸研究实践的，冯国栋云："翻阅古人的文集，我们常会发现这样一些文体，如寺庙碑记、募缘疏、释氏之碑传、塔铭、行状，文人与僧人的来往书信，文人写给僧人的赠序、语录序，文人仿拟释氏所做的偈子、佛教像赞等。这些文体或由佛教的传入而产生，或为本土固有，后与佛教化合而产生新变，总之，都与佛教紧密相关，我们不妨姑且称之为'涉佛文体'。"冯国栋：《钱谦益塔铭论略》，《文学遗产》2009年第5期。同见冯国栋：《佛教文献与佛教文学》，宗教文化出版社2011年版，第306页；《涉佛文体与佛教仪式——以像赞与疏文为例》，《浙江学刊》2014年第3期。

书写提供了合法性，因此我们可以说，很多南宋浙江寺记的产生，都源于政治的考量或忠孝身份的表达。

宋代文人士子与佛教寺院有了更为广阔的关联，在这其中，父祖辈或家族成员与佛教的紧密联系乃是寺记产生的关键性助因之一；同时，通过家族因素的讨论，我们也可以看到儒家伦理在佛教空间中实践着，可以说，在一定程度上，宋代佛教的儒学化倾向更加深入。

第一节　为权力书写：南宋文人浙江寺记研究

寺记作为"涉佛文体"之一种，历史悠久，数量庞大，信息丰富，理应得到我们的关注与研究。在天水一朝，据《全宋文》可知，佛寺记文有千篇以上，按照现代行政区划，其地域分布排名前七者① 如下：

省份	浙江	江西	江苏	四川	广东	福建	河南
数量	305	118	116	97	48	45	39

从此表我们可以获知，宋代浙江寺院记文的数量独占鳌头，几乎是江西、江苏、四川三省的总和，但就佛教的兴盛程度及僧尼、寺院数量而言，一个很明显的事实是差距并非如寺记数量所显示的那么巨大。以福建为例，南宋名臣吴潜（1196-1262）曾云："寺观所在不同，湖南不如江西，江西不如两浙，两浙不如闽中"②，因此"福建佛教的兴盛不亚于两浙"[3]，但其寺记数量却寥寥无几。导致浙江寺记的数量远超其他省份的原因复杂多端，本书着重分析其政治因素，即文题所言之"权力"。宋室南渡后，"行都临安的繁荣是在北宋京城之上，从而，佛教中心也随宋的南渡移到此地。"③ "为权力书写"这一现象在南宋浙江寺院记文中表现得尤为突出，因此笔者集矢于此。

---

①　这是笔者的初步统计，有些寺院归属地尚不明确，有待进一步考证。

②　程民生：《论宋代佛教的地域差异》，《世界宗教研究》1997年第1期。此外，亦可参考黄敏枝：《宋代佛教寺院社会经济史论集》第四章"宋代福建路的佛教寺院与社会经济的关系"，台湾学生书局1989年，第119-152页。

③　[日]高雄义坚：《宋代佛教史研究》，陈季菁译，台湾华宇出版社1987年版，第128页。

本书所言"为权力书写"之"权力",非仅限于最高权力的代表——皇权,还包括朝廷重臣、一般官吏、一定的宗室成员等所具有或象征的政治权力或身份,这些共同组成了帝国政治,代表的是帝国权力。为了较为清楚全面地说明文人的寺院记文乃是为权力而书写,我们这里尝试从不同的侧面来展开分析,我们选取了三个典型案例,略言之即一地、一人、一寺,地为嘉兴,人为陆游,寺乃杭州径山寺。同时,为更全面地说明为权力书写这一现象,我们联系更多的宋代寺记而作阐发。关涉一地者,我们又探讨了文人书写韶州这一佛教信仰中心的寺院,以与之作比较,并引申指出在佛教兴盛之地,佛教图景多已嵌入当地文人的青春记忆。关涉陆游者,我们则探讨了与之相类似的寺院书写情形。关涉一寺者,我们则又引申探讨了除为权力书写之外的两种书写类型,其一为儒士借佛教之酒杯浇心中之块垒,可与为权力书写作类比,其二为佛教居士为信仰而书写,可与为权力书写作对比。

一、权力象征之地——嘉兴兴圣寺

宋太祖赵匡胤六代孙赵子偁宣和元年(1119)任嘉兴(今浙江嘉兴市)县丞,其子赵伯琮诞生于嘉兴官舍,此即后来被选入宫成为宋高宗养子的宋孝宗。嘉兴作为"龙兴"之所自然引人瞩目,兴圣寺(或称"兴圣禅院")即为孝宗而建。兴圣寺自嘉定元年(1208)兴建,其后风水扇灾兴废多端,六七十年间出现了四篇记文载录其事,四记分别为:娄机嘉定二年作《兴圣禅院记》[1],赵孟坚于绍定三年(1230)左右作《兴圣寺蔬地记》[2],程公许淳祐十一年(1251)作《兴圣寺记》[3],周方咸淳九年(1273)作《重修兴圣寺记》[4]。

从南宋文人的这四篇记文中,我们可以知道兴建兴圣寺,"所以纪长发之祥,示四海以有尊也"(程公许《兴圣寺记》)。嘉兴作为孕育帝王

---

[1] 曾枣庄、刘琳主编:《全宋文》第254册,第277—279页。
[2] 曾枣庄、刘琳主编:《全宋文》第341册,第256—257页。
[3] 曾枣庄、刘琳主编:《全宋文》第320册,第86—88页。
[4] 曾枣庄、刘琳主编:《全宋文》第352册,第276—277页。

的吉祥之地，理应得到臣民的认识与敬重，建寺设像以供瞻仰祭奠便顺理成章，而其发起人乃宗室之臣赵希道。娄机《兴圣禅院记》云："嘉定元年九月，权发遣嘉兴府事臣希道言：'臣所领郡治嘉兴县，县丞之厅正寝东室，实惟孝宗皇帝庆毓之地，七纪于今，丞转相授，与常官舍等，无以称神扈人仰之意。'"于是赵希道，"以安僖曾孙始奏建寺"（"安僖"乃孝宗的生父赵子偁之谥号），并引宋太祖、宋太宗在其诞生之地、宋英宗在其潜邸兴建佛寺作为历史前鉴，其云："恭惟艺祖皇帝、太宗皇帝赫灵诞圣，于汴于洛，后即其地，咸建佛刹，曰应天，曰启圣。英宗皇帝由齐州防御入继大统，州升节镇，是曰兴德，潜邸为寺，亦沿厥名。载在策书，可援为比。"于是兴圣寺便于丛林中崛起，"为屋大小合二百余间，轮奂神丽，为诸刹甲"。赵孟坚《兴圣寺蔬地记》则记载了其后二十年之情形，因弘法不振，"年产啬用"，加之"宝庆丁亥秋，风水扇灾"，兴圣寺便萧条异常，宗室赵孟坚因女信徒施地供寺斋粥之用，受僧人之请而为作记，云："嘉兴兴圣禅寺，实孝宗绍统同道冠德昭功哲文神武明圣成孝皇帝育圣之地也。"又二十年后，赵希道之侄赵与訔为嘉兴郡守，对佛寺重加严饰，宋理宗书"流虹圣地兴圣之寺"八大字，命锓梓涂金，揭之新刹，此次重修宝刹，使其重现昔日繁丽之相，程公许《兴圣寺记》叙其事。其后二十年之事，周方《重修兴圣寺记》载叙之，宝祐三年（1255），兴圣寺又遭火灾，宝祐六年从宗室赵师弥请，朝廷颁赐度牒若干予郡，作为兴复寺院之用度，但郡守因故未果，景定元年（1260）朝廷听从宗室赵与檡之请，重新颁赐度牒，令主僧净志任其责。咸淳五年（1269），又选僧人惟实为僧首，咸淳九年（1273）春从主祀者赵与檡之请，寺院奉旨安放孝宗神御，至此寺院重新整饬，又焕神采。

嘉兴作为宋孝宗"龙兴"之所，兴圣寺即其出生之地而建，这里自然成为权力的象征地，进而得到宋理宗御书、朝廷颁赐度牒、安放孝宗神御（画像）等一系列恩宠，文人寺记书写自然脱不了权力魔力的吸引与笼罩。与嘉兴这一权力象征地形成对比，岭南韶州（今广东省韶关市）可称为信仰中心之一代表，对两地之寺院书写作以比较，更能看出文人为权力书写的真实意。韶州虽然并非禅宗六祖慧能的诞生地，但却是其最主要的弘法之地，实为"新禅宗之发祥地"①。如前面表格所示，宋代广东寺记数量极为有限，但这仅是当地人文环境、文化水平（如进士的数量多寡等）等多种因素的综合反映，具体到韶州，这并不能真实再现当地民众的信仰状况，其实际情形正如当地文人余靖作于康定二年（1041）《韶州乐昌县宝林禅院记》所云："曲江名山秀水、膏田沃野，率归于浮屠氏"②。同时，余靖的八篇韶州寺院记文，在宋人广东寺院书写（48篇）中显得尤为突出，可以说这是韶州寺院的一次集中巡礼，八篇记文分别为：《韶州翁源县净源山矶石院记》《韶州乐昌县宝林禅院记》《韶州开元寺新建浴室记》《韶州重建东平山正觉寺记》《韶州白云山延寿禅院传法记》《韶州曹溪宝林山南华禅寺重修法堂记》《韶州善化院记》《韶州月华山花界寺传法住持记》。余靖虽非护法居士，但因其出生于六祖弘化的信仰中心，故其虽为儒家学者却并不排斥佛教，反而与佛教有一定的亲近感，其嘉祐二年（1057）所作《潭州兴化禅寺新铸钟记》即云："自镕范及考击之始，予与群官偕往视之，既嘉其工之巧而赏之，仍镌名于钲铣之间"③。在这里，我们特别强调余靖对韶州这一佛教信仰中心的书写，在其笔下则具体表现为六祖（文中或称"大鉴""卢祖"）的多频次出现以及视韶州为佛教之"邹鲁""洙泗"的心态，且看其具体表现：

> 韶于岭外为望州，卢祖印心之域，故寺最众，僧最多。（《韶州开元寺新建浴室记》）

> 仲尼居鲁，而儒学之风隆于洙泗；秦皇好兵，而将帅之材出于山西；六祖开化曹溪，而塔庙之兴布于曲江。盖圣贤特出，熏而炙之，故跂高慕远者与习俱盛也。（《韶州善化院记》）

> 金仙之教，被于中国……及心法西来，百年之间，传至大鉴而法斯溥矣。（《韶州月华山花界寺传法住持记》）

> 佛教之来中国也，达摩最后，诸祖出世，各分宗派，而曹溪之胄最众，乃知道在乎要，不在乎先后矣。（《韶州曹溪宝林山

---

① 陈寅恪：《论韩愈》，《金明馆丛稿初编》，三联书店2001年版，第320页。
② 曾枣庄、刘琳主编：《全宋文》第27册，第71页。
③ 曾枣庄、刘琳主编：《全宋文》第27册，第86页。

南华禅寺重修法堂记》）

　　自祖法之东流，六世而居曲江，今珂师生曲江，复以心法名于名山，古言孔子之后，邹鲁多儒，信矣哉！（《江州庐山重修崇胜禅院记》）①

　　同时，值得关注的是，在佛教信仰兴盛之地寺院众多，故在当地之文人学士有更多的机缘接触到佛教，这种状况往往使佛教图景嵌入了他们的少年记忆，此种"增上缘"一定程度上促发了后来的寺院书写，此一现象或许应该得到文学地理或文化地理研究的关注。上文之余靖自不待言，以本章重点讨论的浙江为例，李流谦《重修安国寺记》、鲍义叔《东塔广福教院记》、俞烈《环翠阁记》、叶适《白石净慧院经藏记》、蔡开《崇福寺经藏记》、赵崇晖《白鹤寺记》、吕午《清泉院记》等等，或少年过之，或肄业其中，或"儿时羁卯，已熟往来"，或"记其泉石之美"。此外，江西佛教在唐宋时期龙象辈出、寺院杂沓，高僧大德集一时之选，吕南公《普安院佛殿记》、黄庭坚《洪洲分宁县云岩禅院经藏记》、洪适《资福院记》等江西寺院记文，亦叙及他们的少年涉佛教因缘。总之，以余靖为代表的这些寺记作者有作为居士身份者，但更多的是儒士身份，尽管如此，少年时期与佛教的这种地域"亲缘"，一定程度上拉近了这些儒士与佛教的情感，使他们不至于拒佛教于千里之外，他们的这些寺院书写相比于为权力书写之嘉兴兴圣寺之各篇寺记，更富有个人的情感印痕与地域印记。

二、为权力书写之人——陆游

　　据笔者初步统计，南宋浙江籍著名爱国文人陆游有十三篇浙江寺记，其中四篇都是深浅不一地受到朝廷政治及自己政治身份因素影响而作，且这四篇记文所涉佛寺分处四地——临安、明州、严州、湖州，也可反映南宋政权对浙江寺记书写的影响。

　　陆游淳熙十年（1183）作《圆觉阁记》②，文载淳熙十年二月二十四

---

① 曾枣庄、刘琳主编：《全宋文》第27册，第72页、第89页、第93页、第85页、第77页。
② 陆游：《陆游集》，中华书局1976年版，第2145页。

日临安径山寺西阁建成，宋孝宗赐寺院住持僧人宝印《御注圆觉经》，并令宝印为此御注作序，宝印作序呈上，为孝宗称赏并召见，僧俗二众提议阁名"圆觉之阁"，并且均愿陆游记此事刻于石以示朝廷恩宠，宝印"以众言来谕某于山阴大泽中，某蹴然不敢辞"。以孝宗与大众之名义请陆游作记，陆游自然"不敢辞"。

陆游淳熙十六年（1189）作《明州阿育王山买田记》①，其作此记文之缘由主要是陆游当时职务为实录院检讨官，而宋高宗与明州阿育王山广利禅寺有段渊源。因"历险阻以来，天章所藏祖宗宸翰坠失殆尽"②，宋高宗于绍兴元年（1131）曾巡行会稽，于是便四处寻访北宋诸帝王之御书宸翰，明州阿育王山广利禅寺住持净昙将宋仁宗赠给僧人怀琏的"诗颂亲札"等御文上交朝廷，宋高宗"念无以镇名山，慰众志，乃书《佛顶光明之塔》以赐。又申以手诏，特许买田赡其徒"。正因为宋高宗与广利禅寺的这段因缘际遇，陆游"方备史官，其纪高皇帝遗事，职也，不敢辞"。

陆游绍熙四年（1193）作《严州重修南山报恩光孝寺记》③。严州作为特殊的"政治身份"，在一定程度上促发了此篇记文的写作。作者开篇描绘富春江沿岸山水雄伟秀丽后，便云："是为太宗皇帝、高宗皇帝受命赐履之邦，登高四望，则楼观雉堞，骞腾紫带，在郁葱佳气中，两山对峙，紫翠重复，信天下名城也。"所谓"太宗皇帝、高宗皇帝受命赐履之邦"，是指"建隆元年，太宗皇帝以皇弟领防御使……宣和三年改州为严州，军为遂安军，十二月高宗皇帝以皇子领遂安庆源军节度使"；"予谓严为我太宗皇帝、高宗皇帝建旄之地，今皇储赐履之封"（方逢辰《严州新定续志序》）。④严州的这种地域身份，或隐或显地对曾经修撰《高宗实录》的陆游产生了一定影响，进而也为其记文的写作增加了一份政治情缘。

---

① 陆游：《陆游集》，中华书局1976年版，第2148页。
② 宋高宗《明州阿育王山佛顶光明塔碑》（宋拓本），见[日]《书道全集》第一六卷《中国·宋Ⅱ》，平凡社1982年版，图版1-3，图版解说第137页。转引自刘恒武：《宁波古代对外文化交流：以历史文化遗存为中心》，海洋出版社2009年版，第107页。
③ 陆游：《陆游集》，第2152—2153页。
④ （宋）方仁荣、郑瑶：《景定严州续志》，《宋元方志丛刊》第5册，中华书局1990年版，第4351页、第4349页。

文学、文化与文献——宋代寺记的多维研究

陆游开禧三年（1207）作《湖州常照院记》①。此寺与宋高宗、宋孝宗渊源亦深。原镇江府延庆寺僧梵隆结庐于湖州菁山，"号无住精舍"，为画僧，以"异材赡学，高操绝艺"与叶梦得、葛胜仲、汪藻、陈与义相知，更受到宋高宗赏识，"得对内殿"，宋高宗御书"寂而常照，照而常寂"予之，且有众多恩赏，记云："且赐天申金刚无量寿阁扁牓及紫檀刻佛号如来阁牓，悉御书也。又一再赐万几暇日所临晋王羲之帖二十二纸，唐陆柬之兰亭诗一卷及米芾史略帖一卷，题团扇二柄，又赐白金助建立。"孝宗即位，以高宗御书之故令创常照院，嘉定三年（1210）又创立昭回阁"藏所赐宸翰"②，此时梵隆早已去世，高宗令其弟子至叶为住持，令作本命道场③，"以祈两殿之福"。宋宁宗登大宝后，令改为禅院，"专以仰荐高宗神游"，住持至叶告老，令其徒本澄掌寺事，前住持僧人至叶请陆游作记，陆游记文首云："昔在高宗受命中兴，全功至德圣神武文昭仁宪孝皇帝龙兴河朔，克济大业，祀宋配天，三十有六年。涵养生齿，其数无量。遗弓故剑，群臣皆当追慕号泣，思所以报在天之灵，至千万世，无怠无斁。而况山林外臣，以道艺供奉仗内，尝被异礼厚赐者乎？"末云："某实绍兴朝士，历事四朝，三备史官，名列策府诸儒之右，则与隆师及其子孙，虽道俗迹异，而被遇则同。今叶、澄父子晨香夜灯，梵呗禅定，虽世外枯槁，亦有以伸其图报万一之意。某则不然，饱食而安居，日复一日，饰巾待终而已，视叶、澄岂不有愧哉！故遂秉笔而不敢辞，上以纪三朝眷遇山林学道者之盛德，下以识某愧云。"由此可知，作为"绍兴朝士"的陆游，"历事四朝，三备史官"，因感朝廷之恩、僧人之报而为作记，其作记之因主要源于自己的政治身份及此寺与宋高宗、宋孝宗的紧密关联。

陆游的四篇记文中有三篇提到"不敢辞"，其"不敢"，多因佛寺与宋高宗、宋孝宗相关涉，我们可以说这是一种为权力而书写的行为，当然，在传统中国，这种行为无可厚非。与此类似者，南宋洪迈《上天竺讲寺碑》

---

① 陆游：《陆游集》，第2171–2172页。
② （清）阮元编：《两浙金石志》卷一〇，浙江古籍出版社2012年版，第243页。
③ 关于本命信仰，可参看刘长东：《本命信仰考》，《四川大学学报（哲学社会科学）》2004年第1期。同见：《宋代佛教政策论稿》附录《本命信仰考》，巴蜀书社2005年版，第391–446页。另汪圣铎先生有所补充，见氏著《宋代政教关系研究》，人民出版社2010年版，第646–653页。

则记载了宋孝宗赐予该寺珠玉、宝冠等稀奇珍贵之物并有亲制赞文、特书匾额之恩赏之举;何澹《灵芝崇福寺记》则记载了宋孝宗三次巡幸该寺;程珌《临安府五丈观音胜相寺记》记载了该寺在宋孝宗时受到了"三殿临幸"(天子、皇太后、皇后)的恩宠。①

更甚于陆游者,我们在宋人的寺记中可以发现,有些寺院记文之产生本身就是源自朝廷的命令,如苏易简淳化二年(991)所作《白马寺记》云:"爰承诏旨,命纪岁时";又如夏竦天圣六年(1028)所作《御书慈孝寺碑额记》即云:"慈孝寺成,朝廷命史官颂故实,将昭铭于金石,永垂耀于文象。"②此外,作者因佛教寺院刊刻圣旨诏书或敕牒而为佛教寺院作记,如曾逮乾道七年(1171)《诏复能仁寺记》、南宋周必正《高丽寺札付碑阴记》、王希吕乾道八年《普向院记》等。③还有一些寺记则源自寺院与一些大臣的关联,而作记者与此大臣有一定的关涉关系,于理自然不能不为之书写,如欧阳修明道元年(1032)作《河南府重修净垢院记》,即因丞相钱惟演而作,文言:"由彭城公赐也,且志其复兴之岁月云,从事欧阳修遂为记";又范祖禹元丰六年(1083)所作《龙门山胜善寺药寮记》,则因太尉、潞国公文彦博而作,寺记中言:"某尝侍坐于公,公语及药寮,顾曰:'子为我记之。'某不敢辞公之命,退而书其事云。"④

三、天下第一禅刹——临安径山寺

在宋人寺记中,多数寺院只是一寺一记,只有少数寺院能够享受到一寺多记的待遇。在南宋,最为著名的五个禅院(即"五山十刹"⑤之"五山")皆在浙江,因其地位特殊,往往颇获文士倾心,故流传有多篇记文。

---

① 分别见曾枣庄、刘琳主编:《全宋文》,第222册第115页、第282册第193页、第298册第131页。

② 分别见曾枣庄、刘琳主编:《全宋文》,第8册第317页、第17册第173页。

③ 分别见曾枣庄、刘琳主编:《全宋文》,第223册第346页、第224册第9页、第273册第353页。

④ 分别见曾枣庄、刘琳主编:《全宋文》,第35册第129页、第98册第284页。

⑤ "禅宗五山十刹之制,起于南宋时期,有朝廷品定天下诸寺寺格等级而敕定,是南宋时规模最大和最具名望的禅寺五大寺和十次大寺。""其五山者,临安径山寺、灵隐寺、净慈寺及明州天童寺和阿育王寺。"见张十庆:《五山十刹图与南宋江南禅寺》,东南大学出版社2000年版,第18页。

如临安净慈寺就有四篇记文，其中北宋一篇（杨杰《净慈七宝弥陀像记》），南宋三篇（曹勋《净慈创塑五百罗汉记》、程珌《净慈山重建报恩光孝禅寺记》、郑清之《双井记》）。这里，我们选择更为典型的径山寺作为文人为权力书写的个案。南宋时期的临安径山寺，明人方壹《重刻〈径山集〉序》云："宋帝孝宗屡赐玺翰，及御制真赞，以嘉赏之……是故道场居称天下第一，固无忝于径山矣！"①

径山寺记文乃宋代现存记文最多的佛寺，据笔者初步搜集，共有九篇记文，分别为：曹勋《径山罗汉记》与《径山续画罗汉记》、李泳《般若会善知识祠记》、楼钥《径山兴圣万寿禅寺记》、李邴《千僧阁记》、陆游《圆觉阁记》、杨汝明《双溪化城接待寺记》（化城接待寺为径山寺下院，为径山寺住持可宣所建）、真德秀《径山三塔记》、吴泳《径山寺记》。这九篇记文并非都有明显的政治印记，陆游之记在上文已作分析，下面我们就看看其他或深或浅有政治烙痕的径山寺记文。

曹勋于绍兴三十年（1160）作《径山罗汉记》②，时大慧宗杲禅师住持径山寺，宗杲有隆誉，与名公巨卿如李邴、汪藻、吕本中、曾开、李光、汪应辰、赵令衿、张孝祥、陈之茂、张浚等相游以知③。径山寺每年春天都举办供罗汉会，有罗汉绘像供大众瞻仰礼拜，一日，宗杲谈及罗汉像"绢素段裂，丹臒渝变，不可以传远"，前太尉湛然居士董仲永便心领其事，因其长女婿赵伯驹"禀天潢之秀，擅丹青之誉"（即皇室名画家），便将重画罗汉像的事情嘱托给他，赵伯驹梦中受罗汉托付，便废寝忘食地完成了五百罗汉画像，曹勋评其画"诚旷代之神品，极当时之能事"，董仲永请记，曹勋便作之，大慧宗杲刻于石。大慧宗杲的社会地位，董仲永的政治身份，赵伯驹的宗室地位，都使此篇记文多少有点政治的印记。

乾道九年（1173）曹勋作《径山续画罗汉记》④。相较曹勋前记，此记政治意味则较为浓厚。记文缘起：径山寺因遭火灾，赵伯驹所画之罗汉

---

① （明）释宗净：《径山集》，《中国佛寺志丛刊本》第78册，广陵书社2006年版，第5—7页。
② 曾枣庄、刘琳主编：《全宋文》第191册，第78—79页。
③ （宋）潜说友：《咸淳临安志》，《宋元方志丛刊》第4册，中华书局1990年版，第3993页。
④ 曾枣庄、刘琳主编：《全宋文》第191册，第80—81页。

像一百轴有七十轴煨尽,赵伯驹之弟赵希远重新绘之,希远请作记。宗室二赵,"以一圆墨舒卷万象,俱受圣知"。此时赵伯驹与大慧宗杲均已去世,继宗杲住持径山寺者为僧人蕴闻,亦受孝宗恩遇,"上圣知师道价,屡召入内殿,从容禅悦,机缘纯熟,发明大要,神动天随。扬厉般若之益,如水赴壑,特赐慧日禅师。"此后径山寺成为祝圣道场①,孝宗赐额"兴圣万寿寺",并有免除科敷的"异恩",记云:"闻公住持逾五载,圣上宠渥,锡赉异常,念莫能报国恩,乃祈以本院专为祝圣寿道场。寻奉俞音,仍特赐寺额,为兴圣万寿禅寺,免诸州场务商税,并平江府和义庄除纳正税外,非时科敛,悉蒙蠲免,皆异恩也。"径山寺作为祝圣道场,并有御书,得到了孝宗的"宠渥",具有较高的政治地位,另外,绘像者赵伯驹、赵希远兄弟乃宗室身份,因此我们说此记政治意味较为浓烈。

宁宗嘉定九年(1216)杨汝明作《双溪化城接待寺记》②,化城接待寺为径山寺下院,为径山寺住持佛日大师可宣建造。可宣住持径山寺乃丞相鲁国公史弥远所请,即记中所云"获知今丞相鲁国公",可宣有声誉,"一时名士大夫,翕然宗仰"③。可宣为接待四方来客与云游衲子,特创接待寺以供食宿。宁宗赐"化城"二字,可宣请杨汝明作记时特意提到了这点,其云:"皇帝尝锡化城二大字,因创重屋,尊而阁之。殿寝门厢,庖廪湢浴,靡不备具,愿得识其实。"文末杨汝明亦特意提到了宋宁宗赐号及御书,其云:"上雅闻其名,用锡佛日之号。奎画焜耀,草木生荣。"不可否认,乡谊之情亦是记文写作的助力之一,作者言住持可宣"吾蜀嘉定许氏子",但是宋宁宗"焜耀"的"奎画"(御书,皇帝墨迹),显然提高了该寺在文人中的政治地位,此实寺记书写之关键因。

绍定六年(1237)左右吴泳作《径山寺记》④。宋理宗端平元年(1234)径山寺遭遇火灾,佛殿僧堂焚荡无余,时径山寺住持临济宗杨岐派高僧无

---

① 祝圣道场,"皇帝和垂帘太后的生日称为圣诞节或圣节,分别立有节名,每年举行祝寿活动。"汪圣铎:《宋代政教关系研究》,人民出版社2010年版,第318页。
② 曾枣庄、刘琳主编:《全宋文》第284册,第392-393页。
③ (明)明河:《补续高僧传》,《卍续藏经》第134册,台湾新文丰出版公司影印1994年版,第201页。
④ 曾枣庄、刘琳主编:《全宋文》第316册,第372-375页。

准师范，发心修复，在朝廷、士大夫、民众的合力帮扶下，三年后寺院光华重现，记云："上方颁赉甚渥，公卿大夫士乐施舍，南国之好善者不祈而献力。越三年考成，曰殿，曰堂，曰门，曰廊，曰楼观栖客之庐，斋庖之所，库庾井厩，靡不毕具。"住持无准师范与宋理宗关系亲密，理宗曾赐以"金襕法衣、佛鉴师号"，正是依托僧人与寺院在政治上的印记即皇帝的恩宠与参与，住持无准师范请吴泳作记时便搬出了圣上，其云："盖自灵山付嘱以来，未有如今天子神圣慈武，清心寡欲，笃行善道，扶立教门如此之力。子尚可得而辞耶。"吴泳自言"不尝醍醐，不嗅薝卜"①，"学自孔氏"，故其记文亦以儒家的忠孝作结，其云："汝等舍世俗家……使一切众生成等正觉，此真是报国恩处。"因此可知，使儒学之士吴泳作寺记，寺院的朝廷地位与政治关系助力良多。

径山寺作为位于天子脚下、权力中心杭州的佛寺，乃是宋孝宗与行都临安"关系最密切"的三大寺院之一②。整个南宋时期，径山寺虽然有宗教领袖如大慧宗杲为其住持，但其政治地位相较而言更为关键，其中帝王的恩宠、王公大臣的护持，这些都凝聚成政治权力的象征，吸引了众多"学自孔氏"的文士为其操觚。我们知道，宋代寺记之作者多为儒士，其于佛教多未精通，或者如上文"不尝醍醐"之吴泳，或如南宋王十朋《妙果院藏记》在记文中那样宣称自己的儒者身份，并言"于佛学素不通晓"，或如胡铨于绍兴十六年（1146）所作《新州龙山少林阁记》云："予非学佛者。"③这些儒家学者在佛教之镜的光照下更能看清儒教的真实处境，他们的佛教寺院书写更多的是借佛教之酒杯浇自己心中之块垒。在北宋，较为典型者可举江西曾巩之例，其《分宁县云峰院记》是"有激"而作，有感于佛教化人之易而官吏教化民众之难；其《菜园院佛殿记》则有感于僧人之"勤行之意，坚持之操"，而儒者"不及佛之学者远矣"，作记以"愧吾道之

---

① 唐人卢纶《送静居法师》云："薝卜名花飘不断，醍醐法味洒何浓。"[（清）彭定求：《全唐诗》，中华书局，1960年，第9册第3136页。]醍醐与佛教之关联自不待言，薝卜乃梵语Campaka之音译，字形多变，如占婆、瞻葡、瞻波等，其作为西域之树在唐宋时期多作为佛教之象征。详参：（清）俞正燮：《癸巳类稿》，涂小马等校点，辽宁教育出版社2001年版，第227页。
② 汪圣铎：《宋代政教关系研究》，人民出版社2010年版，第229页。
③ 曾枣庄、刘琳主编：《全宋文》第209册第120页、第195册第365页。

不行"。[①]南宋类似之情形则更多，可举数例，如南宋李心传《崇福院记》，寺记中自言不信福田利益之说，为之作记乃作者有感于三代礼乐之衰亡，又其《安吉州乌程县南林报国寺记》言"余为儒者也"，此记亦是有感于儒家县学相较于佛宫禅院衰敝不兴、破陋不堪[②]。与之相仿者，南宋杨楫《重建灵峰寺记》[③]以儒释对比的手法，描绘佛教之兴与儒家学宫之衰，并借此以志其作为儒者之"愧"，南宋吴柔胜《正觉寺记》亦类之。此外，如"不道浮屠事"之南宋人士孙应时，其《泰州石庄明僖禅院记》《慈溪定香复教院记》《福昌院藏殿记》《法性寺记》等寺院记文皆是有感而作，诸如此类，所在多有。

与为权力书写、借佛教之酒杯浇儒士心中之块垒不同，宋代亦有一些寺记是为信仰而书写，这里我们略举几例以见不同于以上两种类型之寺院书写，如杨亿《婺州开元赐新建大藏经楼记》云："予固从事于空宗者也，随喜称赞，岂有吝焉？"陈舜俞《秀州华亭县天台教院记》云："院既大成，严像且毕，以仆夙体斯道，见嘱随喜云。"吴栻《天宁寺转轮藏记》亦云："有居士者"，"随喜结缘，为藏作记。"陈师道《观音院修满净佛殿记》云："余学于释氏，愿自效，使不请且强与之，况其请之勤耶夫。"李纲《澧州夹山普慈禅院转轮藏记》云："舍诸身业，为书藏额；舍诸意业，为作藏记；舍诸口业，为说藏偈。"[④]不同于为权力书写，这些文人多为佛教居士，并在寺记中宣称自己的此一身份，且多为主动作记，把自己的记文当成一种对佛教的供养，其态度为"随喜"佛教。

四、总结

在我们对上文三个典型案例的分析中有两点值得特别注意：一是皇帝诞生地、御书宸翰（皇帝书法）等关涉皇帝者成为最高权力的象征，在文人寺院书写中有着极为重要的吸附力。皇权的至高无上性，对于儒士如此，

---

① 曾枣庄、刘琳主编：《全宋文》第58册，第132页、第140页。
② 曾枣庄、刘琳主编：《全宋文》第301册，第349页、第350页。
③ 曾枣庄、刘琳主编：《全宋文》第282册，第392页。
④ 以上寺记分别见曾枣庄、刘琳主编：《全宋文》，第14册411页、第71册91页、第102册第311页、第123册第379页、第172册第213页。

文学、文化与文献——宋代寺记的多维研究

之于僧人亦概莫能外,这一点自东晋高僧释道安高标"不依国主,则法事难立"始,就绵延于古代中国。明末高僧紫柏大师就曾尊称明神宗为书《金刚经》偶然滴落纸上的汗滴为"御汗",并云"御汗一滴,万世津梁,无穷法藏,从此放光"①。二是南宋赵姓宗室在许多浙江寺院兴建与书写之中发挥着重要作用。如本书讨论的作为宋孝宗"龙兴"之所的嘉兴兴圣寺,它"很容易从宗室与民众那里得到捐助"②,而宗室之人之于文人未尝不是一种权力的象征,而"两浙和福建的宗室占有绝对多数"③,这就无形之中为宋代浙江寺记的书写增加了一些特别的元素。

西方哲人亚里士多德说:"人就是天生的'政治动物'"④,在儒家主导的古代中国,文人士大夫的政治属性表现得更为突出。相较而言,"宗教人渴望只活动于圣化了的世界中,亦即神圣空间中"⑤。对于传统中国的僧人而言,在他们生活的空间即寺院里,权力的触角已经延伸至此。"空间是任何权力运作的基础"⑥,在寺院这个空间中,政治场域的"权力场"[9]已然渗入(如御书、神御等象征物),尤其在宋代以后,"无论是佛教还是道教乃至别的一些信仰,都已被完整地组织在帝王政治的网络之中"⑦。因此,在宋代这个儒学复兴的风潮里,对于传统儒家士大夫而言,宗教或佛教书写的合法性,一定程度上更加依靠朝廷政治与寺院的紧密关联。在南宋定都临安后,浙江寺院缘于地缘优势,得到了急速猛进的发展,"就浙江而言,由于特殊的历史文化背景,进入宋代后,浙江佛教持续发展,南宋建都临安(杭州)后,杭州成为全国政治、经济、文化中心,佛教的

---

① 《紫柏尊者全集·卷首》,《禅宗全书》第50册,台北文殊出版社1989年版,第161页。
② Mark Halperin, *Out of The Cloister: Literati Perspectives on Buddhism in Sung China*, 960–1279, Cambridge (Massachusetts) and London: Harvard University Press, 2006, p155.
③ [美]贾志扬:《天潢贵胄:宋代宗室史》,赵冬梅译,江苏人民出版社2005年版,第141页。
④ [古希腊]亚里士多德:《政治学》,高书文译,中国社会科学出版社2009年版,第784页。
⑤ [罗马尼亚]伊利亚德:《圣与俗:宗教的本质》,杨素娥译,台北桂冠图书股份有限公司2001年版,第78页。
⑥ [法]米歇尔·福柯,保罗·拉比诺:《空间、知识、权力:福柯访谈录》,见包亚明主编:《后现代性与地理学的政治》,上海教育出版社2001年版,第13—14页。
⑦ 段玉明:《相国寺:在唐宋帝国的神圣与凡俗之间》,巴蜀书社2004年版,第236页。

极盛持续到宋末"①。皇帝、大臣、宗室成员等权力渗入到佛寺之中，一定程度上使佛寺原应神圣的场域更加世俗化、政治化。通过本文三个案例的分析，我们可以说，不同于处于佛教信仰中心浸染下的文人寺院书写，不同于居士的主动随喜而为作记，南宋很多浙江寺记都是为权力书写的产物。

第二节 "传灯护法"：宋代文人寺记与家族亲属因缘

中国传统社会极为重视作为最基本社会单元的家庭，儒家强调的修齐治平，其中家庭是首个基本组织。同时，讲究伦理纲常也是传统中国的基本特征，种种的人际网络便由此建立。本书所言之"家族亲属"②——不同于诸如家庭、家族、宗族等已经有相对准确界定的概念——是一个较为笼统的称谓，在本书中其主要涵盖了家族、宗族、姻亲等亲属关系，"家族关系在宋代仍然是一项重要的社会和政治资产"③。当然，本书的重点还是强调家族因素在宋人寺记书写中的表达，同时，亲属因素亦是引起寺记书写的助因，即寺记书写之文章缘起。本书从不同角度与方面展开论述，如此安排是为了使表达更加清晰，论述更加周密，但几个部分之间内容其实是互有交叉，有时可属两类者酌情隶属；为方便了解具体情况，本部分罗列引用记文较多，还请读者诸君注意。

一、祖先坟茔

宋代的坟寺，自然多建设在坟墓旁边，不止如此，即使一般的坟墓也经常与寺院为邻，因为他们经常同处一个空间——山林。因为家族坟墓所葬地与寺院相近，岁时祭扫父祖之时，文人士子往往会往来坟与寺之间，故而对寺院熟悉有加，因此很多寺院僧人便是以此为理由而请记，这样也

---

① 陈荣富：《浙江佛教史·导论》，华夏出版社2001年版，第4页。
② 黄宽重、刘增贵说："家族史涵盖了家庭、家族、宗族三个层次。"见黄宽重、刘增贵主编：《家族与社会·导论》，中国大百科全书出版社2005年版，第1页。
③ [美]柏文莉（Beverly Bossler）：《权力关系：宋代中国的家族、地位与国家》，刘云军译，江苏人民出版社2015年版，第27页。

使被请记者往往无法拒绝。

寺院作为"视墓"之时的休息之所而与士人结缘。王安石（江西）[①]嘉祐三年（1058）所作《城陂院兴造记》（江西）记载了该佛寺作为祭拜祖先时的退息之所[②]，寺在抚州金溪县灵谷山，其云："陂上有屋曰'城陂院'者，僧法冲居之，而王氏诸父子之来视墓者，退辄休于此"。所谓"视墓"，乃视王安石祖父王用之（即文中作者及僧人所言之"卫尉府君"）之墓。正是因为其祖父坟茔与寺近便，这才使寺院与王氏家族结缘，进而僧人便以此因缘请王安石作记，其云："惟王氏世与吾接，而卫尉府君之葬于此也，试往请焉，宜肯"[③]，鉴于该寺僧人与王氏家族的世代情谊，他料定王安石不会拒绝，果然如其所料。

家族墓地与寺院相邻，连带着产生了诸多文字因缘。张大圭（浙江）于咸淳二年（1266）作《重修藏记》（浙江），经藏在慈溪县（今浙江宁波西北）东北二十里补陀院。此院僧人道怀以作者之族祖父张虑曾为此院作记为请，希望他能为此院经藏作记，作者推辞不得，记文："道怀一日谓余，愿以族祖侍郎文靖公记是院记是藏"，作者言："余三世营域邻于院，以晚学辞不可。"[④]其中，"以族祖侍郎文靖公记"即张虑绍定二年（1229）所作《补陀院记》[⑤]。"营域"，据文意，或应为"茔域"，建坟墓于寺院之侧，较合情理。

祖坟与寺院临近，士人便免不得经行其处，如在幼小，记忆更深。南宋刘宰（江苏）作《重建龙泉布金寺记》[⑥]（江苏），记文中言及作者祖坟与布金寺俱在镇江方山，因此作者在儿时省坟时即经过该寺，不过彼时

---

① 为了较为清晰地展示家族因素浓重的寺记，其作记者往往是本地士人，故在作者与寺记名称之后表明作者籍贯与寺记所在地，特此说明。

② 明嘉靖《江西通志》卷一八云："后荆公属其傍城陂院僧以掌扫祀施田"，据此判断此院或为王安石坟寺。见（明）林庭㭿、周广纂修：嘉靖《江西通志》，《四库全书存目丛书·史部》第183册，齐鲁书社1996年版，第35页。

③ 曾枣庄、刘琳主编：《全宋文》第65册，第51页。

④ 曾枣庄、刘琳主编：《全宋文》355册，第151页。

⑤ 曾枣庄、刘琳主编：《全宋文》第301册，第208-209页。

⑥ 曾枣庄、刘琳主编：《全宋文》第300册，第102-103页。

该寺颓废未起，其父"云茅居士"刘蒙庆"指丛薄间茇舍而言曰：'是布金龙泉遗址'。"其后其父去世，"葬薛村，距亭子谷五里，寺介其中，故往来在望"。其后，作者目睹了曾氏重兴该寺院的经过。文中云，礼部尚书曾晔葬其曾祖母、祖父于寺旁，并预为自己营墓①，因此他对寺院兴复异常措心，并请其弟曾隰推举僧人来为住持，记云："公（曾晔）时以世德名流出藩入从，以其曾大父文昭公（曾肇）之夫人及其大父谏议公（曾统）葬寺之前后，公拟自为藏，亦在寺之左，故施财助役而和者众，上请蠲租而从者轻。吾先君所谓巨有力者，于是乎在。又谋于其弟从政郎、山阳县令隰而得僧祖传，传复内举于族而得其徒慧鉴。"作者极为赞赏曾氏之所为，宣称"人道之所以立，曰不忘先也"，而作者作记之时何尝"忘先也"。

祖先坟茔多处名山佳处，省坟之余，饱览物华，也属自然，而相近寺院往往成为览胜之制高点，或者本身即为"景胜"。应㒞（浙江）嘉熙二年（1238）作《普慈寺敬实堂记》②（浙江），记中言作者之"先人旧庐"距离普慈寺"百余武"，因此"暇日素往游焉，故于山中事，多所睹记"。作者与寺院僧人经常来往，故彼此相当相稔，作者很清楚僧人的所作所为，在记文中作者感慨、赞扬该寺僧人能公而忘私、廉以立身，"夫学浮屠氏之法者凡能出力办事，必有廉以立身，勇以立志，勤以率众，而为之本者，曰公……黑山名觉明，与之稔，熟见其天材高，有苦洁之行，所居瓶拂外，萧然无长物，于私则铢黍不蓄，人信其廉，故施之者不倦。"

二、庭训之教③

熙宁三年（1070）侯溥（河南）作《圣寿寺重装灵感观音记》④（四川），此记之产生与作者先父的遗教有直接关系，"仆惟先人之戒，其敢少避"，因其"先人"曾祈子于观音，且有灵验而得子，因此其"先人"劝勉作者

---

① 民国《金坛县志》"古迹"载云："徽猷阁待制曾统墓，吏部尚书曾晔墓，并在方山。"冯煦等纂：民国《金坛县志》卷一二，《中国地方志集成·江苏府县志辑》第33册，江苏古籍出版社1991年版，第213页。
② 曾枣庄、刘琳主编：《全宋文》第334册，第412—413页。
③ "过庭之训"一般是指父亲的教诲，本文泛而言之，非必父亲。
④ 曾枣庄、刘琳主编：《全宋文》第79册，第393—395页。

要恭谨礼赞于观音。记云："先人尝祷嗣于观音，既寝而梦焉，慈颜法相与世之绘塑者无以异。盖谈缘报感召者久之，且示后年所当有子之兆。先人寤而喜，遽呼工绘其事于缯，手笔以识。已而壬申春，仆以生，如始梦之言。既成人，先人尝戒曰：'汝他日凡见观音象，唯谨无少忽。有求汝为观音赞记，亦唯谨无少忽。'溥恭服戒训，刻在心肺。"正是源自先人的教诲，当僧人请记之时，侯溥便"惟先人之戒，其敢少避"。张浚（四川）《殿记》①曾云："窃惟先妣秦国太夫人，晚闻道于径山佛日大师。"②径山佛日大师即大慧宗杲，张浚对佛教颇有好感，这不能不说有其母亲的影响。又如上文所举刘宰《重建龙泉布金寺记》，作者父亲信仰佛教，他给作者指出了所过寺院的遗址，而寺院这一形象也融进了作者的少年记忆，这也作为一颗与佛教结缘的种子在作者的漫漫时光里发芽成长。因此，在考察作者的信仰倾向时，家庭成员的思想，少年时期的耳濡目染，自然是考察的重点对象；与此同时，作者的信仰倾向一定程度上决定了寺记的作或不作。

秦观于元丰二年（1079）所作《五百罗汉图记》云："余家既世崇佛氏"③，由此可见，秦氏家族世代崇佛，秦观本人的佛教信仰就有家族信仰的影响，而与此同时他又影响了他的后人。秦湛（江苏），乃秦观之子，作《於潜县明智寺记》④（浙江）。首先，寺在杭州於潜县，僧人辩才曾住持此寺，而秦观与辩才熟稔，时常往来，对于其子秦湛而言，先人所经之地，在时光流逝中其地仍在而其人已逝，这不能不令人触景生情、唏嘘感慨，因此念及往事往往能够勾起作者的感亲念亲之情思，记云："今龙井天竺间，云容山色或诲人愁，其能念前人乎？"其次，秦观与僧人辩才的人际交往与思想交流，从小便影响着下一代人（秦湛）的观感，而且儿时的记忆有时会伴随着一个人生理的成长与心智的成熟，甚至是思想的进程，其记有云："余先人与辩才善，余儿时先人对辩才语，必令旁侍，其高世之论至今能记一二。"第三，因为作者先人与寺院的这些因缘，这也使相涉佛教

---

① 本文出自《大慧普觉禅师年谱》卷一，其云"按，殿记曰……"故整理者定名为《殿记》，本文原题已不可考。见（宋）释祖咏：《大慧普觉禅师年谱》卷一，《嘉兴藏》第1册，第804页。
② 曾枣庄、刘琳主编：《全宋文》第188册，第133页。
③ 曾枣庄、刘琳主编：《全宋文》第120册，第126页。
④ 曾枣庄、刘琳主编：《全宋文》第157册，第443-444页。

寺院僧人请记而获允的可能性大大增加，记中云："欲予为记，且曰：'先太史尝为辩才记龙井，今记明智，非子可乎？'予不敢辞。虽然，鸡凤异调，大方之家岂不我笑。"所谓"先太史尝为辩才记龙井"，即秦观于宋神宗元丰二年（1079）应辩才法师所作的《游龙井记》，父且如此，子复何言！

宣和六年（1124）俞观能（浙江）作《太平禅寺佛殿记》①（浙江），从记文中可以看出俞氏也是世代崇佛。俞观能在记文中自称"妙高居士"，言其祖父曾在天禧中为大施主，率诸豪强兴建该寺佛殿，"妙高居士过而登之，因稽首曰：'昔我大父为大长者，家故饶财。在天禧中捐其金钱，率厥豪强，尝建斯殿，殆今百有余年'"。百年之后，该寺僧人仲瑛"易而新之"，作者作为有功于佛寺建设的后人，虽然"家贫如石女儿，如焦谷芽"，但是"过庭有训，盈屋有书"，"愿以文字施殿"。从作者"过庭有训"的言说中，我们即可以看出其受家庭的影响，虽然作者未言及这种影响始自年幼之时，但揆诸情理，影响自然必自年少时。

建炎二年（1128）孙邦（浙江）作《宝乘寺结界记》②，在记文中作者自言"儿童"时，已对佛教产生了无比的亲切感，这种感情的习得显然是受到其家庭尤其是受了"菩萨戒"的父亲的影响。记文中言，南山律宗第十代祖师杭州灵芝元照律师在元符中曾在宁国院结界③，当时宝乘寺住持僧人义聪与作者之父有所来往，为"同甲友"，于是"率先子偕至宁国受菩萨戒"。此事在当时当地堪称"胜事"，其父归来语诸相邻，而"（孙）邦方为儿童，已知和爪谛听，深契襟期"。作者戏言，此记可以"姑以为两家券"，券之内容是："浩然来归，借函丈地作莲社主人"，由此可见其对佛教的一往情深。

南宋楼钥（浙江）作《安岩华严院记》④（浙江），此文乃是代仲舅汪氏所作，汪氏信佛极其虔诚，楼钥自小浸润其中，不免熏染。记文言，

---

① 曾枣庄、刘琳主编：《全宋文》第 174 册，第 189-191 页。
② 曾枣庄、刘琳主编：《全宋文》第 181 册，第 374-375 页。
③ "密法名。密教修法时，为了辟除恶类、防止魔障等侵入道场，干扰和破坏修法，先于其地结护加持，限定修行之境域界限，此称'结界法'。"见任继愈主编：《佛教大辞典》，江苏古籍出版社 2002 年版，第 974 页。
④ 曾枣庄、刘琳主编：《全宋文》第 265 册，第 28-29 页。

天圣中（1023-1032），楼钥之舅父因信佛乐施，里人尊称为"汪长老"，"邑有汪居士湜，自号和静先生，以其好佛，里人称为汪长老"，其联合乡里之人对华严院进行了重修，"汪君鸠合众力，建寺宇百余楹，殿堂宏敞，中严像设"。一百六十余年之后，住持此寺者，乃僧人无尽，"俗姓汪氏，实居士五世孙也"，此寺绵历岁月、年久失修，他与另一位"舍俗为僧"的族弟智德一起重修之。楼钥舅父汪氏与汪湜家族"久与之通谱，犹南阮也"；不仅如此，楼钥舅父汪氏有"从子"清一礼华严院僧无尽为师。由此可见，汪氏家族上上下下弥漫着氤氲的佛教气息，而楼钥恰恰生活成长在这样的氛围中，其自言云："钥生长外家，逮事外祖少师二十余年"，楼钥与佛教的缘分也是在这种氛围中早早铸就。

三、嗣成先志

文人士子完成父辈的遗愿或未竟之业，在儒家伦理中被视为尽孝的一种方式，而在宋人寺记中我们看到了很多父子相继捐建寺院的种种事例，这些行为经常被作记者看作是"嗣成先志"的行为，故而得到了多数文人的赞赏与支持。宋代寺记作者的身份多为儒士，其关注点落脚在儒家孝道，这也是他们经常的自觉的思想惯性与书写策略使然；即便是非佛教信仰者，其亦对所涉孝道不吝溢美之辞藻。

郑向文（？）于天禧二年（1018）作《雁荡山灵岩禅寺碑》①（浙江）。记言，宋太平兴国时期，僧人行亮、神昭行访温州乐清县雁荡山，惊其景

---

① 曾枣庄、刘琳主编：《全宋文》第16册，第16-18页。按，明人朱谏所撰《雁山志》卷四载此记题名云"敕赐灵岩寺额记"，见《中国佛寺史志汇刊》第2辑第10册，第338页。明代永乐《乐清县志》卷五载无题，称"碑文"，"宋通判军州郑向文撰"，见《天一阁藏明代方志选刊》第27册，上海古籍书店1982年版。《温州历代碑刻二集》题名《灵岩禅寺碑记》，见吴明哲编著：《温州历代碑刻二集》，上海社会科学院出版社2006年版，第293页。而"附注"之说明载："宋天禧三年（1019）刻。录自明永乐《乐清县志》卷5。郑向文撰。据同书载：'灵岩寺去县东一百二十里，在山门乡雁山东内谷，宋太平兴国四年（979），有僧行亮、神昭挈瓶荷锡共访幽奇，得岩穴名安禅谷，二僧居焉，后新市人蒋光赞者拾资业建梵宇……咸平二年（999）赐今名。"见吴明哲编著：《温州历代碑刻二集》，第294页。《广雁荡山志》卷九载为"宋郑尚文《敕赐灵岩寺额碑记》"，《故宫珍本丛刊》第251册，海南出版社2001年版，第182页。据上，该寺咸平二年（999）赐名灵岩寺，二十年后作"敕赐灵岩寺额记"的可能性极小，因此《雁山志》《广雁荡山志》的记载或误。

胜，"披榛冒灌""芟萝道径"而草辟一所寺院，在咸平时赐名为灵岩禅寺。寺记言及有父子相继作佛事者，其始蒋光赞，"时即有新市居人乐安蒋光赞者，资产丰懋，乐为胜事，睹兹灵境，发助诚心，遂捐家财首构"。其后，僧人行亮欲"增严佛乘，塑像范钟，廊堂安众，门宇宏敞，厨库精至"，而蒋氏之子蒋文潩"舍钱百万，鼎新堂构"，因此作者谓其能够"嗣成先志"。

强至（浙江）于至和元年（1054）作《灵山教寺记》（浙江），记云："寺成，韶师以书抵予曰：'我先禀慈云肇图构葺，未讫事而去，至韶始成之。先正修撰尝欲记吾寺，未作而公亡，愿执事者成之。'予获书慨然，且念韶能继其师之志构是寺，予忍无辞以成先子志，反为韶愧哉？"① 由上可知，该寺院僧人与强至之父为旧交，当寺院修缮之时，已经允诺为其作记，可惜天不遂人愿，未为作记而已亡。僧人便把此段因缘告知强至，希望他能嗣续作记。完成父亲留下的遗愿（即文中之"成先子志"）也是强至尽孝的另外一种方式，因此作者答应僧人之请为寺院作记也就责无旁贷。

上官均（福建）于元符三年（1100）作《宝林记》②（福建）。宝林寺钟楼的重新修缮者实乃作者之外祖父与舅父。首先是外祖父高氏，"元丰二年，均外祖高公新其里宝林寺之钟楼"；其次上官均之舅父，"后二十余年，殿宇寖敝，佛像髤剥"，"均之舅氏暇日步其庭，仰视栋宇，恻然流涕曰：'此吾父之遗构也，讵可废而弗完欤？'新于绍圣丁丑，而成于元符己卯之岁"。由上可知，作者作记，一方面是源自外祖父与舅父与寺院的关系。与此同时，作者为舅父的思想与行为辩解云："舅氏幼为儒学，识远行纯。既壮，厌科举之累，散迹邱园，冥意势利。白首事亲，谨顺弗违。友其兄弟，怡怡如也；际于友朋乡间，温温如也。虽未尝玩浮屠之书，肄浮屠之教，其于体蹈之实盖有得于中矣。至于敬向严奉之诚，岂有意于报应欤，盖恂恂承考，曾不以初终存殁少易其志。其孝弟信义、洁然高蹈之趣，逮今四十余载。"据上可知，记文中作者上官均特别害怕他人的误解，因而十分强调其舅父的身份仍然是儒学之士，而非"有意于报应"，极为突出舅父的儒学修养与行径，认为舅父修缮外祖父"遗构"

---

① 曾枣庄、刘琳主编：《全宋文》第67册，第162页。
② 曾枣庄、刘琳主编：《全宋文》第93册，第341-342页。

是一种符合儒家伦理的孝悌行为，这或许也是作者在是否应为佛寺作记时左右徘徊、犹疑不定时的一种书写策略的选择。

叶虞仲（江西）于元丰八年（1085）作《福胜院重建佛殿记》①（江西）。叶氏记文乃是应其"从侄"王置之请而作。福胜院为王置祖父辈所修缮，且当地族人与乡党的很多祭祀礼仪生活已经融进寺院之中，文中王置云："而福胜院于吾乡之中，吾祖世所缮修，而其徒实依奉之；吾与族党乡人庆问之焉，吊祀之焉，平居亦遂焉，吾所为殿与夫佛事，非特吾有所赖，抑庶几乎族党洎乡人者皆得信附而与有得焉。"此寺院可以说是当地的信仰中心并蕴含有明清时期宗祠的意味，因此，王氏花费"三百万"，用时"七年"而为修缮装饰，文云："斥财为福胜院佛殿，又为释迦氏像与其侍卫阿难、迦叶之属，又刻镂为十八罗汉而列于旁，所以维御藩饰，百物皆具。举而计之，为钱几三百万；自初迄今，为功盖七年乃就。"然而在记文之中，作者为文重点并不在究心于佛教兴衰成败，似乎也无甚兴趣探索之，显然这是由作者的儒者身份所决定的。记文中作者直言，"施报之说，吾书固有之"，"吾书"者实乃儒家之经典也，该文作者措置于心的无疑是儒家的孝悌之说，作者在该记中以孝悌之说作为重点而波澜成文，作者直叙其意旨云："余于其殿之成，为循其请而书，并叙其孝悌之说且以勉之"。在文中，作者引用儒家经典而为孝悌之说张目，记云："经曰：孝悌之道，通于神明"，"传曰：尧舜之道，孝悌而已矣"，前者出自《孝经》②，后者出于《孟子》③。作者为文之终极目的是希望以此"使宗族称其孝，乡党称其悌"。

王基（？）于元祐三年（1088）作《解州解县静林山兴化寺新修卢舍那佛大殿记》④。记载解州解县（今山西运城市西南解州镇）兴化寺住持洪济因寺院正殿没有营建，慨然念之，将图之，郡人娄应闻讯后愿意"独力以办"。其后鸠工构筑，但不久僧洪济与布施者娄应相继去世。娄应之

---

① 曾枣庄、刘琳主编：《全宋文》第97册，第48–50页。
② 《孝经》有云："孝悌之至，通于神明。"十三经注疏整理委员会整理：《孝经注疏》，北京大学出版社2000年版，第62页。
③ 《孟子·告子下》，十三经注疏整理委员会整理：《孟子注疏》卷一二上，北京大学出版社2000年版，第378页。
④ 曾枣庄、刘琳主编：《全宋文》第117册，第195–197页。

子希望继承"先人之志",完成未竟之工程,为父亲追荐冥福,乃与寺院继任住持僧人元杲,终毕其事。作者既对寺院僧人予以肯定,又赞叹娄氏父子能够相续以继,其云:"嘉前后主僧得其人,其所以用心如此,又叹娄氏父子相承之若彼。"

程俱(浙江)于崇宁四年(1105)作《衢州常山县重建保安院记》①(浙江)。此院乃衢州常山五代吴越时侍御史江景房所建,"仕族之广者曰江氏,常山县之谢原有僧舍曰保安院,盖江氏之祖侍御公之所建者"。其后,僧人不德,寺院年久失修,江氏子孙感念祖宗遗德,希望能够克绍祖业,对寺院重加修葺,"诸孙戚之,则相与谋,以谓侍御种德不售,庆偿后人,咸克有家,用大庇于兹六世。苟事之弗嗣,其克训于其德者几何?"于是江氏后人请开化报恩院僧人文雅来住持保安院,在江氏子孙的努力与邑人的共同襄助下,寺院修葺一新,"日劘月累,凡六年而后成"。据他文可知,作者程俱对佛教有一定的信仰,在其记文中他一方面赞赏僧人文雅能够持戒守道,与一些欺世盗名、自我奉养的僧人(即作者文中所云之"盗释")迥异,故作者为之作记自属欣然,记云僧人与"世之盗道负愧者,亦有间矣,故余乐为记之"。另一方面,作者亦同样赞赏常山江氏遗德,文末重点强调江景房"有高行,为乡里敬信,今开化诸江皆其后也"。

孙觌(江苏)于绍兴二年(1132)作《抚州曹山宝积院僧堂记》②(江西)。绍兴二年(1132)宝积院僧人了如修建僧堂,将仕郎邓经因此堂乃其先人所营建,故其希望能够承续先祖遗业,愿意独力修建之,记云:"时有将仕郎邓君经出而言曰:'此堂吾家父祖所营,吾当嗣成之,不可使他人损一金也。'"作者孙觌作记,一方面有感于僧人了如不像有的卑劣僧人积货财、蓄妻子之破戒坏德,而他能"癯身苦志,不择所安,更为深檐大屋,会其徒而食之";同时,作者又有感于邓氏祖孙三代作佛事之恒久毅力,"邓君又能曲成其美,祖孙三世,相望百年,舍所爱而作佛事",正是源自儒家孝道的伦理力量使邓氏子孙三世皆为寺院檀越,作者认为以上两种行为,"皆可书也"。

---

① 曾枣庄、刘琳主编:《全宋文》第155册,第319-320页。
② 曾枣庄、刘琳主编:《全宋文》第160册,第354-355页。

南宋崔敦礼（江苏）作《海虞山宝严寺田记》①（江苏）。记文言，常熟人刘荣叹息怜念当地三所佛寺贫不自给，于是决定布施田产给寺院，"施田以办百斛，为三寺助粥饭"。但是刘荣未能如愿便已去世，其子刘康认为父亲之愿必须达成，于是他继承先父遗志，办成其事，记云："缘生前愿力胜追修百倍，是不可坠，乃舍之如其数，而三分焉。"作者崔敦礼称赞刘氏能够"除悭舍有，割膏肥之地而作佛事，如执左券，乐然付之，略无难色"；同样作者也赞颂刘康的孝行，赞云："（刘）康孝而乐善。"

程珌（安徽）于庆元（1195-1200）后作《齐祈寺释迦大殿记》②（浙江）。首先，齐祈寺大雄殿乃孙蕴所出资倡建，"里有孙居士讳蕴字茂达者，倡而具之，费以巨万，独任十之二三焉"。其后，孙蕴长子孙持施金修建集善堂，同时为其父亲在寺院建设祠堂并施以田产以供岁时祭祀之用，记云："今其孙祖印（现任住持僧）远绍昙心（前住持僧），作为集善之堂，胪列布金之士。居士冢子曰持，闻之欣喜，既施缗以讫其役，复殖产以奉其祠。"一方面，作者程珌与孙持乃中表关系，"予之从姑实归居士，持子中表也"，孙持请作记，作者难以拒之，故云："其得而辞乎？"另一方面，作者程珌也十分赞同孙持的这种行为，他认为孙持所行乃"善述（父）志"和"显亲"之行径，即称赞孙持能够尽孝道。

幸元龙（江西）于嘉定四年（1211）作《白云山超果寺记》③（江西）。超果寺在高安，始建于唐，宋英宗治平始赐名超果，两宋之际，狼烟四起，兵火连天，该寺便也荒废。南宋宋宁宗开禧（1205-1207）时，高安当地大旱，幸元龙之父按照当时习惯，祈祷"遍诸祠"，但结果都是"莫雨"，他便至超果寺祈雨，果有所应，"率乡民祷其所，谷风骤兴，甘霖随应"。随后，寺院开山僧、山神入梦，幸元龙之父受此感召而起兴复寺院之意，但力未及而卒，其子幸元龙与诸弟继承遗志，兴复了超果寺，记云："遵举治命④，鸠工庀材，鼎新法堂，翼以行庑。"不仅如此，幸氏请僧人宗

---

① 曾枣庄、刘琳主编：《全宋文》第 269 册，第 125-126 页。
② 曾枣庄、刘琳主编：《全宋文》第 298 册，第 124-125 页。
③ 曾枣庄、刘琳主编：《全宋文》第 303 册，第 431-432 页。
④ 语出《左传》，乃春秋时魏武子临终前留言其子魏颗之事，后亦泛指生前遗言。见赵应铎主编：《汉语典故大辞典》，上海辞书出版社 2010 年版，第 432-433 页。

寿前来住持，且在寺院中建"先君祠"，施田百亩以为香火之供。

陈宜中（浙江）于淳祐（1241-1252）时期作《大仁院佛阁记》①（浙江）。临安人方俊在大仁院对面山峰营建祖坟，与僧人文纬相游甚契，见其寺院石屋洞里面的罗汉像剥落严重，文采不在，便"鸠工计匠，补缺振废，由是庄严相貌，芒张彩纷"，并"议建宝阁于洞之顶"，但其后事未毕而人已亡。方俊之子方大明，"怆先志未遂"，与其母黄氏"谋如家事"，乃"撙费节用，鼎创阁宇，凡若干楹"。面对父亡子继地营建寺院阁宇，作者陈宜中赞许方俊之子方大明能够"汲汲于继志述事之孝"。

王应麟（浙江）于淳祐时期作《广恩崇福寺记》②（浙江）。寺在四明，袁韶为其父袁升所请所建坟寺③，朝廷敕额广恩崇福，是秉承"先志"所建，记云："是为太师袁卫公之阡，公笃厚好善，用昌大厥家。嗣子尹神京，贰枢庭，相攸紫岩之阳，俶建梵宇，遹承先志，奉大士像而《法华》手泽藏焉。请于朝，赐名'广恩崇福'。"作者认为，坟寺制度，是礼遇大臣的一种方式，符合孝子追远之义，其云："惟古者礼貌大臣，推本德善之积，庙祀其祖祢，施于烝尝彝鼎。近世又即缁庐，寓《蓼莪》寒泉之思，于是锡命以宠灵之。盖君子谨终追远，无不用其极，而遇大臣之礼亦至矣哉。"作者认为，佛教坟寺制度虽然"先王之未有"，但"礼可以义起也"④，佛教之书"有《大报恩篇》，言孝与儒合"，佛教"致严致悫而宫室之"，"荐苾芬"之礼，可以使"观于斯者，爱敬之心油然生"。作者认为有必要写这篇寺记，其有三方面的考虑：第一，作者认为为善必获吉报，此乃天经地义之理，并不是为了追求佛教所谓的福报，作记流传可以鼓励人民为善；第二，作者希望袁氏能够长久守护坟寺，因此作记以备志，使其"子子孙孙，勿替引之"；第三，作者赞赏僧人之"用力勤""刻意专"，希望如曾巩那样为之作记是为了"勉吾儒"。

---

① 曾枣庄、刘琳主编：《全宋文》第 352 册，第 461-462 页。
② 曾枣庄、刘琳主编：《全宋文》第 354 册，第 320-321 页。
③ 此寺元代尚存，袁韶之曾孙袁桷（1266-1327）作《广恩仁法师塔铭》，其中"仁法师"即本记中之"住持僧可仁"，见袁桷著、杨亮校注：《袁桷集校注》，中华书局 2012 年版，第 1473-1474 页。
④ 《礼记·立运》有云："协诸义而协，则礼虽先王未之有，可以义起也。"十三经注疏整理委员会整理：《礼记正义》，北京大学出版社 2000 年版，第 827 页。

尤袤（江苏）于淳熙六年（1179）作《报恩光孝寺僧堂记》[1]（浙江）。尤袤曾于淳熙二年（1175）至四年任台州知州[2]，在任期间他曾疏请僧人惟裡住持光孝寺，文言"予邀惟裡，嗣其法席"。记言，钱端礼曾给寺院布施钱财，令其修建僧堂，堂未成而逝，记云："淳熙三年秋九月，故参政、观文钱公施其私财于台州报恩光孝禅寺，复建僧堂，明年九月十二日经始，后十五日而公薨，又明年六月二日堂成"，其后其孙钱象祖为寺院僧堂题榜，"公之孙承议郎前知处州军州事象祖，题其榜曰选佛"。祖钱端礼施钱兴建僧堂，其孙钱象祖为之题榜，作者尤袤曾往来寺院之间，故熟悉其事，他称赞钱象祖"惟公有孙，衔训嗣事"。

周甫（江苏）于庆元五年（1199）作《吴塘接待院庄田记》[3]（江苏）。此寺建炎间曾有僧人显师建造"浮图七级"，不果而终，逝者如斯，其多"剥蚀"，在乾道（1165–1173）时期，僧人怀果"因其旧址，崇饰塔庙，薙草莱，以迄于成"，并因塔置院，名为接待院，以供其僧人"之往来者"。在僧人怀果初创寺院时期，寺院"无粒粟以资其徒"，得到了戴崇、戴宣夫子的施舍田产，"于是有戴氏崇者，割膏壤以胚胎之，其子宣又以克大先人之志"。僧人怀果去世后，正妙继任住持，对接待院重新扩建，所谓"辟其址益增大"，作者以戴氏为榜样勉励诸人施田，其云："有以戴氏为志，捐夫田以续食者，则附之左方，以传不朽。"

张方（四川）于嘉定十年（1217）作《梵业院重建佛殿记》[4]（四川）。梵业院乃作者家乡四川资阳之寺院，寺院位处群山之中，寺旁有汉王褒（字子渊）、董钧（字文伯）墓，作者之父喜好山林之乐，敬崇乡贤，而梵业院乃其游览之余休栖之所，记云："吾先子雅尚邱壑。资阳溯江而上，有梵业院，群山赭秃中娟秀特出。院傍，谏议大夫王子渊、中郎将董文伯之墓在焉。自汉两贤出于此，水石更为之清明。先子尝与友人榜舟谒墓，憩寺中。"其后，张方之父卒，他继承先志葬其父于梵业院旁，"嘉泰壬戌，

---

[1] 曾枣庄、刘琳主编：《全宋文》第225册，第236–237页。
[2] 李之亮：《宋两浙路郡守年表》，巴蜀书社2001年版，第421页。
[3] 曾枣庄、刘琳主编：《全宋文》第289册，第6–7页。
[4] 曾枣庄、刘琳主编：《全宋文》第302册，第424–425页。

方为简池教授，经行，先子滋眷眷焉，属寺僧增植竹柏。后十一年方为果州，而先子没。葬未食，卜，方曰：'必梵业左右可'，卜之，吉，先志也。"当梵业院修建佛殿时，张方不仅自己布施，还不遗余力奔走呼号，"方既舍所有，又为求助于列郡之相知者"，这样的不遗余力，有孝心贯注其中。

四、方外有友

宋人虽然在儒学上重塑辉煌，但我们不能不承认，宋代士人佛教信仰之广泛、研究探讨之深入（相对而言），远超宋前之人。宋人佛教信仰虽然如上文所论具有家族传承性，但家庭内部也会有不同的思想倾向，宋人寺记的产生原因多端，其中一项是作者的亲属与僧人交往密迩，因此常常托以求记，碍于情面，一般情况下，作者很难拒绝。或者受亲属所托，或者因为亲属与寺院的亲密关联，都是促使作者为之作记的促因，我们仅以笼统之"方外有友"概括之。

李觏（江西）于皇祐三年（1051）作《承天院记》（江西），文云："有僧来访，曰自尧，是为承天上首。乃言其院，吾先君子尝至焉。今兹又新作，往往有留题者，因责吾为诗。厥后多故，不果应。近者复来，且介秦氏甥以院记为言。觏伏念先人旧游，不胜燕雀啁噍之情①，其僧又喜事，吾甥又贫，而为之请，义不可拒。"②由此可知，李觏此文涉及两个家族亲属，其一为"先君子"（父），此寺乃其父"旧游之地"；其二为其外甥，因经济因素受僧人所托请其舅父李觏作记。两重因素叠加，李觏乃为之记。

苏轼（四川）于熙宁元年（1068）作《四菩萨阁记》③（四川）。"治平四年，先君没于京师。轼自汴入淮，泝于江，载是四版以归。既免丧，所尝与往来浮屠人惟简，诵其师之言，教轼为先君舍施必所甚爱与所不忍舍者。轼用其说，思先君之所甚爱轼之所不忍舍者，莫若是版，故遂以与

---

① 《礼记·三年问》，"今是大鸟兽则失丧其群匹，越月逾时焉，则必反巡过其故乡，翔回焉，鸣号焉，蹢躅焉，踟蹰焉，然后乃能去之。小者至于燕雀，犹有啁噍之顷焉，然后乃能去之。故有血气之属者，莫知于人，故人于其亲也，至死不穷。"十三经注疏整理委员会整理：《礼记正义》，北京大学出版社 2000 年版，第 1817 页。

② 曾枣庄、刘琳主编：《全宋文》第 42 册，第 320–321 页。

③ 曾枣庄、刘琳主编：《全宋文》第 90 册，第 425–426 页。

之。""既以予简，简以钱百万度为大阁以藏之，且画先君像其上。轼助钱二十之一，期以明年冬阁成。"僧人惟简，曾赐师号宝月大师，居于成都大圣慈寺中和胜相院，与苏轼、苏辙有"宗党之故"①，苏轼治平四年（1067）②所作《中和胜相院记》云："始居此者，京兆人广寂大师希让，传六世至度与简。简姓苏氏，眉山人。吾远宗子也。今主是院，而度亡矣。"③由此可知，惟简为二苏宗兄，苏轼与之交往频繁而密切，其后在黄州贬谪期间在忧谗畏讥中仍应其请，为之撰写《胜相院经藏记》。惟简去世后，苏轼为其撰写《宝月大师塔铭》。苏轼与惟简的关系是一方面，同时其先人（苏洵）遗物与先人画像亦均在此寺，且有专阁储之，因此宗族亲属关系在此记文中的作用是显而易见的。

吴师孟（四川）于熙宁九年（1076）作《大中祥符禅院记》（四川）。该院在成都，原为圣寿寺三十院之一，后不再隶属独立出来。记文中作者言及寺院僧人殷勤致意请记、书丹④，其缘故起于该寺院与吴师孟之父有密切关联。僧人圆明大师，乃宋太宗为该寺住持德严所赐师号，吴师孟之父与之有方外之游，并且该寺还留存有其父所题院额手泽，感物思人，感慨系之，故因其父而作记记之，记文云："先是崇教（住持僧）旧已砻石，欲俾师孟纪叙建院赐额之因，久而未克。今兹古师又能追继祖师之志，复以识文及书丹见属。师孟自念昔者先大父与圆明有方外之契，尝为亲题院额，于今手泽存焉。重愧二师之勤，其敢以浅陋为解？"⑤

---

① 苏辙：《祭宝月大师宗兄文》，见（宋）苏辙著，陈宏天、高秀芳点校：《苏辙集》卷二〇，中华书局1990年版，第1104—1105页。

② 《三苏年谱》将此记编年于治平四年（1067），且有云："《总案》谓记（《中和胜相院记》）为今日作，云轼'与惟简可谓厚矣，此文独戏之不以为嫌，信初年所作也'。"见孔凡礼：《三苏年谱》，北京古籍出版社2004年版，第493页。《苏轼全集校注》亦据《苏诗总案》系此诗于治平四年，见张志烈、马德富、周裕锴主编：《苏轼全集校注》第11册，河北人民出版社2010年版，第1212页。李之亮《苏轼文集编年笺注》系此文于元丰三年（1080），巴蜀书社2011年版，第190页。宋人袁说友《成都文类》卷三八文末有"熙宁元年（1068）记"，见（宋）袁说友等编，赵晓兰整理：《成都文类》，中华书局2011版，第741页。

③ 张志烈、马德富、周裕锴主编：《苏轼全集校注》第11册，河北人民出版社2010年版，第1212页。

④ 用朱笔在碑石上写字。

⑤ 曾枣庄、刘琳主编：《全宋文》第62册，第325页。

第一章 宋代文人寺记产生之因缘

李禧（河北）于熙宁十年（1077）作《陇西郡李氏尊胜陀罗尼经幢记》（河北），记文云："幢之成必有文以表之，故求之于余。余与元长同乡里，系亲其间，□故不得□焉。"① 很显然，请记者与作者关系是"乡里"之"系亲其间"者，这种乡情亲谊使作者不得不为之作记。

吕陶（四川）于元丰元年（1078）作《圣兴寺僧文爽寿塔记》②（四川），其记云："某伏闻家君言师字鉴之，相从最旧，知其为人，有律行。"很明显，作者吕陶之父与圣兴寺前住持相知颇深，受当时民俗以及家庭影响，作者为已逝父母在该寺举行水陆法会以追荐冥福，文云："某向遭先妣丧，数为水陆大供，觊享冥福。"据此，作者吕陶数在该寺院作佛事，其与寺院僧人应相熟识，而其为该寺僧文爽作塔记，我们认为，更多的是源自其父与文爽的厚谊。

陆佃（1042-1102）（浙江）作《台州黄岩县妙智寺记》③（浙江）。此记之产生，则源于作者之兄曾为政于此，记文中有云："余兄尝宰是邑，言其善，故与为记。"我们知道，地方官员与佛寺僧人有多方面接触的可能，此文极有可能是黄岩县妙智寺僧人请其兄作记，而其兄转请陆佃作之。

黄庭坚（江西）元祐时期作《怀安军金堂县庆善院大悲阁记》④（四川）。此记是黄庭坚应表兄张褆之请而作，"因余外兄张子安，乞余文记之"。张褆（子安）为怀安军金堂县令，与庆善院僧人有交往，因此受该寺僧人所托而请表弟黄庭坚作记。此外，此记作时，大悲阁修缮工程并未完工，黄庭坚预记云："将落成于新天子改元之某月"，这在宋人寺记中是较为独特的，附记于此。

李公彦于元丰三年（江西）（1080）《金像记》⑤（浙江）。金像为山东名寺灵岩寺所有，灵岩寺僧人至钱塘铸像，后附李公彦父（文中之"家君"）之船北归，结下这段因缘。"治平中，家君判官还□永嘉，道过钱塘。僧惠从来告曰：'卢舍金像成矣，欲归齐之灵岩而未有托也，愿附舟而北。'

---

① 曾枣庄、刘琳主编：《全宋文》第84册，第133页。
② 曾枣庄、刘琳主编：《全宋文》第74册，第56-57页。
③ 曾枣庄、刘琳主编：《全宋文》第101册，第221-222页。
④ 曾枣庄、刘琳主编：《全宋文》第107册，第195页。
⑤ 曾枣庄、刘琳主编：《全宋文》第138册，第347页。

家君从之。""后十五年，余□①其寺，徘徊瞻仰，因识其事"。

黄庭坚（江西）于崇宁二年（1103）作《萍乡县宝积禅寺记》②（江西）。此记因黄庭坚之兄黄大临（元明）所请而记并书（石），黄大临为之立石。黄大临时为萍乡县令，"余伯氏元明为令也"，"伯氏来属为禅记之，故叙载如此"。黄大临热心禅悦，疏请延庆院僧宗禅来宝积禅寺住持，宗禅来到后，大兴土木，花费"五百万"重修寺院，"方丈、三门、世尊之庙，崇成矣。粤明年，乐静室、德味厨、法堂，皆毕工"，工程巨大，值得刻石纪念，于是僧人宗禅转托熟识的黄大临请黄庭坚作记。兄长之情，加之黄庭坚本身的禅悦倾向，于是为之作记焉。

孙冲（江苏）于大观三年（1109）作《常州江阴县寿圣渊禅师塑象记》（江苏）。记为寿圣寺所作，作者孙冲曾拒之，但最终"不敢拒"，因僧人请记之缘由是该寺院僧人与其父有密切交往，记云："冲请辞，惠宗曰：'先德与师犹陶令之于远公也。子念先德，毋拒我。'冲三复之，不敢拒，于是作记。"③

朱襃（江西）于政和六年（1116）作《保福院记》④（江西）。据记文，此禅院乃县令疏请庐山僧志因改律寺而创成，修建过程中亦因县令汪浹的离去而一度中止，作者之父朱轼为政于此，积极奔走，倡言修建，最终了成其事，记云："予先人悬车乡里……今保福久坏而复修，遽起而中溃，吾欲僝工度材，合众力成之，以助邑人之为善者，可乎？于是富于财者输，壮于力者奋，未几，百废兴焉。"其后，僧人德莹欲报答朱轼之恩而兴伐石范金之举，便请朱襃作记，文云："德莹者嗣其法，以书抵余曰：'吾寺经始于汪侯，得缘于先师。莹既领佛学者日休其中，爇香授法，以严昭代之报，实先正大夫之遗德也，可无纪次传不朽耶？'"复次，继任者德莹与朱襃之兄亦相交甚密，基于以上因缘，朱襃作记势在必行，其自云："今先人之志不敢无述，而莹又浮屠氏之秀出者，昔为吾兄紫微公所爱，义不

---

① 《泰山大全》作"游"，见（清）唐仲冕撰，孟昭水校点集注：《岱览校点集注》（下篇），泰山出版社2007年版，第684页。
② 曾枣庄、刘琳主编：《全宋文》第107册，第204-205页。
③ 曾枣庄、刘琳主编：《全宋文》第137册，第298页。
④ 曾枣庄、刘琳主编：《全宋文》第142册，第92-93页。

可以芜鄙辞。"

龚槐（高宗朝人）作《移建法云寺记》①（江苏），龚槐得官六合，宿于法云禅寺。此寺经建炎之乱，毁坏大半，"寺首"僧人义明就"爽垲之区""崇成栋宇"。作者龚槐之父与僧人义明乃方外之友，襟期相契，记云僧人义明"夙得法于定山牧庵尚贤，盖我先公方外友"，因此"与之记"。

南宋李流谦（四川）作《重修安国寺记》②（四川）。安国寺乃作者家乡之寺，其"少时过焉"，不过那时的安国寺荒凉颓败，作者"疑有鬼物，辄怖而出"。其后该寺僧人道安以修葺为己任，"空十年之蓄"，"尽撤蠹，大新之"。作者之父与兄都参与了寺院的整修完葺，其父与邑人请王訾画八菩萨像于佛殿，其兄则出钱修饰转轮藏之画壁，并嘱托僧人修补转轮藏之佛经。僧人希望后之主此寺者能够了解创寺之艰辛，保有此寺，请作记为了勉励后人，其云："吾恐后人不知为之之艰而傲居之，轻漏忽倾，不一引手，则吾志弗嗣，记之期以劝也。"作者李流谦认为僧人道安能"用力勤而为虑远"，同时作者对僧人的疑虑与担心持任运随缘的态度，认为寺记作与不作其实都不能决定此寺以后的兴衰沉浮，作者云："衰兴有定缘，而方来之贤否不可期。贤耶适其兴，无记可也；不贤且与衰会，记其能已之乎？"僧人辩解说"传后之意，不得不然也"，令他"强书之"。此寺与作者家族（父亲、兄弟）的紧密关系，作者的少年记忆，都促使了作者最终作记予之。

周必大（江西）于嘉泰三年（1203）作《汀州定光庵记》③（福建）。此记是作者周必大卒前一年所作，是研究闽西定光古佛信仰的重要文献④。此庵为"定光圆应佛普通慈济大师真身所栖之地"，该僧在当地能够"攘凶产祥"，在当地民众信仰中地位极高。庆元、嘉泰时期两任汀州郡守陈映、陈晔二兄弟，均为寺院修建奔走呼号，记云："庆元二年，郡

---

① 曾枣庄、刘琳主编：《全宋文》第198册，第135-136页。
② 曾枣庄、刘琳主编：《全宋文》第221册，第263-264页。
③ 曾枣庄、刘琳主编：《全宋文》第231册，第273-274页。
④ 许怀林：《闽西定光古佛信仰传播的历史文化信息》，见陈厦生主编：《定光古佛文化研究》，社会科学文献出版社2012年版，第252-266页。

守陈君晔增创拜亭及应梦堂。嘉泰二年,其季①映复守兹土,每集僚吏致敬,患其狭隘,乃哀施利钱二千余缗,以明年三月十七日鸠工,为正殿三间,博四丈二尺,深亦如之;寝殿三间,博三丈,深居其半;应梦堂三间,廊庑等总十有八间,官无一毫之费,逮六月讫工。"陈氏二兄弟与作者周必大乃"姻且旧",故"求记文",作者并没有过多涉及灵验瑞应的描述,其云:"灵异之迹,图牒载之,前辈书之",其主要目的是赞颂陈氏为政一方造福民众,即其作记乃是为了赞美陈氏吏治,"以代邦人大小冯君之歌"②。

李洪(江苏)于乾道四年(1168)作《隆恩庵记》③(浙江)。隆恩庵乃郑继先之私建坟寺,名曰"隆恩"乃作者之命,此庵用于守护郑继先祖父之坟墓,且尊养僧人使其追荐冥福,即其所云"筑屋于墓道,命瞿昙氏修香火之奉"。作者李洪站在儒家立场认为坟庵制度并不完全符合儒家礼仪经典,但是坟庵这种形式在当时极为流行,"南宋时期,一般官僚、士庶也可以自置坟寺,由于置坟寺是子孙尽孝的表现,故朝廷并不阻止,这种坟寺没有敕额,通常称为坟庵"④。故李洪不得不承认即使"圣人复生,亦不可废也",记云:"今坟庵之设,自公侯达于庶人,咸遵西方之教,实资梵福。虽未必合于礼经,然圣人复生亦不可废也。"同时,郑继先乃作者李洪之表弟,李洪与郑继先之祖父往来颇为密切,"往来尤稔""先大夫遇我厚",因此郑继先才来请其为庵命名并作记表之。

李泳(?)于淳熙二年(1175)作《般若会善知识祠记》⑤(浙江)。文题中"善知识祠堂"在阿育王山广利禅寺,该寺在宋代香火旺盛,尤其在大慧宗杲主事时期,更是臻于鼎盛。所谓"善知识"者,乃广利禅寺之

---

① "季"或为"弟"之误,陈映为陈晔之弟,见乾隆《长汀县志》卷一六,《故宫珍本丛刊》第121册《福建府州县志》第2册,海南出版社2001年,第253页。

② 典出《汉书》,"吏民嘉美(冯)野王、(冯)立相代为太守,歌之曰:'大冯君,小冯君,兄弟继踵相因循,聪明贤知惠吏民,政如鲁、卫德化钧,周公、康叔犹二君。'"(汉)班固,(唐)颜师古注:《汉书》卷七九,中华书局1962年,第3305页。

③ 曾枣庄、刘琳主编:《全宋文》第241册,第123页。

④ [日]竺沙雅章:《宋代坟寺考》,《东洋学报》第61卷第1、2期,1977年。转引自常建华《宋以后宗族的形成及地域比较》,人民出版社2013年,第44页。

⑤ 曾枣庄、刘琳主编:《全宋文》第258册,第144–145页。

三任住持"大慧、大圆、普门"。作者之父与大慧宗杲等僧人相识以游,"乾道二年春,予以先公大监大祥,至广利作佛事,因访微公,公与大慧皆先世道旧,相见慰藉久之"。微公请记以大慧施压于作者,其云:"子不我记,非独慢我,是慢大慧",于是,作者"不敢辞"。此记所作,作者李泳之父与宗杲的方外之情起到了不可或缺的作用。

孙应时(浙江)于绍熙二年(1191)作《慈溪定香复教院记》①(浙江)。本记涉及律教相争之事,僧人刊刻官家公判,并请记刻石,实际是想留下凭证为以后之依凭。定香寺由于"律亡其师",便由律寺改为教院,记云:"唐天复中浮图道恩所筑,里人张氏实以其地界之。宋淳熙己酉岁十二月,张氏裔孙执中偕耆老数十诣县"。由此可见,慈溪张氏家族由唐而宋,犹与定香寺有关涉,这不禁让人惊叹。作者孙应时并不是因张氏而作记,更不是因佛教而作记,实际上他自道云:"余儒者,雅不道浮图事",其作记用作者自己的话说就是"不得已",因请记者"挟余宗家固请",亲戚之情分,自然难以固辞尔。

楼钥(浙江)于绍熙三年(1192)作《昌国州超果寺记》②(浙江)。此记之所作,乃"乡之士民"嘱托国仲观请作者楼钥之结果,记云:"因国仲观之光求记于余",而作者与国仲观交谊匪浅,情似兄弟,其云:"仲观乡之善士也,其母与吾母俱汪出,少同研席,实兄事之"。又,楼钥有《汪氏报本庵记》,此报本庵乃楼钥舅家之坟寺,楼钥自幼生长外家,焉有不作之理。

郑锽(浙江)于绍定二年(1229)作《遵公舍田之记》③(浙江)。遵公乃延昌寺可遵大师,与作者有亲属关系,"可遵大师,君溪郑氏子,冠岁受业本郡之崇梵,中岁始驻锡于延昌寺。"可遵有田可施予寺院,源

---

① 曾枣庄、刘琳主编:《全宋文》第290册,第90-91页。
② 曾枣庄、刘琳主编:《全宋文》第265册,第67-68页。按,该记原文出自元代《大德昌国州图志》卷七,原无题,仅称"参政楼公钥有记"(《宋元方志丛刊》第6册,第6104页),《全宋文》编者据此拟题为《昌国州超果寺记》,但此记文名称显误,"昌国州"这一称谓在宋不存,其建置在元。南宋时期其称昌国县,属明州(今浙江宁波市,1194年后改称庆元府),见周振鹤主编、李昌宪著:《中国行政区划通史·宋西夏卷》,复旦大学出版社2007年版,第511-512页。
③ 曾枣庄、刘琳主编:《全宋文》第333册,第297-298页。

自其"俗家有少分祭谷，其侄晋叟、齐叟与为储，所得用以置田肆亩，余计租捌石五斗"。可遵去世后，其侄将田"施诸常住，以供众僧，且以为父母忌"。同时，此寺与郑氏家关系颇为紧密，该碑记由其侄郑铿撰写，侄孙郑麁书石，侄孙郑必大题额，记末有云："侄修职郎、婺州东阳县西尉铿撰，侄孙迪功郎、新衢州西安县尉麁书，侄孙迪功郎、新岳州司户参军必大题额。"

五、"灯灯相续"

岭南著名文人余靖（1000-1064）《韶州白云山延寿禅院传法纪》云："呜呼！今夫公侯将相之家，不过一传再传，或当世而绝者，岂非道家所忌、陈平所识阴谋而害人者耶？至于浮屠氏，托大义以承嗣，而能世广基构，至于不朽,贤于阴谋者远矣！其可书也。"[①]功名富贵如此，其他亦往往如是，朱熹尚感叹"世患无祠堂耳，然世之有者，创于一世，不二世而沦没者多矣"[②]。佛教寺院虽常废而常修，因此往往给人的印象是永远屹立不倒，这对士人的冲击是很大的，这或许对后世完善的家族祠堂制度[③]有一定的积极启发或影响。在宋人寺记中，我们可以经常看到文人学士赞赏寺院存续之久远，僧人认为为寺院作记的一个目的是勉励后之来者，使寺院存续久远，其中有云："安知其不由是勉于贤，而是刹之兴，将无有终穷乎？"[④]

在宋人寺记中，我们看到寺院往往与某个家族关联密切，这就不仅仅限于一代，而是经过几代人传承相续，这也是寺院能够常废却常兴的一个重要因素。

孙沂（江苏）于政和元年（1111）作《江阴县寿圣禅院庄田记》[⑤]（江苏）。

[①] 曾枣庄、刘琳主编：《全宋文》第27册，第80页。

[②] 朱熹《唐桂州刺史封开国公谥忠义黄公祠堂记》，郑振满、丁荷生《福建宗教碑铭汇编·兴化府分册》，福建人民出版社1995年，第30-31页。此为朱熹佚文，详见常建华《宋以后宗族的形成及地域比较》第一章"从朱熹一篇佚文看《家礼·祠堂》与宋代的祠庙祭祖"，人民出版社2013年。

[③] 宗庙（或祠堂），其渊源甚早，唐宋多称家庙，"一套堪称完善的汉人宗族祠堂系统，是明中叶以后才开始出现的，到清初可以得到固定下来。"钱杭：《中国宗族史研究入门》，复旦大学出版社2009年版，第163页。

[④] （南宋）李流谦：《重修安国寺记》，见曾枣庄、刘琳主编：《全宋文》第221册，第264页。

[⑤] 曾枣庄、刘琳主编：《全宋文》第135册，第171-172页。

寿圣禅院僧人"乞记于沂,欲述祖构之因",而该寺实乃作者之祖父所开创建立,"大父瑞安府君……即发簪金、廪粟,立木百楹,书贝文几万卷",其祖父亡故以后,其父母又相继有所施舍,"偕(继任住持)与先君议置膏壤,王母李氏悦闻,乐倾奁蓄,贸良田数拾畦,施供其众"。其后之住持僧秘源为作者孙沂从青城招至江阴县而为寿圣院住持,此记即是因秘源所请而作,书丹者乃其子孙荓。由此可见,孙家四世均参与到了寿圣禅院的兴建活动中。

强浚明(浙江)于元祐八年(1093)作《寿圣院记》[①](江苏)。此寺乃吴越武肃王钱镠子孙所创建并持续供养乏困,历经"父子孙曾"而传于今。请记者乃"同郡钱君慎微",乃钱氏子孙。钱慎微希望后世对此寺有所考焉而请作记,并把此寺的兴衰沉浮与钱氏家族的命运联系在一起,钱慎微云:"此寺之兴逾百年,更三迁,历吾家四世而后大备,其成之难如此。幸此寺日益新,僧之来者日益众,则钱氏之兴可知也。恐后来者亡以考也,吾子试为我书之。"

李景渊(?)于宣和四年(1122)作《寿圣禅院修造记》[②]。该寿圣禅院在台州,作者时为台州知州。记文载寺院乃郭氏经始并重修,其云:"其经始,皆乡人郭文霸与邻里共成之",其后郭氏子孙复加营建,记云郭氏子孙"复施财营构,而入院之门、安经之台、声钟之楼、置像之殿、斋堂、禅堂、廊庑、庖廪,率皆完具"。作者对郭氏子孙持赞赏态度,称其"能世其业"。经始者郭文霸为宋仁宗皇祐(1049-1054)时人,乃虔诚的奉佛者,曾"受菩萨戒",亦曾助建台州临海县资瑞院。[③]

孙觌(江苏)于绍兴十六年(1146)《兴化军节度仙游县香山记》[④](福建)。文题中之"香山"乃香山院之略称。文中云"邑人朱氏尤崇向之,世世相仍作佛事,以荐冥福。至给事公与其子大卿公,又斥廪稍之余,扶颠补败,撤而新之"。其中给事公为朱绂,入元祐党籍,其坟墓在香

---

① 曾枣庄、刘琳主编:《全宋文》第117册,第189-190页。
② 曾枣庄、刘琳主编:《全宋文》第173册,第2-3页。
③ 见黄瑞辑:《台州金石录》卷三《临海县资瑞院记》,《石刻史料新编》第1辑第15册,第11011页。
④ 曾枣庄、刘琳主编:《全宋文》第160册,第380-381页。

山①。从"世世相仍作佛事"来看，朱氏家族与此院有着非同一般的关系，或也有可能是朱氏的坟寺。大卿公为朱宗，其子朱元飞曾受教于朱熹，朱熹为之作《归乐堂记》，以藏书家名世。朱绂曾写信请孙觌作记刻石，但未成而逝，其子朱元飞复求之，记云："一日，大卿之子元飞过余言曰：'先君尝欲寓书求公文为记，伐一石书而刻之，以示子孙，不幸被疾弃诸孤，遂不果。今元飞来请，幸公许我。地下有知，殆为慰焉。'"

杨万里（江西）于庆元五年（1199）作《永新重建宝峰寺记》②（江西）。首先，此记乃杨氏之女婿刘亿来求记，记云僧人"介予倩刘亿来谒予记之"。其次，宝峰寺乃朱氏祖孙三代相继修建，先是居士朱戫极力营建寺院，并割田施于寺院，并为该寺购买度牒以度僧，"槎江居士朱君讳戫也……倒囊召匠，斸山取材，为殿为堂，为寝为廊，为门为墙，为甀为像。朴斫坚好，雕饰备具，金碧有烂，鼓钟有镗。市腴田以业其生，贾度牒以世其徒"。后有其子复加营葺，"至其子良肱再继葺焉"。其后寺院又因火灾而毁，其孙又加修整，记云："近岁戊午烬于郁攸，其孙知微、知广复一新之焉。"面对祖孙三代孜孜以继地营修寺院，作记者杨万里颇有感慨，赞叹朱氏之余，对士大夫之家发出了这样的疑问："士大夫之家而祖而父，倡以忠孝，继以背诞；倡以术业，继以荒嬉。是亦继也，有能如知微弟兄之继其父祖之志者乎？"

蒲舜举（？）于乾道九年（1173）作《广化寺记》③（甘肃）。作者宣扬其"非佞佛者"，而是"有所激"，所"激"者乃当地的土风"勤生而啬施"。与土风不同的是，在广化寺之修建上，当地高氏家族却能世代乐善好施。广化寺乃高务成于元丰四年（1081）捐施钱财而建，直到八九十年之后的南宋时期，高氏之孙高德仍"愈念前功，仍像设诸佛以增广之"。高氏捐建寺院，绵历岁时，此乃作者感慨之源。

程珌（安徽）于庆元（1195–1200）后作《富昨寺记》④（浙江）。富

---

① "宝文阁待制、少保朱绂墓在县南孝仁里香山寺。"见（明）周瑛、黄仲昭著，蔡金耀点校：《重刊兴化府志》卷二五，福建人民出版社2007年版，第679页。
② 曾枣庄、刘琳主编：《全宋文》第239册，第349–350页。
③ 曾枣庄、刘琳主编：《全宋文》第254册，第297–298页。
④ 曾枣庄、刘琳主编：《全宋文》第298册，第123–124页。

昨寺位于休宁县之南太清里①，毁于方腊，绍兴时里人汪进之曾"祷于遗址，雨不旋踵，岁以稔告"，于是汪进之重加修建以奉沙门，其后汪进之之孙、曾孙都曾施田度僧，"进之之子，名子才，字文德，又度德惠继之"，"进之之孙曰敬，倡而新之，其曾孙瑀施十亩，其孙如松施五亩"。作者一方面认为其曾孙汪瑀等人的这些举动，"岂惟续佛灯，实能享祖意"；另一方面，在汪氏四世相续营寺与人世变迁漂移不定的对比中，作者慨叹："百年之间，祖孙四世，一意所传，绵绵弗坠。尝观世变之推迁，验人事之兴废，而后益叹瑀之善述也。"

韩元吉（河南人，寓居江西）于乾道四年（1168）作《崇福庵记》②（江西）。记云："修撰公讳球，字美成，于某为祖父。某寓于信，亲见夫人遇事有法，可以为难，故为道礼之变，且述夫人之志以示后之子孙，俾知孝云。"韩元吉祖父韩球，曾于绍兴十五年上书朝廷乞葬母于信州上饶，"诏俞之"。韩球不久即卒，其夫人归葬之，并于坟旁建立佛寺（即坟寺）以守护，文中叙述曰："夫人慨叹，谓其有物阴相之也，因名曰崇福庵，买牒而度为僧者三人，买田以赡夫僧者逾六十亩。盖韩氏家许昌渡江而南，坟墓既不可族矣。"

赵康年（四川）于嘉定九年（1216）作《重新龙怀梵刹砌路记》③（四川）。四川飞乌县龙怀院，与黄氏颇有渊源，"黄南衮初舍地基，因以成寺，俗名黄忠院"，"曾孙继施常住，寺因以名"，作者极赏黄氏能"传灯护法"，其云："自隋以来，无虑六百祀，而创始成终，传灯护法，不离黄姓，名岂浪传哉！"不仅如此，此寺院与作者及其先世亦有关涉，"康年于尊相，系鼻祖银青创建，传世七八。中佛维摩相好丈室，为余先世所造。"

南宋崔敦礼作《地藏经文变相图记》④。此变相图乃崔敦礼之祖父于北宋绍圣年间所作，"乃以菩萨相及经文求诸变相，命工绘画"。靖康之

---

① 宋人罗愿《淳熙新安志》卷四休宁县·僧寺条目云："齐祈寺在和睦乡太清里，唐会昌中建"（见《宋元方志丛刊》第8册，中华书局1990年版，第7651页），齐祈寺与富昨寺临近，汪进之都有参与修建。《富昨寺记》记文首云："海宁之南，里名太清"，"海宁"显为"休宁"之误，致误之因待考。
② 曾枣庄、刘琳主编：《全宋文》第216册，第184-186页。
③ 曾枣庄、刘琳主编：《全宋文》第301册，第392-393页
④ 曾枣庄、刘琳主编：《全宋文》第269册，第123-124页。

乱后，国家板荡，"其板不存而所施本复不可得"。隆兴元年（1163），里人陈显"袖出是画"且"镂板而鼎新之"，其父感喟不已，但因画图文字磨灭，希望崔敦礼补之，"敦礼俯伏敬谢不敢，曰：'我先祖得古佛心法而于佛书无所不读，读无不得旨归，多所著述，皆极至当。敦礼愚无知，不足窥测万一，安敢补其亡？'家君曰：'因前人之志以成其美而久其传，善事也，其又何辞？'不获已，乃追述而为之言。"

六、结语

陈寅恪称宋初僧人智圆（976-1022）为新儒家之先觉者，其云："北宋之智圆提倡《中庸》……似亦于宋代新儒家为先觉。"① 韩毅认为："宋代佛教的中国化，主要体现在佛教对中国传统思想文化的认识和态度上，尤其是僧人群体对儒学思想的认同与肯定，并将其转用于佛门。"② 通过本章对寺记中家族因缘的论述分析，我们可以看到，宋代文人士子与佛教寺院有了更为广阔的关联，在这其中，父祖辈或家族成员与佛教的紧密联系乃是其中助因之一。在空间上，祖先坟茔与寺院空间的聚合共处，使两者思想形式有了直接的交融，其最直观的产物即是坟寺在宋代的产生与流行；同时，"在宋代，建祠堂供奉祖先的做法不少，但是，当时的祠堂不一定是后来《明集礼》规定的'家庙'模式，也包括形形色色的其他场所"③，寺院即通过为其供养信奉者建阁画图而岁祭之等形式，使儒家伦理在佛教空间中实践，这也说明宋代佛教一定程度上已经儒家化，这是极具中国本土特色的，也是佛教顺应时势所采取的善巧方便。在时间上，寺院往往常毁而常建，因其具有鲜明的开放性而与众生广结因缘，在这其中就有很多文人士子的家族记忆（如父祖辈的遗物或其与寺院的某种因缘等皆是）；同时，若某个寺院与某个家族的关联一经形成，往往能够绵延几世。

---

① 陈寅恪：《金明馆丛稿二编》，上海古籍出版社1980年版，第252页。
② 韩毅：《宋代佛教的转型及其学术史意义》，《青海民族研究》2005年第2期。
③ [英]科大卫（David Faure）：《祠堂与家庙——从宋末到明中叶宗族礼仪的演变》，《历史人类学学刊》第1卷第2期，2003年。

第二章　宋代文人经藏记研究

在古代中国，儒家有诗书六艺，道教有仙书秘文，佛教有三藏十二部，职此之故，儒释道三家亦各有藏书之所，宋人傅达可《轮藏记》即云："儒有兰台东观，道有金匮石室，皆藏书之地也，而释氏独衷之轮格而谓之转轮藏。"[1]

转轮藏，是经藏的一种独特的形式，在宋代较为常见[2]，又称"莲华转轮经藏"[3]"莲华藏"[4]，或称"飞轮法藏"[5]，相传为傅大士所建[6]。"所谓'转轮藏'，是佛教寺庙中藏书或供佛用的特殊的木构建筑，其外形类似宫灯或园林中别致的小亭，其构架主体类似一个可转动的大木轮，由此称之。有些地方称它为'飞天藏''壁藏'。它们是佛教文物中颇具科学

---

[1] 曾枣庄、刘琳主编：《全宋文》第185册，第211页。

[2] 朱熹就曾"近取诸身"而以譬喻来教导其弟子，"安卿问北辰。朱子曰：'北辰是那中间无星处，这些子不动，是天之枢纽。北辰无星，缘是人要取此为极，不可无个记认，故就其傍取一小星谓之极星。这是天之极纽，如那门笋子样，又似个轮藏心，藏在外面动，这里面心都不动。'"（宋）黎靖德编，王星贤点校：《朱子语类》卷二三，中华书局1986年版，第534—535页。

[3] 黄庭坚《普觉禅寺转轮藏记》，又其《江州东林寺藏经记》云："以檀施之余建莲华转轮经藏"，"最后度为转轮莲华经藏"，见（宋）黄庭坚撰，郑永晓整理：《黄庭坚全集辑校编年》，江西人民出版社2008年版，第709页、第589页。

[4] "法师思净……建十莲华藏"，（宋）释志磐：《佛祖统纪》卷一五，上海古籍出版社2013年版，第344页。

[5] 南宋幸元龙《新昌县天宝乡宝盖院轮藏记》云："乡有宝盖院，有飞轮法藏"，见曾枣庄、刘琳主编《全宋文》第303册，第434页。

[6] 《佛祖统纪》"轮藏"条云："梁傅大士愍世人多故，不暇诵经，及不识字，乃于双林道场创转轮藏，以奉经卷，其誓有曰：有三登吾藏门者，生生不失人身；有能信心推之一匝，则与诵经其功正等；有能旋转不计数者，所获功德即与读诵一大藏经正等无异。藏前相承，列大士像，备儒、道、释冠服之相者，以大士常作此状也，列八大神将者，八部天神也，保境将军者，在日乌伤宰发誓护藏者也。"（宋）释志磐：《佛祖统纪》卷三四，第745页。

价值的文物精品。据报道,迄今尚存的转轮藏建筑有四座,它们是,河北正定县北宋隆兴寺转轮藏,四川江油市窦圌山南宋云岩寺飞王藏,山西大同辽代华严寺壁藏,以及四川平武县明代报恩寺转轮藏。这些建筑在历代几经毁坏,又几经修葺。迄今,转轮藏大多只剩主体木构件。而外表装饰早已荡然无存。从现存的主体构件看,这四座转轮藏是基本相同的木构建筑。"①

经藏,即为藏经之所,而建设藏经楼所费不菲,且因其由多募众缘、众人出资而建,故僧人多请名人文士而为作记,以彰显众人之德,且倚之为所在寺院延誉取重。在唐代,僧人在经藏完成之后,请文人作记,时时或有,宋僧释法明《宝梵教寺经藏记》云:"顾当时(引者注:唐)建立之人求其记者,皆一时巨公硕儒,以文章翰墨照耀后人,欲其取重于天下矣。"②就笔者所见,宋代以前的经藏文虽然已经出现,但相较于宋代,其数目可谓鲜矣。宋前经藏文的存留情况大致如下:唐前有三篇文,即王褒《周经藏愿文》、庾信《陕州弘农郡五张寺经藏碑》、隋炀帝《宝台经藏愿文》③;唐五代时期文章有所增加但亦有限,共十一篇文章:任知古《宁义寺经藏碑》、顾况《虎邱西寺经藏碑》、白居易《东林寺经藏西廊记》、白居易《香山寺新修经藏堂记》、白居易《苏州南禅院千佛堂转轮经藏石记》、谭铢《庐州明教寺转关经藏记》、李节《饯潭州疏言禅师诣太原求藏经诗序》、周元休《东岳冥福禅院新写藏经碑》、沈彬《方等寺经藏记》、释云真《西林寺水阁院经藏铭并序》④、李莹《栖严寺新修舍利塔殿经藏记》⑤。

相较而言,宋代经藏文可谓涌现,碑铭赞记各种文体均有,本章笔者

---

① 戴念祖著:《文物与物理》,东方出版社1999年,第40页。
② 曾枣庄、刘琳主编:《全宋文》第185册,第267页。
③ 分载《全后周文》卷七、卷一二,《全隋文》卷七,见(清)严可均:《全上古三代秦汉三国六朝文》,中华书局1958年版,第3918—3919页、第3942页、第4054—4055页。
④ 分别见(清)董诰等:《全唐文》卷二三六、卷五三〇、卷六七六、卷六七六、卷六七六、卷七六〇、卷七八八、卷八五〇、卷八七二、卷九二一,中华书局1983年版,第2386—2388页、第5377—5399页、第6903页、第6904页、第6908—6909页、第7893页、第8249—8250页、第8926—8927页、第9126—9127页、第9594—9596页。
⑤ (清)陆心源:《唐文续拾》卷七,见(清)董诰等:《全唐文》,第11254—11255页。

仅以宋代文人的六十五篇经藏记文作为考察对象，对其中所展现的经藏渊源、分布、类型、卷数等略所分析；同时，宋代文人对经藏的书写，因其身份、思想不尽相同，导致了他们的书写态度与策略亦妍媸有别，这是本章的重点。

第一节　经藏基本情形

一、兴建之因

经藏（图如右①），尤其是转轮经藏，既能为僧俗两界提供阅读佛经的去处，又能为寺院增加额外的收入，满足民众的心理需求，可以说具有一定的民俗意义。

首先，"学佛者不得其书以观，则无以知佛之意"②，显而易见，经藏造作首先是为阅读佛经提供方便。尽管宋代僧人繁冗，素养各异，但也有不识文字之僧人预为后世"求心问性"者建经藏，南宋杨万里《兴崇院经藏记》载云："（释海璇）与其徒蕴贤、蕴淮计曰：'有寺百年而无经一卷，非不耒而农，不书而士乎？蔬其腹，衲其躯焉而已矣。吾徒藉第令自瘉自憎，靡胭靡忸，其若后之敏慧秀辩求心问性者何？'"③经藏为僧人或文人士大夫打开了通过语言文字而了解佛教常识、契入佛之知见的知识之门，正如杨亿《婺州开元赐新建大藏经楼记》所云："皮纸骨笔，学道者靡涉于艰辛；宝藏金言，开卷者并谐于悟入。"④诸如佛教、道教等宗教对文人士大夫的影响往往发生于寺院宫观之中，苏轼阅读道藏即在宫观，其有《和子由闻子瞻将如

---

① （宋）李诫：《营造法式》卷三二，《文渊阁四库全书》本。
② 林露：《慈溪永明寺藏殿记》，曾枣庄、刘琳主编：《全宋文》第97册，第28页。
③ 曾枣庄、刘琳主编：《全宋文》第239册，第289—290页。
④ 曾枣庄、刘琳主编：《全宋文》第14册，第410页。

终南太平宫溪堂读书》诗，王文诰案曰："读书，谓太平宫之道藏也。"① 又，其《读道藏》云："嗟予亦何幸，偶此琳宫居。宫中复何有，戢戢千函书。盛以丹锦囊，冒以青霞裾。"王注尧卿曰："终南县有上清太平宫，宫有道藏，先朝所赐书也。"② 同样，文人学士究心内典者往往借寺院经藏之佛典以明佛之义理。苏轼《虔州崇庆禅院新经藏记》云："呜呼，吾老矣，安得数年之暇，托于佛僧之宇，尽发其书，以无所思心会如来意，庶几于无所得故而得者。"③ 黄庭坚希望佛寺能够有经藏，亦是欲借此以研佛理，其《洪洲分宁县云岩禅院经藏记》云："清（僧人法清）闻山谷尝道云岩初无藏经，慨然欲办此缘。"④

其次，不可否认，经藏有着最为实用的目的——增加寺院经济收入，即"造者因之以求利"。经藏，尤其是转轮藏，外表雕绘华丽，黄金玛瑙庄严饰之，菩萨罗汉天龙鬼神等雕塑姿态各异，"上级置卢舍那、文殊、普贤及十六大阿罗汉之像；中级设虎座，作八神王箕踞捧持；其下象七金山法四大海。宝地平布，祥云周绕。缔构雕镂，殚匠石之精能；像设焚修，见天龙之护卫"⑤，"以黄金、丹砂、留璃、真珠，旃檀众香，创宝轮藏。浮空涌地，间见层出，若化城然。龙天拥卫，鬼神环绕，光明晃耀如百千日"⑥。转轮藏如此宏丽华美，确实可以动人耳目，但能深入民众更多的是源自其简单的可操作性（旋转）及背后的福田利益观念，这就增加了民众的可参与性，因此转轮藏与民众信仰连接起来。南宋叶梦得《胜法寺转轮藏记》载云："并海之民，不耕而渔，其习以多杀为事，而不畏罪。与之言吾理则惑，教以其书则怠。惟转轮藏备极雕刻彩绘之观，以致其庄严之意，可使凡徽福悔过者一皆效诚于此。吹蠡伐鼓，机发轴运，象教骇于目，而音声接于耳，不待发函展卷，而其心固已有所向矣。"⑦ 转轮藏作为民

---

① 孔凡礼点校：《苏轼诗集》卷四，中华书局1982年版，第179页。
② 孔凡礼点校：《苏轼诗集》卷四，第181页。
③ 孔凡礼点校：《苏轼文集》卷一二，中华书局1986年版，第390页。
④ （宋）黄庭坚著，郑永晓整理：《黄庭坚全集辑校编年》，江西人民出版社2008年版，第763页。
⑤ 杨亿：《婺州开元寺新建大藏经楼记》，见曾枣庄、刘琳《全宋文》第14册，第410页。
⑥ 孙觌：《常州无锡县开利寺藏院记》，见曾枣庄、刘琳《全宋文》第160册，第391页。
⑦ 曾枣庄、刘琳主编：《全宋文》第147册，第340页。

众祈福禳灾的一个场所，很多并不是免费向民众开放的，旋转转轮藏收取费用，这是寺院经济收入的一大来源，这在宋人的轮藏书写中有所体现：

  凡见闻瞻礼，咸极所至，祈禳感应辄如响。以故学佛喜舍之徒，常辐辏于三解脱门，斋储于是取给焉。（傅达可《轮藏记》）①

  襁负金帛，踵躐户外，可谓甚盛，然未必皆达其言、尊其教也。施者假之以邀福，造者因之以求利，浸浸日远其本。（叶梦得《建康府保宁寺轮藏记》）②

从上面的引文中我们可以看出，民众多借转轮藏祈福禳灾，而这种方式也得到了社会的普遍认可，何麒《北岩转轮藏记》云："守臣何麒，率州文武，捐金转毂，祝圣人寿，祈生民福。"③因此，"在宋代寺院经营项目中，转轮藏的收入显然成为一个大宗项目。"④轮藏记中没有透露具体的消费标准，但宋代其他文献诸如《梁溪漫志》《鸡肋篇》《扪虱新话》《泊宅编》等还是保留了较为具体的价位标准⑤。试看一例，《鸡肋编》卷中：

  又作轮藏，殊极幺么。它寺每转三匝。率用钱三百六十，而此一转亦可，取金才十之一，日运不绝。⑥

再次，前两种之缘由可以说是从"事"上论，还有一种情形则延伸到较为抽象的"理"之层面。禅宗历来强调不立文字，但轮藏的确又深入人心，因此一些禅宗僧人为了随顺世人，为众生积点福德，没有办法，不得不为之，所谓"我置藏经，且于末法中作佛事"（黄庭坚《洪洲分宁县云岩禅院经藏记》）。当然，僧人的这种理由或许让人感到有自欺欺人之嫌，但至少对于一些高僧大德而言，当时或确有此种情形，王庭珪《龙须山转轮经藏记》

---

① 曾枣庄、刘琳主编：《全宋文》第185册，第211页。
② 曾枣庄、刘琳主编：《全宋文》第147册，第338页。
③ 曾枣庄、刘琳主编：《全宋文》第177册，第338页。
④ 王福鑫：《宋代旅游研究》，河北大学出版社2007年版，第380页。
⑤ 王福鑫：《宋代旅游研究》，第381–383页。
⑥ （宋）庄绰：《鸡肋编》卷中，上海师范大学古籍整理研究所编：《全宋笔记》第4编第7册，大象出版社2008年版，第66页。

云:"今之所以聚佛书转大法轮,以张皇其说者,盖不为诸佛说法,为凡夫说法尔。此藏之所以宜建也。"①佛教之于普罗大众,实用性、功利性居于第一要位,至于成不成佛、开不开悟,广大民众一般都不甚关心,对禅师的说法也兴趣不大,因此禅师为了随顺众生不得已而建经藏。黄庭坚《洪洲分宁县云岩禅院经藏记》云:

> 韶阳公(僧人悟新)曰:"与十方人作粥饭,缘则可矣,非老人为道而来之意。古人云:我若一向举扬宗乘法,堂前草深一丈。吾恐云岩门外荆棘生焉。不得已,众竭力为我置藏经,且于末法中作佛事。"②

很显然,禅宗讲究心法,传扬不立文字、教外别传,"古人云"之"古人"者即为唐代禅师景岑,《景德传灯录》载:"湖南长沙景岑号招贤大师,初住鹿苑为第一世,其后居无定所,但徇缘接物随请说法,故时众谓之长沙和尚。上堂曰:'我若一向举扬宗教,法堂里须草深一丈,我事不获已,所以向汝诸人道。'"③宋代著名禅师大慧宗杲对此有所阐发,《大慧普觉禅师语录》载:"盖众生根器不同,故从上诸祖各立门户施设,备众生机随机摄化。故长沙岑大虫有言:'我若一向举扬宗教,法堂前须草深一丈。'"④这里我们可以看出,僧人宣扬禅宗心法,高谈心性学说,对于没有知识修养的大众而言,实属天方夜谭,禅师为了随机度众,让众生结点佛缘,建设经藏也是一种无奈的应世之举。

二、藏经渊源

除了极个别为本宗教藏或四大部经外,绝大多数宋人经藏记的书写对象是大藏经,而佛教大藏经的最终形成经历了漫长岁月,由印度的多次结集到中国的长时间传译,进而最终初步定型。宋人所书写的大藏经,即汉

---

① 曾枣庄、刘琳主编:《全宋文》第158册,第253页。
② (宋)黄庭坚著,郑永晓整理:《黄庭坚全集辑校编年》,江西人民出版社2008年版,第763页。
③ (宋)释道原:《景德传灯录》卷一〇,《大正藏》第51卷,第274页。
④ (宋)释蕴闻:《大慧普觉禅师语录》卷二九,《大正藏》第47卷,第937页。

文佛教大藏经，"是经过隋唐以来我国佛教的目录学家甄别、整理并按照一定的次序编辑而成的、包括中国僧人著述在内的汉文佛典的总集。这种佛典总集的目录依据是隋唐时代最早出现在佛经目录中的'入藏录'；而这种'入藏录'最终的比较完备的形态则是唐开元年间名僧智昇编辑的《开元释教录·入藏录》。我国中唐以后的写本大藏经以及北宋初年开始的以写本而雕印的刻本大藏经是以此为基础的"①。

宋人经藏记书写经藏的渊源应该是题中应有之义，正如宋人写学记一样：

> 一般而言，宋代学记的整体结构包括以下几个部分。一是叙述学校的兴建过程……二是考述学校制度在历代的兴衰及其与治乱之关系，通常是将学校制度追溯到《礼记·学记》与《周礼》中所载周代的学校制度，即所谓"国有学，遂有序，党有庠，家有塾"，而将这一制度的兴废视为后世治乱的根源。三是阐述兴学之意。②

就我们所看到的宋人经藏记，除了偶尔形而上的阐发外③，很少会对经藏作一溯源，言其传入，笼统浅显：

> 佛在西域时，远中国仅二万里，华人未始闻其言。彼方之人闻有震旦之国，负其书重译而至者，橐驼相属也。（王庭珪《龙须山转轮经藏记》）④

> 然吾闻之，佛经之入中国，重译而仅传，其杂伪纷舛，殆与儒书未删者同。而中国之学者穿凿傅会，亦不异于俗儒稽古之说也。（韩元吉《景德寺五轮藏记》）⑤

---

① 李富华、何梅著：《汉文佛教大藏经研究》，宗教文化出版社2003年版，第14页。
② 刘成国：《宋代学记研究》，《文学遗产》2007年第4期。
③ 如王安石《真州长芦寺经藏记》云："西域有人焉，止而无所系，观而无所逐。唯其无所系，故有所系者守之；唯其无所逐，故有所逐者从之。"见曾枣庄、刘琳主编：《全宋文》第65册，第58—59页。
④ 曾枣庄、刘琳主编：《全宋文》第158册，第252页。
⑤ 曾枣庄、刘琳主编：《全宋文》第216册，第218页。

言其译者，只知一二，朱处约《北岩定林禅院藏经殿记》提到了唐僧玄奘，叶梦得《胜法寺转轮藏记》提到了鸠摩罗什。稍微深入一点，会提到经律论：

> 故阿难陀集而为经，优婆离结而为律，诸菩萨衍而为论，经、律、论虽分乎三藏，戒定慧盖本乎一心。（杨杰《褒禅山慧空禅院轮藏记》）①

> 诸大弟子佛灭度后，相与结集修多罗藏，及诸菩萨制律造论，助发实相，藏教乃圆。（李纲《澧州夹山普慈禅院转轮藏记》）②

再深入具体一点，宗泽《义乌景德禅院新建藏殿记》有云："故五时五味，半满权实，圆机定数之义，播列诸部。"③"五时五味"即天台宗创始人智顗大师判教，"天台智顗就如来所说一代圣教之次第立为五时，而以五味配五时，譬如五时教之逐渐产生，称为'约教相生'；而以五味之有浓淡比喻根机之利钝，称为'约机浓淡'。"④

虽然以上所举记文的经藏溯源书写较为蜻蜓点水，但已经是宋人能够追索经藏缘起比较好的例子了，多数经藏记一般都会有意无意地忽视或者省略。在如此众多的经藏书写中，朱处约皇祐四年（1052）所作《北岩定林禅院藏经殿记》可谓较为具体，不过其错误也较为明显。其文云：

> 佛书总五千四十八卷，其大部折三乘有次矣。自前五代而下，由学其教者抵西域取贝叶行梵之书至中国，译而为经。历代官为置局，参以文士，为之润色。故近世函而演之，始有藏号。至唐，尤得时君信重，以宰臣兼润文使，于今相诵不易，其体宏大如此。太宗贞观时，有玄奘法师者亲就佛都，广求异本，在西域十余年，经百余国，悉晓其土著风俗之语，史官或取以志于异闻。是时梵本经已有六百五十七部，诏当世文学之士翻而修之，房、杜而下

---

① 曾枣庄、刘琳主编：《全宋文》第75册，第244页。
② 曾枣庄、刘琳主编：《全宋文》第172册，第212页。
③ 曾枣庄、刘琳主编：《全宋文》第129册，第375页。
④ 慈怡主编：《佛光大辞典》，佛光出版社1988年版，第1104页。

皆预其选。其教汗漫博诞，至此始有定据。①

"故近世函而演之，始有藏号"。此"藏号"应该是就大藏经而言，但大藏经的称呼隋朝已经流行，隋灌顶著《隋天台智者大师别传》卷一云："大师所造有为功德：造寺三十六所，大藏经十五藏"②，唐代写本大藏经也已经普遍流通。"是时梵本经已有六百五十七部"，即玄奘带回的梵文佛典，"爰自所历之国，总将三藏要文凡六百五十七部"（《续高僧传》卷四）③，实际上，玄奘组织翻译了七十三部，一千三百三十卷④。"房、杜而下皆预其选"，房玄龄确实参与了玄奘译经活动，《续高僧传》卷四载："乃敕京师留守梁国公房玄龄，专知监护，资备所须，一从天府"⑤，同书卷三云："又敕上柱国尚书左仆射房玄龄……参助勘定"⑥。但是据现有材料，杜如晦并没有参与此次的译经活动。玄奘可以说是中国佛经翻译史上的第一人，其所译佛经占了唐代译经的半壁江山，诸如著名的六百卷《大般若经》即圆成他手。但是说"其教汗漫博诞，至此始有定据"，却是不确。比如，八十卷本《华严经》，其梵文文本乃武则天派人到于阗取得，于阗僧人实叉难陀翻译并成为定本，菩提流志于中宗、睿宗时期完成择选旧译，补充未译，完成了足本一百二十卷《大宝积经》。

三、经藏分布

宋代，大藏经得到了雕版印刷，加之宋代僧人多置转轮经藏，以福田利益之说延揽信众，而信众多借此祈福，故相比于唐代，宋代佛寺置经藏者所在多有，释法明《宝梵教寺经藏记》云："昔韩梓材（元稹幕僚），唐之名儒也，尝为清泉寺作《轮藏记》，其所载太和中，率天下佛祠逾三万，其能置大藏者不过十百。然以唐较宋朝，其增置佛祠不啻数倍，而

---

① 曾枣庄、刘琳主编：《全宋文》第46册，第100页。
② （隋）灌顶撰：《隋天台智者大师别传》，《大正藏》第50卷，第197页。
③ （唐）释道宣：《续高僧传》卷四，《大正藏》第50卷，第456页。
④ （唐）释道宣：《续高僧传》卷四，《大正藏》第50卷，第458页。
⑤ （唐）释道宣：《续高僧传》卷四，《大正藏》第50卷，第454页。
⑥ （唐）释道宣：《续高僧传》卷三，《大正藏》第50卷，第440页。

能置大藏者又何止于十百而已哉？"①朱处约《北岩定林禅院藏经殿记》云："今天下名山巨寺必有大藏经，奉为伟观秩字之宗，费常数百万。"②

如上所言，宋代经藏建设得到了长足发展，宋人甚至夸张地描绘经藏遍九州，王庭珪《龙须山转轮经藏记》云："于是其徒作华藏之居，建大轴两轮，以藏此五千四十八卷于轮间者，往往遍九州也"③，李纲《澧州夹山普慈禅院转轮藏记》云："轮藏之兴周遍禅刹，与诸有情作大饶益。"④但是，事实上，藏经规模庞大，建设经藏也需要一定的经济基础，故而经藏的分布并不是很均匀，其在名寺巨刹及经济发达地区较为常见，而在偏僻荒落处往往少见或不见。据宋人经藏记统计，经藏分布如下：

省份	浙江	江西	江苏	四川	安徽	重庆	广西	湖南	广东	福建	湖北	山西	未知
数目	16	16	8	5	4	2	2	2	1	1	1	1	1

据此我们可以看出，浙江、江西、江苏经藏占了近三分之二。虽然，我们的统计仅仅针对宋人的经藏记，并不能概括所有，很多寺院的经藏并没有被文人以"记"的形式加以显露，有些经藏资料保存于其他文体或方志笔记等文献之中，更何况有更多的寺院经藏并没有进入历史的视线。但是，宋代经藏分布的大致情况应该如此，黄庭坚《洪洲分宁县云岩禅院经藏记》言："于是四方来观者乃曰：'江东西经藏乃十数，未有盛于云岩者也'"⑤，林露《慈溪永明寺藏殿记》云："佛之言流于中国五千余卷，其徒传录，类聚而藏之，世谓之'藏'。浙中大率喜奉佛，所谓藏者尤多于诸道。"⑥从黄庭坚及林露的经藏记中，我们可以知道，江南东西路及两浙路的经藏是比较多的，这也符合我们上面的统计结果。据台湾学者黄敏枝对转轮藏的研究，其分布正集中于江浙赣这些地区，其言："轮藏分布的地区似乎集中在两浙路、江南东西路、四川路等这些地方。或与这些地区经济富庶

---

① 曾枣庄、刘琳主编：《全宋文》第145册，第267页。
② 曾枣庄、刘琳主编：《全宋文》第46册，第100页。
③ 曾枣庄、刘琳主编：《全宋文》第158册，第252页。
④ 曾枣庄、刘琳主编：《全宋文》第172册，第213页。
⑤ （宋）黄庭坚撰，郑永晓整理：《黄庭坚全集辑校编年》，江西人民出版社2008年版，第764页。
⑥ 曾枣庄、刘琳主编：《全宋文》第97册，第28页。

有关，因为轮藏造价很高，除轮藏本身外，还要周边的建筑如藏殿房舍等。"①

相较而言，其他地方经藏较为少见，苏轼在江西虔州所作的经藏记中就曾感慨广东惠州没有经藏，其《虔州崇庆禅院新经藏记》云："谪居惠州，终岁无事，宜若得行其志。而州之僧舍无所谓经藏者。"②

四、藏经来源

宋代大藏经虽然已经有雕版印刷的刻本，但限于寺院财力等因素，很多寺院的大藏经仍然是写本，据宋代文人经藏记，我们总结如下。

（一）刻本。入京借版雕印者，此乃北宋官方雕刻的藏经，即著名的《开宝藏》，乃宋太祖开宝年间雕刻的佛教大藏经，"《开宝藏》是我国第一部木刻本大藏经。这部大藏经的初刻本大约完成于宋太宗太平兴国八年（983），在初刻本完成后，经版于当年运到京城，宋太宗在太平兴国寺设印经院开始印经"，"神宗熙宁四年（1071），《开宝藏》经版已奉敕送到显圣寺圣寿禅院，以供印造"③。杨亿《婺州开元赐新建大藏经楼记》记载了浙江婺州开元寺僧文靖与婺州都知兵马使曹维旭于淳化中（990-994）入汴京击登闻鼓要求借版雕印大藏经的经过，其云："乃有本寺僧文靖，与本州都知兵马使曹维旭，同发志诚，共营胜利。爰以淳化中，相率诣阙，击登闻鼓，求借方版，摹印真文。奏牍上闻，帝俞其请。逮至道初，维旭等始共辇置楮墨之直，聿来京都。诏免关市之征，授以要券。缮造既毕，护持而归。"④

（二）刻本或写本，个人捐赠。私人捐赠，理由非一，总体上可以说，宋人受福田利益之说的影响，往往不吝货财，借施经藏来为生者祈福、亡者超度，因此在宋人寺记中，就出现了较多的私人捐赠者，且看其例：

> 会石照县民陈氏者独入缗以购其本，无虑五百几函。（朱处约《北岩定林禅院藏经殿记》）

---

① 黄敏枝：《关于宋代寺院的转轮藏》，台湾《普门学报》第8期，2002年3月。
② 孔凡礼点校：《苏轼文集》卷一二，中华书局1986年版，第390页。
③ 李富华、何梅著：《汉文佛教大藏经研究》，宗教文化出版社2003年版，第69页、第73页。
④ 曾枣庄、刘琳主编：《全宋文》第14册，第410页。

于是右承直郎高凤印施五千四十八卷纳之匦中。(孙觌《崇安寺五轮藏记》)

(萧民望)曰:"我旧嗜蓄儒书,今颇嗜蓄佛书,新作一经藏于石泉寺以贮之。"(杨万里《石泉寺经藏记》)

故张君国瑶之配刘氏太孺人,首得簿,卷而归……市四方所刊释氏书而函之。(曾丰《隆山寺轮藏记》)

先是绍兴中,里人余聪买其书号四大部置院中。(罗愿《徽州城阳院五轮藏记》)①

(三)写本,募请文人书写者。元祐七年,朝廷奖赐中书侍郎范百禄于其祖茔之侧(成都东北郊)建寺度僧,赐名"慈因忠报禅院",即功德坟寺,其兄朝散郎范百朋,建屋二百楹,请僧继隆主之,请文人四百多人抄写佛经,并建楼阁以藏,黄庭坚《成都府慈因忠报禅院经藏阁记》云:"所藏经五千四十八卷,劝请士大夫四百余家,皆号称能书,乃畀之书,其费皆出于范氏。"②

(四)写本,僧尼躬自抄录者。虽然宋代已经不是写本大藏经流行的时代,但是受购置费用及虔敬心理等因素的影响,写本藏经依旧没有退出也不会退出历史舞台。浙江义乌景德寺僧琳师抄写经文一百函,宗泽《义乌景德禅院新建藏殿记》云:"始建经藏,写经律等仅一百函"③;又僧人宝印在浙江永嘉妙果院传授天台教法,比丘尼文赞刺血书经并施与该寺,王十朋《妙果院藏记》载其事,其云:"有尼文赞,来施宝藏,直万金","经文浩卷轴,一一刺血书,用报父母恩,普及一切众。"④

五、藏经类型

宋代藏经主要是指基于《开元录·入藏部》而有所增益的多种"大藏经",宋代文人经藏记文中多次出现的"五千四十八卷"即可说明此点;同时,

---

① 曾枣庄、刘琳主编:《全宋文》第46册、第160册、第239册、第278册、第259册,第101页、第416页、第284页、第14页、第312页。
② (宋)黄庭坚撰,郑永晓整理:《黄庭坚全集辑校编年》,江西人民出版社2008年版,第961页。
③ 曾枣庄、刘琳主编:《全宋文》第129册,第375页。
④ 曾枣庄、刘琳主编:《全宋文》第209册,第120页、第121页。

有两个特别元素值得我们关注，一为教藏（华严宗教派之藏经），一为四大部经（"小藏经"）。

（一）华严宗之教藏

佛教常言八大宗派，在宋代，禅宗、天台宗、华严宗、唯识宗、净土宗、密宗等佛教派别均有弘传，就宋代经藏记所及，仅有贤首宗（华严宗）有专门弘扬本派佛法心要的教藏，章衡《大宋杭州惠因院贤首教藏记》云："春正月，请晋水净源阇黎住持南山惠因道场"，"高丽国祐世僧统义天聆芳咀润、礼足承教，印造经论疏钞总七千三百余帙"[1]。

"北宋元丰八年（1085）高丽国王子僧统义天到杭求法，从慧因禅院高僧净源法师学法以归。元祐二年（1087）高丽王子义天以金书晋译《华严经》三百部入寺，施金建华严大阁。阁藏义天所献金书《华严经》三百部，以及原藏其他教宗玄要六百多函，为华严宗中兴后之典籍宝库"[2]。净源（1011-1088）重兴华严宗，被称为华严宗的"中兴教主"[3]。由于高丽高僧义天渡海入宋，带来了当时早已亡佚的华严著述，这使华严祖师智俨、法藏、澄观、宗密的著作重现华夏，义天学华严于净源，并将中土亡失之华严注疏奉赠净源住持的慧因禅院，慧因禅院因藏有大量华严教典而声名鹊起，元祐三年（1088）遂经朝廷批准改为慧因教院，"从此（1088）直到南宋末，虽然有所起伏，慧因寺始终具有华严宗的特征"[4]。除此之外，净源还在苏州、秀州的道场供奉本宗教藏，章衡《大宋杭州惠因院贤首教藏记》云："始建教藏于苏之报恩法华，秀之密印宝阁、普照善住。"[5]

（二）四大部经

四大部经亦称为小藏经。南宋释志磐《佛祖统纪》云："（冯）檝积

---

[1] 曾枣庄、刘琳主编：《全宋文》第70册，第182页。
[2] 顾志兴：《杭州藏书史》，中国社会科学出版社2011年版，第212页。
[3] （元）释念常：《佛祖历代通载》卷一九，《大正藏》第49卷，第672页。
[4] 闫孟祥：《宋代佛教史》，人民出版社2013年版，第300页。
[5] 曾枣庄、刘琳主编：《全宋文》第70册，第183页。

俸资造大藏经四十八藏，小藏四大部者亦四十八藏"①，无著道忠《禅林象器笺》云："盖世俗以五千四十八为大藏，以四部八百四十一卷者为小藏。"②《大藏经》卷帙浩繁，价格不菲，因此宋代一些寺院只藏有四大部经。南宋李吕（1122-1198）《剑州普成县孙氏置四大部经记》云："为书凡五千余卷，而其徒集而藏之曰大藏。既以为浩繁，莫适遍览，则又摘其帙之最巨而心要之总辖者，曰《般若》、曰《宝积》、曰《华严》、曰《涅槃》，别而藏焉，曰四大部。故凡喜事之阇黎，信心之檀施，力不足以及大藏者，则为是经之为。"③就宋代经藏记，仅有两处提到了四大部经：

> 顾念《般若经》六百卷，《宝积经》一百二十卷，《华严经》八十卷，《大般涅槃经》四十卷，于大藏中卷数特多，号四大部。寺所有者，乃后唐清泰中宁远军节度使马存之所施也。（邹浩《永州法华寺经藏记》）

> 绍兴中，里人余聪买其书号四大部，置院中。（罗愿《徽州城阳院五轮藏记》）④

由上面引文可知，四大部经包括《般若经》《宝积经》《华严经》《大般涅槃经》，分别为600卷、120卷、80卷、40卷，总为840卷⑤，相对

---

① （宋）释志磐：《佛祖统纪》卷二九，上海古籍出版社2013年版，第622页。
② [日]无著道忠：《禅林象器笺》卷一五，《佛光大藏经》编修委员会主编：《佛光大藏经·禅藏》第49册，台湾佛光出版社1994年版，第1117页。
③ 曾枣庄、刘琳主编：《全宋文》第220册，第286页。
④ 曾枣庄、刘琳主编：《全宋文》第131册，第259册，第346卷、第312页。
⑤ 《佛光大辞典》"四大部经"条云"841卷"，误，应为840卷。日本僧人无著道忠延续了南宋僧人释居简的错误，而《佛光大辞典》的修撰者延续了无著道忠的错误。无著道忠在《禅林象器笺》中云："盖世俗以五千四十八为大藏，以四部八百四十一卷者为小藏。北涧欲辨此讹，故云藏无小大也"，其言四大部为八百四十一卷，是沿用了南宋僧人释居简（"北涧"）的错误说法，其引释居简《江东延庆院经藏记》文："教有半满，藏无小大，《般若》《宝积》《华严》《涅槃》，合八百四十一卷，自五千四十八卷出。"（[日]无著道忠：《禅林象器笺》卷一五，《佛光大藏经》编修委员会主编：《佛光大藏经·禅藏》第49册，台湾佛光出版社1994年版，第1117页）当然，还有另外一种可能，那就是释居简《江东延庆院经藏记》中"八百四十一"之"一"乃后世传抄衍文，释居简的另外一篇经藏记文《澄心藏记》云："法尧先造大部四合八百四十卷"（《全宋文》第298册第344-345页），此四大部即为八百四十卷，因此无著道忠所据文献有可能不确。另，据辽清宁四年（1058）赵遵仁《涿州白带山云居寺东峰续镌成四大部经碑》、北宋邹浩哲宗绍圣元（1094）年所作《永州法华寺经藏记》等诸多文献，四大部均为840卷。

于五千多卷的《大藏经》，四大部经被称为小藏经，确实是实至名归。此四大部经，对机不同，义理倾向不尽相同，辽清宁四年（1058）赵遵仁《涿州白带山云居寺东峰续镌成四大部经碑》云：

  若夫摄九类四生，归真寂无余者，莫尊于《大涅槃》；大乘顿教，方广真筌，一句之内包法界，一毛之中安刹土者，莫出于《大花严》；破有归无，泯相逐性，作众经之轨躅，为诸法之元宗者，莫归于《大般若》；求佛智见，入佛境界，断缠缚之爱心，去执著之妄想者，莫如于《大宝积》。①

附带着，在这里我们想谈谈四大部经的佛教派别归属问题。《佛光大辞典》"四大部经"条有云：

  禅林中以《华严经》《宝积经》《般若经》《涅槃经》等四部八四一卷为四大部经。②

其中的一个错误（"八四一卷"），我们已经在注释中有所辨证。现在我们要稍微探究一下四大部经是不是"禅林"用语，或者说是不是禅宗专有③。通过考察，我们认为其非禅林专有，《佛光大辞典》所言不确。

首先，天台教亦讲论四大部经。慈云法师（964-1032）传承天台教法，但也讲四大部经，《四明尊者教行录》卷七有云："慈云法师，台之宁海人也。脱素于东掖山，泊为僧，即入国清，普贤像前烬指，誓学天台圣教……讲四大部经。"④但慈云所讲的四大部经不是《般若经》《宝积经》《华严经》《大般涅槃经》，而是另外四部，宋代文献《释门正统》载云："淳化初，众请居宝云，讲《法华》《维摩》《涅槃》《光明》四大部经。"⑤

---

① 北京石刻艺术博物馆编：《新日下访碑录·房山卷》，北京燕山出版社2013年版，第62页。
② 慈怡主编：《佛光大辞典》，佛光出版社1988年版，第1656页。
③ 四大部经确为禅林常用语，例子甚多，不烦枚举，《敕修百丈清规》云："斋粥二时，鸣钟集众讽经，或看藏经，或四大部经。"（元）释德煇重编：《敕修百丈清规》卷一，《大正藏》第48卷，第1115页。我们这里探讨其是不是禅宗专有的问题。
④ （宋）释宗晓编：《四明尊者教行录》卷七，《大正藏》第46卷，第932页。
⑤ （宋）释宗鉴编：《释门正统》卷五，《卍续藏经》第130册，第834页。

大约撰成于开元四年（716）至开元二十九年（741）之间①的《法华经传记》记载梓州人姚待所写四大部经乃是《法华》《维摩》《药师经》《金刚般若经》，其云："梓州郪县人姚待，诵《金刚般若经》，以长安四年（704）丁忧，发愿为亡亲自写四大部经：《法华》《维摩》各一部，《药师经》十卷，《金刚般若经》百卷。"②

其次，作为"北宋时期弘传律宗和净土教的一位高僧"③，释元照（1048-1116）也阅读四大部经，载记："（释元照）中年谢去人事，阅大藏凡四周，四大部一周。"④

此外，四大部经还作为密宗法会仪程中的一环。北宋僧人祖照，"在政和元年至宣和六年之间（1111-1124）撰成"⑤《楞严解冤释结道场仪》，该书科仪"包括教诫、仪文、提纲和密教四部分"⑥，其卷五有云："次为水陆有情称念四大部经题目"⑦，其包括了《大般若波罗蜜多经》《大宝积经》《大方广佛华严经》《大般涅槃经》四题及各四句偈。在南宋僧人释思觉所撰集的文献《如来广孝十种报恩道场仪》所载录的放生文中，亦有诵念四大部经题目的程序。⑧

通过以上例子，我们可以知道，四大部经，并非全部是指"《般若经》《宝积经》《华严经》《大般涅槃经》"，也非禅林中独造之语，天台宗、净土宗、律宗、密宗等均用之。

六、藏经卷数

既然是藏经，必定会涉及藏经的卷数，通过阅读这些经藏记，我们发现，众多文人都会用到一个数字来形容藏经的卷数——"五千四十八"。据笔

---

① 陈士强：《大藏经总目提要·文史藏》，上海古籍出版社2008年版，第538页。
② （唐）释僧详：《法华经传记》卷八，《大正藏》第51卷，第84页。
③ 中国佛教协会：《中国佛教》（第2辑），知识出版社1980年版，第254页。
④ （宋）释元照：《芝园集》卷上，《卍续藏经》第105册，第579页。
⑤ 侯冲：《云南阿吒力教经典研究》，中国书籍出版社2008年，第104页。
⑥ 侯冲：《云南阿吒力教经典研究》，中国书籍出版社2008年，第103页。
⑦ （宋）释祖照撰，赵文焕、侯冲整理：《楞严解冤释结道场仪》卷五，方广锠主编：《藏外佛教文献》第6辑，宗教文化出版社1998年版，第160页。
⑧ （宋）释思觉集，赵文焕、侯冲整理：《如来广孝十种报恩道场仪》卷四，方广锠主编：《藏外佛教文献》第8辑，宗教文化出版社2003年版，第201页。

者考察，宋代大藏经的卷数实非五千四十八卷，它只是大藏经的一个象征数字。首先，且看经藏记文中提到的五千四十八卷：

> 佛书总五千四十八卷。（朱处约《北岩定林禅院藏经殿记》）
> 所以至于五千四十八卷，而尚未足以为多也。为高屋，建大轴两轮，而栖匦于轮间，以藏五千四十八卷者。（王安石《真州长芦寺经藏记》）
> 其函八百，其卷五千四十有八。（陈舜俞《海惠院经藏记》）
> 所藏经五千四十八卷。（黄庭坚《成都府慈因忠报禅院经藏阁记》）
> 虽八万四千宝目遍入五千四十八卷，字字照了，虎观水磨，竟是何物。（黄庭坚《普觉禅寺转轮藏记》）
> 而其书乃至乎五千四十八卷者。（毕仲游《代范忠宣撰通慧禅院移经藏记》）
> 道人德岑既领住持事，遂以告于人曰："夫五千四十八卷，虽不足以尽禅之说。"况区区于五千四十八卷乎！集所谓五千四十八卷者为若干函以栖于其中。（邹浩《承天寺大藏记》）
> 积其书至五千四十八卷。建大轴两轮，以藏此五千四十八卷于轮间。（王庭珪《龙须山转轮经藏记》）
> 聚书五千四十八卷而椟藏之。（孙觌《常州永庆禅院兴造记》）
> 印五千四十八卷纳之匦中。（孙觌《崇安寺五轮藏记》）
> 为卷者五千四十有八，为匦者数十百。（杨万里《兴崇院经藏记》）
> 佛入中国，不立文字，五千四十八卷，其徒相传谓宝林大士哀悯阎浮提中沦堕迷途，与所知觉，乃聚五千四十八卷以为轮藏。（吕午《五休宁县方兴寺西院新建藏记》）①

---

① 曾枣庄、刘琳主编：《全宋文》第46册、第65册、第71册、第107册、第107册、第111册、第131册、第158册、第160册、第160册、第239册、第315册，第100页、第59页、第85页、第203页、第206页、第96页、第344页、第252页、第383页、第416页、第290页、第131页。说明：以上一文多处引用者，均在同一页面，仅注释一次。

无论是"不知佛书"①的南宋杨万里,还是自称"是僧有发"②的北宋黄庭坚,均视大藏经的卷数为五千四十八卷,可见大藏经的卷数在宋人那里达成了共识。可以说,在宋代,对于大藏经的卷数,僧俗两界其实都形成了固定的看法。首先看僧人,南宋僧人祖琇《隆兴编年通论》载:"是岁沙门智昇上释教经律论目录凡二十卷,铨次大藏经典及圣贤论撰凡五千四十八卷,自是遂为定数"③,南宋僧人释居简《澄心院藏记》云:"法尧先造大部四,合八百四十卷,祖意觉证又足以五千四十八卷。"④再看士大夫的共同认识,以上寺记引文皆为例证,这里再据其他形式的文献略举几例,葛立方《韵语阳秋》云:"佛氏经律论合五千四十八卷,置之大藏,所以传佛心印,作将来眼,所补大矣"⑤,范仲淹《十六罗汉因果识见颂序》云:"余尝览释教大藏经……凡四百八十函,计五千四十八卷"⑥,司马光《书心经后赠绍鉴》云:"余尝闻学佛者言,佛书入中国,经、律、论三藏合五千四十八卷。"⑦

唐代写本大藏经多数为5048卷,因为"《开元录·入藏录》的1076部、5048卷、480帙已成为唐代写本大藏经的基本内容"⑧。这在唐人的藏经书写中也可以得到印证,李节《饯潭州疏言禅师诣太原求藏经诗序》云:"凡得释经五千四十八卷";后晋周元休《东岳冥福禅院新写藏经碑》云:"越十年始就前愿,凡写藏内经律论及圣贤传记等,共五千四百八十卷。"⑨与此同时,大藏经的卷数并不唯一,中唐时期的白居易《香山寺新修经藏堂记》云:"以《开元经录》按而校之,于是绝者续之,亡者补之,稽诸

---

① 曾枣庄、刘琳主编:《全宋文》第239册,第284页。
② (宋)吴曾:《能改斋漫录》卷八,《全宋笔记》第5编第3册,大象出版社2012年版,第218页。
③ (宋)释祖琇:《隆兴编年通论》卷一五,《卍续藏经》第130册,第573页。
④ 曾枣庄、刘琳主编:《全宋文》第298册,第344-345页。
⑤ (宋)葛立方:《韵语阳秋》卷一二,中华书局1985年版,第95页。
⑥ 李勇先等点校:《范仲淹全集》,四川大学出版社2002年版,第506页。
⑦ (宋)司马光撰:《司马光集》卷六九,李文泽、霞绍晖校点,四川大学出版社2010年版,第1409页。
⑧ 李富华、何梅:《汉文佛教大藏经研究》,宗教文化出版社2003年版,第68页。
⑨ 分别见(清)董诰等:《全唐文》卷七八八、卷八五〇,中华书局1983年版,第8250页、第8927页。

藏目，名数乃足，合是新旧大小乘经律论集，凡五千二百七十卷"[1]，白居易所记藏经数目，虽然也是按照《开元释教录》并言"名数乃足"，但卷数却多了二百二十二卷；同时其《苏州南禅院千佛堂转轮经藏石记》云："经函二百五十有六，经卷五千五十有八"[2]，多了十卷（抑或"五"为"四"之误）。

我们知道，宋代三百余年里，大藏经官私刻本有多种，官刻即《开宝藏》，"初刻本大约完成于宋太宗太平兴国八年（983年），在初刻本完成后，经版于当年运到京城，宋太宗在太平兴国寺设印经院开始刊刻。之后，在真宗朝至徽宗朝的一百余年不断地有所增补，遂使《开宝藏》形成了六千余卷的庞大规模。"[3] 私刻大藏经及其卷数[4]俱列于下：

藏名	雕刻地点	雕刻时间	卷数
《崇宁藏》	福州东禅寺刻	始刻于神宗元丰三年（1080）	共6358卷
《毗卢藏》	福州开元寺刻	始刻于北宋徽宗政和二年（1112）	共6359卷
《资福藏》	湖州归安县松亭乡思溪资福禅寺补刻《圆觉藏》而成	竣工于南宋孝宗淳熙二年（1175）	共5913卷
《碛砂藏》	平江府碛砂延圣禅院刻	始于南宋宁宗嘉定九年（1216）	共6363卷

可以说，宋代大藏经没有五千四十八卷的，即便《开宝藏》初刻本是根据《开元录》所雕刻，其卷数也不完全相同。[5] 宋代文人士大夫或许并不会关注到各个经藏的差别，或许根本就不在意它们的真正卷数，因此他们的经藏书写，一直沿用五千四十八卷。因此，我们只能说五千四十八卷是经藏的象征数字，宋人经藏记中有个最显著的例子可以说明此点，杨万里《兴崇院经藏记》云："走二千里至福唐，市经于开元寺以归，为卷者五千四十有八，为瓯者数十百"[6]，很显然，兴崇院所购大藏经实乃福州开元寺所雕刻的《毗卢藏》，据上表可知其卷数为6359卷，而杨氏仍言

---

[1] 谢思炜校注：《白居易文集校注》，中华书局2011年版，第2013页。
[2] 谢思炜校注：《白居易文集校注》，第1986页。
[3] 李富华、何梅著：《汉文佛教大藏经研究》，宗教文化出版社2003年版，第69页。
[4] 详见《汉文佛教大藏经研究》相关经藏研究及附录六《六部大藏经收经情况统计表》，李富华、何梅：《汉文佛教大藏经研究》，第701页。
[5] 李富华、何梅著：《汉文佛教大藏经研究》，第85页。
[6] 曾枣庄、刘琳主编：《全宋文》第239册，第290页。

5048 卷。

第二节　身份态度与书写策略：宋代文人的经藏书写

北宋文人宋祁言佛教云："其言荒茫漫靡，夷幻变现，善推不验无实之事，以鬼神死生贯为一条，据之不疑"①，两宋文人的看法多数亦如此。尽管如此，在宋代，"佛教不仅没有走向中国文化的边缘，反而成为宋代士人日常生活的一部分"②。

"接受僧人请托，为新建或重修寺院撰文，是北宋时期许多文人都有过的经历"③。不止北宋，南宋亦然，两宋文人为寺院所写记文，其数不下千篇。在这其中，他们对佛教经藏的书写值得我们关注。在宋人语境中，经藏不仅是"收藏经文之建筑物"④，还代指大藏经，即佛教语言文字的总汇。在宋人笔下经常出现的转轮藏，是经藏的一种特殊形式，"实乃用以收藏经文、能够旋转的书架"⑤，相传为南北朝之际的傅大士（傅翕）所创⑥。本书所言"经藏书写"，是指宋人的经藏记，其文题中往往含有"藏记""轮藏记""藏殿记"等关键词。

"新叙事理论"学者詹姆斯·费伦："实际上，认为叙事的目的是传达知识、情感、价值和信仰，就是把叙事看作修辞。"⑦宋代经藏记的作者身份不尽相同，其身份，简言之，一为儒学之士（儒士），二为居家学佛之士（居士），这就决定了他们在经藏书写中所传达的"情感""信仰"也判然有别。

与此同时，叶维廉先生认为一篇作品的产生有四种基本活动程序，前

---

① （宋）欧阳修、宋祁：《新唐书》，中华书局 1975 年版，第 5355 页。
② Mark Halperin, *Out of The Cloister: Literati Perspectives on Buddhism in Sung China*, 960—1279, Cambridge (Massachusetts) and London: Harvard University Press, 2006, p.26.
③ 赵德坤、周裕锴：《济世与修心：北宋文人的寺院书写》，《文艺研究》2010 年第 8 期。
④ 慈怡主编：《佛光大辞典》，台湾佛光出版社 1989 年版，第 5557 页。
⑤ 张子开：《转轮藏考》，见张子开：《傅大士研究》，上海人民出版社 2012 年版，第 318 页。
⑥ 我国台湾学者黄敏枝认为转轮藏最有可能在唐代产生。见黄敏枝：《关于宋代寺院的转轮藏》，台湾《普门学报》第 8 期，2002 年 3 月。
⑦ [美]詹姆斯·费伦：《作为修辞的叙事》，北京大学出版社 2002 年版，第 23 页。

两种为："作者通过文化、历史、语言对世界（物象）观、感而有所认识了悟，所谓观物感应过程，不同的看法自然有不同语言策略的选择"；"作者的心像通过文字的表达始成作品，其中便引起因袭形式的迎拒问题、文类的应用与变易、采取的角度与方式（独自？直叙？戏剧场景？）等。"①宋代文人因其对世界的"观感"不同而思想有异，表现在身份上即有一般儒士与居士的差异，这种身份的差异导致了他们对佛教经藏"采取的角度与方式"不尽相同，即他们采取的书写策略不同。

一、身份差异与书写态度

因着儒家本位立场，宋代儒士的经藏书写往往批评与赞誉兼有。他们所批评的，自然是佛教恍惚迷离之言、福田利益之说，即如下文所举杨万里；他们所赞誉者，往往是拥有虔敬信仰的僧人僧格，这些僧人往往韧性十足、孜孜以求、勤勉不倦，他们的毅力志向往往令士人汗颜。外于此二者，在一些经藏书写中，宋代文人还体现出保持阙如的理性态度与兼容并取的开放心胸。

（一）一般儒士之态度

第一，尖锐批判。南宋文人杨万里在记文中自称"不知佛书"，只因友人萧民望施经藏于寺请他作记，他才写了《石泉寺经藏记》，他的记文中闪烁的是批判的锋芒，其文曰：

> 释子曰，我之轮一周，则我之诵一周矣，果何是事者，异也，无之而言为者，穷也，诵不以口而以轮者，惰也，蓄不以心而以藏者弃也。②

由杨万里记文可知，此处经藏为转轮藏，本书伊始我们已经说明转轮藏乃"收藏经文、能够旋转的书架"，这里我们还要对转轮藏稍作解释，不然，我们很难理解杨万里的这段话。《善慧大士语录》卷一云："大士

---

① 叶维廉：《中国诗学》，三联书店1992年版，第211页。
② 辛更儒笺校：《杨万里集笺校》，中华书局2007年版，第3018页。

在日,常以经目繁多,人或不能遍阅,乃就山中建大层龛一柱八面,实以诸经,运行不碍,谓之轮藏。仍有愿言,登吾藏门者,生生世世不失人身,从劝世人,有发菩提心者,志诚竭力,能推轮藏,不计转数,是人即与持诵诸经功德无异,随其愿心,皆获饶益。"①傅大士因感佛经卷帙浩繁,慈悲怜悯众生,创设能够旋转的经藏,并言只要众生前来观览推转,其至少能生生世世为人,不会堕入"地狱""恶鬼"等道;对于发菩提心的人,旋转经藏与诵读经藏所获得的功德利益相同。

这样,我们对"释子曰,我之轮一周,则我之诵一周矣",就可以理解了,毕竟作为中土弥勒教的创始人,傅大士对佛教或僧人的影响还是相当巨大的。但作为儒学之士的杨万里,对这样的奇异恍惚之说,很显然是不能接受且相当有意见的。

第二,赞扬僧格。僧格,取意于人格,即僧人品格与修养。甚为注重伦理道德的儒家对僧格有较多的赞叹。吕午作《休宁县方兴寺西院新建藏记》,在文末,作者赞美僧人能够志向坚定、始终无怨无倦,最终建成经藏。其文云:

> 德请予记,为下一转。兹举也,始于有志,终于无倦。化无为有,厥效立见。是则可书,以为世劝。②

与此类似的,胡铨对僧人所为给予充分肯定,其《衡州寿光寺轮藏记》云:"其能苦心勋志,营所谓藏,与夫鲜衣玉粲以规其私也,不犹愈乎?与夫暴露其书,风餐雨淋者,不既贤乎?"③

陆游《抚州广寿禅院经藏记》对经藏基本没有作描述,而是有感于僧人于无为法中行有为法,而与此形成鲜明对照的是士大夫位高权重却无所事事、碌碌无为,陆游写此文的目的就是以此"以励吾党",其文云:

> 其举事宜若甚难,今顾能不动声气,于期岁之间成此奇伟壮丽百年累世之迹。予切怪士大夫操尊权,席利势,假命令之重,

---

① (唐)楼颖编录:《善慧大士语录》,《卍续藏经》第69册,第109页。
② 曾枣庄、刘琳主编:《全宋文》第315册,第132页。
③ 曾枣庄、刘琳主编:《全宋文》第195册,第393页。

耗府库之积，而玩岁愒日，事功弗昭，又遗患于后，其视子岂不重可愧哉！①

强至《湖州德清县觉华寺藏经记》则是感叹佛书流传广远，称赏学佛之徒能够恪守师说，其文云："予嘉佛之书能信千百岁，今昭序复能尊其师之书，使益信于人，是为其徒有力于师矣，遂为记云。"②

第三，保持阙如。宋代士大夫往往对佛家福田利益之说保持较为理性克制甚至是怀疑的态度，这是儒学之士对"子不语怪力乱神"传统立场的坚守，更展现了保持阙如的理性态度。如朱处约《北岩定林禅院藏经殿记》云："如彼法之说，求为之益，吾不得而知之矣。"③

第四，开放兼容。此外，还有一种声音，即认为佛书可以补儒家之不足，我们可以把它看作儒学之士的开放姿态。罗颂《古岩经藏记》云："抱周孔之书而熟味之，以究夫性命之极。万一有所自得，而后考佛之书，取其与吾儒合者，明著焉以授之，庶乎其有补。"④

（二）理学家之态度

不同于一般儒士，这里我们特别强调一下宋代理学家的经藏书写。当然，理学家也是儒学之士，但作为特定时期产生的新儒家学说的代表，他们有一定的独特性，在上文中提到的南宋文人杨万里及未提到的叶适均有经藏记文，也同为理学家，但他们没有胡寅典型，因此我们这里仅以胡寅为例而作说明。

胡寅（1099-1157），以理学家著称，"坚持以儒家正统思想为根本，批判佛学，并且在这种对异端的批判中提出自己的理学思想，这是胡寅理学思想的最大特色"⑤。尽管如此，他仍有《桂阳监永宁寺轮藏记》。当然，其儒家身份比较自觉，开篇即言"吾儒"，其对佛教建经藏的态度明确——

---

① 陆游：《陆游集》，中华书局1976年版，第2141页。
② 曾枣庄、刘琳主编：《全宋文》第67册，第158页。
③ 曾枣庄、刘琳主编：《全宋文》第46册，第101页。
④ 曾枣庄、刘琳主编：《全宋文》第254册，第351页。
⑤ 朱汉民：《湖湘学派与湖湘文化》，湖南大学出版社2010年版，第206页。

批判，其文曰：

> 其书至于五千四十八卷之富，且以为字字皆至理，句句皆妙法，卷卷有光明发见，处处有神物护持，无可置议。于是哀人之财，竭人之力，印以纸墨，匣而藏之，载以机轮，推而转之。丹砂黄金，文珉香木，穷极侈丽，葩华绚饰，然后为快。独疑而辟之者，乃外道魔障，佛之罪人。若傅太史、韩文公之流，至今为释子怒骂而未已也。夫既以空虚寂灭为道之至矣，虽天伦之重，乾坤之大，照临之显，山河之著，犹将扫除殄绝，洞然不立，则凡见于形象，当一毫无有焉。今乃建大屋，聚徒党，耕良田，积厚货，憧憧扰扰，与世人无异。而以佛之遗书，营置储贮，巍然焕然，郁相望也，乌在其为空乎？不能空其言说之迹，而欲空并育之万有，乌知其可乎？①

我们知道，胡寅著《崇正辨》，以儒家正统思想，批判驳斥自晋迄宋高僧言行，其《以〈崇正辨〉示新仲》云："不羡飞仙术，仍修谤佛书。"又《崇正辨序》云："（僧人）取人之财，以得为善，则无辞让"②，胡寅以孟子四端之一的"辞让"批判佛教之聚财，他对"哀人之财，竭人之力"的佛藏建设持否定态度自然可以理解。文中"傅太史"即傅奕，唐太宗时人，曾言："佛是胡中桀黠，欺诳夷狄，初止西域，渐流中国，遵尚其教，皆是邪僻小人"③，"韩文公"即韩愈，更是主张"人其人，火其书，庐其居"（《原道》），很明显，胡寅以此二公为标榜，以佛教"空"的思想批判经藏建设，虽然其说有可商榷之处，但其理学家的身份注定了他对佛教的态度。同时，有一点值得我们注意，即他的批判并不是意气之争，只为逞一时口舌之快，他是对佛经有一定研究之后才评判佛教的，其言："今释氏之书五千四十八卷，以词之多，故世人鲜能究之。吾尝阅实其目，则曰论，曰戒，曰忏，曰赞，曰颂，曰铭，曰记，曰序，曰录"，又言"夫其词之

---

① 曾枣庄、刘琳主编：《全宋文》第190册，第57页。
② （宋）胡寅：《斐然集》，《文渊阁四库全书》本。
③ （后晋）刘昫等：《旧唐书》，中华书局1975年版，第2717页。

多虽未可尽究，而立说之大旨亦可知矣"。宋代理学受到佛教的巨大影响，这点已成公论，于此我们也可见其一斑。当然，胡寅写这篇藏记的主要目的还是针对士大夫或理学人士，其言：

予因举儒释异同，且箴夫弃有趋空者之蔽，庶吾党之士相与讲明，以止于至善。

胡寅写作此文还是希望通过他对儒释异同的阐释，"吾党之士"能够清楚知道释家的弊端，从而信守自家学说，最终能够达到理学家标榜的"至善"境界。

（三）居士之态度

在古代中国，儒家之学作为统治者治国的基本学说，可以说，绝大多数文人士大夫都在其牢笼之中。居家学佛之士（居士），他们往往首先还是个儒者，例如张商英，他"学浮屠法，自号无尽居士"①，撰有《护法论》，在《五灯会元》中列于从悦禅师法嗣之下，但即便如此他依然"一再把儒学称之为'吾儒''吾教'"②。作为学佛士大夫，他们不同于一般的儒士，他们的态度较为圆融，对儒释往往持调和之说，吕澂先生有云："儒者间也出现了调和之说，如张商英、李纲等，都以为佛与儒在教化上不可偏废。"③在这里，我们特别拈出居士，是为了更好地展现其不同之处，即在他们身上展现了佛教本身的质素，这些质素更能体现释家的本怀。

第一，随喜结缘。杨亿《婺州开元赐新建大藏经楼记》云："予固从事于空宗者也，随喜称赞，岂有吝焉？"④随喜，"谓见他人行善，随之心生欢喜。"⑤《法华经》有"随喜功德品"，《华严经》中随喜功德是普贤菩萨十大愿之第五愿，随喜"也能获得与行善者同样的功德"⑥。杨

---

① （宋）王偁：《东都事略》卷一〇二《张商英传》，《文渊阁四库全书》本。
② 蔡方鹿：《张商英三教"鼎足之不可缺一"的思想》，《宗教学研究》2010 年第 2 期，第 143 页。
③ 吕澂：《吕澂佛学论著选集》，齐鲁书社 1991 年版，第 3004 页。
④ 曾枣庄、刘琳主编：《全宋文》第 14 册，第 411 页。
⑤ 慈怡主编：《佛光大辞典》，第 6351 页。
⑥ 济群法师：《学佛者的信念》，甘肃民族出版社 2007 年版，第 89 页。

文学、文化与文献——宋代寺记的多维研究

亿曾奉诏编制大藏目录，裁定《景德传灯录》并为之作序，在《五灯会元》里列于南岳下十世广慧元琏禅师法嗣之下，入清人彭际清所著《居士传》，北宋释惠洪《林间录》卷一云："大年（杨亿）士大夫，其辩慧足以达佛祖无传之旨。"①因此，作为居士的杨亿，对佛教建造经藏自然是称许赞叹而乐成之。又吴栻《天宁寺转轮藏记》亦云："有居士者"，"随喜结缘，为藏作记。"②

第二，文字供养。佛教有"三施"之说，三施即财施、法施、无畏施。作为文人，财施有时比较困难，但其生花妙笔可以转化为法施，即文字供养，它类似于文人的清供，更能显示居士文人的身份。元丰三年（1080）在黄州团练副使贬谪任上的苏轼闻知成都大慈寺胜相院僧人宝月创设经藏，便想有所供养，但"周视其身，及其室庐，求可舍者，了无一物"，只有"结习口业，妄言绮语"可以施舍，于是"时此居士，稽首西望，而说偈言"，这便是苏轼《胜相院经藏记》③的产生。

南宋韩元吉《景德寺五轮藏记》云："愿子施以文，予曰：'尔之志坚若此，其求无不获又若此，吾文何吝哉'，于是施之以为记。"④韩元吉在僧人的请求引导下，便"施之以为记"，这多少有点勉强的成分，况且韩元吉也不能算一个居士。相较而言，南宋李纲与苏轼一样可以算作居士，其三十八岁所作写真赞文云："本来面目，不生不灭……万里清风，一轮明月，有来问者，默然无说"⑤，入清人彭际清著《居士传》，且其记文直言"时此居士"，其《澧州夹山普慈禅院转轮藏记》云："舍诸身业，为书藏额；舍诸意业，为作藏记；舍诸口业，为说藏偈。"⑥其文字供养的自觉性还是比较明显的。

第三，警醒僧团。王以宁《佛窟山转轮藏记》云：

---

① （宋）释惠洪：《林间录》，《卍续藏经》第87册，第258页。
② 曾枣庄、刘琳主编：《全宋文》第102册，第311页。
③ 张志烈、马德富、周裕锴主编：《苏轼全集校注》第11册，河北人民出版社2010年版，第1223-1225页。
④ 曾枣庄、刘琳主编：《全宋文》第216册，第219页。
⑤ 曾枣庄、刘琳主编：《全宋文》第172册，第226-227页。
⑥ 曾枣庄、刘琳主编：《全宋文》第172册，第213页。

> 吾察宝因有可书之善三：辛勤十闰，始终不怠，南北游士其至如归，而因也垢面袖手，曾无德色，是一可书。□□道微，魔民炽盛，盗常住物，贸迁大刹，死期将至，方辟西庐，笼络愚雏，俾称嗣法，分香卖履，返甚于俗流，因则无之，是二可书。而藏缘其三也。①

作者王以宁自言"正信居士"，记文首云："南岳道人谓正信居士"，且其《广平夫人往生记》文末署曰"阿弥陀佛弟子正信庵王待制记"②。其言僧人宝因创设转轮藏，有三个地方是值得称赞的，除了兴建经藏之外，还有：其一，孜孜以建却能"为而不有"，面无自夸、自得之色；其二，释家内部魔民炽盛，虽身出家而贪着世间的五欲六尘，而僧人宝因能放下贪着，精进修行，为大众兴办功德之事，其人可赞。第一点没有什么特别，但第二点值得我们注意。作为学佛者，正因为爱之深才会责之切，况且佛陀确实预言过，在末法之中，有此魔民外表显僧相，其实为"稗贩如来"者。《楞严经》卷六云："我灭度后，末法之中，多此妖邪，炽盛世间，潜匿奸欺，称善知识，各自谓已，得上人法，炫惑无识……云何贼人，假我衣服，稗贩如来，造种种业，皆言佛法？"圆瑛法师注释："云何是痛斥语，贼人谓内心窃取利养，外貌假借僧仪。稗贩如来者：稗者助也，贩即贩卖。"③王以宁指出佛教僧团内部一些贪图名闻利养的例子，既可以反衬僧人宝因超脱名利为众兴利的高尚僧格，又为当时的僧团敲响了警钟。

二、身份差异与书写策略

（一）儒士的书写策略

就儒学之士的本位立场而言，宋代儒士一般还是反对佛教的，而由于各种因缘际会，他们恰恰在藏记书写中占了绝大多数，面对佛家的经藏，他们的书写采取了多重策略。

---

① 曾枣庄、刘琳主编：《全宋文》第176册，第164页。
② （宋）释宗晓编：《乐邦文类》，《大正藏》第47卷，第191页。
③ 圆瑛法师著，明旸法师校：《大佛顶首楞严经讲义》，宗教文化出版社2012年版，第546—547页。

第一，质疑性对话体。

宋代儒士采取质疑性对话体这种书写策略，首先自然是源于他们对佛教的一知半解，更源自他们对佛教没有"信仰"般的态度，我们在居士的经藏书写中并没有听到这种质疑的声音，因此儒士的这种书写可以看成他们不得不为之的策略，这种策略一定程度上可以看作他们的回避之术。

范纯仁作《安州白兆山寺经藏记》，文中作者提出自己的疑问："师尝自谓传达磨之宗，不立语言文字，直指心源，见性成佛，奚取五千之书，而复新其藏为？……"僧人回应云：

> 师曰："不然。夫众生静明，真心与佛齐等。由情着于物，故翳而为病。佛犹良医，知病之本，皆称其浅深缓急，为药以治之。今之经，犹对病之药也。物之感情无穷，故众生之病无穷，则其所治之药亦无穷。此五千之书所以必有也……"[1]

"无一众生而不具有如来智慧"[2]，佛世尊"为病者作医王"[3]，这种观念乃佛教的一般常识。上文僧人垂素即以此种观念而发挥阐释，众生虽然也具备如来智慧德相，但因着种种的烦恼执着（病）而不能证得本来实相，因此面对众生之病的纷繁复杂，佛世尊的对治之药亦琳琅满目，这些药就是佛所宣说的种种语言文字，其总括即所谓的经藏。当然，僧人回应的内容不是我们关注的重心，我们关注的是作者的这种质疑性对话体。

又，韩元吉作《景德寺五轮藏记》，作者质疑道："尔之徒不务其择而惟取其富，又庋而弗读，乃为是机关技巧，以衒于愚夫愚妇，而曰是将运之而与读无异，不几于儿戏而自诳哉？且在尔之法，一已多矣，而安用五为？"[4] 其下便是请作者即僧人的答疑，此部分内容构成了这篇记文的主体内容，此文的文章结构即为对话体。

又，孙觌作《抚州疏山白云禅院大藏记》，此文主要记录的孙氏与僧

---

[1] 曾枣庄、刘琳主编：《全宋文》第71册，第299页。
[2] （唐）实叉难陀译：《大方广佛华严经》，《大正藏》第10卷，第272页。
[3] （西晋）竺法护译：《受新岁经》，《大正藏》第1卷，第858页。
[4] 曾枣庄、刘琳主编：《全宋文》第216册，第218页。

了如的书信往来，也可以说是一种书信式对话体，其文伊始便是僧人建藏完成请孙氏作记，作者回信提出自己的疑惑："今子以出世间法提引未悟，而区区事纸上语，连楄累笥，子将何为也？"①下文便是僧人复信回应质疑，一问一答，构成了对话体。

第二，书写对象的隐没。

所谓"书写对象的隐没"，即在经藏书写中基本没有经藏的身影，他们写作经藏记有其他方面的缘由。既为经藏作记，又让经藏缺席，这种书写策略着实高明，这倒是像宋词中的"无语"修辞。"宋词'无语'修辞的内在话语蕴藉，不是简单地停留在语言具体可感的意义所指上，更应借助上下文关系及作家的身世境遇、词作诞生的时代背景等因素加以考虑"②。联系作者的儒士身份，这种让经藏缺席的书写策略，我们可以理解为作者的漠视或不认同。

王安石（1021-1086）于庆历（1041-1048）中作《涟水军淳化院经藏记》③，我们知道，王安石晚年对佛教有了一定程度认同，但此时期他虽不排斥与僧徒交游但也不认同佛教所为。僧人善因托僧瑞新请王安石为新建经藏作记，他开始"辞而不许"，但"不可以终辞"，于是才有了这篇记文。此经藏记基本不涉及经藏本身，其叙说写文的缘由："夫以二人者与余游，而善因属我之勤，岂有它哉？""二人者"僧人瑞新与怀琏（善因之师），作者王安石之所以与他们交往，主要是因为"为其徒者，多宽平而不忮，质静而无求，不忮似仁，无求似义"。因此，我们说，王安石与僧人交游源于他们的道德修养接近于儒家所标榜的"仁义"，符合儒家的伦理道德，而他对经藏实不措心。

南宋文人李石作《安乐院飞轮藏记》，此经藏记亦不及飞轮藏，作者认为："若夫杨氏所施缗钱之数、经函之目、常住田顷亩多少，此了因住持事，不足书。"因此，作者的关注点实不在寺院，更不在经藏。只因此经藏乃杨氏为已亡父母追福施钱所建，这与儒家的孝道思想契合，李石才写了此

---

① 曾枣庄、刘琳主编：《全宋文》第160册，第385页。
② 郭守运：《宋词"无语"修辞的审美考察》，《文学评论》2012年第1期。
③ 曾枣庄、刘琳主编：《全宋文》第65册，第59页。

篇经藏记，其文曰："此杨氏之心当与佛同体，而于吾儒不为背本也。"①

叶适（1150-1223），作为永嘉学派的集大成者，他批评周程张朱之人出入佛老，其《习学记言》更言"浮屠本以坏灭为旨，行其道必亡"。叶适淳熙八年（1181）作《白石净慧院经藏记》②，此文主要是为了追忆旧游，几不涉及经藏。叶适少年时曾习业于寺院所在之山，并与寺院僧人有所来往，他至今犹记那里的"泉石之美"，当得知彼时所识之人大多凋零之后，"感怆久之"，因此我们说叶适此文主要是追忆旧游，缅怀故人，至于经藏，实不是他关心的。

第三，儒释态度对比。

儒家士大夫作为宋代经藏记的书写主体，其于释家之学，往往了解甚浅，有的甚至直言对佛学一无所知，如：

> 仆非学空者，何以塞请？（胡铨《衡州寿光寺轮藏记》）③
> 予不知佛书，且不解福田利益事也。所知者，儒书耳。（杨万里《石泉寺经藏记》）④

作为不解释家之学的儒士，他们是如何书写作为佛教信仰典籍的经藏，即他们的书写策略如何？下面，我们就以"非学空者"的胡铨、"不知佛书"的杨万里的经藏记为例，看看他们的书写策略。

胡铨于绍兴三十年（1143）作《衡州寿光寺轮藏记》，其云：

> 佛书止五千八百卷，比吾书，如唐弘文二十余万卷，不能四十之一。然自武德抵开元，集贤四库卷止八万九千，迄天宝之季，又损八千五百，而佛书至今不亡者何也？其徒能尊其书，而吾徒不能尊吾书耳。彼虽乱离颠沛，其目可瞠，其足可断，而其书不可夺。吾徒苟一第，则已束书不观，其能顾庋书之室乎？⑤

---

① 曾枣庄、刘琳主编：《全宋文》第206册，第23页。
② 曾枣庄、刘琳主编：《全宋文》第286册，第64-65页。
③ 曾枣庄、刘琳主编：《全宋文》第195册，第391页。
④ 辛更儒笺校：《杨万里集笺校》，中华书局2007年版，第3018页。
⑤ 曾枣庄、刘琳主编：《全宋文》第195册，第393页。

第二章 宋代文人经藏记研究

作为儒学之士，胡铨认为佛教经典延续千年而不亡，是因为佛教徒能够虔诚护持其书，而儒家经典，作为选举制度的主要采择对象，具有一定的功利标签，所以他认为一些士子一旦登第，便抛弃了这些经典。这里值得我们注意的是，胡铨的经藏书写所采取的策略是儒释之徒对待各自典籍态度的对比。这种态度的对比书写，对于"非学空者"的胡铨，是可以通过感性的耳目所听所览完成的。如此书写，既回避了对佛教相关义理方面的阐发，又能对当时的儒学之士有所警醒，还能顺便赞扬释家之徒，真可谓一箭三雕。

由上可知，佛经之于佛教徒，儒书之于文士，其间的态度与意义有很大的区别，即前者对佛经采取信受奉行的佛教徒带有非功利的宗教情怀，而后者披览儒书带着广大科举士子的功利目的。又，杨万里于淳熙六年（1179）《兴崇院经藏记》云：

> 予曰："彼于其师之经，所谓五千四十八卷者，瓯之矣，能如士之于书皆诵之否？能诵之矣，抑能如士之于书皆通之否？"世通曰："释之不如士，固也。抑不宁唯是，释能以无经为怍，固不如士之以书而入官，以官而捐书。释能倾赀以市经，固不如士之以身而殉货，以货而殉色。释能辛勤千里而求经，固不如士之重趼以附炎，奔命以死权。"①

当然，首先这是一种对话体，我们已阐述过这种书写策略，这里从免。我们这里强调的是世通的回答。僧人世通首先承认了僧徒的不足，即僧徒的文化水平确实不能同一般的士大夫相提并论，但接着以反语的形式以儒释对比批评士大夫的种种弊端与缺陷。接着，作者杨万里便云："予无以诘，因并书其语"。很显然，作者认同僧人的说法，不同于胡铨的主动，杨万里是被动地书写僧人之语，但他认同儒释之间的这种差别。

儒释对待各自经典的态度对比，从根本上来说，是功利之儒与信仰之释的对比，而这种主动或被动的书写策略既能赞颂僧人，又能针砭儒家士大夫，而后者才是作为儒士的作者所切实关心的。

---

① 辛更儒笺校：《杨万里集笺校》，第3031页。

文学、文化与文献——宋代寺记的多维研究

第四，扬少抑多。

作为儒学之士，他们有自己的文化立场，如果他们认为寺院的经藏建设不符合儒家的规范与观念，他们也会批评；同时，因着僧人的请托，他们又不可能全文批判，因此他们采取了扬少抑多的书写策略。

南宋文人吕午于淳祐四年（1244）作《休宁县方兴寺西院新建藏记》，其文有云：

> 余闻宝林大士初意，谓五千四十八卷无非记佛善言，思所以宝藏之，而又为机械轮转，以便阅习耳。流传既远，此意寖失。狃于庄严，备极华丽，怠于诵习，托诸运转。又自一轮，演为五轮，金碧愈辉，心目愈骇。将使释俗炫华忘实，插架贝叶，手未尝触，是犹吾儒有书不读也，诸佛之说何由以传，宝林之意遂不泯乎？①

作者批判僧徒建造藏殿奢侈华丽，设五轮以运转经藏备极工巧，这背离了傅大士的初始愿望，实乃"炫华忘实"、懒怠倦堕的表现。文章末尾，作者"下一转语"，用十六个字来赞扬僧人，其言："始于有志，终于无倦。化无为有，厥效立见。"

（二）居士的书写策略

居士，他们有时首先是个儒士，但居士的身份毕竟赋予了他们不同的意义，而且他们的居士身份往往比较自觉，因此不同于一般儒士，这些居士的经藏记文有其别具一格的书写策略。

第一，对话体的代僧宣法。

黄庭坚于元祐九年（1094）作《普觉禅寺转轮藏记》，此文针对有些人对僧人所为的质疑不解展开，"或讥谤以谓，大老翁当为十方衲子兴法之供养，安用作此机械，随俗嫮夸耶？"黄庭坚回应说：

> 山谷曰："妙德法界，不容一尘；普贤行门，不利（误，据四库本，应作"剩"）一法……若乃此离垢轮圆机时示诸衲子，

---

① 曾枣庄、刘琳主编：《全宋文》第315册，第131-132页。

转者谁转，止者谁止，负荷含藏，承谁恩力，一念正真，权慧具矣。若能如是观者，即绝众生生死流，即具普贤一切行。不如是观，虽八万四千宝目遍入五千四十八卷，字字照了，虎观水磨，竟是何物。常坐不动道场，即此以为佛事，善知诸子回心与未回心，堪入生死与不堪入生死，根器成熟与未成熟，法之供养，更于何求？"①

佛教有"真谛""俗谛"的说法，"妙德法界，不容一尘"即是真谛，意谓究竟来讲，诸法毕竟空，无有少法可得，约理而言；"普贤行门，不剩一法"，即为俗谛，就事而论。上文所引内容主要针对"衲子"，希望他们对转轮藏的事相认真观察思维，具备了这种妙观察智，或许一念之间回光返照便能悟明心性，如果不具备这种智慧，即使遍读五千四十八卷佛书，也只能落得"虎观水磨"不知何物的境地。

值得我们注意的是，黄庭坚此文结构亦为对话体，但这种对话体不同于上文所举一般儒士的对话体。上文儒士的那种对话结构，是文章作者提出质疑，而请作的僧人回应答疑，其主体部分是僧人的回答，这种书写策略多少都有作者的回避成分；而黄庭坚此文，主体是作者本人，正面回应一些人的质疑，这里我们可以看到，黄庭坚回应质疑的内容高超绝妙，可以说是代僧宣法，因此住持普觉禅师说"山谷道人为我转此法轮，省老翁无量葛藤"。

第二，以偈书记。

偈语，作为佛教重要的书写文体，在宋人的经藏书写中亦有显现。苏轼《胜相院经藏记》、南宋李纲《澧州夹山普慈禅院转轮藏记》等在文末即用偈语。这里，我们以更为典型的南宋文人程俱于靖康时期作的《镇江府鹤林天宁寺大藏记》为例，略作分析。说其典型，是因为程俱此文全文皆为五言偈，全文云：

稽首正觉尊，最胜放光者。具足功德聚，智海如虚空。善达于一切，众生心心相。似无尘垢轮，及无所行轮。无示无说中，

---

① 郑永晓整理：《黄庭坚全集辑校编年》，江西人民出版社2008年版，第709—710页。

而为说正法。不为有蕴故,有处及有界。无明至老死,故说如是法。……我以法施已,次当述因缘。惟此朱方城,天宁大禅刹。长老禅鉴师,其名曰道潜……城中有居士,氏名曰程俱。清净三业中,流出无尽藏。为记如是事,说是诸伽陁。为无量众生,回向萨云若。①

首先,作者的居士身份比较明确,其言"城中有居士,氏名曰程俱"。其次,不同于一般的散体经藏记文,此文是以齐言的偈语来书写经藏,而且作者是比较自觉地运用这种方式,其言"说是诸伽陁","伽陁"即伽陀,"伽陀者,一切四言五言七九等偈,不重颂者,皆名伽陀也"②。程俱此文偈语用词古奥,非熟于佛经者不能道,且其偈语与经偈有直接的相似度,以前四句为例:

以偈叹曰:"……若稽首正觉,便逮平等法。"③
以偈赞曰:"敬礼最胜放光者,敬礼意如虚空者。"④
或有合掌说偈赞叹曰:"……归命具足功德聚。"⑤
而说偈言:"……具诸相好以严身,智海如空无有量。"⑥

作为居士的程俱,其用偈语来书写经藏,而且其偈语很多都源自佛经经偈,这不仅反映了其作为居士佛学修养深厚,同时还能看出其直接模仿经偈的努力。

除了全文皆偈语,程俱此文的结构也值得我们留意。一般而言,佛经结构分三部分,即三分科经,东晋释道安所创,后取证于唐玄奘所译《佛地经论》,分别为:序分、正宗分、流通分,序分"即述说一经教说产生之由来",正宗分乃"论述一经之宗旨","流通分"乃"叙说受持本经

---

① 曾枣庄、刘琳主编:《全宋文》第 155 册,第 325-326 页。
② (隋)智者大师:《妙法莲华经玄义》,《大正藏》第 33 卷,第 753 页。
③ (西晋)竺法护译:《佛说离垢施女经》,《大正藏》第 12 卷,第 97 页。
④ (唐)菩提流志译:《大宝积经》,《大正藏》第 11 卷,第 458 页。
⑤ (唐)菩提流志译:《大宝积经》,第 358 页。
⑥ (唐)般若译:《大乘本生心地观经》,《大正藏》第 3 卷,第 301 页。

之利益，复劝众等广为流传"。与释迦所宣讲之佛经略有不同，僧人撰述（律论、经论）往往以礼敬作为序分，以回向作为流通分。唐释道宣注释《四分律比丘含注戒本》，其首末各有法护尊者所作偈语，首云："稽首礼诸佛，及法比丘僧……"释道宣言其为"序正流通"，即为序分；末云："……我今说戒经，所说诸功德。施一切众生，皆共成佛道"，道宣谓"此谓略教之流通分"①。又，《大乘起信论》首尾亦各有偈，首云："归命尽十方，最胜业遍知。色无碍自在，救世大悲者……"末云："诸佛甚深广大义，我今随分总持说，回此功德如法性，普利一切众生界。"②此首尾二偈即为序分与流通分。程俱此文，可以分成四部分（见文中斜线），第一部分（礼敬）与第三部分（因缘）可以视为序分，第二部分（内容太多故省略）为阐发佛理，可视为正宗分，第四部分为回向文，可视为流通分。文中第三部分可以视为作者的一种变通手法，毕竟此部分是言事的，前面均为说理，放在前面不协调。鉴于这种相似性，我们认为程俱此文在结构上极有可能亦在效仿佛教经论。

第三，四言为记。

在我们能够见到的宋代所有经藏记文中，有四位文人的经藏书写可以视作"四言为记"。北宋舒亶、吴栻的经藏书写全文皆是四言，苏轼为成都胜相院经藏所作文除文末偈文为五言外，基本上也为四言（只有二句例外，"有大比丘惟简""无可无不可"）。与苏轼相类，南宋何麟绍兴十年（1140）作《北岩转轮藏记》，前面基本四言，后面乃七言偈语。

在这四位文士中，舒亶、吴栻、苏轼在记文中直言自己的居士身份：

> 有一居士，施不及财。目睹胜缘，五体投地。恭敬作礼，而发愿言。（舒亶《翟岩山宝积院轮藏记》）③

> 有居士者，家住庵峰。信脚闲行，五湖四海。作家相见，不免葛藤。（吴栻《天宁寺转轮藏记》）④

---

① （唐）释道宣：《四分律比丘含注戒本》，《大正藏》第40卷，第429页、第463页。
② 马鸣菩萨造、（梁）真谛译：《大乘起信论》，中华书局1992版，第1页、第190页。
③ 曾枣庄、刘琳主编：《全宋文》第100册，第76页。
④ 曾枣庄、刘琳主编：《全宋文》第102册，第311页。

有一居士，其先蜀人。与是比丘，有大因缘。（苏轼《胜相院经藏记》）①

还有一个文人何麟，我们认为也可视为居士。何麟为张商英外孙，而张商英曾参礼大慧宗杲禅师（1089-1163），并有所得，其言"不因公语，争见真净死心用处"②。何麟亦与宗杲相识，其《祭大慧禅师文》云："我为童子居蛮荆，立老佛傍识其人。劫火炽然无不坏，师见我文张口骇。向道元来无尽在，此语示人当再拜。"③张商英（1043-1121）号无尽居士，"向道元来无尽在"，这里大慧宗杲禅师应该是把何麟视为"小"张商英，且何麟记文云："稽首作记，而说偈言"，因此我们把何麟也算作居士。

没有其他人，只有这四位居士选择以"四言为记"，这种现象是偶然的吗？我们的答案是否定的。"佛法庄严肃穆，佛典文体庄重正式，以汉语文化传统中具有雅正、庄重特征的四言句式体现这种宗教文体的文风，无疑是最为合适的。因此在经历了漫长的探索之后，译经者最终选择了四言而不是其他形式作为汉译佛典的主流句式"④。上面所举四位文人至少有三位对自己的居士身份有较为自觉的认识，其在偈中明言"居士"，因此我们认为，他们这种以"四言为记"的书写方式是对汉译佛典主流句式四言句的一种模仿，至少是受其影响。

三、结语

宋代僧人释法明在论述唐代的经藏记文时云："顾当时建立之人求其记者，皆一时巨公硕儒，以文章翰墨照辉后人，欲其取重于天下矣。"⑤此种风气，宋代更甚，众多文人均参与了佛教经藏书写。宋代三教进一步融合，"两宋诸儒门庭径路，半出于佛老"⑥，尽管这样，我们却不能因

---

① 张志烈、马德富、周裕锴主编：《苏轼全集校注》，石家庄：河北人民出版社2010年，第1224页。
② （宋）普济：《五灯会元》，中华书局1984年版，第1200-1201页。
③ 曾枣庄、刘琳主编：《全宋文》第177册，第343页。
④ 颜洽茂、荆亚玲：《试论汉译佛典四言格文体的形成及影响》，《浙江大学学报》2008年第5期。
⑤ 释法明：《宝梵教寺经藏记》，见曾枣庄、刘琳主编：《全宋文》第145册，第267页。
⑥ （清）全祖望：《鲒埼亭集·题真西山集》，全祖望著，朱铸禹集注：《全祖望集汇校集注》，上海古籍出版社2000年版，第1373页。

此忽略了宋代文人的身份差异，因为这种差异很大程度上决定了他们对佛教的基本态度。儒学之士对于经藏，或批判，或赞扬，或阙如，或兼容，尽管去取抑扬之态度有所差异，但其根本均以儒家为本位立场，他们的关注点不是佛教信仰方面的，而是与儒家有一定关联或符合儒家人伦道德的内容。而作为居家学佛之士（居士），他们的态度更能体现佛教的本怀，或随喜结缘，或文字供养，或警醒僧团。

  文学既具有独立性，又与哲学、思想、宗教等意识形态紧密关联，"不论是清晰的陈述，还是间接的暗喻，都往往表明一个诗人忠于某种哲学，或者表明他对某种著名的哲学有直接的知识，至少说明他了解该哲学的一般观点"[①]。宋代文人因其思想不同而身份有异，面对含有佛教信仰意味的经藏，他们以各自的立场采取了不同的书写策略，在这其中，儒士采取的质疑性对话体、书写对象的隐没、儒释态度对比、扬少抑多四大策略，居士采取的对话体的代僧宣法、以偈书记、四言为记三大策略，值得我们关注。文人身份的不同决定了他们各自不同的"语言策略"与"表达方式"，宋代文人的佛教经藏书写为我们进一步思考文学与思想、宗教的关系提供了一个很好的个案。

[①] ［美］雷·韦勒克、奥·沃伦：《文学理论》，刘象愚等译，三联书店1984年版，第114页。

第三章　寺记作者的身份表达与思想区隔

"子曰：'必也正名乎！'""名不正，则言不顺"①。在宋初，就有一个关于正名的案例："太祖建隆三年九月一日诏曰……不得呼春官为恩门、师门，亦不得自称门生"②。在儒家看来，"名"很重要，这深深地影响了中国文化，汉儒董仲舒《春秋繁露》即有名篇《深察名号》，因此可以说对"名"的称谓研究也自然成为我们探求中国传统文化的一把钥匙，而宋代寺记作者的身份表达即是一种表"名"的体现。

在唐代，以杜甫为例，其"终生服膺儒学"，而其儒家身份在其诗中有着比较明确的表达，"杜甫诗中共有四十四个'儒'字，其中有一半是他的自称"③。在宋代，"面对异邦的存在"，大宋王朝积极地"凸显自身国家的合法性轮廓，张扬自身文化的合理性意义"④，地域版图如此，而此时期的思想文化亦然，"（宋代）士大夫学佛人数之众多，佛学著述之庞杂，令人惊异，甚至多少有点颠覆我们对宋代儒学复兴、理学大盛的固有印象"⑤。宋代儒学的复兴及其主体意识的高扬很大程度上是在佛教的刺激之下引发完成的，而在儒释交流激荡中，两家之信仰者在身份表达上都充满了自觉与主动，本章即探讨宋人寺记中这两种身份的表达，进而探讨儒士身份的自觉与区隔。

---

① （宋）朱熹撰：《四书章句集注》卷七，中华书局1983年版，第142页。
② （清）徐松辑：《宋会要辑稿·选举》三之一至二，第5册，中华书局1997年版，第4262页。
③ 莫砺锋：《诗意人生》，江苏人民出版社2014年版，第109页。
④ 葛兆光：《七世纪至十九世纪中国的知识、思想与信仰》，复旦大学出版社2000年版，第260页。
⑤ 周裕锴：《法眼与诗心》，中国社会科学出版社2015年版，第100页。

第一节 "我尔不同道":宋代寺记作者的身份表达

关于宋代寺记作者身份,我们有几点说明。首先,我们强调,并不是所有的寺记作者都在记文中自觉表达了自己的身份。其次,作者的身份有可能前后不一,有矛盾龃龉处,此亦不当苛求,"他们(官僚士大夫)在公开场合批判佛教对社会有害,炫耀其排佛论,即便是这些人,他们一旦回到家,就会延请僧人设斋,这是很普遍的现象"①。在寺记中,造成身份表达不同的最主要的原因有两个:其一,作者为文语境的变化;其二,作者人生经历的变化,例如人生早期与人生晚期的不同等。第三,我们提请读者注意的是,古代文人士大夫的身份多为混合体,就思想层面而言,儒释道都有可能兼宗,民间信仰亦复不少,因此寺记中的身份表达更多的是一种思想大致倾向的修辞言说,我们仅仅对寺记作笼统分析,并不试图完整清晰地揭示记文作者的身份全体。

一、宋代寺记作者佛教信仰之身份表达

(一)在宋人寺记中,作者佛教信仰者身份最为明显的莫过于作者直言皈依佛教三宝,受持佛教戒律,自称"清信弟子""信佛弟子""奉佛弟子""佛弟子""弟子""信士"等。如以下数例:

> 皈依三宝,受八关斋戒者有年矣。(李恕《尊胜石幢题记》)
> 清信弟子归义军节度监军使、检校尚书左仆射兼御史大夫曹彦晟,撙割小财,写《大般若经》一帙。(曹延晟《写大般若经施显德寺题记》)
> 菩萨□□戒弟子朱戒宝。(朱戒宝《宋阿育王石象宝塔题记》)
> 绍圣元年五月一日,信士张惟晟。(张惟晟《修岷州长道县寿圣院胜相宝塔第三级记》)
> 元丰二年正月十五日弟子秦某记。(秦观《五百罗汉图记》)

---

① 竺沙雅章:《关于宋代佛教社会史》,见[日]近藤一成主编:《宋元史学的基本问题》,中华书局2010年版,第274页。

绍圣元年岁次甲戌五月庚午朔，六日壬寅，信佛弟子张惟政记。（张惟政《修岷州长道县寿圣院胜相宝塔第四级记》）

奉佛弟子朱日初。（朱日初《宝胜院造塔记》）

奉佛弟子吴宗式。（吴宗式《造塔记》）

佛弟子梅权。（梅权《造塔记》）

我佛弟子，能三箧绕肚，空心坐佛否？（李春叟《庆林寺陈氏舍田记》）①

所谓"清信佛弟子"，梁武帝萧衍曾言："言清信者，清是表里俱净，垢秽惑累皆尽；信是信正不信邪，故言清信佛弟子。"②从以上诸例来看，这些寺记多为题记或塔记，篇幅短小，内容简略，功能性极强，与文人寺记有一定的区别。寺院题记或塔记的这种身份表达在宋前已属常见，如在北朝造像记、唐代敦煌发愿文、辽房山石经题记等均有类似表达，而在宋代更属平常，如南宋时期雕造佛教大藏经《碛砂藏》时，"题记中大多数使用的是'奉佛弟子'的称谓"③。

此外，在记文中显示作者在佛教寺院组织活动中担任一定的职事，也多在塔记中出现，如王承庆《云门山石井记》末署名云："劝首弟子、泉州节度押□、充都纲王承庆"④；柳峦《海清寺塔记碣》末云："建塔都维那柳峦"⑤；郭集《敬福三院主赐紫僧清秀幢塔记》末云："当院侍奉行者郭集。"⑥

（二）在宋人寺记中，作者往往在记文中表露出自己的主体特性，这主要体现了作者的身份归属与思想认同，在这其中以"我×"（或"吾×"）为其主要表达方式。具体到佛教信仰者，虽然有称佛教为"吾道""吾教"

---

① 分别见曾枣庄、刘琳主编：《全宋文》第 2 册第 27 页、第 5 册第 403 页、第 16 册第 154 页、第 125 册第 196 页、第 120 册第 126 页、第 125 册第 443 页、第 131 册第 7 页、第 137 册第 34 页、第 220 册第 86 页、第 356 册第 288 页。

② （唐）释道宣：《广弘明集》卷四，《大正藏》第 52 卷，第 112 页。

③ 游彪：《〈碛砂藏〉宋人题记的史料价值初探》，《史学史研究》2011 年第 4 期。

④ 曾枣庄、刘琳主编：《全宋文》第 3 册，第 211 页。

⑤ 曾枣庄、刘琳主编：《全宋文》第 16 册，第 196 页。

⑥ 曾枣庄、刘琳主编：《全宋文》第 93 册，第 200 页。

等类似的整体称谓者，如石待问《皇宋明州新修保恩院记》云："在昔周、鲁二庄之时，我教已显；爰逮汉、晋两明之后，吾道弥尊"①，但是就整体而言，正如尔朱权大观元年（1107）作《长兴万寿寺阁图并记》所云："亦以知古之豪右，归依吾三宝为切至也"②，在宋人寺记中作者言及皈依"吾三宝"（如"吾佛""吾道""吾师"）在"我（吾×）"中最为典型。

1. 言及佛教"三宝"之一的佛，其形式运用有"我佛""吾佛""我释迦慈父"等多种表达方式，其中以前两种最为常见，试举例如下：

> 我佛大慈悲，能灭诸苦恼。（张汝弼《尊胜幢记》）
> 我释迦慈父，广运悲心，降迹正宫。（某弘《北新安村永安禅院碑记》）
> 五行之正气，尚臣吾佛，况于人乎。（张舜民《定平凝寿寺塑佛记》）
> 闻我佛修道时，刍尼巢顶。（苏轼《法云寺礼拜石记》）
> 以悦众凡之目，使知吾佛之尊且贵。（黄裳《含清院佛殿记》）
> 我佛仪像已立在清虚廊落之外。（郭渐《施换塔石额记》）
> 吾佛光明之所照。（孙觌《显忠资福禅院兴造记》）
> 我佛舌倾江、口布谷。初无一字而说彼经。（李流谦《（安国寺）王正卿楞严译经像记》）
> 吾佛以寂灭为乐，诸有皆空，有相无相，若不足计。（戴燧《迁释迦像记》）③

2. 言及佛教"三宝"之一的法，其形式运用有"我法门""我正法"等。举例如次：

> 主院僧善修夙承佛记，久住禅丛，摄伽梨之衣，登狮子之座，

---

① 曾枣庄、刘琳主编：《全宋文》第13册，第327页。
② 曾枣庄、刘琳主编：《全宋文》第141册，第170页。
③ 分别见曾枣庄、刘琳主编：《全宋文》第3册第323–324页、第10册第193页、第83册346页、第90册第443页、第103册第335页、第125册第188–189页、第160册第411页、第221册第266页、第293册第348页。

护我正法。（晏殊《因果禅院佛殿记》）

　　有祈福而怖祸者，则倚我法门；睹相而生善者，则翳我佛事。（李嵩叟《修证院法堂记》）

　　呜呼，天下为僧者多劳人以逸己，蠹我正法。（罗适《定海重修妙胜禅院记》）

　　我佛之法不殚，则律师之模画似矣。（陈祖仁《宝梵寺碑》）①

3. 言及佛教"三宝"之一的僧，尊称寺院僧人为"我师"，其形式运用有"我师""吾师""我公"等。举例如次：

　　王命我先师审志大德主焉。（张咏《陕府回銮寺记》）

　　呜呼！后人非吾师之道入人之深，孰能臻是欤？后之人游吾门，瞩吾奥，有不待开击而了然明彻者，则知是道场为吾师其不可终已。若吾师无上之道，三昧之功，门人之所传者，不著于是，乃记其因始。（沈辽《四明山延胜院碑》）

　　今北景德寺革律为禅，未淹三月，而第五尊者出此殊胜，安知过去生中不与我公有大因缘也哉？（谢逸《应梦罗汉记》）②

（三）居士。

1. "居士"何谓？

　　"居士"一词，我们今天一般自然地认为是在家信佛者（居家学佛之士）的一种称谓，但在历史上，"居士"一词的内涵较为丰富且关涉中印两种文化；同时，其内涵也有着历时性的变化。因此，在讨论寺记中的"居士"之前，我们首先讨论一下"居士"的内涵。"居士"一语，本为中国固有之词汇，在《礼记》《韩非子》等典籍中就已经出现，东汉郑玄云："居士，道艺处士也。"③佛教传入中国后，仍有沿用其原始意义者，但与此同时佛教也借用"居士"一词来翻译 Kulapati（迦罗越）。鸠摩罗什（343-413）释"居士"

---

① 分别见曾枣庄、刘琳主编：《全宋文》第19册第232页、第20册第136页、第75册第321页、第274册第427页。
② 分别见曾枣庄、刘琳主编：《全宋文》第6册第128页、第79册第235-236页、第133册第246页。
③ 十三经注疏整理委员会整理：《礼记正义》，北京大学出版社2000年版，第1054页。

为"白衣多财富者",正如其翻译《维摩诘经》,将"Grhapath"(词义为"一家之主",即"家长",其后玄奘翻译《维摩诘经》亦如此①)译为"居士"或"长者",其后隋智者大师云:"居士者,多积赇货,居业丰盈,以此为名也"②,隋吉藏云:"居士有二种:一、居舍之士,故名居士;二、居财一亿,故名居士。"③关于"居士"一词,学界有较为丰富的研究结果,为了便于讨论,我们予以详细罗列如下。

谭伟先生(2000)认为:"在中国,居士一词主要重才、德两方面;而印度则重财、德两方面,都有重德的倾向。""居士一词内涵丰富,又较混乱。之所以造成这种现象,是因为这个词融合了两种语言,即在汉语之中融入了梵语之义,词义扩大了。同时,在日常称呼时又有习惯性和很大的随意性,儒、释、道三家都有称居士者。因此,往往只能视具体语言环境才能确定其所指。"④

潘桂明先生(2000)认为:"它既可指一般隐居不仕之士,又可指佛教居家修行人士,还可指所有非出家的学佛人士。从佛教的大慈悲精神出发,凡不是站在佛教的对立面,不构成对佛教危害的人,即使他(她)毫无信仰,也应以居士对待。"⑤

张海鸥先生(1999)认为:"自唐、宋以后,居士又不专属佛门了,很多不入仕途的士人自称'居士'。宋代此风尤盛。其中有人修佛,有人则与佛教无关,而与上古汉语中'道艺处士'之意相同。"⑥

张海鸥先生(2002)认为:"宋代文人自称居士成为时尚。居士即居家不仕的士人,信不信佛并不重要。佛门则依旧使用其居士称谓,而不管被称呼者本人是否自称居士……可知在宋代,居士这一称谓有佛门居士和文人居士两种用法,但二者又可以兼容。"⑦

---

① 黄宝生译注:《梵汉对勘维摩诘所说经》,中国社会科学出版社2011年版,第50页。
② (隋)释智𫖮说,弟子释灌顶记:《观音义疏》卷二,《大正藏》第34卷,第934页。
③ (隋)释吉藏:《法华义疏》卷一二,《大正藏》第34卷,第628页。
④ 谭伟:《说"居士"》,《文史知识》2000年第11期。
⑤ 潘桂明:《中国居士佛教史》,中国社会科学出版社2000年版,第3页。
⑥ 张海鸥:《宋代三居士名考》,《中山大学学报》1999年第1期。
⑦ 张海鸥:《宋代文化与文学研究》,中国社会科学出版社2002年版,第213页。

冯国栋先生（2007）认为："后世居士之义变得相当复杂，'道艺处士'与'在家修行的佛教人士'二义并行于世。"①

综上可知，"居士"一词既为中国传统文化所本具，又为佛教所"格义"挪用。可以说，在宋前，"居士"一词多延续印度传统，强调"居士"的财富拥有；而"居士"一词发展到北宋时，这一概念成为集中外古今各种观念与意义的杂合体，例如北宋大观二年（1108）睦庵善卿所编佛学辞典《祖庭事苑》即云："居士凡具四德，乃称居士：一不求仕宦，二寡欲蕴德，三居财大富，四守道自悟；又《菩萨行经》云：'有居财之士、居家之士、居法之士、居朝居山之士，通名居士也。'"②

2. "居士"何时成为佛门专称？

冯国栋先生认为："对文人名号中之'居士'应根据情况做具体分析，不可一见居士，便认定其人必为佛教徒。"此审慎态度是我们遵循的原则，但是，我们不禁要问："居士"一词何时为佛教所独占？段玉明先生（2011）认为是在明清时期，他说："随着这些居士专书（明清时期）的编纂，'居士'概念亦逐步由不确定走向确定，最终变成了在家学佛修道者的专称。"③而笔者认为在北宋末、南宋时期即有此种倾向。且看其例：

> 及其（欧阳修）致仕也，以六一居士而自称，何也？以居士自称，则知有佛矣；知有而排之，则是好名而欺心耳，岂谓端人正士乎？（张商英《护法论》）④

> 居士者，西竺学佛道者之称。永叔（欧阳修）见祖印，排佛之心已消，故心会其旨，而能以居士自号，又以名其文集，信道之笃于兹可见。（释志磐《佛祖统纪》）⑤

> 欧阳子好排佛，而乃自称居士。居士者，乃奉佛弟子在家之流，

---

① 冯国栋：《书〈居士佛教与居士词论略〉后》，《文学遗产》2007年第3期。
② （宋）释善卿：《祖庭事苑》卷三，《卍续藏经》第113册，第86页。
③ 段玉明：《呼唤居士：〈佛法金汤编〉研究》，《四川大学学报》（哲学社会科学版），2011年第5期。
④ （宋）张商英：《护法论》卷一，《大正藏》第52卷，第642页。
⑤ （宋）释志磐撰，释道法校注：《佛祖统纪校注》卷四六，上海古籍出版社2012年版，第1087页。

能通佛道者也。（南宋四明僧竺仙《续丛林公论》）①

此外，南宋圭堂居士《佛法大明录》提倡"居士道"，他列举了"本朝"佛学造诣较深的著名居士，其中有苏轼、范仲淹、张方平、晁迥、李沆、杜衍、杨亿、赵抃、李遵勖、孙觌、王古、陈瓘、刘安石、张商英、杨杰、张浚、蒋之奇、史浩等。②

3. 寺记中的居士。

宋代是"具有中国近世佛教特色的居士佛教相当盛行"③的时代，是"中国居士佛教的全盛"④时期，"清代彭绍升所编《居士传》，一共载录了237位历代著名居士，其中隋代以前41人，唐代37人，宋代81人，元明清三代78人。"⑤"居士"一词虽然如上文所论，有多重含义，我们理应本着谨慎态度对待之，但就笔者考察宋代寺记中的"居士"称谓发现，在这其中绝大多数都是佛教信仰者，或者至少对佛教有极大的好感，这在他们与求记僧人的对话、书写方式（如偈语）等方面有所反映；同时，在有"居士"一词出现的宋人寺记中，我们没有看到儒家的称呼语（诸如"吾儒"等），也绝少有批判佛家之语。因此，我们把寺记中作者的"居士"身份表达，看作是其佛教信仰的一种身份标志，虽不甚确，亦不远矣。居士在寺记中出现较多，试列表如下：

《全宋文》第8册第238页	杨缄《大宋解州闻喜东镇保宁禅院记》	缄也夙慕金方之教，幸趋玉笋之班，居士指归，粗能分晓；觉皇付嘱，敢昧赞扬！聊书建刹之因，兼纪出尘之德，刻于贞石，以示后昆。
《全宋文》第71册第85页	陈舜俞《海惠院经藏记》	白牛居士陈舜俞叙其义而赞之。
《全宋文》第71册第97页	陈舜俞《明教大师行业记》	其存也，尝与其交居士陈舜俞极谈死生之际而已，属其后事，兹用不能无记也。

---

① 转引自[日]无著道忠：《禅林象器笺》卷五，《佛光大藏经》编修委员会主编：《佛光大藏经·禅藏》第47册，台湾佛光出版社1994年版，第374页。

② 杨曾文：《南宋圭堂居士〈大明录〉及其三教一致思想》，中国社会科学院世界宗教研究所编：《纪念中国社会科学院建院三十周年学术论文集（世界宗教研究所卷）》，方志出版社2007年版，第117页。

③ 竺沙雅章：《中国佛教社会史研究》，同朋舍1982年版，第2页。

④ 潘桂明：《中国居士佛教史》，中国社会科学出版社2000年版，第475页。

⑤ 罗凌、王作新：《宋代居士文化特点探微》，《宁夏大学学报》（人文社会科学版）2007年第6期。

出处	篇目	内容
《全宋文》第 90 册第 428 页、第 429 页	苏轼《胜相院经藏记》	有一居士，其先蜀人，与是比丘，有大因缘。/时此居士，稽首西望，而说偈言。
《全宋文》第 90 册第 434 页、第 435 页	苏轼《南华长老题名记》	明公告东坡居士。/居士曰："诺"。
《全宋文》第 90 册第 437 页	苏轼《广州东莞县资福禅寺罗汉阁记》	东坡居士，见闻随喜，而说偈言。
《全宋文》第 100 册第 76 页	舒亶《翟岩山宝积院轮藏记》	有一居士，施不及财，目睹胜缘，五体投地。恭敬作礼，而发愿言。
《全宋文》第 102 册第 186 页、同上、同上	张商英《东林善法堂记》	无尽居士自河北来。/于是以弼等和南稽首白居士言。/以待居士也，居士其舍诸？居士曰："汝等说法与过去诸佛异。"
《全宋文》第 102 册第 205 页	张商英《黄龙崇恩禅院记》	孰能起之，无尽居士。住山二十年，革陋兴圮。于肃之道，乃其糠秕。黄鱼在湫，风雨来游。见而不测，胡迹之求！
《全宋文》第 102 册第 311 页、第 312 页	吴栻《天宁寺转轮藏记》	有居士者，家住庵峰。信脚闲行，五湖四海。作家相见，不免葛藤。/政和元年十月十日，庵峰居士吴栻撰。
《全宋文》第 109 册第 12 页	姚挚《永明寺大殿记》	尔时过云居士适至其所，同声随喜，瞻仰赞叹。
《全宋文》第 112 册第 188 页	李之仪《颍昌府崇宁万寿寺元赐天宁万寿敕赐改作十方住持黄牒刻石记》	姑溪居士李之仪记。
《全宋文》第 117 册第 234 页	周谔《四明山宝积院记》	元祐望日，无住居士周锷记。
《全宋文》第 117 册第 317 页	杨天惠《北溪院化僧龛记》	东蜀居士闻而叹曰：异哉！我昔未之见也。
《全宋文》第 123 册第 373 页	陈师道《佛指记》	绍圣三年八月十日，居士陈师道记。
《全宋文》第 123 册第 381 页	陈师道《面壁庵记》	建中靖国元年九月十八日，居士陈师道记。
《全宋文》第 132 册第 360 页、第 361 页、同上、同上	张某《潞州长子县慈林山寺先贤堂记》	客有居士，面山而居，慕林泉之乐，因以为号，逍遥禅刹，徘徊祠宇。主僧告居士曰。/愿居士记其本末 / 居士曰 / 慈林居士张□记。
《全宋文》第 135 册第 172 页	孙沂《江阴县寿圣禅院庄田记》	政和元年重阳日，练江居士孙沂记。
《全宋文》第 148 册第 346 页	耿延禧《同庵记》	尔时太秀居士说是法已，重说偈曰。
《全宋文》第 152 册第 228 页、第 229 页	刘一止《湖州报恩光孝禅寺新建观音殿记》	则我之身与子之身，一为比丘，一为居士，俱在三十二应之内。/太简刘某居士记，并说偈言。
《全宋文》第 155 册第 326 页	程俱《镇江府鹤林天宁寺大藏记》	城中有居士，氏名曰程俱。
《全宋文》第 155 册第 327 页	程俱《安养庵记》	时北山中，有一居士。
《全宋文》第 155 册第 338 页	程俱《衢州大中祥符寺大悲观世音菩萨阁记》	时北山居士养疾郡郊，闻此胜会，舆掖至前，仰瞻圣像。
《全宋文》第 172 册第 202 页	李纲《寓轩记》	梁溪居士既谪沙阳，官廨陋甚，不可以居，而居于兴国佛宫。

第三章　寺记作者的身份表达与思想区隔

《全宋文》第172册第213页、同上	李纲《澧州夹山普慈禅院转轮藏记》	有一居士,其家梁溪。/时此居士遥瞻宝藏,而说偈言。
《全宋文》第174册第190页、第190–191页	俞观能《太平禅寺佛殿记》	宣和五年八月十五日,太平禅寺大佛殿成,妙高居士过而登之,因稽首言。/时诸大众闻居士言,得未曾有,咸作是言:"善哉居士,快说法要!我等今者信解受持,愿并书之,作将来眼。"居士曰:"不亦善乎。"
《全宋文》第176册第163页、第164页、同上	王以宁《佛窟山转轮藏记》	南岳道人谓正信居士。独王居士即我之室。/欲口累居士,居士其许我哉?/实维居士代为记之。
《全宋文》第180册第344页、同上	李弥逊《支提山天冠应现记》	住山善秀比丘为居士言。/居士闻已,欢喜踊跃,重宣此义,而作偈言。
《全宋文》第180册第346页	李弥逊《太平道院新造三乘小像记》	普现居士作是语时,不唯此会诸法中王,乃至一邻虚尘所现亿万世界河沙诸佛,皆共赞言,如是如是。
《全宋文》第180册347页、同上、同上	李弥逊《宣州泾县铜峰瑞应塔记》	普现居士南游是城,闻所未睹,故以瑞应榜之。后二十六年,居士于福城东见日智比丘。/居士闻已,稽首赞言。/居士于此幻化境中,乃复如是分别言说。
《全宋文》第181册第250页、同上	莫俦《隆庆寺一真轩记》	一真居士馆于潮之北城精舍曰隆庆。其东有屋,衡从函丈,居士葺之,因其号目之曰一真轩。有客过为曰:"请问一真之境若何?"居士曰:……/居士书以为记。
《全宋文》第188册第129页	张浚《自信庵记》	紫岩居士张浚德远书。
《全宋文》第190册第102页、同上、第103页	胡寅《罗汉阁记》	有大比丘智京,其号明觉,承嗣普融,绍临济宗。三返致书武夷居士。/居士辞曰:……/时居士忻然笑曰:"我异于是。予欲无言,以请之勤,悉载来语,谓之阁,亦云可哉。"
《全宋文》第198册第78页	董仲永《六和塔观世音经像碑记》	已定居士董仲永向施小字《观音经》。
《全宋文》第210册第363页	范成象《水陆堂记》	乃移书属随顺居士范成象为之记。
《全宋文》第212册第56页	晁公遡《舍田记》	居士既宣此义,复说偈言。
《全宋文》第213册第357页、第358页、同上	洪适《息庵记》	蛰寮居士觐亲真阳。/居士曰:……/居士曰:……
《全宋文》第218册第310页	员兴宗《池州改建南泉承恩禅寺记》	居士即稽首翘望,为说偈言。
《全宋文》第258册第172页	姜如晦《金绳院五百罗汉记》	尔时有一居士,自凡夫境,谛观凡夫作诸妄业,受诸妄报,王侯蝼蚁,共一苦聚,心生悲恼,未有咨决,又闻如是大都会中有大业坑,复有如是大功德海,欢喜踊跃,稽首作礼。
《全宋文》第296册第252页	白玉蟾《福海院记》	琼山居士白玉蟾曰:……
《全宋文》第333册第379页	许棐《海盐广福永为贤首教院记》	一日,偕知寺净喜来白梅屋居士曰:"君与寺邻,吾为君友,坏梁又有而祖监丞题墨。前后因缘,如此不绝,敢有请焉。"居士曰:……

87

（四）除了以上三种较为明显的称谓，还有一种身份表达就是"夫子自道"：或者自己言及学佛或好佛，对佛教内典有相当的了解，或者转借僧人之口言及自己之佛学修养。以下诸多例子中的关键词如"早熟""夙慕""素服""性尚""善解""学于""道风""世奉""金方之教""能仁之教""其义其文""法轮""释氏""真如法门"等便是这种方式的最好诠释，且看具体例证：

> 柔公以仆早熟道风，尝师心要，缕述始末，俾绪斯文。（王嗣宗《祐国寺记》《全宋文》）
>
> 曙雅游苦早，悟道滋晚。（王曙《觉城禅院记》）
>
> 予素服能仁之教，尤钦开士之风，且与上谷公道契无生，心专趣大。（杨亿《故河中府开元寺坛长赐紫僧重宣塔记》）
>
> 予性尚求真，心殊遣悟，未离文字，犹滞筌蹄。（彭乘《重修大中永安禅院记》）
>
> 某晚闻道要，无所折衷，能读书史，岂曰多学！（刘敞《太原府资圣禅院记》）
>
> 上人以予能善解其义其文，可以申赞叹。（陈舜俞《秀州华亭县布金院新建转轮经藏记》）
>
> 山谷道人为我转此法轮，省老翁无量葛藤。（黄庭坚《普觉禅寺转轮藏记》）
>
> 余学于释氏，愿自效，使不请且强与之。（陈师道《观音院修满净佛殿记》）
>
> 予适宰官，代佛宣说，愿咸谛听，无量无边。（宗泽《义乌满心寺钟记》）
>
> 说之世奉真如法门。（晁说之《宋成州净因院新殿记》）[1]

---

[1] 曾枣庄、刘琳主编：《全宋文》第130册第281页、第10册第28页、第14册第409页、第16册第248页、第69册第195页、第71册第89页、第107册第206页、第123册第379页、第129册第373页、第130册第281页。

（五）作者在寺记叙述中主动运用具有佛学意蕴的词汇，如有功德的"随喜""皈向、依靠"的"皈依"等诸如此类的佛学词汇，它们往往与其他形式组合在一起来反映作者的佛教信仰倾向。例如朱琳于建炎四年（1130）所作《延庆寺塔记》[1]，其中既有"我佛如来"这样的形式，又有"余栖心内典"的直白言说，因此其"固愿以言语随喜"的言说也就顺理成章了。因为宋代寺记多因寺院新建或重建而作记纪念之，因此，"随喜""文施"等佛教词汇就较为常见。且看：

> 院既大成，严像且毕，以仆夙体斯道，见嘱随喜云。（陈舜俞《秀州华亭县天台教院记》）
>
> 贫不能以财施，弱不能以力施，它日愿施鄙文赞胜事。明年，师故遗书来岳阳，从索斯记。师尝住天峰，盖有甚大缘，事未尝刻一言，今反记此者，是欲摄我以文施，因得记其岁月焉。（凌民瞻《明因禅院重建方丈记》）
>
> 余发信心其亦久，而常念无财，以资檀度。至于作礼围绕，厥路无由，乃若赞叹，随喜固所愿也。（赵叔盎《重修广州净慧寺塔记》）
>
> 予不溢美，随喜涉笔。（商逸卿《真如教院华严阁记》）
>
> 既契于予怀，因随喜作记。（赵崇晖《白鹤寺记》）[2]

而如"皈依""稽首"等此类词汇，则是作者佛教信仰的直接性标志字眼，可举例如下：

> 我今为子结缘，舍财与成文皆得成佛道，谨皈依而词之。（李新《泗洲堂记》）
>
> 稽首于一切，《妙法莲华经》。（程俱《衢州开化县云门院法华阁记》）
>
> 弹指间，洗涤千劫罪，是故我皈依，回心无上道。（李纲《澧

---

[1] 曾枣庄、刘琳主编：《全宋文》第182册，第214-216页。
[2] 分别见曾枣庄、刘琳主编：《全宋文》第71册第92页、第75册第67页、第128册第419页、第287册第219页、第304册第127页。

州夹山普慈禅院转轮藏记》)

麟稽首作记而说偈言。(何麒《北岩转轮藏记》)[1]

(六)其他。除了以上几种方式外,寺记作者在记文中表达出来的观念,比如接受佛教的一些说法或教义等,都可以看作一种具有佛教信仰倾向或与佛教密切关联的表达方式,这并不与儒者的作者身份相背离。李光秀《下宝庵记》云:"至心仰启上界诸佛",而记文末尾确有"习业儒李光秀述并书"。[2]冯世雄《遂州广利禅寺善济塔记》云:"三人者,非授记曩劫,安能唾啄同时,崇建大缘"[3],这是以佛教的"授记"之说,肯定捐建者的功德。宗泽《义乌景德禅院新建藏殿记》云:"以此法味,永施众生,则饥能充而食难尽,病有止而药无穷。究其旨归,何须外求"[4],则是把佛经比喻为"法味",可以医治众生的无量颠倒、烦恼。闵文叔《洋州念佛岩大悟禅师碑》云:"我愿以此法门示之众人,传之后世,使闻之者皆发信心而归正觉"[5],此是作者深信佛教之慈悲之心的体现。陆游《上天竺复庵记》云:"死生去来无常,予老甚矣,安知不先在宝池中,俟师之归,语今日作记事,相与一笑乎?"[6]所谓"宝池",实为净土术语,作为"净土三经"之一的《观无量寿经》云:"极乐国土有八池水,一一池水七宝所成。"[7]又,《佛说阿弥陀经》云:"极乐国土有七宝池,八功德水充满其中。"[8]

二、宋代儒士的身份表达

可以说,历代帝王无论其自身喜好若何,儒学作为基本治国学说一直

---

[1] 分别见曾枣庄、刘琳主编:《全宋文》第134册第140页、第155册第321页、第172册第213页、第177册第338页。

[2] 曾枣庄、刘琳主编:《全宋文》第16册,第131页。

[3] 曾枣庄、刘琳主编:《全宋文》第122册,第120页。

[4] 曾枣庄、刘琳主编:《全宋文》第129册,第376页。

[5] 曾枣庄、刘琳主编:《全宋文》第142册,第137页。

[6] 曾枣庄、刘琳主编:《全宋文》第223册,第128页。

[7] (南朝宋)畺良耶舍译:《佛说观无量寿佛经》,《大正藏》第12卷,第342页。

[8] (姚秦)鸠摩罗什译:《佛说阿弥陀经》,《大正藏》第12卷,第346页。

受到各个王朝的尊崇，即便崇尚道教如宋真宗者，尚且"恢崇儒术，博访贤能"①；又如崇尚佛教如梁武帝者，"纵观梁武帝的一生，其思想的基本倾向，是儒学重于佛学，国事大于佛事"②。儒士的具体概念，是随着时空的推衍变化而展露不同特质的，但就其基本面向——如讲求孝悌忠信、追求仁义礼智等——而言，则大致无二。其实，儒学内涵极为丰富，儒士内部之间也有相互批评，清人顾炎武曾批评宋明理学家探索"向内"的学问，是一种"异端"行径，所谓"其不流于异端而害吾道者几希"③。宋代儒士之"吾道"与顾炎武所言之"吾道"显然是有所差别的，但笔者对宋代儒士的身份区分没有如此细微具体，仅是大略言之。因此，本书所言之儒士指一般的读书人，"踏上科举阶梯的举人或生员，或具备了儒教修养的读书人，在宋代，特别是北宋末期到南宋这段时期，被称为士人、士子"④。顾炎武《日知录》"内典"条目又云："推其立言之旨，不将内释而外吾儒乎？夫内释而外吾儒，左道惑众之徒，先王之所必诛而不以听者矣。"⑤宋代儒士的身份表达如"吾儒"，就是值得我们"推其立言之旨"，这一点他处有所阐发。

至于身份表达，可以说，在不同思想或信仰碰撞时，相关作者的护教思想才更加明显，身份意识也相应更加凸显，身份表达当然更加自觉。以宋初学者晁迥为例，在其《法藏碎金录》之中，"儒教"出现了十一次，很大程度上是因为此书"宗向佛乘，以庄老儒书汇而为一"⑥。"三教"一词始于魏晋，出现于涉佛文献之中，而宋代则是"三教"一词第一次大规模涌现的时代。⑦因此，我们可以认为宋代是儒者身份表达凸显的时代，而这其中"吾儒"的表达最为明显，我们将下一节论述，这里列举除了"吾

---

① （清）徐松著，刘琳等校点：《宋会要辑稿》第9册，上海古籍出版社2014年版，第5540页。
② 潘桂明：《中国居士佛教史》，中国社会科学出版社2000年版，第200页。
③ （明）顾炎武著，张京华校释：《日知录校释》卷一〇，岳麓书社2011年版，第338页。
④ [日]高桥芳郎著：《宋至清代身分法研究》，上海古籍出版社2015年版，第125页。
⑤ （清）顾炎武著，张京华校释：《日知录校释》卷二〇，第748页。
⑥ （清）永瑢等撰：《四库全书总目》卷一四五，中华书局1960年版，第1237页。
⑦ 详参李申主编、选编、标点：《儒教、孔教、圣教、三教称名说》，国家图书馆出版社2009年版，第144—201页。

儒"以外的儒士身份表达方式。

（一）肯定性儒者身份表达。或者直接宣扬自己为"儒者"，"业儒"，乃"儒家者流"，实"学自孔氏"。且看以下示例：

予儒者，称浮屠之法，惧非所能。（穆修《明因院罗汉像新殿记》）

虽厕儒家之流，昧达圣人之教。（叶交《台州临海县敕延丰院记》）

小臣业儒，文以识之。尚俾来者，知寺之始基。（王希吕《普向院记》）

余儒者，雅不道浮图事，而挟余宗家固请。（孙应时《慈溪定香复教院记》）

惜其失身异端，无用于世。其所植立，儒者所不道。（孙应时《泰州石庄明僖禅院记》）

余儒家者流，口不读释氏书。（刘宰《京口正平山平等寺记》）

余学孔子者，于浮屠氏无考焉。（刘宰《慈云寺兴造记》）

夫子（程颢）之叹，盖有感也。余愿学夫子者，福田利益之报非所敢知，顾以其能充恻隐之端，似可为国家仁政之助。（李心传《崇福院记》）

余为儒者也，自计不当放浮屠氏之言，久未之许。（李心传《安吉州乌程县南林报国寺记》）

某不尝醍醐，不嗅蕢卜……学自孔氏。（吴泳《径山寺记》）

予事理学，不解禅。（家之巽《径山兴圣万寿禅寺重建碑》）[1]

（二）作者在记文中用否定性言说来突出自己的身份特征，其对于佛学或言"不学"，或言"不知""不通晓""冥如"等，且看其例：

某素肆典坟，专谈仁义，未穷观于八藏，难了悟于三宗。（夏

---

[1] 分别见曾枣庄、刘琳主编：《全宋文》第15册第43页、第20册第93页、第273册第355页、第290册第90页、第290册第95页、第300册第98页、第300册第107页、第301册第350页、第301册第350页、第316册第374页、第356册第271页。

竦《杭州宝云寺记》)

平生不习佛书,不知所以云者。/ 光虽不习佛书。(司马光《秀州真如院法堂记》)

某书生也,于佛学素不通晓,其将何说以发扬之。(王十朋《妙果院藏记》)

予不知佛书,且不解福田利益事也,所知者儒书耳。(杨万里《石泉寺经藏记》)

余于佛书,冥如也。(曾丰《光孝寺重修笔授轩记》)

释氏所谓人天之果,不复详云。(朱著《太和院续建塔记》)

余非佞佛者,即事而纪之。(程珌《富昨寺记》)

金仙氏之说,予所不知。(程珌《齐祈寺释迦大殿记》)

吾虽不学释,亦尝求其故矣。(杜去轻《建法堂记》)

吾不学佛,以吾意言之云尔。(家之巽《千顷云记》)[①]

(三)与佛教信仰者在记文中用"我×"(或"吾×")表露自己的主体特性相同,宋代儒士以"我"(或"吾")来阐明自己立场,这在宋人寺记中极为普遍。可暂举一例,胡铨云:"我仁义礼乐刑政之盛,君臣父子兄弟朋友之懿,尧、舜、禹、汤、文、武、周公、孔子以为相传而不朽也,故谒吾徒而请之","予既嘉浮屠之乐闻我道"[②],又云:"夫智本,瞿昙氏也,不谒记于其徒,而谒于仆,是故欲闻道以有见焉","其徒能尊其书,而吾徒不能尊吾书耳","且以愧吾党云"[③]。在胡铨的两篇寺记中就出现了"我仁义礼乐""吾徒""我道""吾书""吾党",这些"我×"(或"吾×")表达式。这一方面能够反映宋代儒士要面对来自佛教盛行的强大压力,另一方面也能反映宋代儒士的身份自觉。

1.类似佛教三宝之"佛"。如前文所言,佛教信仰者以释迦牟尼佛作为"教

[①] 分别见曾枣庄、刘琳主编:《全宋文》第17册第179页、第56册第228页、第209册第120页、第239册第284页、第277册第387页、第296册第111页、第298册第124页、第346册第217页、第356册第271页。

[②] 胡铨:《新州龙山少林阁记》,曾枣庄、刘琳主编:《全宋文》第195册,第366页。

[③] 胡铨:《衡州寿光寺轮藏记》,曾枣庄、刘琳主编:《全宋文》第195册,第392-393页。

主""本师",在寺记中多称之为"吾佛"(或我佛)。儒士以儒家经典为依归,以孔子为"夫子""先师""圣人",因此在宋人寺记中"吾圣人""吾夫子"在在多有:

> 噫!广我圣人之道,明我圣人之旨。(徐振《莱阳县趣果寺新修大圣殿记》)
>
> 吾圣人之书,其言修身诚意、经国家、治天下之术备矣,惟贤者能知其说。(强至《湖州德清县觉华寺藏经记》)
>
> 嗟呼!仲尼圣师也,块处于弊席之下,虽绘七十子至贤、三千徒至众,过门者尚不一顾,矧肯舍金钱崇饰庙貌乎,是吾□师不逮瞿昙之智远矣。(刘光《潞州潞城县金粟山南垂村真如院重修佛殿公德记》)
>
> 西方仙圣立开导引掖之方,俾有生就善避恶,与吾圣人之道初无以异。(徐敏求《智门禅寺记》)
>
> 既已学吾圣人之道,而又能仰遵释迦之法佛。(尹修《岷州长道县寿圣院六级宝塔记》)
>
> 吾圣人岂虚为此纷纷哉?子之辛苦经营,倘有在于斯乎?否,则我不知也。(张九成《海昌童儿塔记》)
>
> 予素不熟西方之书,姑取其有合于吾孔、孟者,并为之说。(吴元美《重光寺记》)
>
> 今天下建孔子庙、老子宫、释氏殿,皆崇奉之。独吾夫子以元圣素王之道,为万世衣冠礼乐之主,虽自天子,亲屈万乘之尊而钦祀之,以示尊师重道。(王存之《隆教院重修佛殿记》)
>
> 以行吾圣人之常道。(陈亮《普明寺长生谷记》)
>
> 西方之人有圣者焉,吾夫子谓其不言而信,不化而行。(幸元龙《新昌县天宝乡宝盖院轮藏记》)
>
> 又降而元魏,庄列之说益以泛滥,则又溢而剿入佛氏中,以其前日纷乱吾圣人之常者而纷之。(黄震《龙山寿圣寺记》)
>
> 吾圣人云:居天下之广居,立天下之正位,行天下之大道。(家

铉翁《瑞云寺记》）①

2.孔子曾言："吾道一以贯之。"宋代儒士对儒家之道常称为"吾道"。

  世儒习圣人之道……由是观之，反不及佛之学者远矣。则彼之所以盛，不由此之所自守者衰欤？与之记，不独以著其能，亦以愧吾道之不行也已。（曾巩《菜园院佛殿记》）

  如此至于更千百年，委弃郁塞而不得振行于天下者，吾之道是也。（曾巩《金山寺水陆堂记》）

  概如俨似吾道，不负其师，所属近孝，盖可书也已。（曾丰《重建华严寺记》）

  亦愧夫吾道之不行也欤。（杨楫《重建灵峰寺记》）

  自体以致用，即吾道之感焉遂通者也。（幸元龙《惠灯寺云版记》）

  余又不以二氏之非吾道而慨然为之记。（舒岳祥《重建台州东掖山白莲寺记》）②

3.宋代儒士有称僧人为"其党"者，黄叔豹《同天寺记》即云："今冲之为屋与食，其器械衣裳皆出于其力，而不求于人，则冲之视其党亦无愧矣，非独无愧于其党也，吾民游惰而不衣食于器与货，是皆可愧矣。"③相应地，类似佛教三宝之僧人，宋代儒士在寺记中多称其同道为"吾党"，以此来凸显儒士的身份。

  故为记之，且以风吾党之士云。（苏轼《盐官大悲阁记》）

  如其不然，则所嗜一草芥而已。矧作字吟诗，有吾党风格。（邓肃《丹霞清泚轩记》）

---

① 分别见曾枣庄、刘琳主编：《全宋文》第48册第184页、第67册第158页、第111册第224页、第133册第174页、第136册第322页、第184册第151页、第186册第86页、第221册第125页、第280册第64页、第303册第434页、第348册第271页、第349册第182页。

② 分别见曾枣庄、刘琳主编：《全宋文》第58册第141页、第58册第147页、第278册第2页、第282册第394页、第303册第434页、第353册第31页。

③ 曾枣庄、刘琳主编：《全宋文》第125册，第443页。

庶吾党之士相与讲明，以止于至善。（胡寅《桂阳监永宁寺轮藏记》）

既诺其请，又具载语守璞者，以励吾党云。（陆游《抚州广寿禅院经藏记》）

若夫考论礼经，阐明世教，使皆归求之，则有当世搢绅与吾党之士在。（刘宰《慈云寺兴造记》）

且以警吾党之士，而亦以自警云。（吕午《慈竺院记》）

非其教是自背所师，非其所是自失所尚。吾党何是之取，余独有悟者。（安刘《南禅资福院施田记》）①

4. 其他。除了上文所列较为常见外，尚有"吾书""吾教""吾徒""吾之仁义"等"吾×"表达样式。言"吾书"者，叶虞仲《福胜院重建佛殿记》云"余谓施报之说，吾书固有之，而释氏特冥于死生，推而往来，至于无穷"②。言"吾教"者，曾丰《福庆寺始末记》云："揆之吾教，未免为利而行之者，况有不然乎。"③言"吾徒"者，王应凤《广严院重建寺记》云："吾徒之饱食安步者，或愧焉。"④言"吾之仁义"者，王安石《涟水军淳化院经藏记》："其为有似乎吾之仁义者，岂非所谓贤于彼而可与言者邪？"⑤

（四）宋代儒士的寺记书写多源自僧人的请托，按照道理来讲，说几句不痛不痒之好话也是可以搪塞过去的，但在寺记中他们却时常露出批判的锋芒。在其寺记中，他们虽未显现如上几种方式的身份表达，但这样一种批判的态度，实源自其对佛教思想的抵触与不认同，因此可以说，这也算是一种身份的表达方式。

郝矩批判作为"西方之教"的佛教具有"夸诞"性，其嘉祐四年（1059）所作《新修普净下院记》云："兼爱之谈，夸诞之说，不足取，亦立教之

---

① 分别见曾枣庄、刘琳主编：《全宋文》第90册第427页、第183册第183页、第190册第57页、第223册第98页、第300册第107页、第315册第137页、第350册第18页。
② 曾枣庄、刘琳主编：《全宋文》第97册，第49页。
③ 曾枣庄、刘琳主编：《全宋文》第278册，第4页。
④ 曾枣庄、刘琳主编：《全宋文》第354册，第366页。
⑤ 曾枣庄、刘琳主编：《全宋文》第65册，第59页。

一端耳。王仲淹谓西方之教,韩退之谓害过杨、墨,诚非要道,施于中国则泥,宜乎聋俗之所忻慕也"①。叶适也在记文中批判佛教为"异方之学",其《宿觉庵记》云:"岂非不复知以古人自期,而遁流汩没于异方之学者哉。"②上官均《宝林记》则强调在寺院兴建中其舅父虽然出力良多,但他学自儒家,未尝读佛书、信佛教,并认为其舅并不认同佛教的报应之说。记中云:"舅氏幼为儒学,识远行纯。既壮,厌科举之累,散迹邱园,冥意势利。白首事亲,谨顺弗违。友其兄弟,怡怡如也;际于友朋乡间,温温如也。虽未尝玩浮屠之书,肄浮屠之教,其于体蹈之实,盖有得于中矣。至于敬向严奉之诚,岂有意于报应欤?"③吕南公《华藏寺佛殿记》则认为佛教以祸福之说耸动民众,民众不能辨之而受其迷惑,其记有云:"因天下之理迹,而耀之以祸福之利害,然后多欲之生民,莫不悚动而从之。帝公之贵富,臣庶之贱卑,惟听其所煽惑而已。"④与此类似者,韩元吉《建安白云山崇梵禅寺罗汉堂记》云:"佛之徒颇知用其说以警惧动化其俗。"⑤

其他。宋人寺记中还存在着一些其他方式,它们也同样显示了寺记作者的儒者身份。

例如,对于佛教僧人辞亲出家,泯灭入世情怀,宋代儒士往往对其身份不甚认同,如范镇《重修悟真塔记》称僧人为"觉王之忠臣",并言"服儒则当与若人游矣"⑥;又如孙觌,其《抚州疏山白云禅院大藏记》则感慨人才汩没于佛教之中,字里行间满是惋惜之情,记云:"不惟妙道至言足以启悟后学,而其才固有大过人者,惜乎隐于浮图中,且老矣,而不列于功名之士也。"⑦

王存之《普慈禅院新丰庄开请涂田记》云:"世之诋释氏者,必曰蚕食于吾农而病之。若其徒有能不惮劳勤,竭力耕垦以食其众,其亦合圣人

---

① 曾枣庄、刘琳主编:《全宋文》第65册,第325页。
② 曾枣庄、刘琳主编:《全宋文》286册,第84页。
③ 曾枣庄、刘琳主编:《全宋文》第93册,第341–342页。
④ 曾枣庄、刘琳主编:《全宋文》第109册,第295页。
⑤ 曾枣庄、刘琳主编:《全宋文》第216册,第179页。
⑥ 曾枣庄、刘琳主编:《全宋文》第40册,第280页。
⑦ 曾枣庄、刘琳主编:《全宋文》第160册,第386页。

之意，可书也已。"① 记文中虽无"吾圣人"之词，但显而易见，其为儒士应无疑义。袁甫《衢州光孝寺记》云："而所以不扰吾民与所以只承圣意者在是，所以不忘中原者又在是，是知塞天地、横四海之孝，皆自其一念充之也。"② 其言"不扰吾民"，又强调"孝"之伦理，其为儒士也宜。

孙德之《广教院重兴记》云："余观释氏之教，方取重于世人，而其徒又善为封殖，凡有所兴举，其用力也勤，刻志也坚，故能起仆植僵，无不如意，如泽是已。至于世儒为孔子之学者也，出而任天下之重，往往无勤行之力，坚持之志，求其必世百年效，岂可复得耶？及是言之，其不及释氏远矣。予之记此，其有所感也夫，其有所激也夫！"③ 观作者之意甚明，其有感于僧人之"用力也勤""刻志也坚"，相形之下，"世儒为孔子之学者"则"不及释氏远矣"，作为儒士的作者因此"有所感""有所激"。

三、结语

综上，宋代寺记作者对自己身份的表达可以说是一种"名"的表达，一种身份自觉的言说，是一种思想在另一种思想面前的誓词与宣言。在这一身份表达之中，宋代文人表现出的思想倾向与主体意识，"正因为儒、释、道悉为异质信仰体系，而非仅是同质教派之争，便使彼此的差异尖锐化、系统化"④，王安石《扬州龙兴讲院记》云："呜呼，失之此而彼得焉"⑤，张方《梵业院重建佛殿记》云："我尔不同道，其成功一也，愿尔勉焉"⑥。这种"尖锐化""系统化"可以由上文居士与儒士之间身份表达方式的多样、自觉、明确而得到支撑与验证，当然这种"尖锐化"在寺记文体中显得相对缓和。

很显然，宋代文人不同身份表达的这种自觉，是值得我们特别留意关

---

① 曾枣庄、刘琳主编：《全宋文》第 221 册，第 127 页。
② 曾枣庄、刘琳主编：《全宋文》第 324 册，第 36 页。
③ 曾枣庄、刘琳主编：《全宋文》第 334 册，第 183–184 页。
④ 黄进兴：《作为宗教的儒教：一个比较宗教的初步探讨》，见氏著《圣贤与圣徒》，北京大学出版社 2005 年版，第 141 页。
⑤ 曾枣庄、刘琳主编：《全宋文》第 65 册，第 55 页。
⑥ 曾枣庄、刘琳主编：《全宋文》第 302 册，第 425 页。

心的，明末"三一教主"林兆恩（1517–1598）的一段话，放置于此，以为本节之结束，其云：

> 孔子之教，未尝曰我儒也，而学孔子者，乃始命之曰"儒"。
> 黄帝、老子之教，未尝曰我道也，而学黄帝、老子者，乃始命之曰"道"。释迦之教，未尝曰我释也，而学释迦者，乃始命之曰"释"。①

第二节　宋代儒士的身份自觉与区隔

对宋代文化人，我们有多种称呼，如士大夫、文士、文人、知识分子、儒生、儒士等，本书"儒士"采取宽泛的概念，"在（宋代士大夫）是儒教经典之教养的保持者这一点上即'读书人'这一点上寻求"②，非限于"那些为了发展儒学理论、实现儒学理想、成就儒学人格而勤奋学习、努力创造、忠于职守、敢于牺牲的君子儒、大丈夫"③。文题所言"区隔"（Divisions），乃借用法国社会学家布迪厄（Bourdieu）用语④，在他那里指的是资本主义现代消费社会中由于经济、文化等差异导致的不同阶级"趣味"不同⑤，我们这里借指身份的不同，即意识形态主导下自我的身份定位，以此来区别于他者。

宋代"以儒立国，而儒道之振独优于前代"⑥。宋代寺记的书写者绝

---

① （明）林兆恩：《林子全集》，《北京图书馆古籍珍本丛刊》第63册，书目文献出版社1998年版，第64页。
② [日]岛田虔次：《朱子学与阳明学》，蒋国保译，陕西师范大学出版社1986年版，第9–10页。
③ 李承贵：《儒士视域中的佛教：宋代儒士佛教观研究》，宗教文化出版社2007年版，第4页。
④ "《区隔》的写作基于布迪厄于1963年、1967–1968年对巴黎、里尔以及一个小省会城市的1217人所做的一系列问卷调查。问卷涵盖食物、书籍、歌曲、绘画、电影、广播、休闲、受访者的家庭居所状况和观念等，试图发现文化产品的消费方式与消费者的文化性情和文化能力的关联。"常培杰：《论布迪厄文学社会学思想———以〈艺术的法则〉和〈区隔〉为中心的考察》，《美育学刊》2013年第5期。
⑤ "布迪厄认为，人们对美的认知、文化需要及趣味判断是学校教育和家庭教养的产物，与其社会'位置'（及所属阶级或阶层的惯习）、经济资本（收入）和文化资本密切相关。审美趣味的区隔，既是阶级（阶层）区隔的表征，也是其得以延续的因素之一。"常培杰：《论布迪厄文学社会学思想———以〈艺术的法则〉和〈区隔〉为中心的考察》。
⑥ （宋）陈亮：《陈亮集》（增订本），邓广铭点校，中华书局1987年版，第14页。

大多数为儒家学说的信守者即儒学之士，而传统中国的政教关系中"可以容许其他文化形态存在，但是要绝对地服从主导文化的支配"①。"儒学本位主义"是宋儒对于佛教的一般态度与立场②，虽然儒释道三教在宋代能够圆融并存并日趋汇通，但不可否认的是，宋代文人尤其是宋代儒士的文化身份"区隔"意识相比于之前的朝代得到了空前的加强，这首先源自宋代士大夫政治主体意识显现的同时③，其思想主体意识亦觉醒。

邓广铭先生曾言："北宋一代，是儒家学者们的觉醒时期，当时绝大部分的儒学家们，都在努力于振兴儒学，要使儒家学派的地位重新居于佛道两家之上，改变长期以来佛道两家的声势都凌驾于儒家之上的那种状态。"④身份自觉后的宋代儒学之士，当其写作寺记这种关涉佛教的文体时，其"区隔"意识较为明显。本文选择三个关键词——"吾儒""固辞""韩愈"——以见宋代儒士之身份自觉与区隔之一斑。

一、"吾儒"

在宋代文人的寺记书写中，儒士作为绝大多数的创作主体，"吾儒"是经常出现的高频词，而在宋代以前，"吾儒"一词十分罕见，笔者检索所得：

> 诵乎六经之教，习乎吾儒之迹。（阮籍《达庄论》）⑤
>
> 吾儒之师，曰鲁仲尼。仲尼师聃，龙吾不知。聃师竺乾，善人无为。稽首正觉，吾师师师。（唐肃宗《三教圣象赞》）⑥
>
> 武君怃然辞曰："吾儒者，其可以为是！"（韩愈《吊武侍

---

① 张践：《论政教关系的层次与类型》，《宗教学研究》2007年第2期。
② 李承贵在研究两宋时期的欧阳修、王安石、李觏、张载、程颢、程颐、胡宏、张栻、张九成、陆九渊、陈亮、叶适、朱熹等十三位儒家学者的佛教观基础上认为："宋儒对佛教的认知、理解与评价，自始至终贯彻着一个基本标准，这就是儒学的标准，我们称这种思想行为为'儒学本位主义'。"见李承贵：《儒士视域中的佛教——宋代儒士佛教观研究》，宗教文化出版社2007年版，第498页。
③ 余英时：《朱熹的历史世界：宋代士大夫政治文化的研究》，生活·读书·新知三联书店2004年版，第210页。
④ 邓广铭：《邓广铭自选集》，首都师范大学出版社2008年版，第250页。
⑤ 陈伯君：《阮籍集校注》，中华书局1987年版，第135页。
⑥ （清）陆心源：《唐文续拾》卷一，据董诰《全唐文》，中华书局1983年，第11183页。

御所画佛文》)①

（柳）公绰曰："朝廷以吾儒生不知兵耶？"（《旧唐书》）②

阮籍《达庄论》乃"调和儒道，是现实胁迫下的无奈选择"③，其"吾儒"之言非是阮籍自道，乃是文中假托儒者（与庄老驳难者）之言。唐肃宗《三教圣像赞》之文字，其作者应为李商隐且文字稍有不同（没有"吾儒"一词），唐人李涪《刊误》卷下有云："李商隐为文曰：'儒者之师，曰鲁仲尼，仲尼师聃，犹龙不知，聃师竺乾，善入无为，稽首正觉，吾师吾师。'"④ 钱钟书驳斥陆心源《唐文续拾》收唐肃宗《三教圣像赞》云："陆盖未辨刻石者窃取李文而伪托。"⑤ 此乃确论，李涪（约为唐昭宗时人）离李商隐时代较近，且李涪为唐宗室，误唐肃宗之作为李商隐的可能性微乎其微。此外，僧人法济绍兴十四年（1144）《重开僧史略序》、南宋僧人志磐《佛祖统纪》同载此文，其作者均为李商隐。⑥ 另外，陆心源所据碑，今存于嵩山少林寺，碑文乃金大安元年（1209）由高烈夫等人"助缘施财"，少林寺教亨和尚所立之圣像碑，其"唐肃宗皇帝赞"，碑文言据"长安国子监宋太宗太平兴国二年（977）石本重刊"。⑦ 在宋前，可以说仅有阮籍文一处之"吾儒"与宋代同，其他两处实为短语，未能成词。故而宋前之"吾儒"寂寂无闻，在宋代却奕奕盛焉，这在宋人文集中表现得较为明显。这里，为便于操作，我们以诗歌为例略作说明，据《全唐诗分析系统》⑧，"吾儒"出现为0次，而据《全宋诗分析系统》⑨，"吾儒"出现了70次，其反差

---

① （唐）韩愈：《韩昌黎文集注释》，闫琦校注，三秦出版社2004年版，第501页。
② （后晋）刘昫等：《旧唐书》，中华书局1975年版，第4302页。
③ 王利锁：《〈达庄论〉与阮籍后期的人生态度》，《史学月刊》2012年第3期。
④ （唐）李涪：《刊误》，《文渊阁四库全书》本。
⑤ 钱钟书：《管锥编》第4册，中华书局1986年版，第1332页。
⑥ （宋）释志磐：《佛祖统纪》卷三五，上海古籍出版社2013年版，第783页。（宋）释赞宁：《大宋僧史略》，中华书局2015年版，第4页。
⑦ 温玉成、宫大中：《儒、佛、道"三教一体"的反动本质——批判少林寺的两块碑》，《文物》1975年第3期。
⑧ 全唐诗分析系统：http://202.106.125.44:8082/tang/，访问时间：2015/06/15。
⑨ 全宋诗分析系统：http://202.106.125.44:8082/song/，访问时间：2015/06/15。

显而易见。

"吾儒"一词在宋初的广泛出现或许与宋代古文运动、韩愈"道统""文统"说、排佛与卫教、禅宗谱系、禅宗壮大后的危机感等因素有关,但据笔者初步考察,宋人"吾儒"之出现与盛行与僧人契嵩(1007-1072)有重要关系。郭绍虞先生认为契嵩当时的学术地位比欧阳修更重要①。契嵩"以世儒多诋释氏之道"②而撰写《辅教编》,并上书宋仁宗请求敕准入藏(大藏经),且契嵩上书朝廷巨公重臣并把其"一部三册"之《辅教编》赠予他们,这就极大扩大了其影响力,且看契嵩所交通之名公权臣(按文集所载顺序):韩琦(《上韩相公书》)、富弼(《上富相公书》)、张方平(《上张端明书》)、田况(《上田枢密书》)、曾公亮(《上曾参政书》)、赵概(《上赵内翰书》)、吕溱(《上吕内翰书》)、欧阳修(《上欧阳侍郎书》)。最终,契嵩《辅教编》得以入藏,"翰林王公素时权开封,为表荐于朝,仁宗皇帝加叹久之,下其书于中书。宰相韩公、参政欧公阅其文大惊,誉于朝士大夫,书竟赐入藏。"③契嵩之作能够入藏,具有重要的得到王权认可的象征意义与影响并促进文人士大夫阅读其书的实际意义。

韩琦对契嵩"面奖","比之史笔",欧阳修赞其"学瞻道明",可以说契嵩其人获知于宰辅重臣,且其撰述御赐入藏,其影响甚大可以断言。作为誉满天下之人,宋代著名僧人释惠洪赞之云:"书成谒天子,一日万口传。坐令天下士,欲见嗟无缘。"④基于以上及其他种种情形,余英时认为"契嵩不但阻遏了古文运动的排佛攻势,而且开创了士大夫'谈禅'的风气。"⑤我们认为,契嵩还促进了宋代儒学之士身份的自觉。在契嵩那里,他虽然是"广引经籍,以证三家一致",但最终目的是护卫佛教,即"辅相其教"⑥,因此其本位与旨归仍然是佛教,故而其身份的自觉意识十分明显地体现于

---

① 郭绍虞:《中国文学批评史》,商务印书馆2010年版,第405页。
② (宋)晁公武:《郡斋读书志校证》,孙猛校证,上海古籍出版社1990年版,第793页。
③ (宋)释惠洪:《林间录》,《卍续藏经》第148册,第614页。
④ (宋)释惠洪:《谒嵩禅师塔》,《石门文字禅》卷五,《四部丛刊初编》本。
⑤ 余英时:《朱熹的历史世界:宋代士大夫政治文化的研究》,三联书店2004年版,第80页。
⑥ (宋)晁公武:《郡斋读书志校证》,孙猛校证,上海古籍出版社1990年版,第793页。

其著作之中。在契嵩《镡津文集》①里，我们发现其笔下"吾佛"出现了22次，此种情形前代未有。同时，契嵩为了与世周旋，极力消解佛教迷离恍惚之教义，特别强调佛教入世之面向，注重于佛陀为圣人之益世层面，"其道大济天下生灵，其法阴资国家教化"（《上张端明书》）。在这种情况下，契嵩特别强调释迦牟尼佛之"圣人"称谓，在其《辅教编》三卷中，"吾圣人"就出现了14次，此种情形前代亦未有。契嵩名闻天下，且其著作经仁宗敕准入藏，其自身身份的自觉对宋代士大夫儒士身份的自觉，会产生潜移默化的作用，这是我们可以想见的，而与"吾佛"相对的"吾儒"亦随之趋于流行。

现在，我们回转过来，佛教寺塔作为佛教的空间载体与场所，当宋代儒士为之作记时，无疑，其儒士身份的自觉会更加强烈与鲜明，且看"吾儒"一词在宋人寺记中的显现，谨列表如下：

《全宋文》第42册第316页	李觏《太平兴国禅院十方住持记》	然非吾儒文之，不足以谨事始而信后裔。
《全宋文》第97册第27页	林露《慈溪永明寺藏殿记》	是以孔子虽未尝无诲，而终欲无言，亦欲人之知其所以言在乎言意之外，当深思而自得之也。佛氏之教主于见空性，即吾儒之所谓复命也。
《全宋文》第110册第89页、同上	曾肇《滁州龙蟠山寿圣寺佛殿记》	去心之蔽，复性之本而已。所谓直指人心、见性成佛者，其不几于此乎？质之吾儒，孔子言："性不可得而闻。"孟子则谓："尽其心，知其性。"杨雄亦曰："人心，其神矣乎！"/予于佛学未能周其文、竟其义也，姑诵予所闻大略，不悖于吾儒者，书而予之。
《全宋文》第131册第351页	邹浩《止止堂记》	释氏三乘之别，犹吾儒上、中、下三品之不同。
《全宋文》第132册第302页	毛滂《湖州铜山无畏庵记》	吾先圣人有言，君子有三畏，畏天命，畏大人，畏圣人之言。嗟乎，吾儒之多畏如是。
《全宋文》第160册第374页	孙觌《灵严智积菩萨殿记》	讷公福慧两足，为世导师，常以去骄吝，破贪痴，合于吾儒之说者……
《全宋文》第186册第11页	杨椿《永福禅寺记》	佛之道与吾儒之道同，佛之教与吾儒之教异。贝叶所译，与《周易》《论语》诸书所载意义时有暗合处。周、孔、瞿昙，果有以异乎？抑无以异乎？
《全宋文》第186册第178页	张守约《积庆院记》	自佛法入中华，虽吾儒教化者务排诋而羞道。
《全宋文》第190册第48页	胡寅《丰城县新修智度院记》	凡其所建立，必求吾儒之能文者以纪述之。

---

① （宋）释契嵩：《镡津文集校注》，林仲湘、邱小毛校注，巴蜀书社2014年版。

出处	作者与篇名	内容
《全宋文》第193册第224页	朱辂《卧云庵记》	从吾儒言之。
《全宋文》第199册第77页	闻人符《惠力寺舍利众善记》	秦汉以来，世变益薄，人情日诈，谓君子能守吾儒礼义之教则可也。
《全宋文》第200册第339页	何熙志《潼川府牛头寺罗汉阁记》	吾儒至诚不息，而终至于配天地、覆载万物，若合符节矣，何独于释氏而疑之？
《全宋文》第206册第23页	李石《安乐院飞轮藏记》	此杨氏之心当与佛同体，而于吾儒不为背本也。
《全宋文》第216册第203-204页	韩元吉《建宁府开元禅寺戒坛记》	岂类于吾儒所为执德之不回而正固之干事者耶？
《全宋文》第231册第233页	周必大《新复报恩善生院记》	予曰："昔人论为政之蠹，释老常居其一。今竭中人几家之产而成尔数十之居，为吾儒者方且腐之，又何记焉？"
《全宋文》第254册第276页	娄机《东塔置田度僧记》	自金仙氏入中土，老氏与吾儒之教鼎。时吾儒常贬释氏，谓其凭虚恍洋，无所考证，引绳批根，靡使不得。近吾于中常持衡焉，世变日久，浇诡日滋，吾圣人语不及怪，不以为异示人，而后释氏祸福之说行。
《全宋文》第254册第351页	罗颂《古岩经藏记》	抱周孔之书而熟味之，以究夫性命之极。万一有所自得，而后考佛之书，取其与吾儒合者，明著焉以授之，庶乎其有补。
《全宋文》第254册第351页	罗颂《江祈院记》	浮屠氏之道，即吾儒所谓一以贯之者。
《全宋文》第269册第125页	崔敦礼《建康府溧阳县报恩寺度僧田记》	吾儒之道，根于人心，被之天下，若饥食渴饮，不可以一日废。
《全宋文》第278册第6页	曾丰《重兴院记》	并吾儒教之废莫起者。
《全宋文》第279册第75-76页	刘光祖《大雄寺记》	而后吾儒以其事始而决之，而复归于无事。
《全宋文》第282册第363页	魏鲸《福津县广严院记》	吾儒皆事圣人，而至于尊信其道，力行其说，用力之难，且未必浮图氏若也，可不为之叹惜欤。
《全宋文》第284册第5页	杜旃《昭化寺记》	以吾儒言之，乐善继，可无忝于肯堂之家嗣矣。
《全宋文》第284册第392页	杨汝明《双溪化城接待寺记》	余遂言于师曰："吾儒之道，食无求饱，居无求安，敏于事，谨于言，就有道而正焉。"
《全宋文》第297册第16页	萧寅《结界记》	此浮图之制，与吾儒并行于天下。
《全宋文》第298册第127页	程珌《歙县黄坑院记》	其说茫茫阔大而卒不可泯绝者，吾儒之道实行乎其中也。
《全宋文》第301册第294页	钱德谦《静明寺记》	抑吾儒所闻见者。
《全宋文》第303册第371页	许应龙《嘉兴县重建永昌院记》	敬恭有礼，四海皆为弟兄；先后一揆，千里若合符节。此吾儒之谕也，释氏亦然。
《全宋文》第303册第427页	幸元龙《奉新县延恩寺记》	使吾儒而皆绍祖之心，则学问而阐奥洙泗，行道则骈蒙海宇，不可乎？
《全宋文》第315册第131页	吕午《休宁县方兴寺西院新建藏记》	佛之定慧，如吾儒之定定也。不知吾儒亦可效是轮藏，储六经诸子百家，于一运转顷，遂悟所谓定应者乎！
《全宋文》第322册第376页	徐冲《保宁寺钟楼记》	钟鸣山应，吾儒不为奇，佛家借以立教。
《全宋文》第325册第289页	祖大武《广严寺记》	吾儒之功用实维持之。

《全宋文》第 330 册第 306 页	刘克庄《重建九座太平院记》	况彼宗有功德阴果之说，吾儒有食功食志之辨。
《全宋文》第 347 册第 121 页	欧阳守道《圆通阁记》	此则佛之所以为佛，而吾儒之所不屑究言也。
《全宋文》第 350 册第 20 页	边明《重建慧聚寺大佛宝殿碑记》	为书其本末，而因以告吾儒之尊其师者，必若良琪而后可。
《全宋文》第 352 册第 107 页	姚勉《豫章新建净社院记》	夫宏甫，吾儒之英，其必然乎予之说。
《全宋文》第 354 册第 59 页	马廷鸾《净土院舍田记》	于吾儒之说，未大戾也。
《全宋文》第 354 册第 321 页	王应麟《广恩崇福寺记》	南丰所为称学佛者将以勉吾儒也。

以上所列之例，或言儒家之道，或以儒家伦理道德格佛教义理学说，或以"吾儒"与释教对举并置，不一而足，这样，我们可以很清晰地看到宋代儒士以"儒学本位主义"而"区隔"于佛教，其儒士身份的自觉在佛教的语境下愈加突出。同时，我们要清楚，宋儒的思想较为驳杂，多数人以儒为主是无有疑义的，但对待佛教的态度则不尽相同。正如学者所言，"宋代儒士在排斥佛教、批判佛教上还不能完全一致"①，这种情况就导致了宋代儒士的这种"区隔"意识有程度强弱之分：强者则较为决绝，如朱熹、吕祖谦等人，暂且不论他们的思想与佛教的隐秘关系，至少他们的态度是较为鲜明的——批判佛教，这种决绝态度的反映之一，即是他们没有或甚少"涉佛文体"的写作，比如寺记，他们就空空如也；而多数儒士并没有表现出如此纯粹与决绝的思想与立场，因而他们或多或少都有一些关涉佛教方面的文体创作，如僧人画赞、佛经序跋等等。

二、"固辞"

不同于"吾儒"，"固辞"一词古已有之，其意一为"坚决辞谢"，一为"古礼第二度辞让"②，但此词在唐代寺记中似从未出现，宋人寺院书写中则较为常见。宋人寺记多为僧人所请而作，其推辞之语摇曳多样，如"辞之弗可"（胡宿《常州兴化寺记》），"予不敢辞"（李泳《般若会善知识祠记》），"余亦不得而辞也"（楼钥《魏塘大圣塔记》），"再三辞不获"（孙德之《普济寺记》），"其得而辞乎"（程珌《齐祈寺释迦大殿记》），"以晚学辞"（张大圭《重修藏记》），等等。这里，我

---

① 李承贵：《儒士视域中的佛教：宋代儒士佛教观研究》，宗教文化出版社 2007 版，第 497 页。
② 夏征农、陈至立：《辞海》，上海辞书出版社 2010 年版，第 1296 页。

们选择"固辞"这一较为典型的说法,以赅其余,且看其例:

> 以文为托,固辞不暇。(张郇《颍州开元寺地藏院新修罗汉功德堂记》)
>
> 光谢曰:"……加平生不习佛书,不知所以云者,师其请诸他人。"(僧)曰:"他人清辨(僧人之名)所不敢请也,故维子之归,而子又何辞?"光固辞不获。(司马光《秀州真如院法堂记》)
>
> 固辞靡获,乃勉为之记。(姚崇道《大宋陕州芮城县塔寺创修法堂记》)
>
> 仆固辞不获,则为叙其本末。(朱舜庸《方山上定林寺之记》)
>
> 予尝记释迦殿矣,固辞弗克。(牟巘《普照寺千佛水陆院记》)①

这些文人寺记的最终形成本身就告诉了我们"固辞"的结果,尤其值得我们注意的是,虽然作者已经作了寺记,但是同时用"固辞"这一语汇又巧妙地表明了自己的姿态与立场——虽然为佛教寺院作文但未必是佛教的信仰者,这恰如韩愈向质疑之人解释自己与禅师大颠的交往,"乃人之情,非崇信其法,求福田利益也"②。因此,宋代文人的寺记创作很多甚至说绝大多数并非出于佛教信仰,而是有其他助因,比如为僧人不顾路程遥远艰辛跋涉而来的坚韧、数月求记不肯放弃的诚恳等精神所感动,且看以下几例:

> 既落成,逾岭渡江,绝淮走辇下七千里,以其状来请识岁月。(余靖《潮州开元寺重修大殿记》)
>
> 不惮数千里之劳而以记文见托。(冯京《嘉祐禅院记》)
>
> 余为儒者也,自计不当放浮屠氏之言,久未之许。已而,余西归得请,治舰于湖,伟求不已。(李心传《安吉州乌程县南林报国寺记》)

---

① 分别见曾枣庄、刘琳:《全宋文》,第3册第195页、第56册第228页、第102册第324页、第319册第273页、第355册第388页。

② 马其昶校注:《韩昌黎文集校注》,上海古籍出版社1986年版,第212页。

其徒景恢走名山三十载，去年冬请记于余，许之而未暇也。春二月，远求刊者踵门请益急，属邦君行乡饮礼。景恢不惮三百里，裹粮以随。（楼钥《径山兴圣万寿禅寺记》）

予比年焚绮研，不复作美语。今寿来千里，门之不去者逾月，勉即其录而次第之。（程珌《临安府五丈观音胜相寺记》）[①]

观以上诸例中"走辇下七千里"，"不惮数千里"，"不惮三百里，裹粮以随"，"门之不去者逾月"，这里的时间与空间单位即代表了僧人求取记文之执着，这种精神有时确实能够打动一些儒士，因为此种精神与儒家所追寻的自强、弘毅等精神有某种程度的相似性，很能令他们动容。同时，应该注意，僧人所表现出来的这些高贵品格并不一定就是宋儒撰写记文的决定因素，只能算是一种"增上缘"[②]。

三、韩愈

韩愈乃"有唐之巨儒也，以尧、舜、禹、汤、文、武、周、孔之道不行于当世，而释氏之教独盛于中国，故力排之"[③]，在宋代，"学者仰之如泰山北斗"[④]。北宋儒学先驱柳开（947-1000）为尊韩第一人并催发了北宋的儒学复兴运动和古文运动[⑤]，宋仁宗天圣时期（1023-1032）形成了声势浩大的尊韩浪潮[⑥]；同时，"这股强大的尊韩浪潮，终始伴随着一个主题——排佛，这也是韩愈在北宋被追捧的最重要原因之一"[⑦]。陈舜俞在《镡津明教大师（契嵩）行业记》中描述当时的尊韩排佛浪潮说："当

[①] 曾枣庄、刘琳：《全宋文》，第 27 册第 78 页、第 62 册第 362 页、第 301 册第 350 页、第 265 册第 369 页、第 298 册 131 页。

[②] "教义名词。梵文 Adhipati-pratyaya 的意译。四缘之一。除因缘、等无间缘、所缘缘等三缘之外的其他一切缘。凡是对现象生起没有障碍或有助力的一切因素，都是增上缘。"任继愈：《佛教大辞典》，江苏古籍出版社 2002 年版，第 1313 页。

[③] 陆绛：《宝岩院新建佛殿记》，曾枣庄、刘琳：《全宋文》第 31 册，第 127 页。

[④] （宋）欧阳修、宋祁：《新唐书·韩愈传》，中华书局 1975 年版，第 5269 页。

[⑤] 顾永新：《欧阳修学术研究》，人民文学出版社 2003 年版，第 51 页。

[⑥] 李贵：《天圣尊韩与宋调的初步成型》，《文学遗产》2007 年第 6 期。

[⑦] 张勇：《契嵩非韩的文学意义》，《安徽师范大学学报（人文社科版）》2014 年第 1 期。

是时，天下之士学为古文，慕韩退之排佛而尊孔子。"①作为重续道统之"巨儒"，韩愈的佛教态度对宋儒产生了莫大的影响，陆绛于庆历六年（1046）作《宝岩院新建佛殿记》云："近代儒家流，以韩退之辟释老，贤与不贤皆欲随而去之。"在宋人寺记中，韩愈之名甚至直接以"儒者"代替之，"是以儒者至欲人其人、火其庐者，有以也"（张嵲《处州龙泉西山集福教院佛经藏记》）②；"儒者因是而力排之，以为斯民之蠹，至欲人其人，火其书，庐其居，以行吾圣人之常道"（陈亮《普明寺长生谷记》）③，因此可以说，在宋代韩愈成了"儒者"的象征。

韩愈在宋人那里已然成为"儒者"之象征，那么宋代儒士如何书写佛教之寺院，以与韩愈这一作为儒者"标杆"人物之"力排"佛教不相冲突呢？

其中一个做法是批评韩愈所虑未周或所言不当。南宋王存之《隆教院重修佛殿记》认为儒家亦崇饰殿宇，批评韩愈知闻浅狭，其云："韩昌黎力诋而攻之，是识其二五而不知其十也，崇饰殿宇之意，此在吾儒之所常见，而不少思耳"④。南宋闻人符《惠力寺舍利众善记》则指出佛教虽为外来之教，但其淡泊虚无、寡欲戒杀、三世因果等教规教义，能使世风日下中的小人有所警诫，以此批评韩愈的过激言行，这点类似柳宗元称许佛教可以"诱掖迷浊"⑤；同时，闻人符以舍利之自我滋长批评韩愈之"佛不足信"，其文云：

> 昌黎公愈时为刑部侍郎，恶其蠹财惑众，上表切谏，以为佛不足信。夫释氏固吾非中国之教也，然其以虚无淡泊为宗，亦欲使人寡欲戒杀，去革华侈为事耳。三代而上，道德尊，风俗淳，君子小人皆知礼义，能自迁善而远罪。秦、汉以来，世变益薄，人情日诈，谓君子为能守吾儒礼义之教则可也，小人奔趋于财利嗜欲之林，造非为恶。盖有逭罪于刑法之外者，而人犹以其教相

---

① （宋）释契嵩：《镡津文集校注》卷首，巴蜀书社2014年版，第3页。
② 曾枣庄、刘琳：《全宋文》，第187册第213页。
③ 曾枣庄、刘琳：《全宋文》，第280册第64页。
④ 曾枣庄、刘琳：《全宋文》，第221册第125页。
⑤ （唐）柳宗元：《送浚上人归淮南觐省序》，《柳宗元集》，中华书局1979年版，第683页。

谓曰："此虽免于今生，必不能竟逃于后世。"彼人之情，信之既笃，而能以此惕然兴戒，不至蹈非袭恶，吁，吾亦幸其有是哉！昌黎公必以为不足信，则今之舍利，非天所生，非地所出，非工所成，不植而滋长，不运而旋转者，而果何物耶？①

上面这种直接批评的方式在儒士寺院书写中比较少见，较为多见的方式则是：宋儒在韩愈那里"破获赃据"②——或者寻找类似相关性，如"韩退之作《获麟解》，而亦颂连理之瑞木"（孙渐《温江县观音院芝堂记》）③，"韩吏部不喜佛老，作《原道》曰：'博爱之谓仁，行而宜之谓之义。'以彼去仁义而利言，意者恶其爱不博，行不宜也。今有人焉，名虽梵流，至于父作子述，爱能博以周，行能宜以当，名为暗合天理者。"（叶西庆《绍公忌供舍田记》）④——或者寻找韩愈与佛教之直接关联。以下几例均涉及韩愈于贞元十六年（800）所作《送僧澄观》一诗，因此不惮繁冗列出全诗内容，以看出下文几篇寺记与韩愈此诗之关联，其诗云：

> 浮屠西来何施为？扰扰四海争奔驰。构楼架阁切星汉，夸雄斗丽止者谁？
>
> 僧伽后出淮泗上，势到众佛尤恢奇。越商胡贾脱身罪，珪璧满船宁计资？
>
> 清淮无波平如席，栏柱倾扶半天赤，火烧水转扫地空，突兀便高三百尺。
>
> 影沉潭底龙惊遁，当昼无云跨虚碧。借问经营本何人？道人澄观名籍籍。
>
> 愈昔从军大梁下，往来满屋贤豪者。皆言澄观虽僧徒，公才吏用当今无。
>
> 后从徐州辟书至，纷纷过客何由记。人言澄观乃诗人，一座

---

① 曾枣庄、刘琳：《全宋文》，第 199 册第 77 页。
② 陈寅恪：《论韩愈》，见陈寅恪：《金明馆丛稿初编》，三联书店 2001 年版，第 321 页。
③ 曾枣庄、刘琳：《全宋文》，第 101 册第 282 页。
④ 曾枣庄、刘琳：《全宋文》，第 352 册第 429 页。

竞吟诗句新。

　　向风长叹不可见，我欲收敛加冠巾。洛阳穷秋厌穷独，丁丁啄门疑啄木。

　　有僧来访呼使前，伏犀插脑高颊权。惜哉已老无所及，坐睨神骨空潜然。

　　临淮太守初到郡，远遣州民送音问。好奇赏俊直难逢，去去为致思从容。①

韩愈在此诗中极为赞赏僧人澄观重建泗州僧伽塔之杰才。其实，细绎其文，韩愈赞赏僧人澄观"乃诗人"，拥有"公才吏用"，正如苏轼所言："韩退之喜大颠，如喜澄观、文畅之意，了非信佛法也"②。对于这样的人才，韩愈甚至希望他能够脱离僧籍而加入儒者的行列——"我欲收敛加冠巾"，亦如宋代僧人契嵩所指出的，韩愈此诗一定程度上乃"示其轻慢卑抑佛法之意气"③。但是，后人往往脱离诗歌的具体语境与内容来批评或赞扬韩愈与佛教的关联，要之为己所用、韩愈注我即可，如李治（1192-1279）即云："退之平生挺特，力以周孔之学为学，故著《原道》等文，觝排异端，至以谏迎佛骨，虽获戾一斥几万里而不悔，斯亦足以为大醇矣。奈何恶其为人，而日与之亲，又作为歌诗语言以光大其徒，且示己所以相爱慕之深。"④宋代儒士寻找到韩愈这一"赃据"，无疑会令他们格外兴奋，据此他们也减轻了书写佛教寺院的焦虑，他们从韩愈诗歌中各取所需、不尽相同，且看他们的具体所取。

　　（一）韩愈赞叹佛教不可遏制。范浩《景德寺诸天阁记》云："昌黎尝言，自其西来，四海驰慕，结楼架阁，上切星汉，处处严奉，高栋重檐，斗丽夸雄。自唐已然，虽妙言论如退之，亦叹其不可遏止也。"⑤

---

① （唐）韩愈，钱仲联集释：《韩昌黎诗系年集释》，上海古籍出版社1984年版，第127-128页。
② 苏轼：《记欧阳论退之文》，张志烈、马德富、周裕锴：《苏轼全集校注》第19册，河北人民出版社2010年版，第7372页。
③ 释契嵩：《镡津文集校注》，巴蜀书社2014年版，第378页。
④ 吴文治：《辽金元诗话全编》，凤凰出版社版2006年，第454页。
⑤ 曾枣庄、刘琳：《全宋文》，第179册第153页。

第三章　寺记作者的身份表达与思想区隔

（二）韩愈因建塔之难而作诗美之。邓肃《沙县福圣院重建塔记》云："嘻！昔韩愈氏必欲火佛氏之书而庐其居，然后为快于心。至僧澄观能造浮屠于淮泗之上，栏柱雄丽，高三百尺，愈遂作诗以美之，且谓当时公才吏用无如师者，遂令澄观之名同愈不朽。得非宝塔之建，于有为佛事为甚难，顾虽倔强如韩子者，亦不得以却之乎。"①

（三）韩愈非欲纳交释氏，实乃"乐成而恶废"之人之常情。陆游《会稽县新建华严院记》云："韩退之著书，至欲火其书，庐其居，杜牧之记南亭，盛赞会昌之毁寺，可谓勇矣。然二公者卒亦不能守其说。彼'浮图突兀三百尺'，退之固喜其成；而老僧挈衲无归，寺竹残伐，牧之亦赋而悲之。彼二公非欲纳交于释氏也，顾乐成而恶废，亦人之常心耳。"②

（四）韩愈赞赏僧伽塔之重建而作诗咏歌之。谭应斗《雁塔记》云："昔昌黎韩公勇斥佛氏，乃观僧伽塔之突兀，则亦嘉其重建而形之咏歌。"③

（五）韩愈喜僧人澄观之才学。石余亨《慈圣寺耆旧舍飞泉田记》云："世之儒者多訾佛氏之学，韩退之欲庐其居，及从观（按，'从观'应为'澄观'之误）之营浮图，则又赋诗夸诩之，盖其学者之才，类有不可掩者，而退之亦有不能不为之喜然。"④

无论他们去取若何，当宋代儒士书写佛教寺院时，韩愈往往是他们绕不过去的对象，因为他已经成为儒者的象征。正缘于此，寺记中屡屡提及韩愈这一现象恰好反映了宋代儒士的身份自觉。

四、结语

邓广铭先生曾言："北宋的士大夫们，不论其是否提出过攘斥佛老的主张，却大都是采取各种各样的形式，要把儒家的地位提高到佛老二者之上的。这是流行于宋代士大夫间的一个占主要地位的思潮，这个思潮显现出儒家人物的觉醒。"⑤在宋代，"佛教不仅没有走向中国文化的边缘，

---

① 曾枣庄、刘琳：《全宋文》，第183册第178页。
② 曾枣庄、刘琳：《全宋文》，第223册第117页。
③ 曾枣庄、刘琳：《全宋文》，第353册第67页。
④ 曾枣庄、刘琳：《全宋文》，第359册第282页。
⑤ 邓广铭：《邓广铭全集》第七卷，河北教育出版社2005年版，第426页。

反而成为宋代士人日常生活的一部分"①，正是源于此，可以说，宋型文化（包括以苏轼、黄庭坚为代表的文学与程朱理学等）的形成与佛教有莫大关联，而正是佛教在宋代知识阶层的广泛渗透激发了正统儒家士大夫为儒学复兴而摇旗呐喊的决心与勇气，因此，佛教是"儒家人物的觉醒"的催化剂。寺记与佛教相关联，而其书写者多数为儒士，正是因为这种特殊的因缘际会，我们才能够透过表层的文字探索他们思想的动态，而"吾儒""固辞""韩愈"这三个具有典型意义的关键词，则清晰鲜明地表现了宋代儒士身份的自觉与区隔，这归根结底是他们在应对佛教冲击时作为思想主体觉醒的体现。

---

① MARK HAlPERIN.*Out of The Cloister :Literati Perspectives on Buddhism in Sung China, 960-1279.* Cambridge（Massachusetts）and London:Harvard University Press,2006，p26.

下编 文献篇

本编共分两章：

第四章分析论述宋代寺记的文献渊源问题，即寺记来自何处，《全宋文》编者采自何处；同时本章主体部分即第二部分概括了《全宋文》所收、所录之寺记存在的诸多文献问题。

第五章则具体考证分析了《全宋文》所收之寺记存在的问题。第四章概括寺记存在的诸多文献问题即据第五章之具体考证案例（在文中以"例X"标出），因此其涉及之具体文献出处不再标注。

第四章 宋代寺记文献来源与文献问题考述

《全宋文》所收寺记存在着诸多文献性问题，这些问题的产生很大程度上与宋代寺记的文献来源有关。基于此，本章首先简要概述了宋代寺记的文献来源；进而论述依据宋代寺记存在的具体讹误问题（第五章），对寺记存在的诸多文献问题进行归纳总结。

第一节 宋代寺记文献来源略说

寺记主要是作为一种纪念性质的文学样式而存在的,其作为纪念之文,或书之纸，或刻之石，这种属性决定了其存在于多种形态的文献之中，其中有三种文献样态最值得我们关注：第一，寺记作为一种记体文大量存在于文人别集之中；第二，很多寺记乃是作为一种碑刻文献而存在，因此大量存在于金石文献之中；第三，寺记因其所涉及的主体是佛教寺院，而中国方志中往往设有"寺观"条目，在具体佛寺之下往往会收录有载叙该寺院的记文，故方志往往在"艺文""碑碣""寺观"等条目存有寺记。以上文人别集、金石文献、方志文献这三种文献样式可以说涵盖了寺记的绝大多数存世作品，但寺记内容丰富多样，除以上三种文献较多收录寺记外，其还散存于其他多种文献之中，诸如：诗文总集（如宋人所编《国朝二百家名贤文粹》《成都文类》《吴都文粹》等）、类书（如明人所编《永乐大典》、清人所编《古今图书集成》等）、佛寺志（如台湾所编《中国佛寺史志汇刊》、大陆所编《中国佛寺志丛刊》所收寺志等）、佛教撰述（如南宋释祖咏所编《大慧普觉禅师年谱》、南宋释宗晓所编净土宗文献《乐邦文类》等），等等。

宋代浙江寺记三百余篇，约占宋代寺记总数的四分之一，可以其文献来源为例对宋人寺记来源略作具体说明，别集中的寺记文献不再涉及（具

文学、文化与文献——宋代寺记的多维研究

体可参附录内容），这里仅举方志与金石文献。

首先是方志文献。浙江被称为"方志之乡"，两宋"路、州（府军监）、县以及镇、乡等方志（包括存佚）达一千零三十一种"[①]，惜乎大部分已亡佚，宋人所修方志，"根据张国淦《中国古方志考》所载，宋代纂修省、府、县志达50种以上的有7个省，它们是浙江、四川、江苏、江西、广东、湖南、广西，其中浙江138种，遥遥领先；以下依次为四川102种，江西、广东各73种，江苏72种，湖南52种，广西50种"[②]。宋代方志流传于世者仅有29种[③]，这其中，浙江有14种[④]，占了近一半。因此，宋代浙江方志，无论是当时所修，还是后世得以流传，浙江都独占鳌头。这些方志很多都收录了题咏（诗）、记文，因此这些方志客观上保留了大量的佛寺记文。诸如《咸淳临安志》《嘉定赤城志》《延祐四明志》《剡录》等就保留了为数不少的宋人寺院记文。当然，不止宋代，元代单庆修、徐硕纂《至元嘉禾志》，明末鄞县人高宇泰所撰《敬止录》，以及明清时期编纂的大量方志，都保留了部分宋人的寺记。

其次是金石文献。浙江地区在宋代以后经济发达、文化昌盛，关涉浙江的金石文献繁多，诸如《台州金石录》《台州金石略》《越中金石记》《两浙金石志》《嘉禾金石志》《东瓯金石志》《吴兴金石记》等等。这些金石文献保存了众多的宋人寺记，例如邹起于绍圣二年（1095）所撰《杭州临安县净土院新建释迦殿记》仅见于清人阮元所编《两浙金石志》[⑤]。贾廷佐《婺州东阳县昭福院殿记》仅载于阮元之子阮福所作《两浙金石志补遗》[⑥]。史浩《广寿慧云禅寺之记》，据笔者所知，其最早见于清人倪涛

[①] 顾宏义：《宋朝方志考·前言》，上海古籍出版社2010年版，第10页。
[②] 俞佐萍：《古代浙江方志在全国的地位》，见氏著：《俞佐萍方志论集》，浙江人民出版社1997年版，第16页。
[③] 顾宏义：《宋朝方志考·前言》，第4页。
[④] 此据顾宏义《宋朝方志考》第99–202页"浙江"方志，其具体为：《乾道临安志》《淳祐临安志》《咸淳临安志》《（淳熙）新定志》《（景定）新定续志》《（绍定）澉水志》《嘉泰吴兴志》《乾道四明图经》《宝庆四明志》《开庆四明续志》《嘉泰会稽志》《宝庆会稽续志》《（嘉定）剡录》《（嘉定）赤城志》。
[⑤] （清）阮元：《两浙金石志》卷七，浙江古籍出版社2012年版，第148–149页。
[⑥] （清）阮元：《两浙金石志》，第473–474页。

所撰《武林石刻记》①，此后被清丁敬《武林金石记》、阮元《两浙金石志》收录②，目前所知，此文仅被这三种文献所收。

第二节 《全宋文》所收宋代寺记文献问题辨证

由于保存宋代寺记的文献样态复杂多样，加之《全宋文》编录时受到各种条件的制约与限制（如电子资源、数据库等），其"工程巨大，工序繁杂出自众手，照应难周"③，这就使《全宋文》编者对寺记文献的收录存在着多种文献问题，本节试论之。

一、寺记的脱漏

由于寺记存在的文献数量庞大且异常分散，这就不可避免有所漏略。例如文献校正例14，宋代著名词人晏殊撰写的《云居山重修真如禅院碑记》，就目前所见，此文仅存于清人释元鹏所编之《云居山志》及陈梦雷康熙年间编撰的《古今图书集成》。《古今图书集成》相对而言较为常见，但篇幅甚大，偶有漏略亦属正常；而《云居山志》则属于相对冷僻文献，白化文主编《中国佛寺志丛刊》据清初稿抄本影印，即此亦可知该文献不易见到。又如例79，吕惠卿于建中靖国元年（1101）三月初一日撰有《杭州慧因教院华严阁记》，也许是源于当时党争等政治风暴及其人品性问题④，该记在其他文献中并没有保留，仅在明李翥所编撰的《玉岑山慧因高丽华严教寺志》中保存下来，《全宋文》漏收。

方志是保留寺记数量较多的大宗文献，其常随着一地之政治、经济、文化等方面的发展扩散而得到主政者的持续修撰，这就使一地之方志文献留存着不同时期修撰的多种文本。虽然这些文本之间往往有着存续之关系，但后出之文献并非全文收录已出之方志，这就导致如果仅据一地之其中一

---

① （清）倪涛：《武林石刻记》，《石刻史料新编》第2辑第9册，第6881-6882页。
② 分别见（清）丁敬：《武林金石记》卷九，《石刻史料新编》第1辑第15册；（清）阮元：《两浙金石志》卷一〇，第243页。
③ 曾枣庄、刘琳主编：《全宋文》第1册《前言》，第10页。
④ 在该志中，其署名为空缺（"□□□"），亦可能是缘于此种原因。

种或两种方志收录寺记，往往会导致漏略问题。此可以文献校正例 57 为证加以说明：南宋杨幼度所撰《重修法喜寺记》仅存于明朝天启时期所修撰之《海盐县图经》，而《全宋文》编者并没有留意此志。《全宋文》编者对海盐方志的关注主要集中于光绪《海盐县志》，例如北宋人葛鳘所撰《净业院结界记》，据文末可知其采自"《至元嘉禾志》"，且云："又见光绪《海盐县志》"[①]；南宋李正民于绍兴时期撰有《法喜寺改十方记》《资圣寺佛殿记》，其文献来源与葛鳘《净业院结界记》完全相同[②]；南宋常棐撰有《福业院记》，据其文末可知，《全宋文》编者采自光绪《海盐县志》[③]。清末光绪时期修撰的海盐地方志，理应"集大成"，但此志并非此前该地方志文献的总集，其所收文献是有所拣择的，《全宋文》编者仅据此志进行文献辑录，难免导致文献漏略问题。即便《全宋文》编者曾采用过的方志亦可能由于各种原因而漏辑文献，如例 68，南宋人汝勋撰有《（普光王寺）铸钟记》，本人辑自明朝正德《松江府志》卷一八，而《全宋文》漏收；但《全宋文》编者却据明正德《松江府志》卷一八收录有南宋黄英复所撰之《莲社记》[④]，此种情形只能理解为是疏忽所致。

二、寺记内容的讹误

《全宋文》所收录之寺记，始自题目、终至来源文献标注都存在着不同程度的疏漏讹误，本部分详述其存在的问题类型。

（一）题目

首先，寺记标题实为收录文献编者所自立之名目，非记文之题。如例 5，《全宋文》收王禹偁寺记有名《龙兴寺三门记碑》者，此文录自《山左金石志》卷一五，但"龙兴寺三门记碑"乃《山左金石志》编者所立条目，非记文原题。《山左金石志》在该条目后有云："《大宋兖州龙兴寺新修三门记》，额四行，

---

① 曾枣庄、刘琳主编：《全宋文》第 81 册，第 42 页。
② 曾枣庄、刘琳主编：《全宋文》第 163 册，第 139 页、第 141 页。
③ 曾枣庄、刘琳主编：《全宋文》第 338 册，第 22 页。
④ 曾枣庄、刘琳主编：《全宋文》第 344 册，第 334 页。

字径三寸",则知碑额为《大宋兖州龙兴寺新修三门记》,而正文文题亦作《大宋兖州龙兴寺新修三门记》,则知此记名称应为《大宋兖州龙兴寺新修三门记》。又,例26与此同,王钦臣所撰寺记文题应为《新修岷州广仁禅院记》,《全宋文》误作《广仁禅院碑》,"广仁禅院碑"实为《陇右金石录》编者所拟定之条目,而非寺记原题。

其次,存在着这样一种情形:《全宋文》所据文献文题本误,而《全宋文》承其误。如例27,《全宋文》收有北宋文人杨杰所撰《延恩衍庆院记》,此记文题有误,"延恩衍庆院"这一称谓实乃该佛寺之南宋称谓,但来源文献即清代《西湖志》已作《延恩衍庆院记》,故知《全宋文》未察其讹而承袭其误;又如例32,《全宋文》据光绪《重纂邵武府志》卷二八收录上官均之《宝林记》,但该志并未有该记之文题,其仅云:"上官均有记,略曰……"《全宋文》所收之文题(《宝林记》)实据"民国《重修邵武县志》卷二四"(《全宋文》编者已标"又见~"),但据宋人作记之惯例,其文题作《宝林记》的可能性微乎其微。

再次,据碑刻等文献所载内容可断定《全宋文》所收录某些寺记的文题有误,正确文题亦可考见。如例12,《全宋文》收有范仲淹《天竺山日观大师塔记》,范仲淹此记文题诸本均作此,北宋元祐刻本《范文正公集》亦作《天竺山日观大师塔记》,但清雍正九年(1731)所编《西湖志》卷二八《碑碣二》,其作"《天竺山日观庵通教大师塔记》",并云:"旧在庵内,皇祐二年十一月,资政殿学士、金紫光禄大夫、尚书户部侍郎、知杭州范仲淹撰,见《石迹记》",本人详细考证后认为其应作《天竺山日观庵通教大师塔记》。再如例21,《全宋文》收有赵抃所撰《龙游县新修舍利塔院记》,《全宋文》录此文自《赵清献公集》卷五,而民国《衢县志》卷二九载"《大宋衢州龙游县白革湖新修舍利塔院记》",并言:"记文照原碑",则知此记文题据碑刻宜作《大宋衢州龙游县白革湖新修舍利塔院记》。

(二)日期标注

《全宋文·编纂凡例》有云:"集外的诏令、奏议等有年代之文一般按写作时间先后编排。"① 寺记一般均有具体作记时间，因此《全宋文》在这些记文文题之下一般都会用小字标注具体作记时间，此种形式便于读者阅读，亦利于文学研究（如文学编年等），但其标注亦存在一些问题。

首先，笔误问题。如例2，在张邴所撰《颍州开元寺地藏院新修罗汉功德堂记》文题之下云："乾隆三年正月"，"乾隆"实为"乾德"之笔误。

其次，体例问题。《全宋文》对寺记等类文体之日期标注并未说明其具体标准，据笔者观察，《全宋文》对寺记日期标注存在着一定问题。第一，日期标注形式不统一，主要是对于作记之"日"是否标注问题（初步观察按全书多数惯例，似只标注到"月"即可）。如对于方预所撰《释迦殿记》，《全宋文》编者据该记文末信息标注为"治平二年十二月二十五日"②；而张哲所撰《河南府密县敕赐法海院新修法华经舍利石塔记》，《全宋文》收录该文文末有"咸平四年七月十五日记"，而《全宋文》编者于文题之下仅标注"咸平四年七月"；此二例可以看出《全宋文》日期标注的不统一。第二，应标日期而未标，如例4，王禹偁《济州龙泉寺修三门记》文末云："淳化三年某月日记"，按《全宋文》全书体例，应在文题之下注云："淳化三年"。又如例18，杨适《重建云溪寺记》，本记文末云："嘉祐四年七月十五日记"，按全书体例，应在文题之下标注"嘉祐四年七月"。又如例37，张商英撰《潞州紫岩禅院千手千眼大悲殿记》，《全宋文》编者并未标注作记时间，此主要缘于其遗漏了其所采录文献（《山右石刻丛编》）一些信息，原文献有"元祐四年五月六日"，此为作记时间，宜补。

再者，寺记中并未直接显示作记时间，《全宋文》编者据文中信息标注，但其准确性有待商榷。如例25，司马光《秀州真如院法堂记》，《至元嘉禾志》卷二二"碑碣"有云："皇祐四年，馆阁校勘同知太常礼院司马光记"，可知此文作于皇祐四年，而《全宋文》编者于文题之下标注作文时间为"皇祐四年四月"，应是据文中所言"壬辰岁夏四月，有僧清辨踵门来告……"此为请记时间，作记时间一般会晚于此，宜标注为"皇祐四年"，具体月份或应存疑。又如例28，沈辽撰有《大悲阁记》，该记今存拓本，拓本与

---

① 曾枣庄、刘琳主编：《全宋文》第1册编纂凡例，第14页。
② 曾枣庄、刘琳主编：《全宋文》第70册，第168页。

《全宋文》收录文本比较可知，关涉此文作记时间的信息在《全宋文》所据的文献中遗漏，拓本有云："是岁十一月十五日，钱唐沈辽记"，据此及记文内容则知此记作于熙宁元年十一月，而《全宋文》于文题之下标注"熙宁元年八月"，则是显然错误的。

最后，《全宋文》日期标注这一体例形式有时会与记文来源文献有所冲突。如例46，宗泽撰有《义乌满心寺钟记》，此记《全宋文》编者录自《金华丛书》本《忠简公集》，但该集卷三其文题之后有"宣和甲辰十一月十八癸巳"，《全宋文》编者于文题之下注"宣和六年十一月"，此与所据文献有差，宜说明之。

（三）题署

"题署"，是寺记碑刻文的组成部分，其一般为作者和书者等人的署名、署衔，《全宋文》编者一般于文末注释之，但亦有疏略。

有漏脱一字者，如例71，谢伋《大宋台州临海县佛窟山昌国禅院新开涂田记》，《全宋文》据《台州金石录》卷五录文，但对照原文，知其署衔漏脱一"权"字。有漏脱部分者，如例3，龚惟节《大宋故万固寺主月公道者塔记》，《全宋文》编者录此记自《山右石刻丛编》卷一一，其原文题署为："前随使押衙龚惟节述，梁景书"，而《全宋文》于文末注释题署脱漏"梁景书"。同时，亦有全部漏脱者，如例5，据《山左金石志》，王禹偁《龙兴寺三门记碑》文题之后有云："前乡贡进士王禹偁撰，翰林待诏、朝请大夫、太子中舍同正司徒俨书并篆额"，《全宋文》漏脱。又如例26，王钦臣《广仁禅院碑》，据《陇右金石录》所载，在文题《新修岷州广仁禅院记》之后应有多个署名、署衔："次行，奉议郎、权发遣陕府西路计度转运副使公事、兼劝农使、轻车都尉、借紫王钦臣撰；三行，奉议郎、充都大经制熙河兰会路边防财用司勾当公事、赐绯鱼袋周璟书；四行，奉议郎、权通判岷州军州、兼管内劝农事、骑都尉、借绯王彭年篆盖"。再如例30，李骥撰有《开元寺重塑佛像记》，在他志（道光《广东通志》）中保存有署衔信息，此等均宜补足。

121

（四）寺记具体内容

《全宋文》收录寺记的具体内容存在着诸多可以商榷之问题，主要表现在三个方面：节文与全文问题、标点问题、文字讹脱问题。

1. 节文（略文）与全文

寺记文本有许多信息是较为具体实用的，但亦存在着一些文学性的虚写描绘之内容，地方志在收录寺记这种文本时，往往会对寺记进行节略，即略去一些虚浮或无关涉之内容，《全宋文》在辑录这些寺记时，有时会忽略全文而录其节文。张纬于元丰三年（1080）所撰《保州抱阳圣教院重修相公堂记》，《全宋文》编者于文末注释云："此记系节略"[1]，但如下面之多例，《全宋文》编者并未说明，则或疏忽或未加注意。

如例29，沈辽《复放生池碑记》，《全宋文》编者录此文自乾隆《鄞县志》卷二五，其云："沈辽《复放生池碑记》略曰……"，则知该文为节文，而其全文保存于南宋《乾道四明图经》，其文题作《隐学山复放生池碑》，全文比节文多出近200字。

又如例67，莫俦撰《淀山建塔记》，《全宋文》编者录自《古今图书集成·神异典》卷一二三，且云："又见康熙《松江府志》卷二七、嘉庆《松江府志》卷七六"，嘉庆《松江府志》卷七六所收录此记文作《淀山建塔记略》，与《全宋文》编者采录内容一致，知此文为节文，而其全文在明（正德）《松江府志》卷一八中有保存，全文较节文多200多字，宜据全文收录。

再如例75，闻人符《灵池寺重建大佛殿记》，《全宋文》编者录此文于乾隆《海宁州志》卷六，但该志原文作"宋闻人符《灵池寺重建大佛殿记略》"，显然该文是《灵池寺重建大佛殿记》的节文，而全文今存于《淳祐临安志辑逸》，《全宋文》编者失察。

2. 标点

第一，一般性的标点错误。如例98，王应凤《广严院重建寺记》，《全宋文》标点："熙宁间苏文忠公游而乐之，为赋《双竹》《湛师房》及《新开径》诸诗"，此因对苏轼之作不甚了解而误，其应标点为："熙宁间苏

---

[1] 曾枣庄、刘琳主编：《全宋文》第97册，第142页。

文忠公游而乐之，为赋《双竹湛师房》及《新开径》诸诗。"又如例83，楼钥撰《安岩华严院记》，《全宋文》标点："寂然谓乐天为从叔，乞为之记，乐天系以词云。道猷肇开，寂然嗣兴，今日乐天又垂文兹山，异乎哉！沃洲与白氏其世有缘乎？""乐天系以词云"之后文字皆为白居易之原文，宜加引号，编者失察以致其误。

第二，因寺记常常会涉及佛教常识、知识而编者不甚了解而致错误标点。如例97，舒岳祥《重建台州东掖山白莲寺记》，《全宋文》标点："昔智者师唱法于天台，《佛陇经论》行于天下"，其应标点为："昔智者师唱法于天台佛陇，经论行于天下"，《全宋文》编者对智者大师之行迹不甚了解，以臆断而标点，导致错误。又如例8，石待问《皇宋明州新修保恩院记》，《全宋文》标点："修之，止而念，念不差，斯之谓定力成矣，然后烦恼可断也。习之，观而空，空不滞，斯之谓慧解发矣，然后菩提可证"，其应标点为："修之止而念念不差，斯之谓定力成矣，然后烦恼可断也；习之观而空空不滞，斯之谓慧解发矣，然后菩提可证"，《全宋文》编者对天台止观之说不甚了解，故致标点错误。再如例72，胡铨《新州龙山少林阁记》，《全宋文》录文：（予）则谓真："汝亦知一切圣贤，皆以无为法乎？'着以色，见我不能见如来'，此佛语也。"按，"佛语"出自《金刚经》，其原文有云："一切贤圣，皆以无为法而有差别。"又云："尔时，世尊而说偈言：若以色见我，以音声求我，是人行邪道，不能见如来。"由此可知，"着"为"若"之误，《全宋文》标点随之亦误；再如例80、例86，姜特立撰有《琅山长生库记》、李元信撰有《惠寂院记》，此二记与例72类似，其录文标点错误部分亦是涉及《金刚经》相关文字；其实，《金刚经》中的这些文字对稍具佛学常识的人来说都不陌生，可以说，编者的佛学素养有所欠缺。至于如例77，范成象《水陆堂记》的标点错误，则源自编者并未与寺记引文《华严经》作比对；如例84楼钥《径山兴圣万寿禅寺记》之标点错误，乃是《全宋文》编者对佛教寺院住持制度不甚了解所致。

第三，未了解寺记作为涉佛记体文的某种特殊性而致标点错误。如例34，舒亶《翟岩山宝积院轮藏记》，《全宋文》标点为："有大宝珠藏于无眹"，"自丙辰岁迄戊子年"，但该记全文皆四言，作者明显是模仿佛经偈语，宜四字一断。

3. 文字讹脱

第一，疏忽或排印所致。如例 10，杨亿《婺州开元赐新建大藏经楼记》，《全宋文》："昔如来登菩提坐，为天人师，万德庄严，十号其足。"按，"其"为"具"之误。据底本，"其"为"具"，则知此误为录入或排印所致。又如例 96，陈宜中《大仁院佛阁记》，《全宋文》录文："大仁院，广运中吴越王钱氏建"，《全宋文》录自《咸淳临安志》卷七八，查该志，诸本文本在"大仁院"之前皆有"南山"二字，此或为编者疏忽所致。此外，如例 86，李元信《惠寂院记》中"垂三百□□有石"，查检原文并无阙文，或是疏失而误。

第二，寺记多为碑刻文献，其有一定数量的记文今存石刻拓片，《全宋文》所收寺记有的即根据拓片收录，如王素于嘉祐五年（1060）所撰《彭州堋口镇新修塔记》，文末即注释文献渊源为"国家图书馆藏拓片·各地五三二四"[①]；侯可于熙宁七年所作《京兆府香城善感禅院新井记》，文末注云："国家图书馆藏拓片·各地六七九"[②]，诸如此类所在多有。但同时，亦有某些寺记存有拓片，但《全宋文》编者并没有标注，更没有与之比勘，这就导致了这些寺记之内容存有讹误并没有被发现。如例 19，张奭所撰《法门寺重修九子母记》，《全宋文》编者据《金石续编》卷一四录文，且云："又见《金石萃编补正》卷二、《扶风县石刻记》下"[③]，但此记今存拓本，《全宋文》编者失察，两相对勘，可校正《全宋文》所收录文字讹误多处；又如例 15，王逵《齐州灵岩寺千佛殿记》，《全宋文》编者录此记自《八琼室金石补正》卷一〇一，文末并云："又见道光《济南府志》卷六八"，此记拓片今存，据之比对可知，《八琼室金石补正》所载该记甚多缺字均可据补，而道光《济南府志》所载该记虽则偶有讹脱，但其录文多与拓片相合，且可以补该拓之剥泐难辨，《全宋文》编者仅列出该文献，并未比勘，而据拓本需要补正之处有二十几处之多。其他如例 28 沈辽《大悲阁记》、例 50 赵复圭《大宋赵州高邑县乾明院建塔记》，《全宋文》编者俱未标注

[①] 曾枣庄、刘琳主编：《全宋文》第 31 册，第 97 页。
[②] 曾枣庄、刘琳主编：《全宋文》第 41 册，第 298 页。
[③] 曾枣庄、刘琳主编：《全宋文》第 30 册，第 65 页。

其存有拓本文献，自然更没有与之比勘校对，导致此二记文讹误甚多。

第三，除了拓本，寺记仍存其他可供比勘之文献，《全宋文》并未根据不同版本之间的差别校正寺记。如例16，余靖《韶州翁源县净源山䂪石院记》，《全宋文》虽据明成化九年（1473）《武溪集》录文，但嘉靖《翁源县志》、乾隆《翁源县志》卷七亦载该记，据之可校正全文约十处。再如例36，张商英《抚州永安禅院僧堂记》，《全宋文》编者录此文自嘉靖《抚州府志》卷一六，而据明成化六年（1470）释如卺续集之《缁门警训》卷三所载该记，《全宋文》在"吾说不虚"与"元祐七年"之间脱漏如下内容："了常谘参悦老十余年，尽得其末后大事，盖古德所谓金刚王宝剑云"，宜据补。又如例78，周必正《高丽寺札付碑阴记》，《全宋文》录此文自《两浙金石志》卷一〇，编者并未注明该寺记亦存于倪涛《武林石刻记》，亦未比勘，致使收录文字错误较多。

（五）文末注释，文献来源问题

《全宋文》在每篇文章之后都会标注来源文献，同时以"又见……"标注出该文在其他文献中收录的情况，此举甚便读者，但亦瑜中有瑕。

第一，标注讹误。如例82，李长庚《新建龙回寺碑》记末编者注云："周治《永州府志》卷一八下，道光八年刊本"，"周治"为"同治"之误，同时其亦应为"道光"（详该例）之误；且注释有云："又见嘉庆《龙回县志》卷九"，《龙回县志》不知何谓，或误。

第二，标注文献格式不统一。彭乘于天圣四年（1026）所撰之《重修大中永安禅院记》，文末注释文献来源其中有又见"民国《新繁县志》文征补"①，而在梅挚所撰《八功德水记》文末，编者注为："民国《新繁县志·文征补》"②；南宋李正民有《法喜寺改十方记》，其文献来源，《全宋文》编者文末注为："《至元嘉禾志》"③，而葛蘩《净业院结界记》，《全宋文》

---

① 曾枣庄、刘琳主编：《全宋文》第16册，第248页。
② 曾枣庄、刘琳主编：《全宋文》第20册，第113页。
③ 曾枣庄、刘琳主编：《全宋文》第163册，第139页。

编者文末注为"至元《嘉禾志》"①。

第三，标注不全。《全宋文》编者为方便读者，为所收录文章注释文献来源尽量求全，如曾巩于庆历三年（1043）所撰《分宁县云峰院记》，其来源标注为"《元丰类稿》卷一七"，且云："又见《曾文定公集》卷九，《曾子固集》卷二六，《南丰曾先生文粹》卷五，《皇朝文鉴》卷七九，《文章正宗》续集卷一五，《妙绝古今》卷四，《方舆胜览》卷一九，《文章辨体汇选》卷五九一，《文编》卷五七，《八代文钞》第32册，《名山胜概记》卷二三，《古今图书集成》神异典卷一一五，乾隆《南昌府志》卷二四，乾隆《宁州志》卷一二"②，可见其搜罗之广。但限于当时各种条件的限制，《全宋文》注释文献亦难免"挂万漏一"。如例7，某弘之《北新安村永安禅院碑记》，《全宋文》编者录自《汾阳县金石类编》，然《山右石刻丛编》亦载录此文，而《全宋文》并未标注此书。又如例16，余靖在皇祐元年（1049）所作《韶州翁源县净源山𥐟石院记》，《全宋文》标注文献为"《武溪集》卷七"与"嘉庆《翁源县志》卷九"，但明嘉靖《翁源县志》亦载录该文，《全宋文》并未标注。又如例81，姜如晦撰有《金绳院五百罗汉记》，《全宋文》编者注文献渊源云："《全蜀艺文志》卷三八。又见《宋代蜀文辑存》卷九七"，而宋人袁说友所编《成都文类》亦载录此文，该寺记之前有寺记《金绳禅院增广常住田记》，其来源文献《全宋文》则著录有"《成都文类》卷四一"，此二文在《成都文类》中相次而列，绳之，宜标同注，《全宋文》漏略。

《全宋文》编者有云："本书旨在搜集有宋一代之单篇散文、骈文和诗词之外之韵文"③，并云："我们热忱欢迎国内外专家学者和广大读者纠谬补阙，以使本书更为完善"④。本章即对《全宋文》中收录的寺记文献与具体内容"纠谬补阙"，庶几使之"更为完善"。

---

① 曾枣庄、刘琳主编：《全宋文》第81册，第42页。
② 曾枣庄、刘琳主编：《全宋文》第58册，第133页。
③ 曾枣庄、刘琳主编：《全宋文》第1册编纂凡例，第13页。
④ 曾枣庄、刘琳主编：《全宋文》第1册前言，第10页。

第五章 《全宋文》所收寺记文献校正

简要说明：本章所校正的宋代寺记是笔者在阅读这些文献时有所疑问进而探赜索隐而产生的，即是说本章所校正的寺记并非全体寺记，而是这些寺记具有一定的随机性，这是要首先声明的。我们相信，不在校正之列的宋代寺记亦可能存在文献问题，这有待于笔者将来的进一步研究。

1. 陈抟《京兆府广慈禅院新修瑞象记》[①]（《全宋文》第1册，第226–228页）

此记《全宋文》编者录自《金石续编》卷一三，但《金石续编》所录文字多有讹误，《八琼室金石补正》（下文简称《金石补正》）曾据石本校其讹误，其云："右《广慈禅院修瑞像记》，在陕西咸宁香城寺，书法宗柳，宋初石刻学诚悬者不少也，曩校《续编》，据筠清馆所载补入此文，兹以石本勘之，脱讹八字悉更正焉。"[②]此记拓本今存[③]，而《金石补正》所载记文文字近乎完全忠实于拓本（异体字等一仍其旧），但仍有瑕疵，今据拓本及《金石补正》校正如下。

（1）"前乡贡进士杨从乂书丹篆额"，《金石补正》作"书丹并篆额"，据拓本其应为"书并篆额"。

（2）"崇训诰者"，"训"《金石补正》作"经"，据拓本，是。

（3）"像非其貌"，"其"《金石补正》作"真"，据拓本，是。

（4）"龙马□辟于上下"，"□辟"《金石补正》作"辟行"，据拓

[①] 按，此记所涉史实多处乃误（详见文中说明），或为伪作，或有其他缘故，待详考。

[②] （清）陆增祥编：《八琼室金石补正》卷八五，《石刻史料新编》第1辑第7册，台湾新文丰出版公司1982年版，第5378页。记文在该书第5377–5378页。

[③] 北京图书馆金石组编：《北京图书馆藏中国历代石刻拓本汇编》第37册，中州古籍出版社1989年版，第186页。

本，是。

（5）"惟真日忌"，"日忌"《金石补正》作"且忘"，据拓本，是。

（6）"谁蓄谁泄"，"蓄"《金石补正》作"畜"，据拓本，是。"畜"通"蓄"，宜据原文作"畜"。

（7）"大宋雍熙二年，岁次乙酉，三月戊辰朔，十八日壬戌，僧义省建"，"三月戊辰朔"《金石补正》作"三月庚辰朔"，据拓本，是。按，据《二十史朔闰表》，该年三月为乙巳朔①，十八日为"壬戌"，则"庚辰"乃"乙巳"之误，但碑刻已误，宜书其误而作说明。

（8）文末尚有施碑石者及功德芳名，应据补或说明之，今录如下：

院主赐紫沙门师忠，维那惠英大师赐紫师政，供养主僧义全，典座僧义能

乡贡学究拓跋说施碑石

观察支使、中散大夫、检校尚书刑部员外郎、柱国、赐紫金鱼袋刘□□（按，"□□"处或应为"贻庆"，详参范纯仁《观察支使刘君墓志铭》②，但其出生于宋太宗淳化三年即公元992年，此记刻石于雍熙二年即985年）

朝散大夫、行左拾遗、通判永兴军（按，永兴军乃公元977年所置，公元978年即改为兴国军③）府事、柱国王延之

朝散大夫、行侍御史、权知永兴军（按，同上）府事、柱国韩□（《金石补正》作"韩□玭"，不知何据，附识备考）

观察推官、登仕郎、试大理评事张擢

节度推官、儒林郎、试大理评事解汾

殿直、永兴军华耀商乾等州同巡检谢融

2. 张邲《颍州开元寺地藏院新修罗汉功德堂记》（《全宋文》第3册，第194–195页）

---

① 陈垣：《二十史朔闰表》，古籍出版社1956年版，第120页。
② 曾枣庄、刘琳主编：《全宋文》，上海辞书出版社2006年版，第71册第329页。
③ 周振鹤主编，李昌宪著：《中国行政区划通史·宋西夏卷》，复旦大学出版社2007年版，第402页。

文题之下云："乾隆三年正月"。按,"乾隆"实为"乾德"之笔误,记中云:"乾德三年正月二十八日,厥功告毕。"

"乾坤爰列,成佳终归于坏空。"按,此记文录自道光《阜阳县志》卷一九,"佳"字原文实作"住"①,"成住坏空"乃佛教之常用概念,此乃编者录入或排印之误。

3. 龚惟节《大宋故万固寺主月公道者塔记》(《全宋文》第3册,第306-307页)

《全宋文》编者录此记自《山右石刻丛编》卷一一,但查检所载,《全宋文》所录之文仍存有瑕疵。

(1) 文题之后有:"前随使押衙龚惟节述,梁景书",《全宋文》于文末注释中脱漏"梁景书",宜补。

文末尚有僧人、施石者、刊工等信息,宜补,兹录如下:

　　寺主僧守谦,供养主僧绍坦

　　门人一十三人:希诠、希隐、希德、希通、希觉、文证、文遂、文显、文海、文达、文遇、文义、文安

　　施石人张氏博作张绍

　　焦赟镌字②

4. 王禹偁《济州龙泉寺修三门记》(《全宋文》第8册,第70页)

文末云"淳化三年某月日记",按《全宋文》全书体例,应在文题之下注云:"淳化三年"。

5. 王禹偁《龙兴寺三门记碑》(《全宋文》第8册,第82-84页)

---

① (清)刘虎文、周天爵修,李复庆等纂:道光《阜阳县志》卷一九,《中国地方志集成·安徽府县志辑》第23册,江苏古籍出版社1998年版,第327页。

② (清)胡聘之辑:《山右石刻丛编》卷一一,《石刻史料新编》第1辑第20册,台湾新文丰出版公司1982年版,第15170页。

文学、文化与文献——宋代寺记的多维研究

（1）此文录自《山左金石志》卷一五，"龙兴寺三门记碑"乃《山左金石志》编者所立条目，非记文原题。按，《山左金石志》在该条目后有云："《大宋兖州龙兴寺新修三门记》，额四行，字径三寸"，则知碑额为《大宋兖州龙兴寺新修三门记》，而正文文题亦作《大宋兖州龙兴寺新修三门记》，则知此记名称应为《大宋兖州龙兴寺新修三门记》①。

（2）文题之后有云："前乡贡进士王禹偁撰，翰林待诏、朝请大夫、太子中舍同正司徒俨书并篆额"，宜据《全宋文》体例，于文末注释之。

"《经》曰：'名称高远如须弥'者，我公有之。又曰：'坚固不坏如□□□'，斯门比之。"按，"□□□"嘉靖《山东通志》卷二〇、万历《兖州府志》卷四八均作"金刚者"②，是。"《经》"乃《维摩诘经》，其云："名称高远，逾于须弥；深信坚固，犹若金刚"③。此句宜标点为："《经》曰：'名称高远如须弥'者，我公有之；又曰：'坚固不坏如金刚'者，斯门比之。"

《山左金石志》在"太平兴国七年十三月廿三日记"之后，尚有："镌字白□□□□"，《全宋文》宜补。此外，清人黄锡番《刻碑姓名录》卷二云："白给，太平兴国七年十三月廿三日刻《兖州龙兴寺新修三门记》"④，则刊工或为"白给"，附记备考。

6. 杨箴《大宋解州闻喜东镇保宁禅院记》（《全宋文》第8册，第237–238页）

按，据文末，此记录自《山右石刻丛编》卷一一⑤，但录文时存有识

---

① 此记仍存拓片，但多已模糊不清，故《北京图书馆藏中国历代石刻拓本汇编》并未将其收录，但据其模糊影像仍可确定其碑额、正文文题作《大宋兖州龙兴寺新修三门记》，拓片见国家图书馆·碑帖菁华栏目：http://mylib.nlc.cn/web/guest/search/beitiejinghua/medaDataDisplay?metaData.id=613740&metaData.lId=618221&IdLib=40283415347ed8bd013483503a050012。

② （明）陆钺纂修：嘉靖《山东通志》卷二〇，甘肃省古籍文献整理编译中心、《中国华东文献丛书》编辑委员会编：《中国华东文献丛书》第1辑第45卷，学苑出版社2010年版，第309页。（明）包大燨纂修：万历《兖州府志》卷四八，《天一阁藏明代方志选刊续编》第56册，上海书店1990年版，第709页。

③ （姚秦）鸠摩罗什译：《维摩诘所说经》卷一，《大正藏》第14卷，台湾佛陀教育基金会1990年影印版，第537页。

④ （清）黄锡番：《刻碑姓名录》，《石刻史料新编》第3辑第35册，台湾新文丰出版公司1986年版，第476页。

⑤ （清）胡聘之辑：《山右石刻丛编》卷一一，《石刻史料新编》第1辑第20册，记文见第15178-15179页。

别不清等讹误,校正如下。

(1)"验以前文,明唐兴之旧额; 稽诸近敕,□保宁之新思。"据原文,"□"为"焕","思"为"恩"。"□"原文文字如煥,其清晰版应为煥,其为"焕"之异体字①,而"焕"有光明意,与前文"明"字照应。

(2)"千叶之运开剡浦",据原文,"运"为"莲"之误。

(3)"阴风负檐,丹雾触楹",据原文虬,"风"为"虬"之误。《文选》载晋人张协《七命》有云:"阴虬负檐,阳马承阿"②,该句直接借用其语。

(4)"猗欤幻化之身,有玄有感;真如之性,不灭不生。"按,"猗与"乃"叹辞"③,其应标点为:"猗欤!幻化之身,有玄有感;真如之性,不灭不生。"

(5)"诸法眷徒弟等,并坚固住持,欢喜围绕祇陁树下,长为授荫之人;阿耨池边,免作迷津之客。"本文多用四六句式,其应标点为:"诸法眷、徒弟等并坚固住持、欢喜围绕。祇陁树下,长为授荫之人;阿耨池边,免作迷津之客。"

7.某弘《北新安村永安禅院碑记》(《全宋文》第10册,第193-194页)

按,《全宋文》编者录此文自《汾阳县金石类编》卷五,其实,《山右石刻丛编》卷一一亦载录此文④,虽然相较而言,后者讹脱严重,但仍具有重要的校勘价值,兹校正如下。

(1)"□□□相表乎仪,八十种好彰乎瑞"。《山右石刻丛编》亦阙,按,"□□□"应为"三十二",释迦牟尼佛具有三十二相、八十种好,此种描述在佛经中俯拾皆是,在此仅举一例,隋阇那崛多译《佛本行集经》云:"身体具有三十二相、八十种好。"⑤黄庭坚《云居祐禅师语录序》云:"佛言:我于一切法无执,报得常光一寻、身真金色,乃至三十二大人相、

---

① 见我国台湾《异体字字典》网站:http://dict2.variants.moe.edu.tw/variants/。
② (梁)萧统编,(唐)李善注:《文选》卷三五,上海古籍出版社1986年版,第1600页。
③ (清)方玉润撰:《诗经原始》卷一七,中华书局1986年版,第607页。
④ (清)胡聘之辑:《山右石刻丛编》卷一一,《石刻史料新编》第1辑第20册,第15187-15188页。
⑤ (隋)阇那崛多译:《佛本行集经》卷一四,《大正藏》第3卷,第716页。

八十种随形好。"①

（2）"饮光录化于苦踪，度喜传灯于感躅。"此句，《山右石刻丛编》作"饮光永化于芳踪，庆喜传灯于盛躅"，两种文献所载文字俱难理解，但"度"为"庆"之误，则确定无疑。结合上下文及佛教历史，该句句意可解：迦叶（"饮光"）、阿难（"庆喜"）能够继承佛之衣钵，结集经典，传佛之教。"饮光"为佛之十大弟子之一摩诃迦叶（Mahākāśyapa）之意译，"庆喜"为佛之十大弟子之一阿难（ānanda）之意译，《景德传灯录》云："昔如来以大法眼付大迦叶，迦叶入定而付于我（阿难）"②，此二者至今在汉传佛教寺庙中侍立于佛陀两侧。

（3）"□□正法像法，昭然熳然"。"熳"，《山右石刻丛编》作"焕"，是。"熳"通"漫"，在此句中其意难通，而"焕然"则意与"昭然"同，《宗镜录》卷五七云："万像森罗，焕然明白"③。

（4）"使令万国万象，了福田为究竟之路"。"象"，《山右石刻丛编》作"家"，据文意，是。

（5）"同感建造之功，共办葺修之事"。"感"，《山右石刻丛编》作"成"，据文意，是。

（6）"弟功德主郝训、李勋等，药师□殊"。"□"，《山右石刻丛编》亦阙，疑为"文"字。

（7）"所愿皇帝永固，帝道遐隆，太子诸王，福返万叶。""皇帝""返"，《山右石刻丛编》作"皇基""延"，据文意，是。

（8）"塞上之戈锤永息。""戈锤"，《山右石刻丛编》作"戈鋋"，是，《后汉书》云："元戎竟野，戈鋋彗云"④，杜甫《秋日夔府咏怀奉

---

① （宋）黄庭坚，郑永晓整理：《黄庭坚全集辑校编年》，江西人民出版社2008年版，第1514页。按，该句前半部分在《黄庭坚全集辑校编年》《全宋文》（第106册第154页）以及其他文献中往往标点错误。此句源自宋初永明延寿《宗镜录》，其卷一三云："如《般若经》中，佛言：'我于一切法无所执，故得常光一寻、身真金色'"。见（宋）释延寿：《宗镜录》卷一三，《大正藏》第48卷，第486页。

② （宋）释道原：《景德传灯录》卷一，《大正藏》第51卷，第206页。

③ （宋）释延寿：《宗镜录》卷五七，《大正藏》第48卷，第745页。

④ （南朝宋）范晔，（唐）李贤等注：《后汉书》卷四〇，中华书局1965年版，第1363页。

寄郑监李宾客一百韵》云："国须行战伐，人忆止戈铤。"①

（9）文末注释："碑子功德主金吾□□长史郝玢，业《判摩经》文章大德。""□□""《判摩经》"，《山右石刻丛编》作"□□□""《维摩经》"，前者留存备考，后者是，《判摩经》不知何谓。

8. 石待问《皇宋明州新修保恩院记》（《全宋文》第13册，第327-328页）

《全宋文》标点："修之，止而念，念不差，斯之谓定力成矣，然后烦恼可断也。习之，观而空，空不滞，斯之谓慧解发矣，然后菩提可证。"

应标点为："修之止而念念不差，斯之谓定力成矣，然后烦恼可断也；习之观而空空不滞，斯之谓慧解发矣，然后菩提可证。"

按，为说明标点依据，该句前面的文字至关重要，兹引如下："明州保恩院者，即沙门知礼座主舍旧谋新之所作也。座主俗姓金氏，世居鄞江，七岁出家于州之兴国寺。洎进具，从宝云通法师受天台智者教。是教也……"四明知礼（960-1028），乃天台宗之第十七祖，山家派之代表，上文需要校正的文字即是阐明"天台智者教"，而"止观"这一天台宗重要而极具特色的修行法门，实乃隋朝智者大师所组织化、体系化，其《修习止观坐禅法要》卷一云："止是禅定之胜因，观是智慧之由藉"②，"禅定""智慧"亦即校正文字中的"定力""慧解"。"修之止而念念不差"，"习之观而空空不滞"，作者在强调止观法门动中有静、静中有动，而不是执空着有而堕入顽空实有之断见或常见境地。

9. 杨亿《故河中府开元寺坛长赐紫僧重宣塔记》（《全宋文》第14册，第408-409页）

《全宋文》："视灭鹤林，宣说十二部经。"很显然，"视"为"示"之误，音近致误。按，该记录自《武夷新集》卷六，据编者所言，《全宋文》录文所用该集乃是以嘉庆十六年梁章钜、祝昌泰校勘本为底本，校以明本、四库全书本③，而明本、四库全书本俱作"示"，且该集中《婺州开元赐

---

① （唐）杜甫著，（清）仇兆鳌注：《杜诗详注》卷一九，中华书局1979年版，第1703页。
② （隋）智𫖮：《修习止观坐禅法要》卷一，《大正藏》第46卷，第462页。
③ 曾枣庄、刘琳主编：《全宋文》第14册，第147页。

新建大藏经楼记》云："自鹤林示灭，大教方行"①，此乃编者失校。

10. 杨亿《婺州开元赐新建大藏经楼记》(《全宋文》第14册，第409-411页)

《全宋文》："昔如来登菩提坐，为天人师，万德庄严，十号其足。"按，"其"为"具"之误。据底本②，"其"为"具"，则知此误为录入或排印所致。

11. 汤维《重修泗州大圣殿记》(《全宋文》第17册，第356-357页)

该文录自《偃师金石遗文补录》（清抄本）卷九，文末尚有"庆历四年二月十五日复建，立舍屋十囗堂三间，永安县柏谷施主赵用方、王明义、刘全、刘宗元，道士夏清誊书"③，此虽不属于汤维所作记文之内容，但其信息亦珍贵，宜作说明。

12. 范仲淹《天竺山日观大师塔记》(《全宋文》第18册，第423页)

范仲淹此记文题诸本均作此，北宋元祐刻本④《范文正公集》亦作《天竺山日观大师塔记》⑤，但清雍正九年（1731）所编《西湖志》卷二八《碑碣二》，其作"《天竺山日观庵通教大师塔记》"，并云："旧在庵内，皇祐二年十一月，资政殿学士、金紫光禄大夫、尚书户部侍郎、知杭州范仲淹撰，见《石迹记》"⑥。《四库全书总目》著录有"《石迹记》"，不知是否上文所言之"《石迹记》"，《总目》云："不著撰人名氏，观其所载碑刻，虽讫于金、元，而称江南不称南直隶，称江宁不称应天府，是国朝人所著矣。"⑦该书未见，似已不存。

---

① 曾枣庄、刘琳主编：《全宋文》第14册，第410页。
② （宋）杨亿：《武夷新集》卷六，《宋集珍本丛刊》第2册，线装书局2004年版，第247页。
③ （清）武亿原纂，王复补文：《偃师金石遗文补录》卷九，据南图所藏嘉庆二年（1797）刻本影印，《续修四库全书·史部·金石类》913册，第223页。
④ 王瑞来：《范仲淹集·校注说明》，《儒藏》（精华编）第204册，北京大学出版社2012年版，第25页。
⑤ （宋）范仲淹：《范文正公集》卷八，见《中华再造善本·唐宋编·集部》，据中国国家图书馆藏北宋刻本影印，北京图书馆出版社2005年版。
⑥ （清）李卫监修，傅王露总纂：《西湖志》卷二八，《故宫珍本丛刊》第265册，海南出版社2001年版，第94页。
⑦ （清）永瑢等撰：《四库全书总目》卷八七，中华书局1960年版，第750页。

（1）名称

按，范仲淹该记中云："师钱塘人也，姓仲氏，名善升"，善升赐师号大约在天禧五年（1021）或六年[①]，其号"通教大师"的记载，笔者竭力搜寻仅得一条材料，宋祁（998-1061）有诗《赠通教大士善升》[②]。如果结合《西湖志》的记载，则宋祁诗中之"大士"（今传各种文献均作"大士"）必为"大师"之误，那我们应该可以明确：僧人善升确实曾赐号"通教大师"。

《天竺山日观庵通教大师塔记》此文题更为合理。第一，日观庵乃天台宗著名僧人慈云遵式（964-1032）所创建，其《天竺别集》卷二云："天禧四年（1020）……古天竺寺宋沙门遵式，于寺东岭香林洞侧造日观庵成"[③]，而据记文，善升在天禧（1017-1021）中一直居京师，"客京师三十年"，在康定（1040-1041）中才"入天竺山，居日观庵"。由上史实可知，日观庵由慈云遵式创建，历史应不会如此巧合：善升恰赐号"日观大师"，而一二十年之后恰去居住慈云遵式所创之日观庵，因此，善升赐号"日观大师"的可能性微乎其微。第二，"某某大师"的称谓（即师号）"迟至晚唐才成定制"[④]，而这种称谓乃较为官方、正式，而非如宋人庄绰所言：

[①]（北宋）吕夷简等修《景祐新修法宝录》卷九云："右，天禧四年春二月沙门秘演等表请以御制述释典文章，命僧笺注，附于大藏，诏可，乃选京城义学文学沙门简长、行肇、惠崇、希白、鉴深、重杲、鉴微、尚能、楚文、昙休、普究、禹昌、永兴、善升、清达、秘演、善初、继兴、希雅、仲熙、省辩、崇琏、显忠、令操、义贤、瑞王、无象、行圆、有朋、文倚同笺注……五年秋书成进御，镂板流行，赐（丁）谓等器币，众僧师号、紫衣、衣服、茗帛，度童行有差。"见（宋）吕夷简等修：《景祐新修法宝录》卷九，《中华大藏经》第73册，中华书局1994年版，第559页。

[②] 宋祁《赠通教大士善升》除诗题中"大士"为"大师"之误外，诗中亦有讹误，其有云："楚潮鸣夜浦，天柱落秋山。句偈聊持赠，非缘文字间。"（《全宋诗》第4册第2537页）按，"柱"应为"桂"之误，通教大师善升住杭州天竺山，而此地秋日桂花自天而降的传说由来已久，唐代诗人宋之问《灵隐寺》云："桂子月中落，天香云外飘"，皮日休《天竺寺八月十五日夜桂子》云："至今不会天中事，应是嫦娥掷与人"，二诗分见（清）彭定求等编：《全唐诗》卷五三、卷六一五，中华书局1960年版，第653页、第7097页。

[③]（宋）释遵式述，释慧观重编：《天竺别集》卷二，《卍续藏经》第101册，台湾新文丰出版有限公司1993年版（影印日本京都藏经书院：《卍大日本续藏经》），第291页。

[④] 黄敏枝：《宋代佛教社会经济史论稿》，台湾学生书局1989年，第454页。

"京师僧讳'和尚',称曰'大师'"①,范仲淹不会因其居住"日观庵"而随便称其为"日观大师",况此记实为塔铭,文末有铭文。范仲淹另有一文亦涉及"大师"称谓,其《朝贤送定惠大师诗序》云:"有吴僧定惠大师宗秀者……隐于灵岩,多历年所,晚岁游名公之门,然亦未尝及利,天圣中大丞相东平公、清河公怜其旧,奏赐紫方袍,号定惠,乃告归故山"②,欧阳修亦有《明因大师塔记》③。

基于以上的分析论证,我们认为范仲淹此文作《天竺山日观庵通教大师塔记》更为合乎历史与逻辑,其文题之误应在北宋编撰文集时即已形成,或者因疏忽所致。这种错误随着范仲淹文集的广泛流通,其影响亦随处可见,谨列南宋时期受其错误影响者如次:

南宋《咸淳临安志》卷七〇有"善升"条,其云:"天禧中诏同注释御制《法音集》,书毕,赐号曰日观大师","皇祐元年,范文正公就天竺山见之,一日遣侍者告文正公而逝,公为作塔铭"④。

南宋释宗晓《法华经显应录》卷二有"杭州日观大师",并云:"范希文记,见《圣宋文海》。"⑤

南宋王象之《舆地纪胜》卷二有"日观禅师","钱塘人,名善升,十岁出家,天禧中赐号日观禅师,皇祐初,范文正公就天竺见之,后文正为作塔铭。"⑥

(2)系年

若《西湖志》所载文题正确,那其"皇祐二年十一月"撰记的记载亦珍贵异常且颇具可靠性。南宋楼钥《范文正公年谱》云:"按《文集》,《天

---

① (宋)庄绰:《鸡肋编》卷上,上海师范大学古籍整理研究所编:《全宋笔记》第4编第7册,大象出版社2008年版,第17页。
② 曾枣庄、刘琳主编:《全宋文》第18册,第389页。
③ 洪本建:《欧阳修诗文集校笺》,上海古籍出版社2009年版,第1662-1663页。
④ (宋)潜说友纂修:《咸淳临安志》卷七〇,《宋元方志丛刊》第四册,中华书局1990年版,第3987页。
⑤ (宋)释宗晓:《法华经显应录》卷二,《卍续藏经》第134册,第868页。
⑥ (宋)王象之:《舆地纪胜》卷二,中华书局1992年版,第135页。

竺山日观大师塔记》云：'皇祐元年，余至钱塘'"①，而今人则径系此文于皇祐元年②。作者此句乃言其皇祐元年知杭州，而具体作记时间并没有提及，仅言"一日，遣侍者持书谢余"，"又一日，侍者来告曰师化矣"，则该记作于皇祐二年的可能性是存在的。况且，《西湖志》所载范仲淹署衔亦合历史史实，范仲淹《义庄规矩》末载："皇祐二年十月□日，资政殿学士、尚书礼部侍郎、知杭州事范押"。③

13. 晏殊（991-1055）《因果禅院佛殿记》（《全宋文》第19册，第231-232页）

文末有云："聊用直言，以祇勤请云尔。"按，"言"疑为"书"之误。此文录自光绪《抚州府志》卷二〇，该文同时载录于《古今图书集成》卷一一五、同治《临川县志》卷一八，但均作"言"。但据宋人书写习惯与惯例，"言"或应为"书"，用"聊用直书"者，可举二例：北宋王子舆（？-1002）《临海县城隍庙记》文末云："聊用直书，置诸屋壁"④，宋祁于天禧二年（1018）所作《春日同赵侍禁游白兆山寺序》文末云："故非善叙，聊用直书"⑤；用"直书"者亦举二例：龚惟节开宝六年（973）所作《大宋故万固寺主月公道者塔记》文末云："故用直书，以示来者"⑥，徐铉淳化三年（992）所作《邠州定平县传灯禅院记》文末云"是用直书"⑦。

14. 辑补·晏殊《云居山重修真如禅院碑记》（一）⑧

---

① 楼钥：《范文正公年谱》，见李勇先、王荣贵点校《范仲淹全集·附录二》，四川大学出版社2007年版，第906页。
② 方健：《范仲淹评传》，南京大学出版社2001年版，第500页。
③ 曾枣庄、刘琳主编：《全宋文》第18册，第269页。
④ 曾枣庄、刘琳主编：《全宋文》第7册，第187页。
⑤ 曾枣庄、刘琳主编：《全宋文》第24册，第367页。
⑥ 曾枣庄、刘琳主编：《全宋文》第3册，第306页。
⑦ 曾枣庄、刘琳主编：《全宋文》第2册，第244页。
⑧ 民国岑学吕所重编之《云居山志》（民国年间香港排印本）卷七亦收录此文，且已在"中国佛教寺庙志数位典藏"网站上完成初步的电子标点，本文参考该文，重新标点，其网址为：http://buddhistinformatics.ddbc.edu.tw/fosizhi/ui.html?book=g074&facs=2B015P142.jpg&pageNumber=p.0119&keyword=%E6%99%8F%E5%A4%A7%E6%AD%A3&viewMode=search。

出处：清释元鹏撰《云居山志》，清初（康熙时期）稿抄本[1]，第182-190页。按，陈梦雷于康熙年间编撰的《古今图书集成·博物汇编·神异典》（下文简称《集成》）卷一一五亦载录此文[2]，这两种文献是目前见到的最早载录晏殊该记全文的文献，相较而言，《集成》讹脱较多，但时或有可采者（笔者于该文末注释说明之）。此外，清初顾炎武《天下郡国利病书》、康熙《江西通志》俱提及"宋晏殊《重修真如院碑记》"，并均引用了首二句。[3]

全文如下：

> 山岳配天，庐阜标其秀；江湖纪地，彭蠡擅其雄。盘址崔嵬，层渊秘邃。中画郡国，外罗邑居。灵真之所回翔，川涂之所冲要。宽柔有教，世号南方之强；戒施俱修，俗虔西竺之化。由是苾刍净侣，雾集乎郊垧；丽跂仁祠，棋分于都鄙。云居山者，兹山之胜境也。前控漳水，左界庐峰。崇峦隐其造天，复岫森其蔽日。外壁立以千仞，中坦然而一方。油云郁纷，阳林以之昼暝；积雪凝冱，阴谷于焉夏寒。

> 真如禅院者，兹山之净土也。枕倚岩峣，盘据平敞。超彼色（二）界，屹如化城。焕百宝之庄严，压万景之明灭。香花襞积，十善之人是依；象马纷纭，六和之众攸集。其始也，唐元和中有高僧道容，渡杯游方，顿锡兹地。少林只履，既谋于定居；祇园侧金，乃兆乎缔构。容师去世，其徒全庆、全诲续而住持。譬（三）为山，一篑之功，不止起于累土，九层之业以成。（四）影像倏其云亡，轨躅沦其莫嗣。

> 中和岁，道膺禅师者，得洞山之密契，为南宗之伟人。始居庐陵，化道（五）弥盛。将赴贵池之勤请，适属豫章之大藩。时

---

[1] 白化文主编：《中国佛寺志丛刊刊》第21册前言，广陵书社2006年版。

[2] （清）陈梦雷：《古今图书集成·博物汇编·神异典》第499册，中华书局1934年影印本，第22页。

[3] （清）顾炎武：《天下郡国利病书》，华东师范大学古籍研究所整理：《顾炎武全集》第16册，上海古籍出版社2011年版，第2617页；康熙《江西通志》卷四，《文渊阁四库全书》本。

南平钟王传（六）素仰道风，方持戒律，摄衣延见，虚左相待，亦既接弥天之妙辨，且欲驻出世之高踪。会此邑人与本院僧徒等，诣府抗辞，请扬真谛。南平即日欣然许之。黑白欢迎，人天景从。登师子之座，抚纳众生；宣海潮之音，开导群品。南平于是奏赐额曰龙昌禅院，津梁大辟，星纪载更。将示民于有终，俄与物而共尽。南平叙其遗懿，闻于帝庭，诏谥曰弘觉大师。继师之化者曰道简，继简曰道昌，继昌曰怀岳，继岳曰德缘（七），继缘曰怀满（八），继满曰智深，继深曰清锡，继锡曰义能，继能曰义德。一灯是续，十代于兹。既而世变风移，人亡政息。虽灵光之制，岿然独存；而瞿相之宾，去者过半。禅枝摧其落荫，觉路浩其扬尘。时道齐禅师居洪井之双林，传法灯之要旨。梯航所会，遐迩争趋。僧众等越境致恭，愿移法席。师亦牢让不获，濡足来暨。凭五衍之辄，正道有归；航六度之舟，迷津向附。听一音者，如聆韶箫之韵，翕纯而自怡；沾一雨者，如沐睢涣之流，藻缋而增丽。鸿荫既广，胜幡既扬，复归其真，无恒不化。

　　今禅师契环实奉遗旨，绍宣法轮。环禅师，智乃出家之雄，心存接物之志。佩菩提之密印，悟佛上乘；传达摩之信衣，仍当世嫡。真风一阐，名流四臻。提唱丛林，作归救之所；宣扬义海，无戏论之讥。由是三江繁会之区，比屋富饶之俗，倾依大士，想象能仁。修饰伽蓝，期追二梵之福；喜舍珍藏，靡吝万金之材。度木也，取徂松甫柏之良；择匠焉，得班输王尔之妙。萃之以日力，鸠之以岁功。即旧以谋新，其规益壮；因高而俯下，其制增严。斤斧挥风，筌绳揆景。丹梁画拱，蠹虹霓之蜿蜒；缥瓦朱檐，烁鸳凤之腾跂。髹形焕烂，琳碧精荧。广厦重深，坐迷于凉燠；清防窈窕，倏变于朝昏。夫其秘殿森罗，金容海藏之攸设；华堂潇敞，宿德缁流之是依。门闱洞开，楼观岑立。管库爰辟，于以峙乎糇粮；浴室宏披，于是涤乎尘垢。宾馆在塾，津桥亘途。山泉脉引于通沟，石砲环周乎翠潋。莫不经营有渐，轮奂增华。易圭律者二十秋，登奥阼者五百室。刓良畤别墅，并列于郊坰；而峻宇重扉，咸新乎制度。信所谓广大悉备，规模宏远。华鬘宝相，永藉于闲安；

白足方袍，长资于晏坐。丰功博利，罔不宣臻。

洪惟圣皇，丕阐元化。敦崇像教，奖赉空门。大中祥符元年，诏改赐今额。芝泥玉检，降泽云霄。银榜璇题，生辉岩谷。足以表昌辰之崇奉，增率土之归依，彰胜果于妙严，赞景业于无量者已。夫道靡不在，谅周于大方；民罔常怀，实宾于众善。若乃起居净界，深证于真常；回入尘劳，广施于饶益。如环师之精进，夐出于等伦。抵璧捐金，仰资于佛事；移风易俗，渐暨于度门。如此方之信向，特越于思议。宜乎高岸为谷，壮丽之功不骞；大海扬尘，鸿明之福常茂。

予缮性非利，属辞罕工。风波之涂，方悼于沦滞；虫篆之作，徒欣于赞扬。避命不遑，濡毫增愧，铭曰：

兜率储精，迦维降灵。身超十地，智广三明。揭披戒品，宣兹法乘。揄扬善利，济度群生。奏入汉阁，经传中夏。仰式佛土，竞崇精舍。想象青鸳，形容白马。制轶耆山，功超鹿野。江阳旧壤，官亭奥区。屹乎翠屺，回若仙闾。招提是托，肸蠁潜扶。谷鸟衔供，山祇让居。奄宅一方，代有名德。大海为藏，圆珠在缄。忍草林滋，狂猿槛匿。泡电徒奔，雷云岂息。绍我正法，惟吾导师。腾凌慧日，茂蔚禅枝。续佛寿命，作人轨仪。四生是仰，八部为依。长者参禅，都人预会。闻法施金，投诚献盖。喜舍珍玩，增修梵界。雾委珠璎，星罗宝贝。瑰材致用，良工效奇。辨方审曲，测景裁基。形镂土木，贸迁岁时。聿成大壮，有焕新规。华闳崇睟，雕楹巨丽。俨若神运，孑如鳌致。宝像荧煌，华钟沸渭。无量之缘，于兹具备。天垂紫诏，帝锡嘉名。煌煌宝篆，肃肃高甍。真祇翊护，雅俗欢荣。常资妙善，以赞隆平。净众依投，编甿向慕。道阐八正，人亡五怖。劫石有尽，溟波有驻。惟此丛林。湛然常住。

四代孙晏大正重书勒石。

（一）《集成》作"《重修云居真如禅院碑记》"。

（二）《集成》作"尘"。

（三）《集成》"暨"之后有"如"字。

（四）此句费解，疑有脱漏。

（五）《集成》作"导"。

（六）《集成》作"南平王钟传"。按，钟传，唐昭宗曾封其为南平郡王，《新唐书》有传[①]。

（七）按，《景德传灯录》作"住缘""住满"。《景德传灯录》卷二三在"洪州云居山怀岳禅师法嗣"下，列"云居山住缘和尚""云居山住满和尚"[②]，且据《景德传灯录》全书体例，其作"云居山某某"者，均为住持。对比两种文献可知，其所载史实相合，但不知姓名缘何不同。

15. 王逵《齐州灵岩寺千佛殿记》（《全宋文》第19册，第282-284页）

《全宋文》编者录此记自《八琼室金石补正》卷一〇一，文末并云："又见道光《济南府志》卷六八"。按，此记拓片今存[③]，据之比对可知，《八琼室金石补正》所载该记甚多缺字均可据补，而道光《济南府志》所载该记[④]虽则偶有讹脱，但其录文多与拓片相合，且可以补该拓之剥泐难辨处（偶有），因此该志文献价值颇高，《全宋文》编者仅列出该文献，并未比勘。由于需要补正之处有二十多处，因此今据拓片并参考道光《济南府志》所载该记，录全文如下：

> 释典谓昔有金人生西方，同名号者逾乎千百万亿，则了性悟空以成道者，非不广矣。自白马来东土，建寺院者几乎百千万所，则示形出相以化人者，非不多矣。其间烜赫中夏，辉映诸蓝，得四绝之伟者，则有荆之玉泉，润之栖霞，台之国清，暨兹灵岩是也。按地志，后魏正光中有僧法定者唱首，拨土以兴焉。炎宋景德岁，始赐此额。
>
> 噫！绝之伙且有四种，义不越乎高倚青山，俯临寒泉，茂林

---

① （宋）欧阳修、宋祁：《新唐书》卷一九〇，中华书局1975年版，第5486-5487页。
② （宋）释道原：《景德传灯录》卷二三，《大正藏》第51卷，第388页。
③ 北京图书馆金石组编：《北京图书馆藏中国历代石刻拓本汇编》第38册，中州古籍出版社1989年版，第173-174页。
④ （清）王赠芳、王镇修，（清）成瓘、冷烜纂：道光《济南府志》卷六八，《中国地方志集成·山东府县志辑》第3册，凤凰出版社2004年版，第464-465页。

修竹厌庱户牖，奇花异石罗列庭槛。或景趣果如是，则为地望之绝也，岂忝矣？至若黄金涂像，碧瓦凌空，回廊大殿莹然尘外，层楼峻塔倬彼霄际。倪缔构果如是，则为庄严之绝也，不诬矣。又若千里辐辏，群类子来，珍货希宝缁白善舍，香顶艾臂男女日至。耐诱掖果如是，则为供施之绝也，诚题矣。设若割慈父母，脱屣妻孥，貌渐心顿□本生灭，表动内寂洞彻正觉。笃行愿果如是，则为精进之绝也，真奇矣。矧其左有泰山峋峋，与天为邻，生物而洒天下之雨，告瑞则吐封中之云，持阳和启蛰之柄，膺覆焘司命之神，如先帝泥金检玉者七十二代。如右则有洪河浑浑，厚地偕奔，葱岭马颊，雷惊电翻，迥贯银汉之浪，险经禹凿之门，遇本朝中季□□爰有上中下源。其前则有邹鲁大国，洙泗巨防，阐君臣父子之教，辟仁义礼乐之乡，循之者昌，悖之者亡。其后则燕赵二御，山川四驰，限尔夷狄，壮斯藩篱，自甲胄干戈之息，俾士庶羊马之肥，欢好爱结，恩威永绥。言其雄重也则既如此，谈其封略也复如彼，则千佛中处膺大雄氏，不其宜矣。加之野有良田可以封万户，家有华屋可以荫万夫，帑有美资可以苏万民，僧有方便可以化万心，不其盛欤！神宗皇帝、章圣皇帝悉以御书为锡命焉，皇帝陛下降以御篆飞白以嗣之。厥后有僧琼环者，次第以轮奂焉。其如土木之华，绘塑之美，泉石清丽，草木之秀，森森然棋布前后，远者咸以耳闻之，近者咸以目击之，于千佛之旨何啻乎形影之外？譬喻其远邈也，善相万万明矣，故略而不述也。仆被诏司泰宁军宫观，下车伊迩，有住持赐紫僧重净贻书请识，因用直书，以塞其颐也。时庚子年春王三月望日记。 嘉祐六年辛丑岁六月望日，景德灵岩寺住持、讲经、赐紫沙门重净建立。真定府郭庆、郭庠镌字。

16. 余靖《韶州翁源县净源山耽石院记》（《全宋文》第27册，第66-67页）

按，此记云："就崖砻琢，传之不朽"，则知此记应是摩崖石刻，清人翁方纲《粤东金石略》卷五有"余襄公耽石院记"条目，并言："在韶州翁源县净源山石壁上"①，石刻于20世纪60年代被毁②。《全宋文》虽据明成化九年（1473）《武溪集》录文，但嘉靖《翁源县志》、乾隆《翁源县志》卷七亦载该记③，且多有异文，二志或采自前代方志或录自摩崖，颇有校勘价值，谨据之校正全文如下。

  古之学佛者，内乐空寂以照自性，外作饶益以济群动，故行修于已而功施于物，虽岩居穴处，草衣木食，委去浮累，超然独往。而万家之城，十室之聚（一），率有信向，仰为开导。由是攀萝蹑霭，栈险梁深，异人所居，必立精舍。耽石院者，翁川之列（二）刹也，山川葱启，杳绝纷嚣，泉石幽奇，足以耽玩。唐大中三年，有僧法光，爱此剪茅，众为筑室，去华摭实，遂以耽石为名。刘氏瓜剖，乱离斯瘼，钟呗之声，几乎息矣。开宝初，因其故号，迁于上潭，香火仅在（三），风幡无托。不有废也，其何以兴？天圣中，今住持慧周同檀越巢迪等相与谋曰："佛之示权（四）也大矣，人之起信也久矣。察荣悴者知其果，视祸福者存乎应。崇（五）善者有精进以笃其修，畏罪者有忏悔以寡其过，多藏（六）者有布施以破其惑，念往者有追奉以广其孝。是知民之同井，不可一日而违塔庙也。既而同焉者募，异焉者劝，富焉者资，巧（七）焉者力。其相土（八）也，则叠岫宾挹（九），澄溪带附；其度材也，则百堵云构，四阿翚飞；其设像也，则金璧睟容，天龙善卫；其据境也，则珍木弥望，佳气袭人。真崇福之秘宇，绝尘之幽致也。苟非智者创谋，善人协规，孰能与于此哉？巨石如屏，泉淙于下，可以爽情灵，可以涤尘虑，命名之始，其在兹乎。就崖砻琢，传之不朽。皇祐元年八月日记。（十）

  （一）乾隆《翁源县志》作"千室之邑"，嘉靖《翁源县志》作"十

---

① （清）翁方纲：《粤东金石略》卷五，《石刻史料新编》第1辑第17册，第12411页。
② 冯志荣：《余靖与耽石院》，《广东文物》1997年第1期。
③ （明）李孔明：嘉靖《翁源县志》，《天一阁藏明代方志选刊》第63册，上海古籍出版社1982年版，原书附页第57页；（清）杨宽修，（清）郭正嘉纂：乾隆《翁源县志》卷七，《故宫珍本丛刊》第170册，第277-278页。

室之邑",似应作"十室之邑",余靖《南安军兴福院慈氏观音堂阁碑铭》即云:"况今天下至大,含生至众,十室之邑,必有塔庙以奉薄伽之遗像。"①

（二）嘉靖、乾隆《翁源县志》俱作"盛",据文意,是。

（三）嘉靖、乾隆《翁源县志》俱作"存",据文意,是。

（四）嘉靖、乾隆《翁源县志》俱作"人",但作"权"似更合作者之意,余靖《庐山承天归宗禅寺重修寺记》开篇即云:"佛氏之权大矣",《广州南海县罗汉院记》亦云:"盖佛以大权宠万化归于至理而已。"②"人"与"权"在音形上俱差异明显,不知缘何而误,因此附存备考。

（五）嘉靖、乾隆《翁源县志》俱作"为",作"崇"似更合原文,其下文为"畏罪","崇福"与之相应,作"为"者留存备考。

（六）嘉靖、乾隆《翁源县志》俱作"作福",留存备考。

（七）嘉靖、乾隆《翁源县志》俱作"壮",据文意,是。

（八）嘉靖《翁源县志》作"大观",不知何谓,留存备考。

（九）乾隆《翁源县志》作"揖",据文意,其言风水,则作"揖"似更合理。

（十）乾隆《翁源县志》在文末"传之不朽"后云:"朝散大夫、以光禄少卿分司南京、上骑都尉、曲江县开国子、食邑六百户、赐紫金鱼袋余靖撰,皇宋至和三年（1056）三月十四日进士巢迪篆,颍川巢玉书。"《粤东金石略》云:"朝散大夫、□光禄少卿分司南京、上骑都尉、曲江县开国子、食邑六百户、赐金鱼袋余靖,末云皇祐元年（1049）八月日记,皇宋至和三年三月十□日住持僧法沙门省功建,颍川巢玉书,进士巢迪篆,郑祚刻。"嘉靖《翁源县志》则不同,其云:"时天圣二年（1024）正月十七日也",不知缘何如此迥异,留存待考。

17. 余靖《韶州乐昌献宝林禅院记》（《全宋文》第27册,第70–73页）

文中有云:"今长老圆祐师,福州怀德人,姓陈氏,学顿放于黄梅山显宗禅师。"本文录自《武溪集》卷七,道光《广东通志》卷二二九、同治《韶州府志》卷二六同载此文,此句俱同。按,"放"疑为"教"之误,

---

① 曾枣庄、刘琳主编:《全宋文》第27册,第115页。
② 曾枣庄、刘琳主编:《全宋文》第27册,第69页。

六祖传黄梅五祖弘忍之学，其所创南宗禅一般称为"顿教"，今存敦煌本《南宗顿教最上大乘摩诃般若波罗蜜经六祖慧能大师于韶州大梵寺施法坛经》[①]，而"顿放"则不知何谓。

18. 杨适《重建云溪寺记》（《全宋文》第 28 册，第 139 页）

按，本记文末云："嘉祐四年七月十五日记"，按全书体例，应在文题之下标注"嘉祐四年七月十五日"。

文末标注文献出处仅列雍正《慈溪县志》卷一四、光绪《慈溪县志》卷四一，明天启《慈溪县志》卷一五亦载此文，宜补。

19. 张奭《法门寺重修九子母记》（《全宋文》第 30 册，第 64-65 页）

《全宋文》据《金石续编》卷一四录文。按，此记今存拓本[②]，据之校正如下。

（1）"夫九子母，学浮图者言之在异趣矣。"据拓本，"浮图"后脱"氏"。

（2）"盖录其背邪归正之道。"据拓本，"归"作"乡"，通"向"。

（3）"寡续之后者。"据拓本，"之"作"乏"。

（4）据拓片，"院主僧广随"应在"五月一日记"之后。

20. 雷简夫《耀州妙德禅院新修明觉殿记》（《全宋文》第 31 册，第 113-114 页）

《全宋文》文末注释一有云："乡贡进士刘□书。"按，"刘□"，清人孙星衍《寰宇访碑录》卷六、缪荃孙《艺风堂金石文字目》卷十俱作"刘献"[③]，吴式芬《金石汇目分编》卷一二之一云"刘献"，后又言："《关中记》云刘戬书"[④]，《关中记》乃清人毕沅所编《关中金石记》，其卷五正作"刘戬"[⑤]。据上可知，"□"或作"献"，或作"戬"，留存备考。

---

① 杨曾文校写：《新版敦煌新本六祖坛经》，宗教文化出版社 2001 年版。
② 北京图书馆金石组编：《北京图书馆藏中国历代石刻拓本汇编》第 38 册，中州古籍出版社 1989 年版，第 102 页。
③ （清）孙星衍：《寰宇访碑录》卷六，《石刻史料新编》第 1 辑第 26 册，第 19941 页；（清）缪荃孙：《艺风堂金石文字目》卷一〇，《石刻史料新编》第 1 辑第 27 册，第 19683 页。
④ （清）吴式芬：《金石汇目分编》卷一二之一，《石刻史料新编》第 1 辑第 28 册，第 21334 页。
⑤ （清）毕沅：《关中金石记》卷五，《石刻史料新编》第 2 辑第 14 册，第 10690 页。

21. 赵抃《龙游县新修舍利塔院记》(《全宋文》第41册，第274–275页)

《全宋文》录此文自《赵清献公集》卷五，底本为"康熙中南阳赵用栋刊本"，"校以残宋本、明嘉靖四十一年汪旦刊本"①，而民国《衢县志》卷二九载《大宋衢州龙游县白革湖新修舍利塔院记》，并言："记文照原碑"，则知此记碑刻在民国时尚存，故据此文校正如下②。

（1）据民国《衢县志》所载，该记文题应作《大宋衢州龙游县白革湖新修舍利塔院记》，且文题之下有作者署衔节文，其云："守秘书丞、会稽赵抃"，而嘉庆《西安县志》卷四八所载条目文题亦作《大宋衢州龙游县白革湖新修舍利塔院记》，而作者署衔则为"承奉郎、守秘书丞、会稽赵抃撰"③，《全宋文》宜据此于文末注释说明之。

（2）"吾不职其为可也。"据民国《衢县志》，"职"为"识"之误。

（3）"有金碧丹刻，制拟王者不为之僭。"据民国《衢县志》，"有"为"故"之误。

（4）"会建成之变。"据民国《衢县志》，其前有"以"字，似脱。

（5）"后不减于会昌前。"据民国《衢县志》，"后"为"复"之误。

（6）"建释伽殿。"据民国《衢县志》，"伽"为"迦"之误。

（7）《全宋文》文末为："京兆慎东莱书"。按，第一，"莱"为"美"之误；第二，清人刘声木《续补寰宇访碑录》卷一七云："《白革湖新修舍利塔院记》，赵抃撰，慎东美正书，嘉祐七年三月景寅，碑末下截有勾当男□重立等字"④，而民国《衢县志》文末为："嘉祐壬寅春三月景寅，京兆慎东美书"，则其所载并不全面，嘉庆《西安县志》则全面载录，其云：

---

① 曾枣庄、刘琳主编：《全宋文》第41册，第141页。
② 民国《衢县志》编者已经对此记作了初步比对（比对该文与赵抃文集及前代方志），不同者标示于该文字之下。见郑永禧纂修：民国《衢县志》卷二九，《中国地方志集成·浙江府县志辑》第56册，上海书店1993年版，第451页。
③ （清）姚宝煃等修、范崇楷等纂：嘉庆《西安县志》卷四八，《中国方志丛书·华中地方》第66号，台北成文出版社有限公司1970年版，第2277页。嘉庆《西安县志》所载该碑记信息文末注云来自《山寿斋杂录》。关于《山寿斋杂录》，民国《衢县志》云："不知著自何人，出于何代，今亦弗传"，见郑永禧纂修：民国《衢县志》卷一六，《中国地方志集成·浙江府县志辑》第56册，第79页。
④ （清）刘声木：《续补寰宇访碑录》卷一七，《石刻史料新编》第1辑第27册，第20406页。

"嘉祐壬寅春三月景寅京兆慎东美书，县令丁畴、监茶盐酒税武继尉兼簿谭执古、勾当男逵重立，金华刘经刊"。记中作者自言作于庆历五年（1045），而后人所见石碑乃嘉祐七年（壬寅，1062）所重新刊刻者，故知赵抃原记应没有上面这些信息，"京兆慎东美书"宜删除或于文末注释说明之。

22. 卢觊《普通塔记》（《全宋文》第43册，第377-378页）

《全宋文》于文末注云："国家图书馆藏拓片·各地八九一二"。按，该文之后尚有"施石"者、"立石"者等信息，宜收录或作说明。原拓[①]有部分已难以辨认，今录《金石萃编》卷一三三相关信息[②]如下：

> 文林郎、守扶风县尉任化成立石
> 三班借职前监凤翔府岐阳镇商税兼巡防刘昌珏、右班殿直监凤翔府岐阳镇商税兼巡防李用衡
> 助缘：张守斌、马中象、姚文信、魏平、齐安和、魏德辅、元宗说、赵英、郭士新、潘守用、潘永、李定基、杨守贵、王全胜、程垠、巨立
> 安宥、杨文玉等施石
> 师弟智广、智仙，师侄智全，地藏院主僧义光，吉祥院主僧琼玉，左会院主表白沙门澄演

23. 毛维瞻《明果禅寺记》（《全宋文》第46册，第153-154页）

《全宋文》："寺碑有唐白太傅所撰《禅法堂记》"。按，"禅"为"传"之误。南宋王象之《舆地碑记目》卷一"衢州碑记"有"唐白居易《大彻禅师传法堂记》"[③]，白居易文集中尚存有《传法堂碑》[④]。

24. 徐振《莱阳县趣果寺新修大圣殿记》（《全宋文》第48册，第183-185页）

（1）该记文题应作《大宋莱州莱阳县趣果寺新修大圣殿记》。《全宋文》

---

① 北京图书馆金石组编：《北京图书馆藏中国历代石刻拓本汇编》第38册，第99页。
② （清）王昶：《金石萃编》卷一三三，《石刻史料新编》第1辑第4册，第2477-2478页。
③ （宋）王象之：《舆地碑记目》卷一，《石刻史料新编》第1辑第24册，第18532页。
④ 谢思炜校注：《白居易文集校注》，中华书局2011年版，第184-187页。

编者文末注云:"光绪《增修登州府志》卷六五","又见民国《莱阳县志》卷三之三下",而民国《莱阳县志》所载题目即为《大宋莱州莱阳县趣果寺新修大圣殿记》①。按,此记为碑记,"此碑以咸丰初出土"②,宋人碑刻在正文文题之首往往有"大宋"二字,如龚惟节开宝六年(973)作《大宋故万固寺主月公道者塔记》、梁鼎景德二年(1005)作《大宋凤翔府青峰山万寿禅院记》、田沃天圣二年(1024)作《大宋河中府中条山万固寺新修舍利塔记》、章衡元祐元年(1086)作《大宋杭州惠因院贤首教藏记》③等均是。

(2)文末尚有书者、刊工等大量人名信息,由于碑阴涉及较多人名,今只移录碑面文末信息④如下:

> 三班借职监酒税边用,僧志明书,桑华刻字
> 将仕郎守县尉王汴,将仕郎守主簿刘昭益
> 密州卢山安国院讲《百法论》沙门初成僧文
> 将仕郎守秘书省著作佐郎知县事监兵马监押张芳
> 前表白僧方晓,僧方迪,僧方悦,僧方宁
> 寺主僧淡全,维那僧德清,僧守闲,僧崇明
> 表白僧怀清,大圣院僧方教
> 小师守崇、守润、守用、守辨、守元、守一
> 阁主僧怀鉴,僧知先

25. 司马光《秀州真如院法堂记》(《全宋文》第56册,第228—229页)

按,《至元嘉禾志》卷二二"碑碣"亦载此文,其文末有"皇祐四年,

---

① 梁秉锟修,王丕煦纂:民国《莱阳县志》卷三之三下,《中国地方志集成·山东府县志辑》第53册,凤凰出版社2004年版,第567页。
② (清)方汝翼等纂修:光绪《增修登州府志》卷六五,《中国地方志集成·山东府县志辑》第49册,第333页。
③ 分见曾枣庄、刘琳主编:《全宋文》,第3册第306页、第8册第213页、第16册第187页、第70册第182页。
④ (清)方汝翼等纂修:光绪《增修登州府志》卷六五,《中国地方志集成·山东府县志辑》第49册,第331页。

馆阁校勘同知太常礼院司马光记"[1]，《全宋文》宜补或作说明。此外，《全宋文》编者于文题之下标注作文时间为"皇祐四年四月"，应是据文中所言"壬辰岁夏四月，有僧清辨踵门来告……"，此为请记时间，作记时间一般会晚于此，宜标注为"皇祐四年"。

26. 王钦臣《广仁禅院碑》（《全宋文》第72册，第316-318页）

（1）文题应为《新修岷州广仁禅院记》。按，《全宋文》录此文自《陇右金石录》卷三[2]，其"广仁禅院碑"实为条目，而非寺记题目，该文之后编者案语云："此碑高六尺广三尺……首行为《新修岷州广仁禅院记》。"《陇右金石录》引宣统《甘肃通志》云："额篆《敕赐岷州广仁禅院记》九字"，则其碑额为《敕赐岷州广仁禅院记》。

（2）该碑记有署衔及书者、立石者等信息，《全宋文》宜补或作说明。《陇右金石录》在"首行为《新修岷州广仁禅院记》"之后云："次行，奉议郎、权发遣陕府西路计度转运副使公事、兼劝农使、轻车都尉、借紫王钦臣撰；三行，奉议郎、充都大经制熙河兰会路边防财用司勾当公事、赐绯鱼袋周璟书；四行奉议郎、权通判岷州军州、兼管内劝农事、骑都尉、借绯王彭年篆盖；下为正文；文后为皇城使、持节嘉州诸军事、嘉州刺史充本州防御使、知岷州军州、兼管内劝农事、兼管勾洮东沿边安抚司公事、骑都尉、清河县开国伯、食邑九百户张若讷立石，荔非恭刻字。"

27. 杨杰《延恩衍庆院记》（《全宋文》第75册，第238-239页）

此记文题有误。按，《全宋文》编者录此文于《西湖志》卷一一，并云"又见《咸淳临安志》卷七八"，《咸淳临安志》所载该记[3]是后来文献载录之源，而对该记，其仅云："杨次公撰院记"，并未提及记文名称。《咸淳临安志》列此文于"龙井延恩衍庆院"条目之下，并云："淳祐六年改今额"，可知此院在南宋时方名延恩衍庆院；杨杰在文中亦未提及延恩衍庆院，而是云："乃于龙井山得寿圣院，敝屋数楹"，"其院即吴越王所创，国朝赐今额

---

[1] （元）徐硕编纂：《至元嘉禾志》卷二二，《宋元方志丛刊》第5册，第4577页。
[2] 张维：《陇右金石录》卷三，《石刻史料新编》第1辑第21册，第16038-16039页。
[3] （宋）潜说友纂修：《咸淳临安志》卷七八，《宋元方志丛刊》第四册，中华书局1990年版，第4067页。

也";据上可知,该文作《延恩衍庆院记》显然错误,由于其文名称已不可考,或可拟名为《龙井山寿圣院记》,仅供参考。另,曹小云编校之《无为集校笺》作《龙井延恩衍庆院记》,并云:"辑自宋潜说友《咸淳临安志》卷七八"①,据上可知,其题亦误。

28. 沈辽《大悲阁记》(《全宋文》第79册,第197页)

《全宋文》该记文末云:"《云巢编》补遗,又见民国《萧山县志稿》卷八。"按,《全宋文》编者所据文献讹脱之处较多,辨证如下:

(1)文题。按,沈辽为觉苑寺作记,南宋人已有记载,《嘉泰会稽志》卷八云:"觉苑寺在县东北一百三十步……寺有大悲阁,熙宁元年沈睿达为之记。"②沈辽此记乃碑记,其拓片至今仍存,但"额失拓"③,而清人阮元《两浙金石志》卷六云:"右碑题额九字",则知该记碑额即阮元所录之"《越州萧山大悲阁记碑》"④。我们知道,正文文题与碑额很多情况下并不完全一致,而阮元并未涉及正文文题,今传拓本亦无,则或碑记原文并无文题,宜权作《越州萧山大悲阁记碑》。

(2)今据拓本校正《全宋文》该记如下:

第一,"望钱塘与萧山相为归焉。"按,据拓本,本文之"钱塘"均作"钱唐"。

第二,"早以其道为人祈□。"据拓本,"祈□"为"蕲向","蕲"通"祈"。

第三,"其崇三丈六尺。"据拓本,"丈六"之间脱"有"字。

第四,"其始小基近教院之法堂,而上人之道场也。"据拓本,"小"为"卜"之误,"近"为"乃"之误。此句宜标点为:"其始卜基,乃教院之法堂,而上人之道场也。"

第五,"师既成之,则是师道场传于后,以殖以熏。"据拓本,"后"之后脱"来"字,"熏"为"薰"之误。此句宜标点为:"师既成之,则

---

① (宋)杨杰,黄小云校笺:《无为集校笺》,黄山书社2014年版,第668页。
② (宋)施宿:《嘉泰会稽志》卷八,《宋元方志丛刊》第7册,第6845—6846页。
③ 北京图书馆金石组编:《北京图书馆藏中国历代石刻拓本汇编》第39册,第30页。
④ (清)阮元编:《两浙金石志》卷六,浙江古籍出版社2012年版,第128页。

是师道场，传于后来，以殖以薰。"

第六，"始叙其大方，以俟他日云。"据拓本，"始"为"姑"之误，"他"为"它"之误。

第七，文末脱漏作记时间等信息。据拓本，"以俟他日云"之后尚有："是岁十一月十五日，钱唐沈辽记。朝散大夫、守光禄卿、直昭文馆、知福州军州事、兼管内劝农使、兼福建路屯驻驻泊兵马铃辖护军、永安县开国男、食邑三百户、赐紫金鱼袋程师孟立。"据此则知作记时间为十一月，又据记中所言"熙宁元年秋八月既望，遂克终事"，则知此记作于熙宁元年十一月，而《全宋文》于文题之下标注"熙宁元年八月"，则是显然错误的。有学者云："（沈辽）又于此年（熙宁元年）八月，写有《大悲阁记》"[①]，或是受《全宋文》标注之误导。

29.沈辽《复放生池碑记》（《全宋文》第79册，第198页）

《全宋文》编者录此文自乾隆《鄞县志》卷二五。按，乾隆《鄞县志》云："沈辽《复放生池碑记》略曰……"[②] 则知该文为节文，而其全文保存于南宋《乾道四明图经》，其文题作《隐学山复放生池碑》。全文四百余字，节文仅二百多字，且有讹误，今据《乾道四明图经》[③]录沈辽《隐学山复放生池碑》全文如下：

> 隐学山之栖真寺有放生池焉，在钱湖之阴，其流西出而南汇，其为浸五百亩。唐大历时，宏教诠师于此修行垂三十年，有徒万指。方天下凿放生池，而此寺最为胜者。以钱湖之广，弥亘数百里，而虫鱼龟鳖蠡蚌之属，咸集于幢下，洋洋然，圉圉然，使有生之命缘无穷之乐者，于是为圣人之泽其至乎。诠师入灭，其徒散去。五代焚扰，寺与池且废，而其故址余波几不可辨，较大历之世方袍圆顶者，百无一在，而居离离，若将旦之星，或在或亡，尚谁

---

① 林阳华、常先甫、李懿著：《北宋诗人沈辽研究》，四川大学出版社2011，第37页。
② （清）钱维乔修，钱大昕等纂：乾隆《鄞县志》卷二五，《中国地方志集成·善本方志辑》第1编第75册，凤凰出版社2014年版，第570页。
③ （宋）张津等撰：《乾道四明图经》卷一一，《宋元方志丛刊》第5册，中华书局1990年版，第4974页。

统律哉？熙宁元年，太常博士张侯峋为令，乃复改作，使聚十方僧，以宝云正公领之。未逾时，而正公去，以修公至主之。县为召山旁耆耋，画其经界，于是地仿正矣。后三年，黄侯颂时民或治其地，益辨正之，四隅为立石表焉，盖池与湖相通而不相犯也。迨今光禄丞虞侯大宁乃始白于州，州为出檄以诏来者，然后毕复大历之胜矣。余以为放生池者，以好生之德被及群物，尧舜之事也，为政者以尧舜之事事于上，其可不谓贤于人乎？今教主修公，乃昭庆法师之高弟，本天台之学，为时所依向，以余备官于州，往来数相从，请余纪其因缘之绪。余方得惠施之乐而识流水之义，于是喜为书之而不拒焉。熙宁七年十一月辛亥，承奉郎、行太常寺奉礼郎、监市舶司钱塘沈辽记。

30. 李骙《开元寺重塑佛像记》（《全宋文》第82册，第107–108页）

《全宋文》录此文自光绪《曲江县志》卷一六，并云："又见道光《广东通志》卷二〇七"。按，此记为碑记，道光《广东通志》卷二〇七在文题之下尚有作者署衔，在文末尚载有立石者、刊工等人名信息[①]，宜补入或作说明。今据之录文如下：

（1）文题之下署衔: 将仕郎、守韶州长史、权监英州宜安镇盐税李骙撰。

（2）文末信息：

> 功德主谭宽同妻徐氏八□（按，或为"娘"字）
>
> 寺门僧众子琼、惠容、智寻、智如、惠本、子贵、子庄、景休、法俊、景芳、昙市、永丰，监寺惟德，住持沙门广修
>
> 女弟子李氏二娘，新妇余氏，男谭舜资，小二小三小四孙谭长孙
>
> 劝缘当寺前资监寺僧景琎立石，本州书表司邝强书并篆，邓公立刊

[①] （清）阮元修，陈昌齐纂：道光《广东通志》卷二〇七，《中国地方志集成·省志辑·广东》第8册，凤凰出版社2010年版，第438–439页。

31. 廖佋《横龙寺记》（《全宋文》第 84 册，第 334–335 页）

《全宋文》录此文自道光《衡山县志》卷四九。按，此文亦载于光绪《湖南通志》卷二三九①、光绪《衡山县志》卷三五②，据之校正如下：

（1）《全宋文》："□遂废"。按，"□"，光绪《湖南通志》、光绪《衡山县志》俱作"其寺"。

（2）《全宋文》："具其徒用心甚勤。"按，"具"，光绪《湖南通志》、光绪《衡山县志》俱作"见"。

（3）《全宋文》："昔白乐天常从佛光游，有题旧寺诗云：'月射泠光新殿阁，风摇清韵古杉松，问师宝额因何立，笑指□溪有卧龙。'"按，"□"，光绪《湖南通志》、光绪《衡山县志》俱作"横"，南宋陈田夫《南岳总胜集》亦云："唐白居易有诗一绝云：'……笑指横溪有卧龙。'"③

32. 上官均《宝林记》（《全宋文》第 93 册，第 341–342 页）

《全宋文》录此自光绪《重纂邵武府志》卷二八，并云："又见民国《重修邵武县志》卷二四"。按，光绪《重纂邵武府志》卷二八云："宝林寺，唐会昌初建，后圮，宋时复建，上官均有记，略曰……"④民国《重修邵武县志》卷二四云："附上官均《宝林记》"⑤，据此二者可知，此记原无文题，乃编者所加（作者原题作《宝林记》的可能性不是很大），而全文亦为节文，此等皆宜说明。

33. 张纬《保州抱阳圣教院重修相公堂记》（《全宋文》第 97 册，第 141–142 页）

---

① （清）李瀚章、卞宝第修，曾国荃、郭嵩焘纂：光绪《湖南通志》卷二三九，《中国地方志集成·省志辑·湖南》第 11 册，凤凰出版社 2010 年版，第 408–409 页。

② （清）李惟丙、劳铭勋修，文岳英、胡伯第纂：光绪《衡山县志》卷三五，《中国地方志集成·湖南府县志辑》第 39 册，凤凰出版社 2010 年版，第 363–364 页。

③ （宋）陈田夫：《南岳总胜集》卷中，《中华再造善本·唐宋编·史部》，据国家图书馆藏宋刻本影印，北京图书馆出版社 2002 年版。另参谢思炜：《白居易诗集校注》第 6 册，中华书局 2006 年版，第 2915 页。

④ （清）胡升猷修，张景祁纂：光绪《重纂邵武府志》卷二八，《中国地方志集成·福建府县志辑》第 10 册上海书店 2000 年版，第 770 页。

⑤ 秦振夫等修，朱书田等纂：民国《重修邵武县志》卷二四，《中国地方志集成·福建府县志辑》第 10 册，第 936 页。

《全宋文》编者录此文自民国《满城县志略》卷一四,编者据该志所载于文末注释云:此记系节略,题下原署:"乡贡进士张纬记,监瀛州仓草场滕中书并篆额"。按,很显然此记为碑记,据民国《满城县志略》所载,本记作于元丰三年正月,而作于同年同月的《魏国韩忠献公祠堂记》[①],其文题之下同样有"滕中"的题署,其云:"将仕郎、守将作监主簿、新差监瀛州仓草场滕中书并篆额",我们认为此题署实亦应为《保州抱阳圣教院重修相公堂记》之题署,但文献无征,附记备考。

34. 舒亶《翟岩山宝积院轮藏记》(《全宋文》第100册,第76页)

(1)《全宋文》:"有长老者,曰智才师。于佛事门,不拾一法。广募檀信,鸠集众工。"按,"拾"字诸本皆如此,但其应为"捨(舍)"之误。"于佛事门,不舍一法",乃佛教常用语,宋代使用尤甚,宋初永明延寿《宗镜录》卷五一云:"实际理地,不受一尘;佛事门中,不舍一法"[②],《景德传灯录》卷二〇云:"问:'如何是实际理地,不受一尘;佛事门中,不舍一法。'"[③]"于佛事门,不舍一法",其意在强调佛教大开方便法,与众生广结善因缘。

(2)《全宋文》:"有大宝珠藏于无眹","自丙辰岁迄戊子年"。按,此二句宜标点为"有大宝珠,藏于无眹","自丙辰岁,迄戊子年"。该记全文皆四言,作者明显是模仿佛经偈语,加此标点后,其形式意义会更加清晰可辨。

35. 张商英《定襄县新修打地和尚塔院记》(《全宋文》第102册,第184-185页)

《全宋文》录此文自《山右石刻丛编》卷一五,知此记为碑记,兹有几点需要说明。

(1)文题宜作《忻州定襄县新修打地和尚塔院记》。据《山右石刻丛编》所载[④],该碑记碑额作"打地和尚塔院",而正文文题则为"《忻州定襄县新修打地和尚塔院记》"。

[①] 何其章、吕复修,贾恩绂纂:民国《定县志》卷一九,《中国地方志集成·河北府县志辑》第35册,上海书店2006年版,第657页。

[②] (宋)释延寿:《宗镜录》卷五一,《大正藏》第48卷,第720页。

[③] (宋)释道原:《景德传灯录》卷二〇,《大正藏》第51卷,第369页。

[④] (清)胡聘之辑:《山右石刻丛编》卷一五,《石刻史料新编》第1辑第20册,第15284–15285页。

（2）宜补注作者署衔。据《山右石刻丛编》所载，文题之下有作者张商英署衔，其为："左朝散郎、权发遣河北西路提点刑狱公事、上轻车都尉、借紫张商英撰"，据《全宋文》体例，宜补注。

（3）文末书额者、立石者等信息宜补或说明之。今录之如下：

忻州定襄县令孙参书（《定襄金石考》作"画"①）额

朝请郎、知真定府元氏县事、上轻车都尉、赐绯鱼袋曹景书额（《定襄金石考》无"额"字）

左朝请郎、通判忻州军州、兼管内劝农事、护军、赐绯鱼袋郝师民立石

左藏宗库副仪使、知忻州军州、兼管内劝农事、上骑都尉董昭叙题额

轻车都尉李佑

36. 张商英《抚州永安禅院僧堂记》（《全宋文》第 102 册，第 190–191 页）

《全宋文》编者录此文自嘉靖《抚州府志》卷一六，而据明成化六年（1470）②释如卺续集之《缁门警训》卷三所载该记，《全宋文》在"吾说不虚"与"元祐七年"之间脱漏如下内容："了常谘参悦老十余年，尽得其末后大事，盖古德所谓金刚王宝剑云"③，宜据补。

37. 张商英《潞州紫岩禅院千手千眼大悲殿记》（《全宋文》第 102 册，第 206–208 页）

《全宋文》录此记自《山右石刻丛编》卷一五，而文末作记时间及立石者、刻石者等信息并未收录，宜加说明或补充，兹录如下：

元祐四年五月六日

朝奉郎、权知潞州军州、兼管内劝农事、兼提举泽潞晋绛慈辽州威胜军兵马巡检公事、上柱国、借紫韩宗古立石

---

① 牛诚修辑：《定襄金石考》卷一，《石刻史料新编》第 2 辑第 13 册，第 9959–9960 页。
② 陈士强著：《大藏经总目提要·文史藏（二）》，上海古籍出版社 2008 年版，第 85 页。
③ （明）释如卺：《缁门警训》卷三，《大正藏》第 48 卷，第 1053 页。

太原任贶模刻①

38. 李之仪《炤默堂记》(《全宋文》第112册，第184-185页)

《全宋文》文末有："离四方，绝百非，谓致一答"。按，"方"应为"句"之误。"四句百非"为佛教禅林常用语，乃"为泯除众生有、无对待等迷执邪见而说明真空无相不可得之理时的常用语"②，《景德传灯录》有云："请和尚离四句绝百非，直指某甲西来意"③。

39. 李之仪《颍昌府崇宁万寿寺元赐天宁万寿敕赐改作十方住持黄牒刻石记》(《全宋文》第112册，第187-188页)

《全宋文》标点："而受如来甚深，付属固当以古人冢间林下、巡门行乞之心……"

应标点为："而受如来甚深付属，固当以古人冢间林下、巡门行乞之心……"

按，"付属"即"付嘱"，交付、嘱托之意，《维摩诘经》有云："弥勒，我今以是无量亿阿僧祇劫所集阿耨多罗三藐三菩提法，付嘱于汝。"④

40. 周谔《四明山宝积院记》(《全宋文》第117册，第234页)

《全宋文》录此文自乾隆《鄞县志》卷二五，同书卷二三"金石"有云："《四明山宝积院记》，周锷撰，残缺，无年月"⑤，但是《两浙金石志》卷六在该记之后尚有作记时间等信息，其云："元祐望日无住居士周锷记。宣义郎监明州[下阙]，徒弟允斌永昌志□[下阙]"⑥，"元祐望日"很难讲通，或有脱文，而阮元亦不会凭空捏造，姑且留存备考。

41. 冯世雄《遂州广利禅寺善济塔记》(《全宋文》第122册，第119-121页)

此文录自《金石苑》，但其"宋敕赐遂州广利禅寺善济塔记"条下云：

---

① （清）胡聘之辑：《山右石刻丛编》卷一五，《石刻史料新编》第1辑第20册，第15280-15281页。
② 慈怡主编：《佛光大辞典》，佛光出版社1988年版，第1676页。
③ （宋）释道原：《景德传灯录》卷七，《大正藏》第51卷，第252页。
④ （姚秦）鸠摩罗什译：《维摩诘所说经》卷三，《大正藏》第14卷，第475页。
⑤ （清）钱维乔修，钱大昕等纂：乾隆《鄞县志》卷二三，《中国地方志集成·善本方志辑》第1编第75册，凤凰出版社2014年版，第513页。
⑥ （清）阮元编：《两浙金石志》卷六，浙江古籍出版社2012年版，第147页。

第五章 《全宋文》所收寺记文献校正

"额六行,行二字,字径三寸,篆书"①,知此碑额作《敕赐遂州广利禅寺善济塔记》,而其正文文题亦同,应据此录入文题。

42.宋端符《重修黄垒院殿记》(《全宋文》第128册,第211-212页)

按,文题应为《大宋登州牟平县黄垒院殿记》。《全宋文》编者录自民国《牟平县志》卷九,对于该记,志云:"州志载其全文,小有出入,兹悉照原拓更正",在"《大宋登州牟平县黄垒院殿记》"之后,编者云:"此系碑文首行,其碑额有'新修殿记'四篆字。"②

43.卫京《玉兔寺重修钟楼记》(《全宋文》第128册,第286页)

按,此文《全宋文》录自《山右石刻丛编》卷一六,其文末有施主题名及立石刊刻信息,《全宋文》编者云:"文末录施主姓氏若干,此不录",即便如此,其文末立石等信息亦宜录文,今补如下:

绍圣三年,岁次丙子,十月己亥朔,十五日辛未,修造住持
沙门义隆立石
　　缘师弟□义宗　法汝师姓僧崇因
　　小师崇真
　　县尉阎喆,主簿王绶
　　山南东道节度推官、知晋州神山县令黄汝翼
　　马清习刊字③

44.赵叔盎《重修广州净慧寺塔记》(《全宋文》第128册,第418-419页)

按,《全宋文》据道光《南海县志》卷二八录文,此记首刻于宋,后多次刊刻,今存碑刻为明代所重刻,《广州寺庵碑铭集》"重修广州净慧寺塔碑记"条后按语云:"北宋赵叔盎撰并书,宋绍圣四年(1097年)由住持僧德超立石。宋宝祐元年(1253年)因火灾被毁,宝祐二年(1254年)重刻,由住持僧智超立石。明弘治九年(1496年)第三次重刻此碑。碑高

---

① (清)刘喜海编:《金石苑》第三卷,《石刻史料新编》第1辑第9册,第6383页。
② 宋宪章修,于清泮纂:民国《牟平县志》卷九,《中国地方志集成·山东府县志辑》第55册,凤凰出版社2004年版,第403页。
③ (清)胡聘之辑:《山右石刻丛编》卷一六,《石刻史料新编》第1辑第20册,第15298-15299页。

一三八厘米，宽八三厘米，花岗石质。此碑现置于山门内进韦陀殿南侧碑廊壁间。碑文据碑石抄录。"① 今据其录碑文校正如下：

（1）"以神道设教，人寿跻民，妙严宝乘，用禅皇化。"据碑文，"禅"应为"裨"，形近而误。

（2）"始议塔于净慧精舍。"据碑文，"议塔"之间脱"建"字。

（3）"橛地得古井九。"据碑文，"橛"应为"撅"，形近而误。

（4）"龛藏贤劫千佛洎旃坛五百应真像。"据碑文，"坛"（壇）应为"檀"，形近而误。

（5）"一随喜赞叹，至易为也，犹鲜克为之，况乎发大施心，作大缘事如林君，非夙受记莂，不忘外护，孰能与此哉！"据碑文，"君"后脱"者"字，宜标点为："一随喜赞叹，至易为也，犹鲜克为之，况乎发大施心，作大缘事。如林君者，非夙受记莂，不忘外护，孰能与此哉！"

（6）"充本州□练使、上柱国、天水郡开国公、食百户、食实封七百户叔盎撰书。"据碑文，"□"为"团"，"撰书"之间脱"并"字。

（7）碑文无，而据他书所载，文末尚有："绍圣四年秋七月朔立石，前净慧禅寺住持德超立"②，王文诰《苏文忠公诗编注集成总案》引赵叔盎《广东净慧寺塔记》文末亦有"绍圣四年秋七月朔立石"③。本记文中言"绍圣四年六月三日，工徒告休"，若立石记载属实，则此记文作于绍圣四年六月。

45. 孙沂《江阴县寿圣禅院庄田记》(《全宋文》第135册，第171–172页)

按，《全宋文》录自民国《江苏通志稿·金石》卷一〇，此记碑刻拓本今存，其文与《全宋文》录文一致，但此记碑额在拓本中作《寿圣院庄田记》，正文题为《常州江阴县寿圣禅院庄田记》④，故知《全宋文》所录文题前宜补"常州"。

46. 宗泽《义乌满心寺钟记》(《全宋文》第129册，第372–373页)

---

① 李仲伟、林子雄、崔志民编著：《广州寺庵碑铭集》，广东人民出版社2008年版，第85页。碑记全文见第83–85页。

② 李仲伟、林剑纶著：《六榕寺》，广东人民出版社2008年版，第135页。

③ 孔凡礼点校：《苏轼诗集》卷三六，中华书局1982年版，第1945页。

④ 北京图书馆金石组编：《北京图书馆藏中国历代石刻拓本汇编》第42册，中州古籍出版社1989年版，第9页。

按，此记《全宋文》编者录自《金华丛书》本《忠简公集》[1]，但据该集卷三，其文题之后有"宣和甲辰十一月十八癸巳"[2]，《全宋文》编者于文题之下注"宣和六年十一月"，此符合《全宋文》全书体例，但与宗泽原集有差，宜说明之。

47. 宗泽《义乌景德禅院新建藏殿记》（《全宋文》第129册，第375–376页）

《全宋文》录文："如来出世，以大士因缘，示悟众生。"

应为："如来出世，以大事因缘，示悟众生。"

按，诸文献引此句均作"大士"，大士意有二，一为"对佛之尊称之一"，一为"菩萨之美称"[3]，置于此处显然不通，据佛教经典，其为"大事"无疑，今正之。佛典依据如下：后秦鸠摩罗什译《妙法莲华经》卷一云："呜呼！如来愍诸众生有种种性、种种欲、种种行、种种忆想分别，历劫缠绕无有出期，乃为此大事因缘现世，敷畅妙旨。"[4] 隋阇那崛多等译《添品妙法莲华经》卷一云："诸佛世尊，惟以一大事因缘故出现于世。舍利弗！云何名诸佛世尊惟以一大事因缘故出现于世？诸佛世尊，欲令众生开佛知见使得清净故，出现于世；欲示众生佛知见故，出现于世；欲令众生悟佛知见故，出现于世；欲令众生入佛知见道故，出现于世。舍利弗！是为诸佛以一大事因缘故出现于世。"[5]

48. 许难《灵石俱胝院记》（《全宋文》第146册，第30页）

《全宋文》编者录此文自清人冯登府所编辑《闽中金石志》卷一一，且云"乾隆《福州府志》卷六"。按，此记见载于南宋梁克家所编撰之《淳熙三山志》卷三六，后之载记均祖于此，有几点略作说明。

（1）"自香城北缘岭十里，西渡小桥，入长道，又西入蟠桃坞十步，有石屏，因为榭。"按，清代僧人释昙现等所编《灵石寺志》载许难《灵石纪胜》，其序引云："自香城以北，沿岭而上，行四十余里，折而西，

---

[1] 曾枣庄、刘琳主编：《全宋文》第129册，第303页。
[2] （宋）宗泽：《宗泽集》卷三，浙江古籍出版社1984年版，据《金华丛书》本标点排印，第46页。
[3] 慈怡主编：《佛光大辞典》，佛光出版社1988年版，第751页。
[4] （姚秦）鸠摩罗什译：《妙法莲华经》卷一，《大正藏》第9卷，第1页。
[5] （隋）阇那崛多等译：《添品妙法莲华经》卷一，《大正藏》第9卷，第140页。

渡小桥，由长道而西有蟠桃坞，历数十步，一石如屏，设榭曰石屏。"据此则灵石距城四十里，原文似脱"四"字，且明末清初该地文人郭文祥亦云："灵石山在融邑清源里，离城西四十里许。由石竹至香山，西渡灵源桥，遥见箐丛掩映，烟火鳞叠，是为园尾村。"①但检《淳熙三山志》及后世引文，均无"四"字，或为作者之误。

（2）"榭之西有漱玉亭，次有溪源、素波二台。"按，"源"字，《淳熙三山志》四库本作"光"，明崇祯十一年（1638）刻本作"源"②，作"光"是。明末郭文祥《游灵石记》云："旁有一石，古篆'溪光台'三字，从苔藓中扪而得之"③，此石今存④。

（3）"西有散花台，次有放鹤、待月二楼。"按，"次"《淳熙三山志》作"又西"。

49. 附录：许难《灵石纪胜》诗一组十首

该组诗存于清释昙现、慈修等纂《灵石寺志》⑤，其卷六有云："《灵石纪胜》，有小引，宋许难参军"，《全宋诗》未载，其与许难《灵石俱胝院记》有紧密关联，故特附录于此。

（1）石屏榭

自香城以北，沿岭而上，行四十余里，折而西，渡小桥。由长道而西，有蟠桃坞。历数十步，一石如屏，设榭曰石屏榭。昔宇文颐踞坐（《福唐诗注》无）其下，迟迟而（《福唐诗注》无）不忍去。

云阴漠漠闭复开，岩头几点青莓苔。文颐踞坐无纤埃，欲去不去犹徘徊。

（2）漱玉亭

西过石屏，有亭曰漱玉。泉之源，出湍流，啮石间，泠然衣声。

石蟠蟠兮溪之湾，水泠泠兮石之间。纵有幽响佩鸣环，孰若无事长清闲。

---

① 俞达珠：《玉融无石不成景，灵石香沾第一名——灵石山叙说》，见氏著：《福唐漫笔》，海潮摄影艺术出版社2008版，第25页。
② 梁克家：《淳熙三山志》卷三六，《宋元方志丛刊》第8册，中华书局1990年版，第8199页。
③ 俞达珠：《玉融无石不成景，灵石香沾第一名——灵石山叙说》，见氏著：《福唐漫笔》，第26页。
④ 俞达珠：《灵石景观简介》，见氏著：《福唐漫笔》，第33页。
⑤ "灵石寺志，八卷，清释昙现、慈修等纂，乾隆（1736—1795）初年抄本。"见（清）释昙现：《灵石寺志·序》，白化文主编：《中国佛寺志丛刊》第104册，广陵书社2006年版，第3页。

（3）偃盖松

去漱玉亭有二台，曰溪光，曰素波。过十余步，有古松植道左，孤干独立，势如蟠龙。

枝兮何盘旋，干兮何曲直，苍龙偃蹇未飞天，且与行人广休息。

（4）散花台

去偃盖松百余步，至寺西，有堂曰散花。为藏以秘佛书，时有老僧捧诵。

八十老僧头如银，等闲遮眼看遗文。我来堂上无一物，天花但见飞纷纷。

（5）高视亭

自堂之殿，有东西二楼，曰待月，曰放鹤。其上为海印，历阶数十级，有亭曰高视。凭栏而望，屏障远开，古木拥翠，猿鸟高飞而啼，千山万状，一寓目而尽。

俯视众山低，如在蓬瀛所。休更觅灵踪，即此啼猿处。

（6）白莲社

由亭而下，有社曰白莲。

社岂先后开，莲无今古同。已有渊明在，何人为远公。

（7）绝尘庵

由社而下，有草堂，南从小道登山，有庵曰绝尘。

老僧禅外何闻说，吟有清风咏有雪。不见山庵爱绝尘，无物惹尘尘自绝。

（8）龙潭坑

庵去寺远，人迹罕至，有潭居其上，曰龙潭坑。

天无际兮云如扫，秋水潭深龙卧早。直待苍生望云霓，始作甘霖泽枯槁。

（9）仙人岩

由潭而上数十步，顶有岩曰仙人。岩间瑞气袭人，遗踪古迹尚存于石。

岩前花卉深，日与尘寰隔。忽见落霞飞，疑是羽衣客。

（10）通天岩

去岩而南有洞曰碧玉，有石曰通天。将雨则响出石间（《福唐诗注》作"润"），隐隐然有声。四时之间，报应甚验，人以为神。

有石兀兀埋苍烟，龙未起时知己先。彼物无知犹通天，人之至诚胡不然。①

50. 赵复圭《大宋赵州高邑县乾明院建塔记》(《全宋文》第 146 册，第 65-67 页）

《全宋文》编者录自民国《高邑县志》卷九，此记现存原刻拓本②，今据之校正如下。

（1）"自王公至于士庶，依向以来其福者多矣。""来"，拓本作"求"。

（2）"其寺竭金币之资，极土木之工"；"观百神之祠，惟此释门最为盛矣。高邑县城之西南隅，其寺曰乾明院。"两个"寺"，拓本均作"祠"。

（3）"自建中靖国元年夏六月兴工。""工"，拓本作"功"。

（4）"观其下蟠厚土，上插云霄。""土""云"，拓本分别作"地""青"。

（5）"耸居民之瞻仰，增过客之推移。""移"，拓本如右，[移]，"推移"意难解，或为"推称"。

（6）"恭师重构后殿，再饰金容，仍置□帐。""□"，拓本作"斗"，乃"斗"之异体。

（7）"师作功德之缘，固无□□□侣怀玉、怀宝二人协力以助之"。此句宜为"师作功德之缘，固无□□。□侣怀玉、怀宝二人协力以助之"。"侣"前"□"或为"道"。

（8）"授紫袍之赐，师号兴教□院□数年，众所钦服。"此句宜标点为"授紫袍之赐，师号兴教。□院□数年，众所钦服。""□院□数年"或为"居（在）院已数年"。

（9）"三人成此功德□□□□而登彼岸者也。"第二个"□"，拓本作"超"，其后或为"此岸"。

（10）"其妻路氏夜梦泗州大圣菩萨，舍财募工。"据拓本，"舍"

---

① （清）释昙现等纂：《灵石寺志》卷六，白化文主编：《中国佛寺志丛刊》第 104 册，广陵书社 2006 年版，第 202-207 页。按，该组诗存于俞达珠所编著《福唐诗注》（海潮摄影艺术出版社 2008 年版）第 83-85 页，但其并未标注文献出处，且云"许难，宋代人，曾任参军，生平不详"，此不确，《全宋文》人物小传云："许难，福州人，崇宁五年特奏名"。尽管如此，俞达珠首次收录并作标点却是相当难得，该组诗即据其标点而录，有两处稍有不同，在文中亦标出。

② 北京图书馆金石组编：《北京图书馆藏中国历代石刻拓本汇编》第 42 册，中州古籍出版社 1989 年版，第 44 页。

前脱"遂"。

（11）"恭维圣上尧聪舜明，□承先烈，百度具举，庶政修明。□□垂拱而监太清，恫达性宗，留圣意于释教，□诏天□立天宁万寿禅寺，上以延拱宝祚，下以康济生民。"据拓本，"度"作"废"；"恫"作"洞"；"□"前仍有一缺字，应作"□□诏"；后"□"，作"下"；"拱"作"洪"。

（12）"权主簿王□作"，"教阅保甲赵□沃"。据拓本，两处"□"俱衍，其为王作、赵沃。

（13）"全赵潘翼潘犟刊"。据拓本，此句脱，宜补。①

51. 王安中《新殿记》（《全宋文》第146册，第359–360页）

《全宋文》据《八琼室金石补正》卷一二录文，此记在南宋就已知名，《舆地纪胜》云："灵泉寺磨崖碑，王安中"②，《八琼室金石补正》首录此文，嘉惠后人，但其仍存微瑕，现据今人所编拓本及释文③（下文校正时即称"拓本""释文"）校正如下：

（1）"灵泉在水南□立鱼山趾，寺蔽于仙奕之腋。"按，释文无"□"，应属衍文。该记为摩崖，空缺处乃崖处不宜书写，故致无文，细观拓本可知，况且，《舆地纪胜》云："灵泉寺，在州南岸三里仙奕山、立鱼山之中"④。"奕"应为"弈"之误，释文、拓本作"弈"。"奕"虽可通"弈"⑤，且上引《舆地纪胜》

---

① 程章灿教授据该记拓本收录"潘翼""潘犟"，见氏著：《石刻刻工研究》，上海古籍出版社2008年版，第264页。

② （宋）王象之：《舆地纪胜》卷一一二，中华书局1992年版，第3362页。

③ 柳州市地方志编纂委员会办公室编：《砚田留痕：柳州人物书画经眼录》，广西美术出版社2006年版，拓本在第6页，释文在第7页。按，该书记释文较忠实于原文，质量堪称上乘。

④ （宋）王象之：《舆地纪胜》卷一一二，第3358页。

⑤ 张桁、许梦麟主编：《通假大字典》，黑龙江人民出版社1998年版，第212–213页。

亦作"奕",但宜据原文,作"弈"是。

（2）"昕尝从真如慕,结游京师,居法云、慧林、智海诸禅。"拓本、释文"结"作"喆",此句应标点为："昕尝从真如慕喆游京师,居法云、慧林、智海诸禅"。按,《建中靖国续灯录》有"东京大相国寺智海禅院真如禅师",其下云"讳慕喆"①,《嘉泰普灯录》有"潭州大沩真如慕喆禅师",且云："绍圣改元,奉驿召,引对延和殿,称肯,锡紫服,真如号,寻补大相国寺"②,《佛祖历代通载》亦云："绍圣元年,有诏住大相国寺智海禅院"③。记文有言"京师""智海",时间亦契合,则其为"真如慕喆"确定无疑。

（3）"俯见殿宇而壮之,以为广右第一。呜呼! 佛法出西域而盛于东□,禅学出岭南而盛于中州,今西域浮图氏至中国者,无复腾兰、达磨之流□。"释文作："俯视殿宇而壮之,以为广右第一。呜呼! 佛法出西域而盛于东土,禅学出岭南而盛于中州,今西域浮图氏至中国者,无复腾、兰、达磨之流。"观拓本可知,释文是。④按,腾、兰指摄摩腾与竺法兰,在梁慧皎《高僧传》"译经"前二者即为"汉洛阳白马寺摄摩腾""汉洛阳白马寺竺法兰"⑤,其为"我国佛教之初传入者"⑥。

（4）"王城梵宫堕目前,祥光夜烛牂柯川。楼钟横撞震大千,仙者辍弈鹤驾翩。""牂柯",拓本作"牂柯",释文作"牂牁","牂柯"与"牂牁"相通,但应据拓本作"牂柯"。按,该寺在柳水之南,而"柳水一名浔水,源自牂牁出"⑦,唐代著名诗人柳宗元亦有《柳州寄京中亲故》云："林邑山联瘴海秋,牂柯水向郡前流"⑧。

---

① （宋）释惟白:《建中靖国续灯录》卷一四,《卍续藏经》第136册,第209页。
② （宋）释正受:《嘉泰普灯录》卷四,《卍续藏经》第137册,第97页。
③ （元）释念常:《佛祖历代通载》卷一九,《大正藏》第49卷,第676页。
④ 按,李子林《为灵泉寺碑〈新殿记〉标点》,其"达磨之流□"之"□"作"欤",其文乃是"将民国年间旧录存稿试加标点,以供参考",具体所据不知,姑且留存。见柳州市鱼峰区委员会编:《鱼峰文史》（第2辑）,1988年版,第58-59页。
⑤ （梁）释慧皎:《高僧传》,汤用彤校注,中华书局1992年版,第1页、第3页。
⑥ 慈怡主编:《佛光大辞典》,佛光出版社1988年版,第3971页。
⑦ （宋）王象之:《舆地纪胜》卷一一二,中华书局1992年版,第3356页。
⑧ （唐）柳宗元:《柳宗元集》卷四二,中华书局1979年版,第1185页。

（5）据释文，文末有"桂林蒋善镌"，此乃刊工，宜补。

52. 刘一止《湖州报恩光孝禅寺新建观音殿记》（《全宋文》第152册，第237-239页）

《全宋文》编者录此文自作者文集——《苕溪集》①，但清代金石名家陆心源尚见此记碑刻，其言"光绪中，重建天宁寺，于土中掘得，已缺一角"②，并将记文录入其所编撰的《吴兴金石记》，其文虽有残缺，但所含信息亦弥足珍贵，今据之考辨如下。另，《刘一止集》③据清抄本点校，其校勘较为细致，但仍存瑕疵，故陈于后：

（1）《全宋文》录文：吴越钱氏易为"天宁"，以其女为比丘尼，遂为尼宫凡一百年。大朝崇宁二年，始复为十方禅刹，曰"崇宁万寿禅寺"，后又易"崇宁"为"天宁"。绍兴七年更赐今额，恭为固改，荐灵社也。

应为：吴越钱氏易为"大宁"，以其女为比丘尼，遂为尼宫，几二百年。本朝崇宁二年，始复为十方禅刹，曰"崇宁万寿禅寺"，后又易"崇宁"为"天宁"。绍兴七年，更赐今额，恭为固陵荐灵祉也。

《刘一止集》：吴越钱氏易为"天宁"，以其女为比丘尼，遂为尼宫，凡一百年。本朝崇宁二年，始复为十方禅刹，曰"崇宁万寿禅寺"，后又易"崇宁"为"天宁"。绍兴七年，更赐今额，恭为固陵荐灵祉也。

第一，"大宁"误为"天宁"；"几二百年"误为"凡一百年"。《嘉泰吴兴志》卷十三之"报恩光孝禅寺"条，即本记所涉寺院，涉及相关事实，对考辨本条及下条史实极为重要，因此予以列出：

> 长兴二年，钱氏改为大宁寺（自注：据《统记》，下同），本尼居也，其地曰章后坊（有唐经幢十数皆刻尼名），本朝崇宁二年（1103）改为崇宁万寿寺，绍兴七年以崇奉徽宗香火，赐报

---

① "影印文渊阁四库全书本《苕溪集》作底本，校以国家图书馆藏拥万堂清抄本"，见曾枣庄、刘琳主编：《全宋文》第151册，第313页。

② （清）陆心源：《吴兴金石记》卷八，《石刻史料新编》第1辑第14册，台湾新文丰出版公司1982年版，第10774页。记文见第10770-10772页。

③ （宋）刘一止：《刘一止集》卷二二，龚景兴、蔡一平点校，浙江古籍出版社2012年，第239-241页。以"国家图书馆藏拥万堂清抄本"为底本，《刘一止集·点校说明》，第14页。

165

恩广孝，十二年改今名。①

　　按，自注"据《统记》"之"《统记》"应为《吴兴统记》，据陈振孙《直斋书录解题》载录，其乃"摄湖州长史左文质撰，分门别类，古事颇详，序称甲辰岁者，本朝景德元年也"②。景德元年（1004）的《吴兴统记》应该说是较为可信的，由此可知，"天宁"实为"大宁"之误，或为涉下而误，或形近而误。自长兴二年（931）至崇宁二年（1103），一百七十余年，"几二百年"的说法亦可通。

　　第二，"固陵"误为"固改"；"灵祉"误为"灵社"。"固陵"应为"永固陵"之简称，乃宋徽宗去世后之陵号，史载："绍兴五年四月甲子，徽宗崩于五国城"③，"（绍兴七年六月）宰臣秦桧等请上陵名曰永固"④。作"固陵"，与上引《嘉泰吴兴志》言该寺"绍兴七年以崇奉徽宗香火"的记载相合。"恭为固陵荐灵祉"，乃言于寺院中为已经去世之宋徽宗追荐福祉，作"灵社"不通，《旧唐书》云："百礼垂裕，万灵荐祉。"⑤

　　"以疾痛苦见于求拯者"，"陈其疾痛苦死"，两处《吴兴金石记》均作"厄"，是，《刘一止集》两处亦均作"厄"。自古及今流行的《心经》，其首即云："观自在菩萨，行深般若波罗蜜多时，照见五蕴皆空，度一切苦厄。"⑥

　　（2）"是故身为三十三应，因事摄化，利益见闻。则我之身与子之身，一为比丘，一为居士，俱在三十三应之内。""三"，《吴兴金石记》均作"二"，是，《刘一止集》两处均作"二"。佛典中无"三十三应"的说法，应为"三十二应"，"指观世音菩萨为济度众生，顺应各种机类而示现之三十二种形相"⑦，《楞严经》云："世尊！由我供养观音如来，蒙彼如来授我如幻闻熏闻修

---

① （宋）谈钥纂：《嘉泰吴兴志》卷一三，《宋元方志丛刊》第5册，第4747页。
② （宋）陈振孙撰：《直斋书录解题》卷八，徐小蛮、顾美华点校，上海古籍出版社2015年版，第245页。
③ （元）脱脱等撰：《宋史》卷一二二，中华书局1985年版，第2857页。
④ （元）脱脱等撰：《宋史》卷一二二，第2859页。
⑤ （后晋）刘昫等撰：《旧唐书》卷三〇，中华书局1975年版，第1111页。
⑥ （唐）释玄奘译：《般若波罗蜜多心经》卷一，《大正藏》第8卷，第848页。
⑦ 慈怡主编：《佛光大辞典》，佛光出版社1988年版，第511页。

金刚三昧,与佛如来同慈力故,令我身成三十二应。"①"因事摄化"之"因",《吴兴金石记》作"同",两者均可通。"同事","谓亲近众生同其苦乐,并以法眼见众生根性而随其所乐分形示现,令其同沾利益,因而入道"②,乃"四摄法"之一,其意在文中似更优。

（3）《全宋文》："始于某年某月某甲子,成于某年某月某甲子。后若干日太简刘某居士记并说偈言。"（《刘一止集》文字同）

《吴兴金石记》："始于□□□□□□□□□戌,成于二十七年四月庚戌。太简居士刘一止记并说偈言。"

第一,修建、作记时间。文集中仅记载"某年某月某甲子",但据《金石记》可知,原记中应有具体起讫之日期。刘一止卒于绍兴三十一年（1161）,记文中又尝提及"绍兴",则"二十七年"为绍兴二十七年（1157）,据《二十史朔闰表》知绍兴二十七年四月乃丙申朔③,可知"庚戌"为十五日,与史亦合。故作记时间为绍兴二十七年或稍后。

第二,称谓。《金石记》作"太简居士刘一止",而作者本人亦曾在《湖州德清县慈相院新钟铭》云："属同郡太简居士刘一止为之铭"④,据此,记文中作"太简居士刘一止"较为可信。

（4）《全宋文》："初从闻中入三昧,闻空觉空空亦灭"。《刘一止集》文字同。按,"空"实为"尽"之误,作者之佛理言说实源自《楞严经》,其详云："尔时,观世音菩萨即从座起,顶礼佛足而白佛言：'世尊！忆念我昔无数恒河沙劫,于时有佛出现于世名观世音,我于彼佛发菩提心,彼佛教我从闻思修入三摩地。初于闻中入流亡所,所入既寂,动静二相了然不生,如是渐增,闻、所闻尽,尽闻不住,觉、所觉空,空觉极圆,空、所空灭,生灭既灭寂灭现前。'"⑤

---

① （唐）般剌蜜谛译：《大佛顶如来密因修证了义诸菩萨万行首楞严经》卷六,《大正藏》第19卷,第128页。
② 慈怡主编：《佛光大辞典》,佛光出版社1988年版,第1853页。
③ 陈垣：《二十史朔闰表》,古籍出版社1956年版,第137页。
④ （宋）刘一止：《刘一止集》卷二四,龚景兴、蔡一平点校,浙江古籍出版社2012年,第251页。
⑤ （唐）般剌蜜谛译：《大佛顶如来密因修证了义诸菩萨万行首楞严经》卷六,《大正藏》第19卷,第128页。

53. 程俱《安养庵记》(《全宋文》第 155 册，第 327-328 页)

文题。南宋庆元六年（1200 年）释宗晓所编《乐邦文类》卷三载此记文，其题为《灵山安养庵记》①。

《全宋文》："其国有无量寿如来，应供正遍，知明行足。善逝世间，解无上士，调御丈夫天人，师佛世尊。"

应为："其国有无量寿如来、应供、正遍知、明行足、善逝、世间解、无上士、调御丈夫、天人师、佛、世尊。"

按："如来……"这十一种称谓为"释迦牟尼佛或诸佛通号之十大名号，又称如来十号、十种通号，虽称十号，然一般皆列举十一号"②，唐地婆诃罗所翻译之《方广大庄严经》有云："佛心无染，犹如莲华不着于水，名称高远遍于十方，所谓如来、应供、正遍知、明行足、善逝、世间解、无上士、调御丈夫、天人师、佛、世尊。"③

54. 孙觌《平江府枫桥普明禅院兴造记》(《全宋文》160 册，第 378-379 页)

《全宋文》编者录此文自《鸿庆居士文集》卷二二，同时云："又见《吴都法乘》卷一○上之下、《吴郡志》卷三三、《吴都文粹》卷八、《姑苏志》卷二九、《寒山寺志》卷一、光绪《苏州府志》卷四○"。《鸿庆居士文集》"宋刊本久失传，今以明抄为古"④，其以四库本最为常见，但对比宋刻文献所载此记可知，此集所载记文讹脱之误甚多。南宋范成大《吴郡志》载有此记，该志有绍定刻元修本⑤；《孙尚书大全文集》有国图所藏宋刻残本⑥，两者皆收录此文。两种宋刻文献均较《鸿庆居士文集》为优，但《文集》尚有脱文，故录范志所载全文如下：

---

① （宋）释宗晓：《乐邦文类》卷三，《大正藏》第 47 卷，第 187 页。
② 慈怡主编：《佛光大辞典》，佛光出版社 1988 年版，第 480 页。
③ （唐）地婆诃罗译：《方广大庄严经》卷一，《大正藏》第 3 卷，第 539 页。
④ 傅璇琮总主编，祝尚书主编：《中国古代诗文名著提要·宋代卷》，河北教育出版社 2009 年版，第 281 页。
⑤ （宋）范成大：《吴郡志》卷三三，《中华再造善本·唐宋编·史部》，北京图书馆出版社 2003 年版。
⑥ （宋）孙觌：《孙尚书大全文集》卷四六，《中华再造善本·唐宋编·集部》，北京图书馆出版社 2004 年版。

平江自唐白公为刺史时，即事赋诗，已有八门、六十坊、三百桥、十万户，为东南之冠，诗云"茂苑太繁雄"是也。逮乾符、光启间，大盗蜂出，争为强雄，而武肃王钱镠以破黄巢、诛董昌之功，尽有浙东西之地。五代分裂，诸藩据数州自王，独尝顺事中国。有宋受命，尽籍土地府库，帅其属，朝京师，遂去其国。盖自长庆迄宣和，更七代三百年，吴人老死不见兵革，覆露生养至四十三万家，而吴太伯庙栋犹有唐昭宗时宁海、镇东军节度使钱镠姓名书其上，可谓盛矣。建炎盗起，官寺民庐一夕为煨烬，而枫桥寺者，距州西南六七里，枕漕河，俯官道，南北舟车所从出，而岿然独无恙，殆有数焉。寺无石志，按《吴郡图经》，实妙利普明塔院，而不著经始之岁月。唐人张继、张祐尝即其处作诗记游，吟诵至今，而枫桥寺亦遂知名于天下。太平兴国初，节度使孙承祐重建浮屠七成，峻峙蟠固，人天鬼神所共瞻仰，至嘉祐中始改赐普明禅院，而雄杰伟丽之观滋起矣。属有天幸，仅脱于兵火，而官军蹂践，寺僧逃匿，颓檐委地，飘瓦中人，卧榻之上仰视天日，四壁萧然，如逃人家。绍兴四年，长老法迁者，会其徒入居之，而相其室无不修，铢积寸累，扶颠补败，栋宇一新，可支十世。寺有水陆院，严丽靓深，龙象所栖，升济幽明，屡出灵响，尤为殊胜，而塔之役最大，更三年而后就。一日迁老过余言曰"愿有纪也"。余尝怪天下多故，县官财匮力屈，天子减膳羞，大臣辞赐金，将吏被介胄以死，士大夫毁车杀牛而食，而吾民则当输家财助边，率常睊睊然举首蹙额，疾视其上，无慨然乐输之意。而佛之徒，无尺寸之柄，无左右绍介之先，瓦盂锡杖，率尔至门，则倒衣吐哺，屣履起迎，惟恐后已。乃捐金币，指囷廪，舍所甚爱，如执左契，交手相付，无难色，此何道也？今观迁老积精营作练，学苦空，弊衣粝食，不以一毫私其身，日以饰蛊坏、起颓仆为急。又饬其徒三二辈持钵叩门，或持簿乞民间，日有获焉，惟资以治寺。以故一方道俗皆向慕之，凡所欲为，无不如志，故成就如此。今吾乡县之长人者，晨拥百吏，坐一堂之上，赫然如神明之临，又阻声威以怛之，而后吏得以投其隙。吾欲以柔道理之，量其力之所堪任而与之为均，无急之以期，无使吏迫之，上下休戚，共为一体，人人欢然，欣戴如驹犊婴儿之慕，以尽夫为民父母之道。夫以子弟而事父母，其于奉佛固无间然矣，故著余之所欲言者为记，使归刻焉。绍兴十六年七月日晋陵孙觌记。

55. 孙觌《平江府吴江县无碍院普贤感应记》（《全宋文》第160册，第384-385页）

据范成大《吴郡志》宋刻本所载该记①校正如下：

文题：《吴郡志》作《普贤应梦记》。

"邑人宋某者营筑此堂"，"宋某"《吴郡志》作"宋邶"。

"不见缺滞冥莫幽阴之态。既悟"，《吴郡志》"缺"为"留"，"悟"为"寤"，是。

"绍兴二十年岁次庚午三月日"，《吴郡志》"月日"之间有"望"字，疑脱。

56. 李正民《资圣寺佛殿记》（《全宋文》第163册，第139-141页）

《全宋文》："命东都孟道一造释迦、世尊一会七像于殿，普门大士于堂。"

应为："命东都孟道一造释迦世尊一会七像于殿，普门大士于堂。"

按，"世尊"乃"为世间所尊重者之意，亦指世界中之最尊"②。在佛经中，"世尊释迦牟尼"这种称谓最为常用，后秦鸠摩罗什译《维摩诘经》云："今世尊释迦牟尼以何说法"③，隋阇那崛多等翻《无所有菩萨经》云："唯见世尊释迦牟尼"④，唐实叉难陀译《华严经》云："唯愿仁者文殊师利、和尚舍利弗、世尊释迦牟尼，皆悉证知！"⑤而"释迦世尊"这一称谓也偶尔用之，如佛经云："释迦世尊入般涅槃，分分身界碎为舍利。"⑥

---

① （宋）范成大：《吴郡志》卷三六，《中华再造善本·唐宋编·史部》，据中国国家图书馆藏宋绍定刻元修本影印，北京图书馆出版社2003年版。
② 慈怡主编：《佛学大辞典》，佛光出版社1988年版，第1522页。
③ （姚秦）鸠摩罗什译：《维摩诘所说经》卷三，《大正藏》第14卷，第552页。
④ （隋）阇那崛多等译：《无所有菩萨经》卷四，《大正藏》第14卷，第692页。
⑤ （唐）实叉难陀译：《华严经》卷六一，《大正藏》第10卷，第331页。
⑥ （唐）释义净：《根本说一切有部毗奈耶药事》卷一二，《大正藏》第24卷，第55页。

57.辑补·杨幼度《重修法喜寺记(略)》

明(天启)《海盐县图经》卷三有:"淳祐重修法喜寺记略曰……"① 据文末署衔知为宋人杨幼度所撰。"杨幼度,字叔慧,台州天台人。治《春秋》,登绍定二年(1229)黄朴榜,进士。以国子监书库官试馆职,除正字,历校书郎,添差通判,淳祐九年以新知辰州未赴,再除校书郎。"②《全宋文》中无杨幼度其人其文,应据补。其全文(即节文)如下:

> 法喜,实良准③高僧道场,梵行宗风,千载可想。寺旧有田二顷,土硗间,岁一稔。开禧以来,钟鱼绝响,将为瓦砾区。姚江赵侯希,字弥玉,来宰是邑,以上人文正及其孙行规勤能,委以修葺。丘侯耒、李侯仁端、李侯谧,相继竟役。会弥玉持常平节,为部使者,远近风靡,走金乐施,于是门廊、楼殿、经轮、法堂、留云馆、宣明院,下至仓庾涸涹,无不一新。鸠工于绍定改元,考成于淳祐甲戌,缗钱三十万有奇云。承议郎、新权发遣南康军、兼管内劝农事杨幼度撰文,奉议郎、司农事主簿赵与瀰书,皇弟、武宁节度使、开府仪同三司、充万寿观使、嗣荣王、食邑三千七百户、实封一千四百户赵与芮篆盖。

按,(光绪)《嘉兴府志》卷八六云:"伊案,'淳祐甲辰',《海盐图经》误作'甲戌'",此说是,淳祐无"甲戌"④,且明人许相卿《法

---

① (明)樊维城修,胡震亨、姚士粦纂:天启《海盐县图经》卷三,《中国地方志集成·善本方志辑》第1编第73册,凤凰出版社2014年版,第73-74页。

② 昌彼得等编:《宋人传记资料索引》,台湾鼎文书局1986年版,第3159-3160页。亦可参傅璇琮主编:《宋登科记考》,江苏教育出版社2005年版,第1503页。

③ 《高僧摘要》卷四云:"良准大师,法喜之神僧也。往山中化木,起造法喜,单身回,巨细木俱从河出,迄今河底有木,人不能动。一生形迹,隐显不常,疑为圣贤应化。按经幢石刻,大中十四年、咸通五年。俱系良准题名。复考《景祐重修寺碑》云,异人间出,有如良准。业四分律,慧行精通。塔在寺之东廊,距殿五十步,飞鸟不栖,游尘弗立,时时舍利放光现瑞。宣和四年王春正月,欲起塔亭,迁就西虎,灵像袈裟,腾掣远去,光怪华煜,贯穿户牖。众惧祈诵,方复如初。"(清)徐昌治辑:《高僧摘要》卷四,《卍续藏经》第148册,第786页。

④ (清)许瑶光修,吴仰贤等纂:光绪《嘉兴府志》卷八六,《中国地方志集成·浙江府县志辑》第14册,上海书店1993年版,第806页。

喜寺修造记》云："维明嘉靖三十五年冬……观杨幼度淳祐甲辰纪石"①，由此亦可证，上文"甲戌"为"甲辰"之误。

58. 附录·辑补·杨幼度《敕封翊忠侯记》

雍正《浙江通志》卷二二四"翊忠侯庙"条目之下有云："杨幼度《敕封翊忠侯庙记》"，其下即记文，此记明显是缩略之文，但《全宋文》失收，故附录于此，其云：

> 靖林有神潘侯，世雄名，一飞字也，生于宋治平改元五月二日，至宣和三年（1121）二月既望，丽景冲和，乃沐浴更衣，谓青衣之使已至，天帝召为阴府官，主阳间事，言已即逝，侯之神自此彰矣。葬于蕙岩，灵威不可犯，祠于寓里，灵验勤可祈。今百有二十余年，一境之内，亢阳烈昼，随祷而濡；积雨霾云随祝而霁；疫疠屏息，寇盗蠲除，家无郁攸，里无巨浸，揆厥本原，非神祷赐流芳欤？寖久，神惠益昭。嘉熙纪②元（丁酉，1237）郡守赵汝柄奏于朝，敕赐翊忠侯。③

按，方志所载此记所作时间或有问题，且看：

> 嘉熙元年敕封翊忠侯，校书郎杨幼度为记。（万历《续修严州府志》）④

> 嘉熙丁酉校书郎杨幼度撰。（民国《建德县志》）⑤

雍正《浙江通志》、道光《建德县志》《严州金石录》均载"《新定续志》，嘉熙丁酉校书郎杨幼度记（或'撰'）"。"新定"为严州旧郡名，《新

---

① （明）许相卿：《云村集》卷八，《文渊阁四库全书》本。
② 应作"改"，即嘉熙元年。
③ （清）嵇曾筠、李卫等修，沈翼机等纂：雍正《浙江通志》卷二二四，《中国地方志集成·省志辑·浙江》第7册，凤凰出版社2010年版，第619页。
④ （明）吕昌期修，俞炳然纂：《续修严州府志》卷五，甘肃省古籍文献整理编译中心、《中国华东文献丛书》编辑委员会编：《中国华东文献丛书》第1辑第18卷，学苑出版社2010年版，第107页。
⑤ 夏曰瑚、张良楷等修，王韧等纂：民国《建德县志》卷一三，《中国地方志集成·浙江府县志辑》第9册，上海书店2011年版，第302页。

第五章 《全宋文》所收寺记文献校正

定续志》即南宋所编撰之《景定严州续志》,"所纪始于淳熙(1174-1189),迄于咸淳(1265-1274)"①,其卷五云:"翊忠侯庙,在龙山乡,姓潘氏,名世雄,盖里人也。宣和间,以力勇御寇有功,死故庙食。嘉熙丁酉始赐侯爵,校书郎杨幼度为之记。"②此应为记载潘世雄封翊忠侯、杨幼度作记的最早记录,但该志并未载记文。此记文确实有嘉熙丁酉的时间记载,但此为敕赐时间,非作记时间;而据记文,潘世雄卒于宣和三年(1121),若此记作于嘉熙丁酉(元年,1237),这显然不符合记文中作者所言之"今百有二十余年";当然,对于时间,古人并不一定就计算得如此清楚,且此种记文所作时间与事件发生往往相隔不是很长时间,其作于嘉熙丁酉的可能也还是有的;因此,姑疑备考。

此外,记中所言"郡守赵汝柄",乃"庆元府奉化县人。嘉定十年登进士第。累迁知严州"③。其为知州时间,据《景定严州续志》云:"端平三年五月二十六日到任,嘉熙元年六月初一日去任。"④

59. 李纲《澧州夹山普慈禅院转轮藏记》(《全宋文》第172册,第212-214页)

《全宋文》标点:"如来为一大事因缘出现于世,示权显实说三乘法度,无量众将入涅槃……"

应标点为:"如来为一大事因缘出现于世,示权显实,说三乘法,度无量众,将入涅槃……"

按,《法华经》云:"彼佛出时,虽非恶世,以本愿故,说三乘法"⑤,又云:"佛于其中,度无量众"⑥,由此可知,原标点于意难通,宜正之。

60. 俞观能《太平禅寺佛殿记》(《全宋文》第174册,第189-191页)

《全宋文》标点:"顾我家贫如石女,儿如焦谷芽,求其堪舍,一无所有。"

---

① 余嘉锡著:《四库提要辨证》,中华书局1980年版,第422页。
② (宋)钱可则修,郑瑶、方仁荣纂:《景定严州续志》卷五,《宋元方志丛刊》第5册,中华书局1990年版,第4387页。
③ 傅璇琮主编:《宋登科记考》,江苏教育出版社2005年,第1394页。
④ (宋)钱可则修,郑瑶、方仁荣纂:《景定严州续志》卷五,《宋元方志丛刊》第5册,第4360页。
⑤ (姚秦)鸠摩罗什译:《妙法莲华经》卷二,《大正藏》第9卷,第11页。
⑥ (姚秦)鸠摩罗什译:《妙法莲华经》卷三,《大正藏》第9卷,第21页。

应标点为:"顾我家贫如石女儿,如焦谷芽,求其堪舍,一无所有。"

按,"石女儿"与"焦谷芽"均属佛经常见譬喻,"石女儿"乃"石女之儿,非有之譬也,如言龟毛兔角。《维摩经·观众生品》曰:'如空中鸟迹,如石女儿'"①。苏轼《妙观堂记》云:"欲求少分可以观者,如石女儿,世终无有。"②

61. 丁彦师《鸡山生佛阁碑》(《全宋文》第174册,第408-409页)

《全宋文》编者录此文自《陇右金石录》卷四,张维在《陇右金石录》卷四"以所得成县碑拓"录此文后,有一段按语值得我们关注:

按,此碑高四尺余,宽二尺,凡二十行,行三十四字。额篆与碑首行俱题鸡头山下生佛阁记。下为左修职郎、前岷州团练判官刘戬篆额,右从政郎、前阶州知录事参军丁彦师撰文,后题男时升书丹。末二行为敕赐旌表门闾,从义郎赵清臣长男成州州学正穑、次男武翼郎和、次男穆谨口,绍兴二十二年十月十五日谨立,石匠杜宏刊字。③

据此我们可知:

(1)文题应为《鸡头山下生佛阁记》。"下生佛"即弥勒佛,唐僧释道宣有云:"敬礼当来下生佛兜率天弥勒菩萨僧"④。同时,文中有"政和丁酉岁,乃发誓愿,舍财出力,建□生佛阁","□"据此亦可定为"下"。

(2)按《全宋文》体例,应在文末注释"题后原署:'左修职郎、前岷州团练判官刘戬篆额,右从政郎、前阶州知录事参军丁彦师撰文,男时升书丹,敕赐旌表门闾从义郎赵清臣、长男成州州学正穑、次男武翼郎和、次男穆谨口,绍兴二十二年十月十五日谨立,石匠杜宏刊字。'"

62. 李邴《千僧阁记》(《全宋文》第175册,第63-64页)

《全宋文》编者录此文自"《径山志》卷七,明刻本"。继云:"又

---

① 丁福保:《佛学大辞典》,上海书店1991年版,第857页。
② (宋)苏轼撰:《苏轼文集》卷一二,孔凡礼点校,卷一二,中华书局1986年版,第404页。
③ 张维编:《陇右金石录》卷四,《石刻史料新编》第1辑第21册,第16060页。
④ (唐)释道宣:《广弘明集》卷二七,《大正藏》第52卷,第319页。

第五章 《全宋文》所收寺记文献校正

见《佛法金汤篇》卷一四,《大会普觉禅师年谱》(下文简称《年谱》),嘉庆《余杭县志》卷一五。"《佛法金汤篇》为明人释心泰所编,而《年谱》"曾于宗杲逝世后即刊行,后又于宝祐元年(1153)重刊"①(今存)。其他各种文献所引该记皆祖《年谱》,宜据此录文。今据宝祐元年所刊《年谱》所载之该记②校勘《全宋文》录文如下:

(1)《年谱》云:"(绍兴十一年)师,五十三岁,千僧阁告成。师遣介泉南求记于李汉老参政,其略曰……"由此可知今所见李邴《千僧阁记》为节文,宜加说明。且,记文中有"经始于十年春,越明年春告成","十年"据《年谱》则可知其为绍兴十年(1140),"越明年春"则为绍兴十一年,由此可知,此记作于绍兴十一年或之后(应不会太久),而这些时间信息据其他文献都无法确知。

(2)《全宋文》录文:"然四方学者或且谓亲证,或几号罢参,皆肩靡袂属,沓来于座下。"据《年谱》,"且"为"自"之讹,"靡"为"摩"之误,俱是形近而误。

(3)《全宋文》录文在"而户外之屦常满"之后,"院去城百里"之前,据《年谱》有脱文,今补之:"平时不喜者,亦皆钳喙结舌,叹息其不可及,吾不知公之道,自有以使之耶。"

(4)《全宋文》录文:"师至之始,众才三百。"据《年谱》"师"应为"公"之讹,记文仅文首有"师"之称谓,其他五处全为"公"。

(5)《全宋文》录文:"于寺之东凿山开址,建层阁千楹。"据《年谱》,"于寺之东"之前脱"创意"二字,"千楹"之"千"为"十"之讹。

(6)《全宋文》录文文末为"故为书其本末",但据《年谱》,其后有"且以谕夫"。很显然,《全宋文》所据文献有脱文,而《年谱》宋刊本本身亦应有脱文。此句宜作"故为书其本末,且以谕夫(下阙)"。《年谱》"且以谕夫"之后为"是年四月,侍郎张公九成以父卒……"叙述另外一件事,与记文无涉;而"且以……"这样的句式在宋人记文中经常出现,黄庶《复

---

① 李国玲编著:《宋僧著述考》,四川大学出版社2007版,第460页。
② (宋)释祖咏:《大慧普觉禅师年谱》,南宋宝祐元年(1253)径山明月堂刻本,见北京图书馆编:《北京图书馆藏珍本年谱丛刊》(第22册),北京图书馆出版社1999年版,第401-403页。

175

唯识院记》云："遂书之，且以见其心之耻云"①，苏轼《盐官大悲阁记》云："故为记之，且以风吾党之士云。"②

63. 王以宁《佛窟山转轮藏记》（《全宋文》第176册，第163-164页）

（1）文题为《台州佛窟山转轮藏记》更妥当。记文出《台州金石录》卷五，其"宋佛窟山转轮藏碑"云："碑高六尺强，广三尺弱，额篆书台州佛窟山转轮藏记，九字三行"，由此可知碑额为"台州佛窟山转轮藏记"。

（2）录文有云："□□道微，魔民炽盛，盗常住物，贸迁大刹。"《楞严经》云："我灭度后，末法之中，多此魔民，炽盛世间。"③因此"□□"或为"末法"二字，留存备考。

64. 李弥逊《福州乾元寺度僧记》（《全宋文》第180册，第342-343页）

《全宋文》编者据《竹溪先生文集》卷二二录文，而《永乐大典》亦载该记，据之校正如下：

《全宋文》："故其为教慈忍悲施，悉以利它，不求自利，悖是而行非。如来之像法既衰，人鲜知道。"

应为："故其为教，慈忍悲施，悉以利他，不求自利，悖是而行，非如来子。像法既衰，人鲜知道。"

按，《永乐大典》引该记，"之"作"子"④。记文中作"子"，可使文意畅然、句式整饬，而作"之"则上下文意不相连属，扞格难通，故应据《永乐大典》引文校正，标点亦随之。

65. 冯檝《大中祥符院大悲像并阁记》（《全宋文》第181册，第147-148）

按，此文出《成都文类》卷四〇，《全宋文》编者据《成都文类》四库本整理此文，今有赵晓兰教授《成都文类》整理本⑤。

《全宋文》录文与《成都文类》整理本比较（部分）。

---

① 曾枣庄、刘琳主编：《全宋文》第51册，第249页。
② （宋）苏轼：《苏轼文集》，孔凡礼点校，中华书局1986年版，第388页。
③ （唐）般剌蜜谛译：《大佛顶如来密因修证了义诸菩萨万行首楞严经》卷六，《大正藏》第19卷，第131页。
④ （明）解缙等：《永乐大典》卷八七〇六，中华书局1986年版，第4026页。
⑤ （宋）袁说友等编，赵晓兰整理：《成都文类》卷四〇，中华书局2011版，第776-778页。

第五章 《全宋文》所收寺记文献校正

《全宋文》：

　　自昔观音大士爰因旷劫，奉事观音，如来佛教以从闻思修入三地。大士依而行之，初于闻中入流亡所，所入既寂，动静二相，了然不生，知是渐增闻所闻。盖一闻不住，觉所觉空，空觉极圆，空所空灭。空灭既灭，寂灭现前，忽然超越，世出世间，十方圆明，获二殊胜。一者上合十方诸佛本妙觉心，与佛如来同一慈二力者，下合一切六道众生，与诸众生同一悲仰。

《成都文类》整理本：

　　自昔观音大士爰因旷劫奉事观音如来，佛教以从闻思修入三地，大士依而行之。初于闻中，入流亡所。所入既寂，动静二相了然不生，知是渐增。闻所闻尽，尽闻不住；觉所觉空，空觉极圆；空所空灭，空灭既灭。寂灭现前，忽然超越，世出世间，十方圆明，获二殊胜。一者上合十方诸佛本妙觉心，与佛如来同一慈力；二者下合一切六道众生，与诸众生同一悲仰。

按，此段文字源自佛教经典《楞严经》，其云：

　　尔时，观世音菩萨即从座起，顶礼佛足而白佛言："世尊！忆念我昔无数恒河沙劫，于时有佛出现于世名观世音，我于彼佛发菩提心，彼佛教我从闻思修入三摩地。初于闻中入流亡所，所入既寂，动静二相了然不生，如是渐增，闻、所闻尽，尽闻不住，觉、所觉空，空觉极圆，空、所空灭，生灭既灭，寂灭现前，忽然超越，世出世间，十方圆明，获二殊胜：一者上合十方诸佛本妙觉心，与佛如来同一慈力；二者下合十方一切六道众生，与诸众生同一悲仰。"⑥

第一，通过比较可以发现，《全宋文》录文标点、讹字等错误较多，《成

---

⑥ （唐）般剌蜜谛译：《大佛顶如来密因修证了义诸菩萨万行首楞严经》卷六，《大正藏》第19卷，第128页。

177

都文类》整理本则错误极少。

第二，此段中，《楞严经》原文文字有"如是渐增"（已划线标出），《全宋文》《成都文类》整理本均作"知是渐增"（已标），据文意，很显然，后二者均误，应作"如是渐增"，宜正。

《成都文类》整理本亦偶有讹误，宜加注意。

《全宋文》录文有："然今之世间所刻之像，止取千数者，以过是则非智巧所及，姑从中制而为之耳。"

《成都文类》整理本为："然今之世间所刻之像，止取千数者以过，是则非智巧所及，姑从中制而为之耳。"

按，"止取千数者"即千手千眼之观世音，赵晓兰整理本标点显然有误，赵氏整理本虽然质量较优，然百密仍或一疏，宜加注意。

66. 冯檝《南禅寺记》（《全宋文》第181册，第149-150页）

按，《全宋文》编者据光绪《遂宁县志》卷四录文，而民国《潼南县志》卷二"古迹志·南禅寺记碑"条目有云："县西三里大佛崖，宋敷文阁直学士冯檝撰，太府少卿赵沂书，乾道改元中秋日刊石。按遂旧志载此记作为赵沂撰，今考原刻改正。"① 在其中，"敷文阁直学士冯檝撰，太府少卿赵沂书，乾道改元中秋日刊石"，应为"原刻"所有（应该有所节略），涉及二人且有官职及刊刻时间，宜加以注释说明之。

67. 莫俦《淀山建塔记》（《全宋文》第181册，第251-252页）

《全宋文》编者录自《古今图书集成·神异典》卷一二三，且云："又见康熙《松江府志》卷二七、嘉庆《松江府志》卷七六。"按，嘉庆《松江府志》卷七六所收录此记文作《淀山建塔记略》，与《全宋文》编者采录内容一致，知此文为节文，而其全文在明（正德）《松江府志》卷一八中有保存②。全文较节文多二百多字，宜据全文收录，兹录全文文本如下：

---

① 王安镇修，夏璜纂：《潼南县志》卷二，《中国方志集成·四川府县志辑》第45册），巴蜀书社1992年版，第38页。

② （明）陈威主修，顾清总纂：正德《松江府志》卷一八，《天一阁藏明代方志选刊续编》第6册，上海书店1990年版，第120-122页。又，该志有今人标点本，见（明）陈威主修、顾清总纂：正德《松江府志》卷一八，上海市地方志办公室、上海市松江区人民政府地方志办公室编：《上海府县旧志丛书·松江府卷》第1册，上海古籍出版社2011年版，第315-316页。

建塔记

佛之教，警愚而破暗，拯溺而指迷，故其徒必择胜特之地，为表揭之象，使人瞻望耸慕，起信而生钦，则于其教有助焉。

华亭之西北有巨浸曰淀山湖，湖中有小山。余尝与客泛舟其下，顾谓客曰："此非落星浮玉之类也"。试登而览焉，彷佯四望，烟水弥漫，天日清明，波伏不兴，飞帆钩艇，宛在一镜，风号涛涌，舟莫敢凌，恍若神山，限以弱水，兹非胜特之地欤！山如龟背，上建浮图，升其绝顶，临瞰云雨，数郡遥岑，环列楯外，纡青缭白，极目千里，兹非表揭之象欤！有是二者，其可以无藉乎！

有僧慧悟禅师义灯，朱姓，徐州彭城人，性落魄，不慕世荣，早受诸戒，道心淳熟，操行高洁。顷主云间施水禅院，邂逅京师僧宝觉大师法道，出释迦佛牙示之，于是设供累夕，恳祈舍利，获二十许枚。道谓灯曰："子其选地建塔藏之，为兹邑无穷福田。"灯邀道抵淀山，周视形势，道曰："噫！他山无与此侔者，子宜图之。"灯曰："兹山塔固宜，然此方人未之信，盍再祈焉？"乃复置佛牙于所卜址上而作佛事，不终朝，先见金光数尺，次获舍利三枚，僧俗欢喜赞叹，谓未曾有。灯遂辞施水住是山。里人倪荣、朱强誓为会首，能勉导累积，至绍兴四年十有二月宫成，八日壬午奉舍利瘗焉。是日旦，天无云，昼忽阴，祥霙骤降，林木尽缟。已事而霁，众咸异之。七年十月营塔，才三级，灯心力俱困，惧不克就，一夕，梦菩萨诸天瑞像满空云中，有榜题曰"普光王寺"，既寤，不懈益虔，闻者喜舍，材集匠劝，绩用日增。明年春，灯如行在，得普光王寺额以归，符其梦焉。塔讫工于十有四年三月，荣等又相与立三门，引两序，演法有位，栖僧有所，香积有庖，大乘有藏，谒予文纪之。

予闻万八千人之徒（疑为"供"）一僧，三十六人之恃一姥，修起故塔，茸成精舍，其后生忉利天，证罗汉果，以至童子聚沙、猕猴累石，亦皆成佛道而获天福，盖不可遽数也。今师募众力，建胜事，师与施者所得宜如何？予所谓使人瞻望耸慕，起信而生

179

钦者,岂徒言耶!故乐书而不辞,十八年七月一真居士莫俦记。

68. 辑补·汝①勋《(普光王寺)铸钟记》

出处:明正德《松江府志》卷一八

作者信息:汝勋。文末有署衔:朝散郎、前通判滁州、兼管内劝农营田事、兼淮东制机、赐绯鱼袋,其应登进士第,然《宋登科记考》《宋人传记资料索引》《宋人传记资料索引补编》等文献均未载其人,待考。

作记时间:咸淳五年(1269)四月八日。

全文如下:

秀之华亭县,淀山一峰,夐然独出,吞吐日月戏弄风云,雄据险要,普光王寺在焉。实邢府君之女,孟曰降圣,仲曰月华,季曰云鹤,阐灵现瑞,波神川后相为后先奔走,鬼工充拓湖泖,俾乱入邪径者尽归正脉。一封遐迩皆得帖息耕凿于斯,赖庇觊者为多,合辞请于朝,颁会灵之号以示褒典。梵宫藉此以翕集,独号召丛席者敝焉。僧永寿生勇猛心,谓天地以雷震万物,圣人以乐节人风,佛土以钟警六时。只力作俑,乃范乃镕,火尝效职,风伯鼓橐,陶人事墉,金王奉命。且谓此法器也,倘未有大力量、大誓愿、大福德,虽溜铜入模,败于垂成者十居八九。今聚精会神,冥合阴阳,显契造化,迅流不差,一举而就。涂塞衢隘,亿兆谛听,层台大起,雕虞悬列。扶摇号而万窍怒,霹雳震而崇山破。或游或扬,载清载畅,越数十里之表而韵有无穷者,飞空行空,在谷满谷,金界戛答,远度大千。徘徊乎霜天,凌厉乎清夜,虫豸不蛰,鱼龙顿兴,六道为之起化,超趣为之开眼,举法界之贪嗔聋瞽,随叩之洪纤,反己知受,因受而悟,岂不伟欤?寿且以余力及当寺,与乡刹之万寿,过堂有钟,启众有板,类敷傍洽,一至于此。四众莫不嘉赞,余又有未竟者:六根互换,圆通大士为得三昧,声

---

① 天一阁藏本(正德)《松江府志》作"汝",《上海府县旧志丛书·松江府卷》第1册之(正德)《松江府志》作"放",此本据点校者祝伊湄言乃以天一阁藏本为底本,不知何据而作"放",且未有说明。按,中国古代未有放姓,或误。具体版本信息详下。

180

到耳根,是固然矣,而不知目之于声,尤受用之大者也,举而洞观,则是钟也高低清浊、作止动息,又当入地之目,而升普光王之堂,诣普光王之室者,将观其音声,悉得解脱。咸淳已巳四月八日,朝散郎、前通判滁州、兼管内劝农营田事、兼淮东制机、赐绯鱼袋汝勋撰。①

69 孙邦《宝乘寺结界记》(《全宋文》第181册,第374-375页)

(1)标点。

《全宋文》标点:"杭之新城佛殿三十有七宝乘,自隋距今,凡三易其额。"

应标点为:杭之新城佛殿三十有七,宝乘自隋距今,凡三易其额。

按,"宝乘"即文题中之宝乘寺,"三易其额"者据下文亦为宝乘寺。

(2)作者署衔。

(雍正)《浙江通志》云:"(成化)《杭州府志》,太学录孙邦撰"②,(乾隆)《杭州府志》云:"成化旧志,太学录孙邦撰"③,(民国)《杭州府志》云:"《成化志》,太学录孙邦撰"④。明成化《杭州府志》今存,其卷五八有云:"《宝乘寺重建记》,太学录孙邦撰"⑤,则"太学录"或为作者作记时之署衔。

70. 胡寅《丰城县新修智度院记》(《全宋文》第190册,第48-49页)

(1)应正:

《全宋文》据四库本《斐然集》录文,其中有云:

---

① (明)陈威主修,顾清总纂:正德《松江府志》卷一八,《天一阁藏明代方志选刊续编》第6册,第122-123页。又,(明)陈威主修,顾清总纂:正德《松江府志》卷一八,祝伊湄点校,第316页。点校者整理说明:"此志还有一个突出的特点,即征引的文献资料十分丰富,有很多奏折、诗文他处已佚,而藉此得存。(如其所引宋、元文字即为《全宋文》《全元文》所失收,或收而不全者。于此整理者另文专论。)"其"专论",笔者未见。

② (清)嵇曾筠、李卫等修,沈翼机等纂:雍正《浙江通志》卷二五五,《中国地方志集成·省志辑·浙江》第8册,凤凰出版社2010年版,第238页。

③ (清)郑沄修,邵晋涵撰:(乾隆)《杭州府志》卷六一,《续修四库全书·史部·地理类》第702册,上海古籍出版社2002年版,第515页。

④ 陈璚修,王棻纂:(民国)《杭州府志》卷九七,《中国地方志集成·浙江府县志辑》第2册,上海书店1993年版,第721页。

⑤ (明)陈让、夏时正纂修:成化《杭州府志》卷五八,甘肃省古籍文献整理编译中心、《中国华东文献丛书》编辑委员会编:《华东稀见方志文献》第14卷,学苑出版社2010版,第522页。

绍兴壬子末，予侍亲自杭西行，至是少憩焉，家居爱其清旷，留度冬春甚适。

但据明（嘉靖）《丰乘》、清同治《南昌府志》、同治《丰城县志》、光绪《江西通志》等方志，此段均作：

绍兴壬子秋末，予侍亲自杭西行，至是少憩焉，家君爱其窈深清旷，留度冬春甚适。①

（2）应补：

该记全文文末，除《斐然集》外，各种相关方志如（嘉靖）《丰乘》等均有寺记写作时间"绍兴三年秋九月十有八日记"，这对文章编年等来说至关重要，应据补。

71. 谢伋《大宋台州临海县佛窟山昌国禅院新开涂田记》（《全宋文》第190册，第338-339页）

《全宋文》注释[一]："题下原署：'保信军承宣使、知阁门事兼客省四方馆事、枢密副都承旨曹勋书。'"

应为："保信军承宣使、知阁门事兼客省四方馆事、权枢密副都承旨曹勋书。"

按，《全宋文》编者录此文于《台州金石录》卷五，但检《台州金石录》②及《两浙金石志》卷八③、民国《台州府志》卷八七④，此署名均有"权"字，且史书载"（绍兴十五年春正月）戊午，保信军承宣使、知阁门事、兼权枢密副都承旨曹勋提举洪州玉隆观"⑤，故知"权"字乃编者误脱。

72. 胡铨《新州龙山少林阁记》（《全宋文》第195册，第365-367页）

《全宋文》录文：（予）则谓真："汝亦知一切圣贤，皆以无为法乎？

---

① 这里仅举最早之例，（明）王徽猷修，李贵纂：嘉靖《丰乘》卷六，《天一阁藏明代方志选刊续编》第42册，上海书店1990年版，第279页。
② 黄瑞辑：《台州金石录》卷五，《石刻史料新编》第1辑第15册，第11038页。
③ （清）阮元编：《两浙金石志》卷八，浙江古籍出版社2012年版，第188页。
④ 王丹瑶：民国《台州府志》卷八七，《石刻史料新编》第3辑第9册，第261页。
⑤ （宋）李心传：《建炎以来系年要录》卷一五三，中华书局2013年版，2888页。

'着以色,见我不能见如来',此佛语也。"

应为:(予)则谓真:"汝亦知一切圣贤,皆以无为法乎?'若以色见我,不能见如来',此佛语也。"

按,"佛语"出自《金刚经》,其原文云:"一切贤圣,皆以无为法而有差别。"① 又云:"尔时,世尊而说偈言:若以色见我,以音声求我,是人行邪道,不能见如来。"② 据此可知,"着"为"若"之误,《全宋文》标点亦误。

73. 王之望《台州重修普安禅寺记》(《全宋文》第197册,第418-419页)

《全宋文》编者录此文自《汉滨集》卷一四,并云:"又见《台州金石录》卷五"。按,《台州金石录》卷五载有此记碑刻③,其云:"宋重修普安禅院记,碑高七尺八寸五分,广三尺八寸,额篆书《重修普安禅院之记》八字四行,直径□寸□分,二十行,行三十五字,正书径□寸□分,有阴,在临海县西乡宝藏寺。"

(1)文题应为《台州宝藏岩重修普安禅院记》。《台州金石录》、民国《台州府志》均作此,其应为录碑刻正文文题,故记文文题宜作此。

(2)文题之后、记文之前有题署云:"左奉议郎、新权发遣荆门军主管学事、兼管内劝农营田事王之望撰。左朝奉大夫、新添差充福建路安抚司参议官贺允中书。右从事郎、监台州杜渎买纳盐场、兼烟火公事姚宽篆额。"文末有作记时间及刊工姓名云:"绍兴二十年三月三日记,郡士王赏刻字。"这些信息涉及多个人物及其官职,并关系到此记的创作时间,因此它们弥足珍贵,应该予以补充说明。

74. 闻人符《惠力寺舍利众善记》(《全宋文》第199册,第76-78页)

《全宋文》该记文末注释[二]:《海宁州志稿》于本文末注:"《艺文前编》录此文,后有'绍兴丙寅(绍兴十六年,1146)岁次春王良月,

---

① (姚秦)鸠摩罗什译:《金刚般若波罗蜜经》卷一,《大正藏》第8卷,第749页。
② (姚秦)鸠摩罗什译:《金刚般若波罗蜜经》卷一,《大正藏》第8卷,第752页。
③ 黄瑞辑:《台州金石录》卷五,《石刻史料新编》第1辑第15册,第11041-11042页。又,民国《台州府志》卷八七亦载此记同一碑刻云:"右碑高七尺四寸五分,广三尺五寸,额篆书《重修普安禅院之记》八字,分四行,字径六寸,文正书,二十行,行三十五字,字径九分,在临海县西乡宝藏寺。"见王丹瑶:民国《台州府志》卷八七,《石刻史料新编》第3辑第9册,第262页。

邑中闻人符撰'十六字。"按，《海宁州志稿》为民国时期所修，"《艺文前编》"即海宁盐官人周春①（1729-1815）所撰《宁邑艺文前编》，其"未见传本"②。

据《淳祐临安志辑逸》卷四，其文末署名具体信息则与上文所注释者有所不同，其云："淳熙六年（1179）八月己丑，承议郎、新差充沿海制置使司参议官嘉禾闻人符记。"③由于史料阙如，闻人符的相关人物信息如生卒年、仕宦履历等均未得其详，仅知其为绍兴二十七年（1157）进士，曾任余杭县尉。此署名官职"沿海制置使司参议官"在宋代的确存在，有学者云："沿海制置使司为沿海制置使治所，绍兴二年始置。员额除制置使、副使外，属官有参议官、干办公事官、书写机宜文字、准备差使等。"④且就目前史料所见，"新差充……"的表达方式绝大多数存在于南宋，且看其例：

> 维绍兴元年岁次辛亥二月某日，具位李纲同弟从事郎、新差充建康府府学教授经。（李纲《祭姨母吴宜人文》）⑤

> （绍兴）二十七年五月二日，新差充荆湖南路安抚司参议官柴叔夏。⑥

> 乾道五年五月日，迪功郎、新差充枢密院编修官朱熹状。（朱熹《承议郎主管台州崇道观赐绯鱼袋罗公行状》）⑦

> 隆兴二年闰十一月十五日，以疾终于正寝……男二人，长即烈，今为左从政郎、新差充建宁府府学教授。（吕祖谦《汤教授母潘夫人墓志铭》）⑧

---

① 《浙江省人物志》编纂委员会：《浙江省人物志》，浙江人民出版社2005年版，第224页。
② 《海宁市志》编纂委员会：《海宁市志》，汉语大词典出版社1995年版，第1256页。
③ （宋）施谔，（清）胡敬辑：《淳祐临安志辑逸》卷四，李勇先主编：《宋元地理史料汇编》第3册，四川大学出版社2007年版，第617页。
④ 李勇先著：《宋代添差官制度研究》，天地出版社2000年版，第86页
⑤ 曾枣庄、刘琳主编：《全宋文》第172册，第314页。
⑥ （清）徐松：《宋会要辑稿·崇儒七》，刘琳等校点，上海古籍出版社2014年版，第2928页。
⑦ 曾枣庄、刘琳主编：《全宋文》第252册，第339页。
⑧ 曾枣庄、刘琳主编：《全宋文》第262册，第57页。

据上，《淳祐临安志》乃南宋著作，其所载录闻人符信息详细具体且合史实，因此，其所载闻人符文末署名信息或应可信，宜说明注释之。

75. 闻人符《灵池寺重建大佛殿记》（《全宋文》第199册，第78-79页）

《全宋文》编者录此文于乾隆《海宁州志》卷六，该志原文作"宋闻人符《灵池寺重建大佛殿记略》"，显然该文是《灵池寺重建大佛殿记》的节文，而全文今存于《淳祐临安志辑逸》[①]。全文文本虽并未载作者信息，但其纪年云："时大宋太平兴国三年戊寅岁四月乙卯朔初三日丁巳记"，则此记作者显然非南宋闻人符所作，而应为佚名（北宋人）。

（1）原题及全文。

《淳祐临安志辑逸》存有此文全文[②]，其他文献载录皆为节文，在"崇福寺"条目之后有"灵寺"条目，其下有云"有重建大佛殿记"，则此文文题不应作《灵池寺重建大佛殿记》[③]，或可拟为《灵寺重建大佛殿记》。又，《咸淳临安志》载"灵寺"并云："在峡石市，开宝六年重建。"[④]

其全文如下：

懿夫，大雄氏之阐教也，遍尘沙界，为天人师，开解脱门八万四千，现端严相三十有二，盖众生根智浮薄，触类播迁，不可以一法拘，故随机而设化，不可以无形示，故睹相而生善者哉。

吴越国大都督府盐官县硖石市之东，有寺曰灵，即古之名蓝胜境也。原其始，考其灵，则旧记存焉，斯文略矣。寺有古殿，

---

① 《淳祐临安志》残宋本仅存卷五至卷十，该记并未在其中。关于《淳祐临安志辑逸》，此书乃"胡敬复从《永乐大典》中辑出，分为十六卷。光绪间，钱塘丁丙从姚方中家假得此书钞本，已不全，由罗榘臣详加校订，并加补配，分编为八卷付梓。"见洪焕椿：《浙江方志考》，浙江人民出版社1984年版，第46页。

② （宋）施谔，（清）胡敬辑：《淳祐临安志辑逸》卷四，李勇先主编：《宋元地理史料汇编》第三册，第618—619页。

③ 按，该县确有"灵池寺"，《咸淳临安志》在"崇福寺"条目之下有云："在县西六十里，乾元元年建，旧名灵池，会昌五年废，大中元年重建，祥符元年改今额"（《咸淳临安志》，第4153页，版本详下），但《灵寺重建大佛殿记》（拟称）则明确记载该寺在"硖石市之东"，而"硖石市"则在"县东北六十里"（《咸淳临安志》，第4154页，版本详下），则二寺分列东西，据记文内容此绝非灵池寺之记。

④ （宋）潜说友纂修：《咸淳临安志》卷八五，《宋元方志丛刊》第4册，中华书局1990年版，第4154页。

惟存基址。□去甲子年，近寺檀越镇遏使吴浔闾、迥店胜、朱人矩、大庆堂与城庄将徐仁德、虞候子陈进、李卢、甘露庄、严仁福等以遐方无事，多稼屡登，俄与主事者议之，一言而成，远迩见闻，咸愿致力。由是载经载度，惟久惟长，越巨浸以选楩楠，涉修途而运瓴甓，材用将备而蕆事者困于老疾，亏一篑之功。次即寺主僧遇，散募众缘，同成胜事。末有东海头陀者，少为水师，晚年国家通货于南溟，选居甲士之列，备不虞也。斫缆而逝，一旦凛风吼迅雷轰，四顾冥然则无所建，如是者五日，乃仰而祝曰，傥有大众得渡岸，则散发为无量因缘以就救众多之命。既而天赞神助，雾卷波澄，乃复本国。因舍妻子，被草麻，巡诸廛闬，以构斯愿。迨乎太岁癸酉春正月，受檀那辞命，既成胜概。头陀之来也，人神说财施足，若泛苦海之得慈航，不难济矣。以其年冬十二月有十九日创宝殿一间两厦，莫不雕檐翼展，相凤凰以来仪文；文梁锦横，怪虹蜺之始现。上悬藻井，傍达绮察，风岚烟覆而碧瓦寒，水风扇而红埃静。加之以剜刻之妙，饰之以粉绘之华，燕雀贺成，金石同固其侧。复有西方殿，奉释迦像，列亲近护法者凡九身，亦由当来物力未充方隅，列之权宜也，

今徒众请徙于正方，抑又高下无差，广袤折中，而崇其瞻礼，严其威光。万法之宗，千祥之最，了无阙者，不亦美乎。谅此会孰无愿力，或驱灾于既往，或祈福于将来，或奉冤亲，或修圆顿。一毫之善，一念之真，诸圣有言，惟心所造。愚世有余庆，于乐郊曾无润石之称，亟受续貂之请，终当纪美，聊用直书。其在位职掌员察，若男若女，各捐清奉，竞括缁囊，皆列于记之阴，共成不朽云。尔时大宋太平兴国三年戊寅岁四月乙卯朔初三日丁巳记。

（2）作者考辨。

（民国）《海宁州志稿》的一段文字很重要，是我们进行考察的基础，该志为许傅霈等光绪二十二年（1896）原纂、民国十一年（1922）朱锡恩

第五章 《全宋文》所收寺记文献校正

等续修①，其卷一九《金石志》"宋灵池寺重建大佛殿记"条云：

> 从《备志》录○原注：《州志·碑目》：太平兴国三年，未详撰人；《峡川续志·碑目》谓为杨璇撰，周氏春《艺文前编》谓绍与丁丑进士邑人闻人符撰，疑皆沿误。②

下面逐句疏证：

第一，"从《备志》录"之"《备志》"指道光二十七年（1847）刊《海昌备志》。

第二，"原注"为《海昌备志》之原注。《海昌备志》卷三"宋（失撰人名）《灵池寺重建大佛殿记》"，其下即为"原注"内容。③

第三，"《峡川续志·碑目》。"《峡川续志》则指（嘉庆）《峡川续志》，其卷一四《艺文·碑目》"灵池寺重建大佛殿碑记"条目云："太平兴国三年，宋杨璇"。④

第四，"周氏春《艺文前编》。""周氏春"即浙江海宁盐官人周春（1729-1815）⑤，"《艺文前编》"则指其所撰之《宁邑艺文前编》，其"未见传本"⑥。

综上，该寺记之作者有以下三种记载：其一，在《淳祐临安志》中没有撰者信息，为佚名。其二，海宁人周春乾隆时期所撰《宁邑艺文前编》著录此文作者为南宋闻人符，此虽为乾隆《海宁州志》所接受，但乾隆《海宁州志》却两存其说，其卷一五《艺文》有"碑目"条，宋代第一个条目即"《灵池寺重建大佛殿碑记》"，其云："太平兴国三年，未详撰人"，

---

① 陈心蓉：《嘉兴刻书史》，黄山出版社2013年版，第512页。
② 许傅霈等原纂，朱锡恩等续纂：民国《海宁州志稿》卷一九，《中国地方志集成·浙江府县志辑》第22册，上海书店2011年版，第520页。
③ 钱泰吉纂修：《海昌备志》卷三，道光二十七年刊本。
④ （清）王德浩纂，曹宗载编：嘉庆《硖川续志》卷一四，《中国方志丛书·华中地方》第593号，台湾成文出版社1983年版，第685页。
⑤ 魏桥主编：《浙江省人物志》，浙江人民出版社2005年版，第224页。
⑥ 《海宁市志》编纂委员会：《海宁市志》，汉语大词典出版社1995年版，第1256页。

但其卷六却有"宋闻人符《灵池寺重建大佛殿记略》"①，这就导致了混乱。其三，（嘉庆）《峡川续志》记载寺记作者为宋人杨璇，但不知何据。作者为闻人符基本可以排除，在佚名与杨璇之间，笔者倾向于佚名。

此外，对作者的认定也影响了一些基本的史实。民国《杭州府志》卷三七"寺观"，在解释"崇福寺"时有云："按闻人符记文，开宝当作绍兴，时尚名灵池，则崇福寺额非赐于大中祥符也，况开宝时，吴越尚未纳土，二字当误"②。显然作者接受了《灵池寺重建大佛殿记》为南宋闻人符所作，所以才作出如此错误的判断。

76. 喻樗《书福胜院记碑阴》（《全宋文》第206册，第379-380页）

《全宋文》标点："或者以大夫好面折人短。夫面折也，而非犹愈于背毁而是者。"

应标点："或者以大夫好面折人短。夫面折也而非，犹愈于背毁而是者。"按，"面折而非"与"背毁而是"相对而言。

77. 范成象《水陆堂记》（《全宋文》第210册，第364-365页）

《全宋文》标点：

> 成象尝读《华严经》，见诸佛用心，得水陆起教之源，有曰"佛住甚深真法性，寂然无相同虚空"而为第一实义中示现种种所行事，此如来以大事出现，知诸法差别，相住无为，开此施门，利益一切也。又曰菩萨善知权，实双行道，虽以相好庄严其身，而示受丑陋贫贱之形，尝备集众善，无诸过恶，而现生地狱、畜生、饿鬼，此面然大士所以隐其福德，假诸恶道以应缘阐教也。又曰住于涅槃而示现生死，究竟寂灭而现起烦恼，此庆喜尊者所以内怀智慧、外示悲忧以祈哀显化也。此一大教，圣贤如是周遮建立，于世间法决非小补，受付嘱者宜何如哉！此定慧圆明传佛祖印，而下特垂手，以有为法兴建佛事也。呜呼善哉！先佛以誓愿为众

---

① 战鲁村修：乾隆《海宁州志》卷一五、卷六，《中国方志丛书·华中地方》第591号，台湾成文出版社1983年版，第915页。

② 陈瑑修，王棻纂；屈映光续修，陆懋勋续纂；齐耀珊重修，吴庆坻重纂：民国《杭州府志》卷三七，《中国地方志集成·浙江府县志辑》第1册，上海书店1993年版，第810页。

生,故此法会不断灭;后人以慈悲同一契,故此法会常相续。愿力、悲力无有边,此山此会亦常住。彦以如是为诸有施者福不唐捐,余以如是说诸有闻者一时解脱。

标点应为:

> 成象尝读《华严经》,见诸佛用心,得水陆起教之源,有曰:"佛住甚深真法性,寂然无相同虚空,而为第一实义中,示现种种所行事",此如来以大事出现,知诸法差别相,住无为,开此施门,利益一切也;又曰:"菩萨善知权实双行道,虽以相好庄严其身,而示受丑陋贫贱之形,尝备集众善,无诸过恶,而现生地狱、畜生、饿鬼",此面然大士所以隐其福德、假诸恶道以应缘阐教也;又曰:"住于涅槃而示现生死,究竟寂灭而现起烦恼",此庆喜尊者所以内怀智慧、外示悲忧以祈哀显化也。此一大教,圣贤如是周遮建立,于世间法决非小补,受付嘱者,宜何如哉!此定慧圆明传佛祖印,而下碍垂手,以有为法兴建佛事也。呜呼善哉!先佛以誓愿为众生故,此法会不断灭;后人以慈悲同一契故,此法会常相续。愿力、悲力无有边,此山此会亦常住。彦以如是为,诸有施者福不唐捐;余以如是说,诸有闻者一时解脱。

按,在此仅对文中"有曰""又曰""又曰"三处引文加以说明。此三处引文有一个共同特点,作者在引文之后,都用"此"字来阐述表达自己的观点。第一处引文有两处与《华严经》原文不同,《华严经》云:"佛住甚深真法性,寂灭无相同虚空,而于第一实义中,示现种种所行事。"[1]第二处引文与第三处引文乃作者摘取《华严经》原文重加组织而成,但仍应属于引用原文,《华严经》云:"菩萨摩诃萨善知权实双行道,智慧自在,到于究竟。所谓:住于涅槃而示现生死,知无众生而勤行教化,究竟寂灭而现起烦恼,住一坚密智慧法身而普现无量诸众生身,常入深禅定而示受欲乐,常远离三界而不舍众生,常乐法乐而现有采女歌咏嬉戏,虽以众相

---

[1] (唐)实叉难陀译:《大方广佛华严经》卷三九,《大正藏》第10卷,第205页。

好庄严其身而示受丑陋贫贱之形，常积集众善，无诸过恶而现生地狱、畜生、饿鬼。"①

78. 周必正《高丽寺札付碑阴记》（《全宋文》第224册，第9页）

《全宋文》录此文自《两浙金石志》卷一〇，阮元《两浙金石志》在"高丽寺札付碑阴记"条目之后云："右在法云寺，正书，十八行，行三十字"②，而倪涛《武林石刻记》则云："右碑无额，楷书廿一行，行三十字，字径六分，磨灭过半。"③阮元与倪涛均应见过此碑，阮元见时已属残损，倪涛瞩时更为漫漶，但倪涛《武林石刻记》所载记文自有其独特价值。倪氏录文较为严格，完全依据当时情形加以著录，可举他例以作说明：杭州吴山宝成寺有大黑天佛龛元代题记，"明清的一些史籍也对这则题记进行了记载，如阮元的《两浙金石志》《乾隆杭州府志》和吴锡麒的《有正味斋骈体文》等。其中，《武林石刻记》的记载与现存题记完全一致"④。关于此文，倪涛云"廿一行"，其著录二十一行，有阙文处则空格示之，经与阮元已录文字比较，几乎完全吻合。

此文《全宋文》录文误处颇多，经与倪涛《武林石刻记》、吕惠卿《杭州慧因教院华严阁记》（见下条）对校后，对全文校勘如下：

> 国家累圣相承，专用仁厚。凡可以教民□□□□者，必发扬□显之。虽净居（一）老子之说，有所不废。临安府南山慧因教院始□禅。元丰八年，有法师净源讲学戒行，名闻外国。高丽尝遣僧□（二）义天航海，请授经旨。神宗皇帝可其奏。既归，以□□国王以其母命（三）金书《华严经》，乞（四）置之源师所居，以报国恩。于是其徒乞改慧因为十方教院，得旨许之，而贤首之教大□□□（五）靖国元年，高丽遣使□（六）徽宗登宝位，附白金千□□（七）两，请造华严□□佛，□□□□□□

---

① （唐）实叉难陀译：《大方广佛华严经》卷五六，《大正藏》第10卷，第279页。
② （清）阮元编：《两浙金石志》卷一〇，浙江古籍出版社2012年版，第226页。
③ （清）倪涛：《武林石刻记》（稿本），《石刻史料新编》第2辑第9册，台湾新文丰出版公司1979年版，第6873–6874页。
④ 谢继胜等著：《藏传佛教艺术发展史》，上海书画出版社2010版，第326页。

(八)行主之，岁与剃度，朝廷又许之。而寺宇□□，圣上龙兴，主僧惠(九)高，累□宣对，乞追述前朝之意，永免官司指占。上亦许之，而□听益孚。淳熙七年，住持讲师清素以名行被选，讲席兴盛，凡稽首受教于坐下者，日数百人，迁善远罪者日益众。于是，清素愿以所得圣旨刊之于石，求文以记岁月，□为之(十)序。累圣化民之意，无所不用其至，以告于后。五月(十一)日，通直郎、军器监丞周必正谨书。

（1）《武林石刻记》作"浮屠"，是。文中，作者显然是用"浮屠老子之说"即释道二教，与前文以"仁厚"为代表的儒家作比较。阮元误作"净居"，应属形近而误。

（2）"□"应为"统"。史载：元祐八年，"高丽国佑世僧统、求法沙门释义天等见于垂拱殿，进佛像经文"①。义天，高丽王朝（918-1329）第十一代君王文宗之王子②，"赐号祐世，授职位僧统"③，当时人如章衡、苏轼、释惠洪等均称之为"僧统义天"，且举一例：章衡元祐三年（1088）所作《敕赐杭州慧因教院记》即云："元丰八年，高丽国王子祐世僧统义天闻风抠衣，愿承密印"④。两种文献虽然都是阙文，但其为"统"字必无疑义。

（3）据《武林石刻记》，此处脱"赍"字。南宋释志磐《佛祖统纪》载其归国后，"复寄金书《华严经》新旧三译于慧因，建阁以藏"⑤；元人释念常《佛祖历代通载》载："义天还国，以金书《华严》三译本一百八十卷，以遗师。"⑥《说文解字》释"赍"云："持遗也。"⑦由此

---

① （宋）李焘撰：《续资治通鉴长编》卷三五八，中华书局2004年版，第8569页。
② 郑明子：《关于高丽僧义天入宋求法几个问题的再考辨》，阎纯德主编：《汉学研究》（第18集），学苑出版社2015年，第519-528页。
③ 林存《仙凤寺大觉国师碑》，黄纯艳点校：《高丽大觉国师文集》，甘肃人民出版社2007年版，第175页。
④ 曾枣庄、刘琳主编：《全宋文》第70册，第185页。
⑤ （宋）释志磐：《佛祖统纪》卷四六，上海古籍出版社2013年版，第1095页。
⑥ （元）释念常：《佛祖历代通载》卷一九，《大正藏》第49卷，第672页。
⑦ （汉）许慎撰：《说文解字》卷六下，中华书局1963年版，第130页。

可见，"赍"字既能贯通上下文，又符合史实，当据补。

（4）据《武林石刻记》，"乞"为衍文，或涉下文"乞改慧因为十方教院"之"乞"而衍。结合（三），此句可标点为"以其母命，赍金书《华严经》，置之源师所居"。

（5）"□□□"应为"兴。建中"。"兴"字据《武林石刻记》补，"建中"见下条。

（6）按，《全宋文》编者注释云"贺：原阙，据文意补。"补"贺"，是，吕惠卿《杭州慧因教院华严阁记》即云："建中靖国元年，复遣使贺今上登宝位。"

（7）"□□"应为"数百"，吕惠卿《杭州慧因教院华严阁记》云："继附白金千数百两。"

（8）此部分残缺严重，但其大意可据吕惠卿记文可知，其云："请于慧因院造华严经阁，及卢舍那佛、普贤、文殊菩萨像，并供具等置于其阁，乞差童行管勾，岁与剃度，部使者及引伴各以其状闻朝廷，皆许之。"

（9）《武林石刻记》作"思"。

（10）《武林石刻记》无"之"。

（11）《武林石刻记》空两格，应是具体日期。

79. 辑补·吕惠卿《杭州慧因教院华严阁记》

说明：此文《全宋文》失收，应补。

出处：明李齐：《玉岑山慧因高丽华严教寺志》（一般简称为《慧因寺志》）卷六，杜洁祥主编《中国佛寺史志汇刊》第1辑第20册，明文书局1980年版，据清丁丙光绪七年（1881）重刻本影印，第74-77页。

作者、作记时间：吕惠卿，建中靖国元年（1101）三月初一。有学者标本记作者为蒋之奇[①]（其为立石者，非撰者，见全文文末），或者不标作者。按，寺记文题之后有署名云："镇南军节度、洪州管内观察处置等

[①] （1）民国《杭州府志》载"慧因寺华严阁记"条目，并云："建中靖国元年蒋之奇撰"，见陈璿修，王棻纂；屈映光续修，陆懋勋续纂；齐耀珊重修，吴庆坻重纂：民国《杭州府志》卷九七，《中国地方志集成·浙江府县志辑》第2册，上海书店1993年版，第721页。（2）王力军《宋代明州与高丽》第163页脚注四有"蒋之奇：《杭州慧因教院华严阁记》"，见王力军：《宋代明州与高丽》，科学出版社2011年版。

使、检校司徒、持节都督洪州诸军事、洪州刺史、知杭州军州事、兼管内劝农使、充两浙西路兵马钤辖、兼提举本路兵马巡检公事、柱国、东平郡开国公、食邑三千四百户、食实封五百户□□□撰。"据同书曾旼所撰《杭州南山慧因教院晋水法师碑》，其文末立石者吕惠卿署衔与本记仅有一字之差①。虽然吕惠卿后期仕履不得其详，但据些微史料仍可断定其署名为真实可靠，《宋史》有云："徽宗立，（吕惠卿）易节镇南。因曾布有宿憾，徙为杭州。"②此记署名正当其时。教内文献亦可证此文为吕惠卿所作，元释觉岸《释氏稽古略》载："太尉吕惠卿，字吉甫，为建行业碑，仍作《华严阁记》，蒋之奇立石。"③

全文④：

> 镇南军节度、洪州管内观察处置等使、检校司徒、持节都督洪州诸军事、洪州刺史、知杭州军州事、兼管内劝农使、充两浙西路兵马钤辖、兼提举本路兵马巡检公事、柱国、东平郡开国公、食邑三千四百户、食实封五百户□□□撰。

> 钱塘有大法师曰净源，以贤首教为东南学者宗。所注经文，传布外国。有高丽僧义天者，见其文而悦之。元丰八年春，因以其王命使于我，请从源师口授经旨，天子可其奏。义天至杭，礼见源师，源师为说法要。义天竟其学，还本国。其兄国王与其母命以青纸金书晋义熙、唐证圣、贞元中所译《华严经》三本，凡

---

① 曾旼所撰《杭州南山慧因教院晋水法师碑》文末有吕惠卿署衔，其中有云："食实封千五百户吕惠卿立"（卷八，第158页），比《杭州慧因教院华严阁记》多一"千"字；虽无直接材料，但有间接材料可证有"千"字更为合理，《吕夷简进昭文相制》有云："上柱国、东平郡开国公、食邑三千三百户、食实封一千二百户吕夷简"，见佚名：《宋大诏令集》卷五二，中华书局1962年版，第268页。
② （元）脱脱：《宋史》卷四七一，中华书局1985年版，第13709页。
③ （元）释觉岸：《释氏稽古略》卷四，《大正藏》第49卷，第877页。
④ 按，此文虽有今人标点[（明）李矗辑撰：《慧因寺志》卷六，曹中孚标点，徐吉军审订，杭州出版社2007年版，第24-25页]，但错误仍存。同时，网站"中国佛教寺庙志数位典藏"亦有整理，此系中国台湾法鼓文理学院标点（据《中国佛寺史志汇刊》本《慧因寺志》整理）。http://buddhistinformatics.ddbc.edu.tw/fosizhi/ui.html?book=g017&facs=1B020P085.jpg&pageNumber=p.0074&keyword=%E8%8F%AF%E5%9A%B4%E9%96%A3%E8%A8%98&viewMode=search（访问时间：2015/12/10）。本人结合二者重加整理，力求完善。

一百七十卷，附海舟，舍入源师所住慧因教院，以报皇帝之德。至元符元年冬，其国遣使贡方物。及建中靖国元年，复遣使贺今上登宝位，继附白金千数百两，请于慧因院造华严经阁及卢舍那佛、普贤、文殊菩萨像，并供具等置于其阁，乞差童行管勾，岁与剃度，部使者及引伴各以其状闻朝廷，皆许之。未几阁成，源师之法子曰希仲，以余与源师有旧，请为文以记之。

贤首教者，世传《华严经》之学，始于帝心杜顺，次尊者智俨，次贤首国师法藏，次清凉国师澄观，次圭峰禅师宗密。帝心有《法界观》，尊者有《搜玄记》，贤首有《探玄记》，皆释晋经而已。至清凉为唐经作疏，而证圣、贞元之二译始备。圭峰复为清凉作讲义，源师因以五师为华严五祖。以其判教自贤首始，故谓之贤首教。而源师所注，乃以清凉《疏》分列于经文之下，使学者晓然易见者也。夫道未始有物，而神无乎不在，通乎此者，大小而小大，多少而少多，唯心之从，莫之能御，此《华严》所以以一真之境，融通事理，交相摄入，而出大千经卷于一尘之内者也。然群生沉迷，不知反本，至虽轮转生死而莫之悔，虽世所谓贤有智者，未免乎此也。今义天不以夷夏之异、山海之远，求师以问其说，及其得请，又作佛事以为报。而源师究极义学，至为殊方之所师慕如此，是皆可书也。乃为之记云。

建中靖国元年三月初一记。

右正议大夫、知杭州军州事、兼管内劝农使、充两浙西路兵马钤辖、兼提举本路兵马巡检公事、上柱国、弋阳郡开国公、食邑三千六百户、食实封七百户蒋之奇立石。

80. 姜特立《琅山长生库记》（《全宋文》第224册，第5页）

《全宋文》标点："尝闻《经》曰：'于前福德百分，不及百千万亿兮。'乃知福德有浅深，获报有多寡。"

应标点为："尝闻《经》曰：'于前福德，百分不及，百千万亿分。'乃知福德有浅深，获报有多寡。"

按，所谓"《经》曰"之"经"乃指《金刚经》，与此相关者其云："须菩提！我念过去无量阿僧祇劫，于然灯佛前，得值八百四千万亿那由他诸佛，悉皆供养承事，无空过者；若复有人，于后末世，能受持读诵此经，所得功德，于我所供养诸佛功德，百分不及一，千万亿分乃至算数譬喻所不能及。"①据"分"字等，很显然，《全宋文》编者依据的《梅山续稿》清抄本如左图②，而右图为傅增湘家藏《梅山续稿》清抄本③，相对清晰正确，但很显然，两者皆存在着程度不同的传抄讹脱之误。

81. 姜如晦《金绳院五百罗汉记》（《全宋文》第 258 册，第 171–173 页）

（1）《全宋文》编者于此文文末注文献渊源为"《全蜀艺文志》卷三八。又见《宋代蜀文辑存》卷九七"。不知编者为何不著录宋人袁说友所编《成都文类》，而此文之前另外一篇记文《金绳禅院增广常住田记》则著录"《成都文类》卷四一"，此二文在《成都文类》中相次而列。

（2）此文标点、讹字等错误较多，不再详列，请参考四川师范大学赵晓兰教授整理之《成都文类》相关篇章④。

82. 李长庚《新建龙回寺碑》（《全宋文》第 258 册，第 176–177 页）

（1）《全宋文》此碑记末编者注："周治《永州府志》卷一八下，道光八年刊本。"

宜为："道光《永州府志》卷一八下，道光八年刊本。"

按，"周治"为"同治"之误，编者在作者小传中即有"见同治《永州府志》卷一八下"。同治六年（1867）永州知府廷桂重刊何绍颖所重校道光八年（1828）《永州府志》，此本一般称为道光《永州府志》，绝少用同治《永州府志》。在《全宋文》中，王师说《回山寺碑记》文末："道光《永州府志》卷一八中，道光八年刊本"⑤；岳飞《广德军金沙寺壁题记》

---

① （姚秦）鸠摩罗什译：《金刚般若波罗蜜经》卷一，《大正藏》第 8 卷，第 750 页。
② （宋）姜特立：《梅山续稿》卷一七，《宋集珍本丛刊》第 48 册，"清抄本"，线装书局 2004 年版，第 150 页。
③ （宋）姜特立：《梅山续稿》卷一七，《宋集珍本丛刊》第 48 册，"傅增湘家藏抄本"，第 275 页。
④ （宋）袁说友等编，赵晓兰整理：《成都文类》卷四一，中华书局 2011 版，第 789–791 页。
⑤ 曾枣庄、刘琳主编：《全宋文》第 124 册，第 57 页。

文末："道光《永州府志》卷一八下"①；《全宋文》几篇文章编者不同，导致著录亦有异，宜加统一为道光《永州府志》。

（2）文末："又见嘉庆《龙回县志》卷九"。按，"《龙回县志》"不知何谓，历史上并不存在"龙回县"这一行政区，检各种目录、数据库等，皆无龙回县志的丝毫信息，"龙回"或涉记文题目"龙回寺"而误书。

83. 楼钥《安岩华严院记》（《全宋文》第265册，第28-29页）

《全宋文》标点："寂然谓乐天为从叔，乞为之记，乐天系以词云。道猷肇开，寂然嗣兴，今日乐天又垂文兹山，异乎哉！沃洲与白氏其世有缘乎？"

应标点为："寂然谓乐天为从叔，乞为之记，乐天系以词云：'道猷肇开，寂然嗣兴，今日乐天又垂文兹山，异乎哉！沃洲与白氏其世有缘乎？'"

按，白居易于大和六年（832）作《沃洲山禅院记》。作者楼钥在"系以词云"之前是概述白居易寺记之意，其后则为直接引语，白氏记文文末云："昔道猷肇开兹山，后寂然嗣兴兹山，今日乐天又垂文兹山。异乎哉！沃洲山与白氏其世有缘乎？"②由此可知，楼氏引文与白氏原文虽未能完全吻合，鉴于古人引书习惯，宜加引号。

84. 楼钥《径山兴圣万寿禅寺记》（《全宋文》第265册，第30-32页）

（1）标点错误。

《全宋文》标点："元祐五年，内翰苏公知杭州，革为十方祖，印悟公为第一代住持。"

应标点为："元祐五年，内翰苏公知杭州，革为十方，祖印悟公为第一代住持。"

按，"革为十方"之"十方"乃是寺院住持制度之一种，是相对于甲乙徒弟住持制度而言，"请诸方名宿住持，不拘甲乙，故为十方刹也"③。关于祖印悟公其人及其与苏轼之关系，明人所撰《径山志》释"第一代十

---

① 曾枣庄、刘琳主编：《全宋文》第196册，第350页。
② （唐）谢思炜校注：《白居易文集校注》，中华书局2011年版，第1864页。
③ ［日］无著道忠：《禅林象器笺》卷一，《佛光大藏经》编修委员会主编：《佛光大藏经·禅藏》第47册，台湾佛光出版社1994年版，第14页。

方住持祖印悟禅师"云:"本州人,姓许氏,世宗儒业。师既冠,好与名流游,遂有厌尘志,于是出家。年二十二,师于湛尽得道。及内翰苏公轼知杭州,与师论及韩退之非佛,云:'退之于圣人之道,知好其名而未乐其实,其论至于理而不精,往往自叛其说。'师曰:'人有乐孟子之拒杨墨,而以斥佛老为己功。庄子所谓夏虫不可语冰,斯人之谓乎?'由是苏公深契之,举师为兹山第一代住持。"①

(2)宜添加或注释文末信息。

阮元《两浙金石志》载录有"宋径山兴圣万寿禅寺碑",文题为《重建径山兴圣万寿禅寺之记》(碑额)②,文末有:"三年重午日,显谟阁直学士、通议大夫、提举江州太平兴国宫、奉化县开国,下阙(此为原文),山门修造僧慧球、法然,都监寺僧,下阙"。阮元按语云:"右在余杭县径山兴圣寺宋孝宗御书碑阴,正书二十九行,字径一寸,额正书十二字",并云"题衔下名已泐"。由此可知,阮元实亲眼所见此碑,其著录信息明显具体可信,且此碑至今现存③。

阮元录文"奉化县开国"后阙文可据明人所纂《径山集》补。《径山集》此文亦作《径山兴圣万寿禅寺之记》,可见其亦据碑而书,其文末云:"三年重午日,显谟阁直学士、通议大夫、提举江州太平兴国宫、奉化县开国子、食邑五百户楼钥记并书。"④

由上可知,文末有作者署名信息(阮元时已漫漶),且有修建僧人姓名(阮元时已漫漶),据以上二集可补如下:

三年重午日,显谟阁直学士、通议大夫、提举江州太平兴国宫、奉化县开国子、食邑五百户楼钥记并书。

---

① (明)宋奎光编:《径山志》卷三,杜洁祥主编:《中国佛寺史志汇刊》第1辑第31册,据明天启四年(1624)原刊本影印,台湾明文书局1980年版,第279-280页。

② (清)阮元编:《两浙金石志》卷一〇,浙江古籍出版社2012年版,第250-252页。

③ "宋孝宗御碑:碑通高5.3米,碑身高3.55米,宽1.55米,厚0.4米,正面有孝宗御书'径山兴圣万寿禅寺'八个正楷大字,四周绘刻龙纹;碑阴有宋楼钥书《径山兴圣万寿禅寺记》之全文。"见杭州市余杭区地方志编纂委员会编著:《余杭著名人文自然》,方志出版社2005年版,第26页。

④ (明)释宗净辑:《径山集》卷一,白化文主编:《中国佛寺志丛刊刊》第78册,据明万历七年(1579)刻本影印,广陵书社2006年版,第20页。

山门修造僧慧球、法然,都监寺僧(下阙)

此外,记文中作者言寺院修建"成于嘉泰改元之夏",则可知"三年之重午日"之"三年"当为嘉泰三年(1203),则此记作于此年。

85. 楼钥《上天竺讲寺十六观堂记》(《全宋文》第265册,第65-67页)

《全宋文》标点:"中建宝阁,立丈六弥陀之身,夹以观音,势至环为十有六室。"

应标点为:"中建宝阁,立丈六弥陀之身,夹以观音、势至,环为十有六室。"

按,文题中之"十六观"出自作为"净土三经"之一的《佛说观无量寿佛经》,是净土观想法门。无量寿佛为阿弥陀佛(梵语 Amitābha)之别名,即记文中所言之"弥陀",在净土世界中观世音与大势至菩萨为阿弥陀佛之左右侍者,《佛说观无量寿佛经》云:"无量寿佛住立空中,观世音、大势至,是二大士侍立左右。"①

86. 李元信《惠寂院记》(《全宋文》第284册,第371-372页)

(1)《全宋文》标点:"余诺之曰:'佛氏以无住相,布施为上。'"

应标点为:"余诺之曰:'佛氏以无住相布施为上。'"

按,"无住相布施"这一说法,在佛教中极为常见,《金刚经》即云:"须菩提!菩萨无住相布施,福德亦复如是不可思量。"②

(2)《全宋文》为:"寺为李氏福田,垂三百□□有石刻久而漫灭。"

应为:"寺为李氏福田垂三百年,旧有石刻,久而漫灭。"

按,《全宋文》此记据光绪《铜梁县志》卷一三录文,而《铜梁县志》在此"□"处并没有阙文③,不知编者为何标示阙文。《全宋文》该记另外一处阙文:"制虽未敢与□□□然清远幽寂",与光绪《铜梁县志》同。

87. 许应龙《嘉兴县重建永昌院记》(《全宋文》第303册,第371-372页)

(1)题目应作《嘉兴府嘉兴县重建永昌院记》,从崇祯本(见下文)

---

① (南朝宋)畺良耶舍译:《佛说观无量寿佛经》卷一,《大正藏》第12卷,第342页。
② (姚秦)鸠摩罗什译:《金刚般若波罗蜜经》卷一,《大正藏》第8卷,第749页。
③ (清)韩清桂等修,陈昌等纂:光绪《铜梁县志》卷一三,《中国地方志集成·四川府县志辑》第42册,巴蜀书社1992年版,第885页。

第五章 《全宋文》所收寺记文献校正

记文的完整性、可靠性来讲，此题目应更接近或就是原题。

（2）《全宋文》文末"来者"之后，尚有书写日期、书写者、篆额者、立石者等信息，应据明（崇祯）《嘉兴县志》①补。

《全宋文》文末："一片道心，金石不泯，是宜书以诏来者云。"

应为："一片道心，金石不泯，是宜书以诏来者，故为之记云。宝祐甲寅五月五日，朝请大夫、直秘阁、差知沅州军州、兼管内劝农事、赐绯鱼袋许应龙记，承议郎、通判嘉兴军府、兼管内劝农事陈造书，训武郎、阁门祇侯、特添差严州兵马钤辖、仍厘务石孝俨篆额，住山释道钦立石。"②

按，《全宋文》录自光绪《嘉兴县志》卷九，清光绪三十四年（1908）刻本，但笔者翻阅光绪《嘉兴县志》，其卷九并没有该文。关涉此记者，有两条信息值得关注，卷三七释"永昌寺"云："宋嘉定二年僧智圆建永昌院于盐官县西牧马村，十四年海涛冲毁，僧道钦徙建于县嘉会乡石塔庵基，宝庆三年殿堂倾圮，绍定五年重建"，后注云"许应龙记"③。按照此卷惯例，涉及相关寺院记文时，编者一般都会列于其下，但此记并没有列出，仅点出许应龙有此记文。卷三五"金石中"有《嘉兴府嘉兴县重建永昌院碑记》，其下即为"宝祐甲寅五月五日……住山释道钦立石"，后云："文见汤志"④。"汤志"为明人汤齐所修天启《嘉兴县志》，与崇祯《嘉兴县志》为一部志书。⑤

（3）寺记作者许应龙或别为一人。据补充信息可知，此记作于宝祐甲寅即宝祐二年（1254），此时许应龙（字恭甫者，福州闽县人）已于淳祐八年（1248）卒，赵汝腾《资政许枢密神道碑》云："淳祐戊申（八年）

---

① 《嘉兴县志》24卷，现存日本宫内厅书陵部，见巴兆祥：《方志学新论》，学林出版社2004版，第379页。
② （明）李日华等纂：崇祯《嘉兴县志》卷七，《日本藏中国罕见地方志丛刊》第15册，书目文献出版社1991年版，第282页。
③ （清）赵惟嵛修，石中玉等纂：光绪《嘉兴县志》卷三七，《中国地方志集成·浙江府县志辑》第15册，上海书店1993年版，第912—913页。
④ （清）赵惟嵛修，石中玉等纂：光绪《嘉兴县志》卷三五，《中国地方志集成·浙江府县志辑》第15册，第865页。
⑤ 巴兆祥：《孤本（崇祯）〈嘉兴县志〉研究》，见氏著：《方志学新论》，学林出版社2004版，第382页。

九月九日，前签书枢密院许公应龙薨于三山府第，其孤峻以己酉四月奉公兆于圣泉寺西。"①还有一种可能是记文早就草就而后来才刻诸石，但记文中已经提及寺院修建"终于宝祐癸丑"，即宝祐元年（1253），故此记文必作于1253年之后（字恭甫之许应龙卒后）。况且，南宋至少有两个许应龙，元人黄潜《白云许先生墓志铭》云："六世祖寔，元丰间始居笠泽，寻又徙婺，为金华县人，曾祖讳经国，祖讳应龙，皆弗仕"②，此许应龙为金华人，且"弗仕"，因此为此记文作者的可能性极小。因此，我们只能认为或许是此二者之外的许应龙作此记文。

88. 郑清之《双井记》（《全宋文》第308册，第254-255页）

《全宋文》标点："余辞曰：'孤山六一泉，实欧、苏惠勤之胜迹，故以泉名于湖。'"

应标点为："余辞曰：'孤山六一泉，实欧、苏、惠勤之胜迹，故以泉名于湖。'"

按，"欧"为欧阳修，"苏"为苏轼，"惠勤"乃僧人，惠勤与欧、苏交好，备受赏识。熙宁四年（1071）苏轼赴通判杭州任，途中访欧阳修于颍州，欧阳修荐僧人惠勤云："西湖僧惠勤甚文而长于诗，吾昔为《山中乐》三章以赠之。子间于民事，求人于湖山间而不可得，则盍往从勤乎？"（苏轼《六一泉铭·叙》）苏轼到任三日即访之，有《腊日游孤山访惠勤惠思二僧》③诗。元祐四年（1089）苏轼任杭州太守，元祐五年十二月八日应惠勤弟子二仲之请④，作《六一泉铭》，其云："乃取（惠）勤旧语，推本其意，名之曰'六一泉'。"⑤

89. 吕午《休宁县方兴寺西院新建藏记》（《全宋文》第315册，第

---

① 曾枣庄、刘琳主编：《全宋文》第337册，第355页。另，《全宋文》作者小传标其卒年为1249年，依据是《宋史》，其云："（淳祐）九年春正月乙巳……丁卯，许应龙薨。"[（元）脱脱等撰：《宋史》卷四三，中华书局1985年版，第840页]，但是赵汝腾为许应龙同乡好友，其神道碑信息丰富且具体，无疑更具有说服力，因此笔者采用其说。

② 李修生主编：《全元文》第30册，江苏古籍出版社1999年版，第332页。

③ （清）王文诰辑注，孔凡礼点校：《苏轼诗集》卷七，中华书局1982年版，第316-319页。

④ 孔凡礼：《三苏年谱》，北京古籍出版社2004年版，第2174页。

⑤ 孔凡礼点校：《苏轼文集》卷一九，中华书局1986年版，第565页。

131—132 页）

《全宋文》有云："乃聚五千四十八卷以为轮藏。藏取其静，静以明定；论取其动，动以明慧。"

按，"论"应作"轮"。《全宋文》编者录自国家图书馆所藏《竹坡类稿》清抄本，而清抄本原文作"轮"，此段虽有三个重字符，但"轮"字并不在其列，原文为："乃聚五千四十八卷以为轮藏。～取其静，～以明定；轮取其动，～以明慧"[1]。同时此二对句乃阐释上文"轮藏"，其为"轮"字无疑。

90.郑铿《遵公舍田之记》（《全宋文》第333册，第297—298页）

（1）《全宋文》："□波罗密，檀为之首。"按，"□"应为"六"。"六波罗密"即我们更为常用的"六度"，而"六度"之首即为檀那（布施），即所谓"檀为之首"。所谓"度"，实乃"梵语pāramitā，音译波罗蜜多，意译度、度彼岸，即从生死此岸到解脱涅槃之彼岸"[2]。隋智者大师释"六波罗蜜"云："一檀波罗蜜，二尸罗波罗蜜，三羼提波罗蜜，四毘梨耶波罗蜜，五禅波罗蜜，六般若波罗蜜"，又云："檀那，秦言布施。"[3]

（2）《全宋文》："《华严经》云：'如以慈□供□德精进持诵者，此施□□□□甚多。'"按，六处"□"或应分别为"心""道""虽""少""其""福"。该记文刻碑立石于绍定二年（1229），记文写作应该在此前不久。与此段文字最为接近的是来自南宋人陈实[4]所编的佛教类书《大藏一览集》，其云："如以慈心供道德人，精进学诵，此施虽少，其福弥大"[5]，该文前有"《诸经要集》云……《法句喻经》云"，可知《大藏一览集》抄自唐释道世《诸经要集》，而《诸经要集》则抄自西晋法炬、法立共译之《法句譬喻经》。

---

[1] 北京图书馆古籍出版编辑组编：《竹坡类稿》卷二，《北京图书馆古籍珍本丛刊》第89册，书目文献出版社1990版，第292页。

[2] 慈怡主编：《佛光大辞典》，佛光出版社1988年版，第3778页。

[3] （隋）智顗：《法界次第初门》卷下之上，《大正藏》第46卷，第686页。

[4] 按，《四库全书总目提要》著录此书作者为"陈实原"，误，见陈士强：《大藏经总目提要·文史藏》，上海古籍出版社2008版，第50页。

[5] （宋）陈实：《大藏一览集》卷二，《嘉兴大藏经》第21册，台湾新文丰出版公司1987年版，第472页。

《诸经要集》与《法句譬喻经》所录文字稍有差异，谨录如下，以备参酌：

能以慈心奉道德人，道士食已精进学诵，施此虽少其福弥大。（《法句譬喻经》卷二）①

如能以慈心奉道德人，众僧食已精进学诵，施此虽少其福弥大。（《诸经要集》卷一〇）②

由此可知，记文此段文字确应出于《法句譬喻经》，其中文字缺省据此亦可稍补。至于作者为何误其出于《华严经》，且堂而皇之为僧人刻诸石，确实令人难解。

91. 孙德之《圆通庵记》（《全宋文》第334册，第190页）

《全宋文》："徐道人者，乌伤人也。少游杭、越，奠居暨阳，槩州旅泊其身，依慧远社熏诵不辍。"

按："槩州"其意谓何，属上还是属下，皆不甚了了，姑存待考。《全宋文》编者录此文自《太白山斋遗稿》卷上，"该书传世者仅两部，亦未尝影印"③。文中所涉地名"乌伤""杭""越""暨阳"皆可考，"乌伤县，秦置，属会稽郡。治所即今浙江义乌市"④；"暨阳"，为古称，南宋称诸暨县（今浙江诸暨市），为越州（南宋1131-1176改为绍兴府⑤）所辖县；杭为杭州（1129-1276称临安府⑥）。"槩州"似为地名，但古代并无此建制。

92. 常棐《福业院记》（《全宋文》第338册，第21-22页）

（1）《全宋文》编者录该记自光绪《海盐县志》卷七，该志云："常棐记略曰……"⑦又明天启《海盐县图经》亦云："常棐《福业院碑记》

---

① （晋）法炬、法立译：《法句譬喻经》卷二，《大正藏》第4卷，第589页。
② （唐）释道世：《诸经要集》卷一〇，《大正藏》第54卷，第92页。
③ 金程宇著：《稀见唐宋文献丛考》，中华书局2009年版，第95页。又，《宋秘书孙氏太白山斋遗稿》，二卷，清道光四年孙氏刻本，中国科学院、浙江东阳有藏本，见刘琳、沈治宏编著：《现存宋人著述总录》，巴蜀书社1995年版，第271页。
④ 史为乐主编：《中国历史地名大辞典》，中国社会科学出版社2005年版，第465页。
⑤ 周振鹤主编，李昌宪著：《中国行政区划通史·宋西夏卷》，复旦大学出版社2007年版，第511页。
⑥ 周振鹤主编，李昌宪著：《中国行政区划通史·宋西夏卷》，第509页。
⑦ （清）王彬修，徐али仪纂：光绪《海盐县志》卷七，《中国地方志集成·浙江府县志辑》第21册，上海书店1993年版，第678页。

略曰……"① 可知《全宋文》所录文本为节文，惜全文今未见。

（2）光绪《嘉兴府志》卷八六在"福业院碑记"条下云："文存，端平丙申重阳日西蜀常棐记，奉议郎、知嘉兴府海盐县主管劝农公事、兼兵马郎监李谧书。"② 按，"西蜀常棐"之"西蜀"应为作者籍贯；书者"李谧"之信息如此具体，按照该志惯例，或直接采自金石（或拓本），或有其他文献来源，此应是该记文末之题衔，《全宋文》编者或应注释之。

93. 楼杕《白云山慈圣院圆通殿记》（《全宋文》第343册，第321–322页）

《全宋文》录文："请从圆通会上更参四句：净极光通达，寂照含□□，却使观世间，犹如梦中事。"

或为："请从圆通会上更参四句：净极光通达，寂照含虚空，却使观世间，犹如梦中事。"

（1）"□□"应为"虚空"。清阮元《两浙金石志》云："碑在余姚县，正书十九行，行下泐约三十余字。"③ 但是，此四句偈出自《楞严经》，作者所谓"圆通会上"指《楞严经》中提及的二十五圆通中的观音法门——耳根圆通，其作"寂照含虚空"④。

（2）"使"或为"来"之误。在宋代，无论僧人还是文人，均作"却来观世间，犹如梦中事"，前者如《宗镜录》，后者如宋人宋注（《王荆公诗注》《施注苏诗》《笺注简斋诗集》等），均是。就目前来说，还没有见到"却使观世间"的用例，但是亦有可能为作者笔误，因此本着审慎的态度，一仍其旧。

94. 高斯得《钱塘南山开化寺记》（《全宋文》第344册，第238–239页）

《全宋文》录文：予谢曰："柳柳州、苏文忠平生喜作寺记，其深明世典，下笔沛然。予于戒埔慧户咸所未达，若之何措辞？"

---

① （明）樊维城修，胡震亨、姚士粦纂：天启《海盐县图经》卷三，《中国地方志集成·善本方志辑》第1编第73册，凤凰出版社2014年版，第71页。

② （清）许瑶光修，吴仰贤等纂：光绪《嘉兴府志》卷八六，《中国地方志集成·浙江府县志辑》第14册，上海书店1993年版，第806页。

③ （清）阮元：《两浙金石志》卷一二，浙江古籍出版社2012年版，第279页。

④ （唐）般剌蜜谛译：《大佛顶如来密因修证了义诸菩萨万行首楞严经》卷六，《大正藏》第19卷，第131页。

应为：予谢曰："柳柳州、苏文忠平生喜作寺记，其深明释典，下笔沛然。予于戒墉慧户咸所未达，若之何措辞？"

按，"世典"与"释典"，其意截然有别、梨然可辨。一是世俗之典籍，一为佛教之典籍，在佛教看来，"世典"即所谓的外典，而"释典"则是内典。"世典"与"释典"在宋前即成为常用语，而"深明世典"与"深明释典"恰各存其例。文中提到的柳柳州（柳宗元）《送濬上人归淮南觐省序》即云："右司员外郎刘公，深明世典，通达释教，与上人为方外游。"①《旧唐书》云："正伦善属文，深明释典，仕隋为羽骑尉。"②观文中作者自言其"未达"者即为佛教，而前面则强调的是柳宗元与苏轼深厚的佛学修养，因此，虽无版本依据，我们认为原文应作"释典"，音近而误。

95. 安刘《钱塘南禅资福院创建佛殿记》（《全宋文》第350册，第17页）

《全宋文》："殿落成，独□余记。"

应为："殿落成，独构余记。"

按，《全宋文》采自《咸淳临安志》卷八二。南宋宋孝宗淳熙二年刊本，"□"均为"庙讳"二字③，可知该字为避讳字。四库本（亦"宋椠本"④）已经改回原字"构"，可知此避宋高宗赵构之讳。

96. 陈宜中《大仁院佛阁记》（《全宋文》第352册，第461-462页）

《全宋文》："大仁院，广运中吴越王钱氏建。"

应为："南山大仁院，广运中吴越王钱氏建。"

按，《全宋文》录自《咸淳临安志》卷七八，查该志，诸本（宋本、四库本）皆有"南山"。该记文末编者云："又见雍正《西湖志》卷一〇"，查该志，记文源出《咸淳临安志》，亦有"南山"二字⑤。据此，"南山"为编者疏漏。

---

① （唐）柳宗元著：《柳宗元集》卷二五，中华书局1979年版，第684页。
② （后晋）刘昫等撰：《旧唐书》卷七〇，中华书局1975年版，第2541-2542页。
③ （宋）潜说友：《咸淳临安志》卷八二，均为北京图书馆出版社2006年版，其一（共32册）据南京图书馆藏宋淳熙刻本影印，其二（共40册）据中国国家图书馆藏宋咸淳临安府刻本影印。
④ （清）永瑢等撰：《四库全书总目提要》卷六八，中华书局1960年版，第601页。
⑤ （清）李卫修，傅王露纂：《西湖志》卷一〇，《故宫珍本丛刊》第264册，海南出版社2001年版，第215页。

第五章 《全宋文》所收寺记文献校正

97.舒岳祥《重建台州东掖山白莲寺记》(《全宋文》第353册，第29–31页)

《全宋文》标点："昔智者师唱法于天台，《佛陇经论》行于天下。"

应标点为："昔智者师唱法于天台佛陇，经论行于天下。"

按，"佛陇"实为天台山佛陇峰，为隋智𫖮卜居弘法之地，故应属上。智𫖮弟子隋灌顶云："先师以陈太建七年岁次乙未，初隐天台，所止之峰旧名佛陇，询访土人，云：游其山者多见佛像，故相传因而成称。"[①] 唐人释道世亦云："𫖮乃卜居胜地，是光所住之北佛垄山南，螺溪之源。"[②]

98.王应凤《广严院重建寺记》(《全宋文》第354册，第365–366页)

（1）标点

《全宋文》标点："熙宁间苏文忠公游而乐之，为赋《双竹》《湛师房》及《新开径》诸诗。"

应标点为："熙宁间苏文忠公游而乐之，为赋《双竹湛师房》及《新开径》诸诗。"

按：苏轼在杭所作诗，名为《书双竹湛师房》[③]。该寺内竹子两两而生，因而名扬，司马光《双竹并序》云："草木类同而种殊者，竹为多。杭州广严寺有双竹，相比而生，举林皆然。"[④] 因此宋人对广严寺多俗称为双林寺（或院），释赞宁《笋谱》释"扶竹笋"云："今武林山西旧谓双竹院中"[⑤]，赵抃有《题杭州双竹寺》诗[⑥]。

（2）衍文

《全宋文》文本："且佛之道大且尊，宫而居之必旷如也。兹近市而湫隘则非广，近市则非严，几于名与实戾。"

按，"近市而"在此句中明显语义重复、扞格难通，去掉后"兹湫隘则非广，近市则非严"，则语义连贯而上下通顺，因此笔者认为"近市而"

---

① （隋）灌顶：《国清百录》卷一，《大正藏》第46卷，第793页。
② （唐）释道世、周叔迦、苏晋仁校注：《法苑珠林校注》卷一二，中华书局2003年版，第442页。
③ （清）王文诰辑注、孔凡礼点校：《苏轼诗集》卷一一，中华书局1982年版，第524页。
④ （宋）司马光撰：《司马光集》，李文泽、霞绍晖校点，四川大学出版社2010年版，第154页。
⑤ （宋）释赞宁：《笋谱》，《文渊阁四库全书》本。
⑥ 傅璇琮等主编：《全宋诗》第6册，北京大学出版社1992年版，第4149页。

205

或为涉下文而衍。然而，据今之宋淳熙刊本①，均存"近市而"，则此或为作者所据之误，而非流传中的手民之误。

99. 曾宋珍《云溪寺舍田祠记》（《全宋文》第356册，第77页）

文题或误，或为《云溪寺舍田主祠记》，原题言意难通。明崇祯《东莞县志》卷八亦作《云溪寺舍田祠记》，但明代《东莞旧志》卷八有《觉华寺舍田主祠记》②，此二者虽不是同一佛寺，但后者文题有借鉴意义。据文中言："然则是祠也，将以为讽奢警贪，不宣为县君设"，"县君"为曾士廉夫人，其舍田入佛寺，寺院为其建祠，田产的部分收入即供祠堂使用，该记文题作《云溪寺舍田主祠记》与意较为契合。

100. 李春叟《庆林寺陈氏舍田记》（《全宋文》365册，第288-289页）

《全宋文》录自《东莞遗民录》卷二，且云："又见《广东文征》。"按，此文亦保存于明崇祯《东莞县志》，今据之校正如下。

（1）文末有脱文。文末应有署名云："至元丙戌前进士李春叟记。"据（民国）《东莞县志》卷九一，其按语有云："此记见张志，盖据明初邑志所录碑文。丙戌为元世祖至元二十三年。"③"张志"为（崇祯）《东莞县志》，现存清抄本，据卷八该文，文末确有此署名④。作者李春叟为宋末元初之人士，据文末信息则知该记作于入元后。

（2）有讹文并标点错误。《全宋文》："予答之曰：世尊有言：满世界七宝布施，是为福德，非福德，惟佛非诳，俗迷人自不见如来耳。"按，"世尊有言"出自佛教经典《金刚经》，其云："须菩提！于意云何？若人满三千大千世界七宝以用布施，是人所得福德，宁为多不？须菩提言：

---

① （宋）潜说友纂修：《咸淳临安志》卷七六，北京图书馆出版社2006年版，其一（共32册）据南京图书馆藏宋淳熙刻本影印，其二（共40册）据中国国家图书馆藏宋咸淳临安府刻本影印。

② （明）吴中修，卢祥纂：《重刻卢中丞东莞旧志》，据国家图书馆藏明天顺八年刻本影印，见陈建华、曹淳亮主编《广州大典》第35辑，《史部·方志类》第46册，总第284册，广州出版社2015年版，第363页。

③ 陈伯陶等纂修：民国《东莞县志》卷九一，《中国地方志集成·广东府县志辑》第19册，上海书店2003年版，第882页。

④ （明）汪运光修，张二果、曾起莘纂，见陈建华，曹淳亮主编《广州大典》第35辑，《史部·方志类》第46册，总第284册，广州出版社2015年版，第732页。该方志乃据广东省中山图书馆藏本影印，为明崇祯十二年所修，清代抄本，记文在第731-732页。

'甚多，世尊！何以故？是福德即非福德性，是故如来说福德多。'"①（崇祯）《东莞县志》云："满世界七宝布施，是为福德，非福德性。佛非诳，俗迷人自不见如来耳。"由此可知，"惟"为"性"之讹，而标点亦可据《金刚经》正之。

（3）另外两处讹文。第一，《全宋文》："诸佛禅通，能以虚空中推转食轮，化大地作香积厨否？"按，"禅通"词，崇祯《东莞县志》禅作"神"，"神通"为佛教常用语，与意合，作"禅"字乃形近而误。第二，《全宋文》："非藉十万檀越发大愿力，这一粒米甚处得来？"按，崇祯《东莞县志》"十万"之"万"字旁边有修正字"方"，"十方檀越"在典籍中较为常用，强调空间的多元化，宋人有云："山门今日供养罗汉，为十方檀越酬还心愿"②，故"十方"较契合本文语境；而"十万檀越"，强调布施者数量之众，于义逊于"十方檀越"。

---

① （姚秦）鸠摩罗什译：《金刚般若波罗蜜经》卷一，《大正藏》第8卷，第749页。
② （宋）赜藏主：《古尊宿语录》卷四三，中华书局1994年版，第823页。

结 语

宋代寺记作为一种重要的"涉佛文体",蕴含着丰富的文化信息,本书分上下两编五个章节对其进行研究论述。第一章探讨宋代寺记产生的因缘。寺记产生的因缘可谓多样,本章重点选取了政治权力视角和家族视角来审视寺记产生的原因。第一节,关涉政治权力视角,以浙江寺记为主要考察对象。在南宋,佛教的世俗化加深,而寺院与国家政治关联颇多,这就使佛寺这一原本神圣的场域被世俗政治进一步介入,文章以严州兴圣寺、临安径山寺、陆游之浙江寺院书写这三个典型案例,对南宋文人为权力书写这一现象进行研究探讨。第二节,关涉寺记产生的家族因素。通过本节对寺记中家族因缘的论述分析,我们可以看到,宋代文人士子与佛教寺院有了更为广阔的关联,在这其中,父祖辈或家族成员与佛教的紧密联系乃是寺记产生的关键性助因之一;同时,通过家族因素的讨论,我们也可以看到儒家伦理在佛教空间中实践着,可以说,在一定程度上,宋代佛教的儒学化倾向更加深入。第二章探讨宋代寺记的文体特性。寺记首先是一种文学文体,本章以个案形式着重探讨寺记之文体特性。笔者以宋代文人的六十五篇经藏记文作为考察对象,首先是对经藏的基本情形作一研究清理,纠正了一些错误说法,对经藏兴建之因、藏经渊源、经藏分布、藏经来源、藏经类型、藏经卷数等涉及经藏和藏经的诸多方面都有所阐发。在此基础上,本章重点探讨宋代文人对经藏的书写因其身份、思想不尽相同,导致了他们的书写态度与书写策略亦妍媸有别。儒学之士对于经藏,或批判,或赞扬,或阙如,或兼容,尽管去取抑扬之态度有所差异,但其根本可以说均以儒家为本位立场,他们的关注点不是佛教信仰方面的,而是与儒家有一定关联或符合儒家人伦道德的内容。而作为居家学佛之士(居士),他们的态度更能体现佛教的本怀,或随喜结缘,或文字供养,或警醒僧团。宋代文人因其思想不同而身份有异，面对含有佛教信仰意味的经藏，他们以各自的立场采取了不同的书写策略，在这其中，儒士采取的质疑性对话体、书写对象的隐没、儒释态度对比、扬少抑多四大策略，居士采取的对话体的代僧宣法、以偈书记、四言为记三大策略，值得我们关注。文人身份的不同决定了他们各自不同的"语言策略"与"表达方式"，宋代文人的佛教经藏书写为我们进一步思考文学与思想、宗教的关系提供了一个很好的个案。第三章重点探讨宋代寺记涉及的文化思想问题。宋代寺记作者对自己身份的表达可以说是一种"名"的表达，是一种身份自觉的言说，是一种思想在另一类思想面前的誓词与宣言。在这一身份表达之中，宋代儒士所表现出的思想倾向与主体意识尤其值得我们关注。寺记与佛教相关联，而其书写者多数为儒士，正是因为这种特殊的因缘际会，我们才能够透过表层的文字探索他们思想的动态。本章第二节即通过对宋代寺记中"吾儒""固辞""韩愈"这三个具有典型意义的关键词的分析，来阐述宋代儒士身份的自觉与区隔，据此我们可以具体而微地感受宋代儒士作为思想主体的觉醒。第四章探讨宋代寺记的文献问题——宋代寺记的文献来源与讹脱衍倒问题。宋代寺记的文献来源主要有三个方面：第一，寺记作为一种记体文大量存在于宋代文人别集之中；第二，很多寺记乃是作为一种碑刻文献而存在，因此其大量存在于金石文献之中；第三，寺记因其所涉及的主体是佛教寺院，而中国方志中往往设有"寺观"条目，在具体佛寺之下往往会收录有载叙该寺院的记文，加之上文所言，中国方志往往在"艺文""碑碣""寺观"等条目中收录寺记。寺记的存在样态多种多样、分布离散，这就导致了《全宋文》所收寺记存在着诸多讹误，这些问题主要包括以下五个方面：第一，寺记文题问题；第二，寺记日期标注问题；第三，寺记题署问题；第四，寺记具体内容存在的问题，包括节文与全文问题、标点问题、文字讹脱问题；第五，寺记文末注释问题。第五章具体考订《全宋文》所收寺记的文献问题，本章以《全宋文》所收寺记作为对象进行文献学考订，主要运用金石文献与方志文献对其进行辑补校正，此项工作可以使《全宋文》所收文献更加准确、完善。此章也是第四章问题概述的主要来源与依据。

本书对宋代寺记进行了相对较为深入的研究，有助于我们获取更为可靠的基础文献，有助于我们了解宋代的特殊文体样式，有助于我们在儒释碰撞的视域下探讨文人的复杂思想，有助于我们加深对宋代思想与文化的认识与了解。与此同时，宋代文人寺记所涉内容庞杂，有些论题并没有涉及，已涉及的论题有待进一步深化，希望以后有机会可以继续深入、系统地进行更多维度、更广视野的研究。

征引文献

说明：

1. 本文脚注所涉之文学总集、别集、资料汇编、学术专著等均在此列，引用之现、当代期刊所载之学术论文则分别在相应内容的脚注中标出，不再于此列出。

2. 所列书目均按汉语拼音字母顺序排列。

3. 方志文献处理方式：宋元方志，年号在书名号之内，如《咸淳临安志》（排序为 X）；明清方志，年号在书名号之外且以括号标注，如（道光）《广东通志》（排序为 G，而非 D）。

B

《八琼室金石补正》，（清）陆增祥编，《石刻史料新编》第 1 辑第 7 册，台湾新文丰出版公司 1982 年版（下略）。

《白居易诗集校注》，谢思炜校注，中华书局 2006 年版。

《白居易文集校注》，谢思炜校注，中华书局 2011 年版。

《北京图书馆藏中国历代石刻拓本汇编》，北京图书馆金石组编，中州古籍出版社 1989 年版。

《北宋佛教史论稿》，黄启江，台湾商务印书馆 1997 年版。

《北宋诗人沈辽研究》，林阳华、常先甫、李懿，四川大学出版社 2011 年版。

《般若波罗蜜多心经》，（唐）释玄奘译，《大正藏》第 8 卷，台北佛陀教育基金会影印 1990 年版（下略）。

《补续高僧传》，（明）明河，《卍续藏经》第 134 册，台湾新文丰出版公司影印 1994 年版（下略）。

C

《禅林象器笺》，[日]无著道忠，《佛光大藏经》编修委员会主编：《佛光大藏经·禅藏》第49册，台湾佛光出版社1994年版。

（乾隆）《长汀县志》，《故宫珍本丛刊》第121册，海南出版社2001年版。

《陈亮集》（增订本），（宋）陈亮，邓广铭点校，中华书局1987年版。

《成都文类》，（宋）袁说友等编，赵晓兰整理，中华书局2011年版。

《敕修百丈清规》，（元）释德辉重编，《大正藏》第48卷。

《重刊兴化府志》，（明）周瑛、黄仲昭著，蔡金耀点校，福建人民出版社2007年版。

《重刻卢中丞东莞旧志》，（明）吴中修，卢祥纂，陈建华、曹淳亮主编《广州大典》第35辑，《史部·方志类》第46册，总第284册，广州出版社2015年版。

（民国）《重修邵武县志》，秦振夫等修，朱书田等纂，《中国地方志集成·福建府县志辑》第10册，上海书店2012年版。

（光绪）《重纂邵武府志》，（清）胡升猷修，张景祁纂，《中国地方志集成·福建府县志辑》第10册。

《淳熙三山志》，（宋）梁克家，《宋元方志丛刊》第8册，中华书局1990年版（下略）。

《淳熙新安志》，（宋）罗愿，《宋元方志丛刊》第8册。

《淳祐临安志辑逸》，（宋）施谔，（清）胡敬辑，李勇先主编：《宋元地理史料汇编》第3册，四川大学出版社2007年版。

《辞海》，夏征农、陈至立，上海辞书出版社2010年版。

D

《大宝积经》，（唐）菩提流支译，《大正藏》第11卷。

《大乘本生心地观经》，（唐）般若译，《大正藏》第3卷。

《大乘起信论》，马鸣菩萨造，（梁）真谛译，中华书局1992年版。

《大德昌国州图志》，（元）冯福京修，郭荐纂，《宋元方志丛刊》第6册。

《大方广佛华严经》，（唐）实叉难陀译，《大正藏》第10卷。

《大佛顶如来密因修证了义诸菩萨万行首楞严经》，（唐）般剌蜜谛译，《大正藏》第19卷。

《大佛顶首楞严经讲义》，圆瑛法师著，明旸法师校，宗教文化出版社2012年版。

《大慧普觉禅师年谱》，（宋）释祖咏，《嘉兴藏》第1册，台湾新文丰出版公司1987年版（下略）。

《大慧普觉禅师年谱》，（宋）释祖咏，北京图书馆编：《北京图书馆藏珍本年谱丛刊》（第22册），北京图书馆出版社1999年版。

《大慧普觉禅师语录》，（宋）释蕴闻，《大正藏》第47卷。

《大藏经总目提要·文史藏》，陈士强，上海古籍出版社2008年版。

《大藏一览集》，（宋）陈实，《嘉兴大藏经》第21册。

《岱览校点集注》，（清）唐仲冕撰，孟昭水校点集注，泰山出版社2007年版。

《邓广铭全集》（第7卷），邓广铭，河北教育出版社2005年版。

《邓广铭自选集》，邓广铭，首都师范大学出版社2008年版。

《定光古佛文化研究》，陈厦生主编，社会科学文献出版社2012年版。

（民国）《定县志》，何其章、吕复修，贾恩绂纂，《中国地方志集成·河北府县志辑》第35册，上海书店2006年版。

《东都事略》，（宋）王偁，《文渊阁四库全书》本。

（崇祯）《东莞县志》，（明）汪运光修，张二果、曾起莘纂，陈建华、曹淳亮主编《广州大典》第35辑，《史部·方志类》第46册，总第284册，广州出版社2015年版。

《杜诗详注》，（唐）杜甫著，（清）仇兆鳌注，中华书局1979年版。

E

《二十史朔闰表》，陈垣，古籍出版社1956年版。

F

《法华经显应录》，（宋）释宗晓，《卍续藏经》第134册。

《法华经传记》，（唐）释僧详，《大正藏》第51卷。

《法华义疏》，（隋）释吉藏，《大正藏》第 34 卷。

《法界次第初门》，（隋）智𫖮，《大正藏》第 46 卷。

《法句譬喻经》，（晋）法炬、法立译，《大正藏》第 4 卷。

《法眼与诗心——宋代佛禅语境下的诗学话语建构》，周裕锴，中国社会科学出版社 2014 年版。

《法苑珠林校注》，（唐）释道世撰，周叔迦、苏晋仁校注，中华书局 2003 年版。

《梵汉对勘维摩诘所说经》，黄宝生译注，中国社会科学出版社 2011 年版。

《范文正公集》，（宋）范仲淹，《中华再造善本·唐宋编·集部》，北京图书馆出版社 2004 年版。

《范仲淹集》，王瑞来，《儒藏》（精华编）第 204 册，北京大学出版社 2012 年版。

《范仲淹评传》，方健，南京大学出版社 2001 年版。

《范仲淹全集》，李勇先等点校，四川大学出版社 2002 年版。

《方广大庄严经》，（唐）地婆诃罗译，《大正藏》第 3 卷。

《方志学新论》，巴兆祥，学林出版社 2004 年版。

《斐然集》，（宋）胡寅，《文渊阁四库全书》本。

（嘉靖）《丰乘》，（明）王徽猷修，李贵纂，《天一阁藏明代方志选刊续编》第 42 册，上海书店 1990 年版。

《佛本行集经》，（隋）阇那崛多译，《大正藏》第 3 卷。

《佛光大辞典》，慈怡主编，台湾佛光出版社 1988 年版。

《佛教大辞典》，任继愈主编，江苏古籍出版社 2002 年版。

《佛教寺院与唐代小说》，李艳茹、李瑞春，人民出版社 2014 年版。

《佛教文献与佛教文学》，冯国栋，宗教文化出版社 2011 年版。

《佛说阿弥陀经》，（姚秦）鸠摩罗什译，《大正藏》第 12 卷。

《佛说观无量寿佛经》，（南朝宋）畺良耶舍译，《大正藏》第 12 卷。

《佛说离垢施女经》，（西晋）竺法护译，《大正藏》第 12 卷。

《佛祖历代通载》，（元）释念常，《大正藏》第 49 卷。

《佛祖统纪》，（宋）释志磐，上海古籍出版社 2013 年版。

《傅大士研究》，张子开，上海人民出版社 2012 年版。

《福建宗教碑铭汇编·兴化府分册》，郑振满、丁荷生，福建人民出版社 1995 年。

《福唐漫笔》，俞达珠，海潮摄影艺术出版社 2008 年版。

（道光）《阜阳县志》，（清）刘虎文、周天爵修，李复庆等纂，《中国地方志集成·安徽府县志辑》第 23 册，江苏古籍出版社 1998 年版。

G

《高丽大觉国师文集》，黄纯艳点校，甘肃人民出版社 2007 年版。

《高僧摘要》，（清）徐昌治辑，《卍续藏经》第 148 册。

《高僧传》，（梁）释慧皎，汤用彤校注，中华书局 1992 年版。

《根本说一切有部毘奈耶药事》，（唐）释义净，《大正藏》第 24 卷。

《古今图书集成》，（清）陈梦雷，中华书局 1934 年影印本。

《古尊宿语录》，（宋）赜藏主编，中华书局 1994 年版。

《顾炎武全集》，华东师范大学古籍研究所整理，上海古籍出版社 2011 年版。

《观音义疏》，（隋）智顗说，弟子释灌顶记，《大正藏》第 34 卷。

《关中金石记》，（清）毕沅，《石刻史料新编》第 2 辑第 14 册，台湾新文丰出版公司 1979 年版（下略）。

《管锥编》，钱钟书，中华书局 1986 年版。

（道光）《广东通志》，（清）阮元修，陈昌齐纂，《中国地方志集成·省志辑·广东》第 8 册，凤凰出版社 2010 年版。

《广弘明集》，（唐）释道宣，《大正藏》第 52 卷。

《广雁荡山志》，《故宫珍本丛刊》第 251 册，海南出版社 2001 年版。

《广州寺庵碑铭集》，李仲伟、林子雄、崔志民编，广东人民出版社 2008 年版。

《癸巳类稿》，（清）俞正燮，涂小马等校点，辽宁教育出版社 2001 年版。

《国清百录》，（隋）灌顶，《大正藏》第 46 卷。

H

《海昌备志》,(清)钱泰吉纂修,道光二十七年刊本。

《海宁市志》,《海宁市志》编纂委员会,汉语大词典出版社1995年版。

(乾隆)《海宁州志》,(清)战效曾修,高瀛洲纂,《中国方志丛书·华中地方》第591号,台湾成文出版社1983年版。

(民国)《海宁州志稿》,许傅霈等原纂,朱锡恩等续纂,《中国地方志集成·浙江府县志辑》第22册,上海书店2011年版。

(天启)《海盐县图经》,(明)樊维城修,胡震亨、姚士粦纂,《中国地方志集成·善本方志辑》第1编第73册,凤凰出版社2014年版。

(光绪)《海盐县志》,(清)王彬修、徐用仪纂,《中国地方志集成·浙江府县志辑》第21册,上海书店1993年版。

《韩昌黎诗系年集释》,钱仲联集释,上海古籍出版社1984年版。

《韩昌黎文集注释》,闫琦校注,三秦出版社2004年版。

《韩昌黎文集校注》,马其昶校注,上海古籍出版社1986年版。

《汉书》,(汉)班固撰,(唐)颜师古注,中华书局1962年版。

《汉魏晋南北朝佛寺辑考》,封野,凤凰出版社2013年版。

《汉语典故大辞典》,赵应铎主编,上海辞书出版社2010年版。

(成化)《杭州府志》,(明)陈让、夏时正纂修,甘肃省古籍文献整理编译中心、《中国华东文献丛书》编辑委员会编:《华东稀见方志文献》第14卷,学苑出版社2010年版。

(乾隆)《杭州府志》,(清)郑沄修,邵晋涵撰,《续修四库全书·史部·地理类》第702册,上海古籍出版社2002年版。

(民国)《杭州府志》,陈璚修,王棻纂,《中国地方志集成·浙江府县志辑》第2册,上海书店1993年版。

《杭州藏书史》,顾志兴,中国社会科学出版社2011年版。

(光绪)《衡山县志》,(清)李惟丙、劳铭勋修,文岳英、胡伯第纂,《中国地方志集成·湖南府县志辑》第39册,凤凰出版社2010年版。

《后现代性与地理学的政治》,包亚明主编,上海教育出版社2001年版。

《后汉书》,(南朝宋)范晔撰,(唐)李贤等注,中华书局1965年版。

《护法论》,(宋)张商英,《大正藏》第52卷。

（光绪）《湖南通志》，（清）李瀚章、卞宝第修，曾国荃、郭嵩焘纂，《中国地方志集成·省志辑·湖南》第 11 册，凤凰出版社 2010 年版。

《湖湘学派与湖湘文化》，朱汉民，湖南大学出版社 2010 年版。

《华严经》，（唐）实叉难陀译，《大正藏》第 10 卷。

《寰宇访碑录》，（清）孙星衍，《石刻史料新编》第 1 辑第 26 册。

《黄庭坚全集辑校编年》，（宋）黄庭坚撰，郑永晓整理，江西人民出版社 2008 年版。

《慧因寺志》，（明）李𩃬辑撰，曹中孚标点，徐吉军审订，杭州出版社 2007 年版。

J

《鸡肋编》，（宋）庄绰，上海师范大学古籍整理研究所编：《全宋笔记》第 4 编第 7 册，大象出版社 2008 年版。

（道光）《济南府志》，（清）王赠芳、王镇修，（清）成瓘、冷烜纂，《中国地方志集成·山东府县志辑》第 3 册，凤凰出版社 2004 年版。

《纪念中国社会科学院建院三十周年学术论文集（世界宗教研究所卷）》，中国社会科学院世界宗教研究所编，方志出版社 2007 年版。

《嘉泰会稽志》，（宋）施宿撰，《宋元方志丛刊》第 7 册。

《嘉泰普灯录》，（宋）释正受，《卍续藏经》第 137 册。

《嘉泰吴兴志》，（宋）谈钥纂，《宋元方志丛刊》第 5 册。

（光绪）《嘉兴府志》，（清）许瑶光修，吴仰贤等纂，《中国地方志集成·浙江府县志辑》第 14 册，上海书店 1993 年版。

《嘉兴刻书史》，陈心蓉，黄山出版社 2013 年版。

（崇祯）《嘉兴县志》，（明）李日华等纂，《日本藏中国罕见地方志丛刊》第 15 册，书目文献出版社 1991 年版。

（光绪）《嘉兴县志》，（清）赵惟崳修，石中玉等纂，《中国地方志集成·浙江府县志辑》第 15 册，上海书店 1993 年版。

《家族与社会》，黄宽重、刘增贵主编，中国大百科全书出版社 2005 年版。

（民国）《建德县志》，夏曰瑚、张良楷等修，王韧等纂，《中国地方志集成·浙江府县志辑》第9册，上海书店2011年版。

《建炎以来系年要录》，（宋）李心传，中华书局2013年版。

《建中靖国续灯录》，（宋）释惟白，《卍续藏经》第136册。

（嘉靖）《江西通志》，（明）林庭㭿、周广纂修，《四库全书存目丛书·史部》第183册，齐鲁书社1996年版。

（康熙）《江西通志》，《文渊阁四库全书》本。

《金明馆丛稿初编》，陈寅恪，三联书店2001年版。

《金明馆丛稿二编》，陈寅恪，上海古籍出版社1980年版。

《金石萃编》，（清）王昶，《石刻史料新编》第1辑第4册。

《金石汇目分编》，（清）吴式芬，《石刻史料新编》第1辑第28册。

《金石苑》，（清）刘喜海编，《石刻史料新编》第1辑第9册。

（民国）《金坛县志》，冯煦等纂，《中国地方志集成·江苏府县志辑》第33册，江苏古籍出版社1991年版。

《景德传灯录》，（宋）释道原，《大正藏》第51卷。

《景定严州续志》，（宋）方仁荣、郑瑶，《宋元方志丛刊》第5册。

《径山集》，（明）释宗净辑，白化文主编：《中国佛寺志丛刊》第78册，广陵书社2006年版。

《径山志》，（明）宋奎光编，杜洁祥主编：《中国佛寺史志汇刊》第1辑第31册，台湾明文书局1980年版。

《景祐新修法宝录》，（宋）吕夷简等修，《中华大藏经》第73册，中华书局1994年版。

《旧唐书》，（后晋）刘昫等，中华书局1975年版。

《觉群佛学》，觉醒主编，宗教文化出版社2013年版。

《郡斋读书志校证》，（宋）晁公武，孙猛校证，上海古籍出版社1990年版。

K

《刻碑姓名录》，（清）黄锡蕃，《石刻史料新编》第3辑第35册，台湾新文丰出版公司1986年版。

L

（民国）《莱阳县志》，梁秉锟修、王丕煦纂，《中国地方志集成·山东府县志辑》第 53 册，凤凰出版社 2004 年版。

《乐邦文类》，（宋）宗晓编，《大正藏》第 47 卷。

（永乐）《乐清县志》，《天一阁藏明代方志选刊》第 27 册，上海古籍书店 1982 年版。

《礼记正义》，十三经注疏整理委员会整理，北京大学出版社 2000 年版。

《两浙金石志》，（清）阮元，浙江古籍出版社 2012 年版。

《林间录》，（宋）释惠洪，《卍续藏经》第 87 册。

《林子全集》，（明）林兆恩，《北京图书馆古籍珍本丛刊》第 63 册，书目文献出版社 1998 年版

《辽金元诗话全编》，吴文治，凤凰出版社 2006 年版。

《灵石寺志》，（清）释昙现，白化文主编，《中国佛寺志丛刊》第 104 册。

《六榕寺》，李仲伟、林剑纶，广东人民出版社 2008 年版。

《刘一止集》，（宋）刘一止，龚景兴、蔡一平点校，浙江古籍出版社 2012 年版。

《柳宗元集》，中华书局 1979 年版。

《隆兴编年通论》，（宋）释祖琇，《卍续藏经》第 130 册。

《陇右金石录》，张维编，《石刻史料新编》第 1 辑第 21 册。

《陆游集》，陆游，中华书局 1976 年版。

《吕澂佛学论著选集》，吕澂，齐鲁书社 1991 年版。

M

《梅山续稿》，（宋）姜特立，《宋集珍本丛刊》第 48 册，线装书局 2004 年版。

《孟子注疏》，十三经注疏整理委员会整理，北京大学出版社 2000 年版。

《妙法莲华经》，（姚秦）鸠摩罗什译，《大正藏》第 9 卷。

《妙法莲华经玄义》，（隋）智顗，《大正藏》第 33 卷。

（民国）《牟平县志》，宋宪章修，于清泮纂，《中国地方志集成·山东府县志辑》第 55 册，凤凰出版社 2004 年版。

N

《南岳总胜集》，（宋）陈田夫，《中华再造善本·唐宋编·史部》，北京图书馆出版社 2002 年版。

《能改斋漫录》，（宋）吴曾，《全宋笔记》第 5 编第 3 册，大象出版社 2012 年版。

《宁波古代对外文化交流：以历史文化遗存为中心》，刘恒武，海洋出版社 2009 年版。

O

Out of The Cloister:Literati Perspectives on Buddhism in Sung China, 960-1279. Mark Halperin.Camridge（Massachusetts）and London:Harvard University Press,2006。

《欧阳修诗文集校笺》，洪本建，上海古籍出版社 2009 年版。

《欧阳修学术研究》，顾永新，人民文学出版社 2003 年版。

Q

《七世纪至十九世纪中国的知识、思想与信仰》，葛兆光，复旦大学出版社 2000 年版。

《乾道四明图经》，（宋）张津等撰，《宋元方志丛刊》第 5 册。

（民国）《衢县志》，郑永禧纂修，《中国地方志集成·浙江府县志辑》第 56 册，上海书店 1993 年版。

《权力关系：宋代中国的家族、地位与国家》，[美]柏文莉，刘云军译，江苏人民出版社 2015 年版。

《全上古三代秦汉三国六朝文》，（清）严可均，中华书局 1958 年版。

《全宋文》，曾枣庄、刘琳主编，上海辞书出版社 2006 年版。

《全唐诗》，（清）彭定求等编，中华书局 1960 年版。

《全唐文》，（清）董诰等，中华书局 1983 年版。

《全祖望集汇校集注》，（清）全祖望撰，朱铸禹集注，上海古籍出版社 2000 年版。

R

《日知录校释》，（明）顾炎武，张京华校释，岳麓书社2011年版。

《儒教、孔教、圣教、三教称名说》，李申主编、选编、标点，国家图书馆出版社2009年版。

《儒士视域中的佛教：宋代儒士佛教观研究》，李承贵，宗教文化出版社2007版。

《阮籍集校注》，陈伯君，中华书局1987年版。

S

《三苏年谱》，孔凡礼，北京古籍出版社2004年版。

（嘉靖）《山东通志》，（明）陆釴纂修，甘肃省古籍文献整理编译中心、《中国华东文献丛书》编辑委员会编：《中国华东文献丛书》第1辑第45卷，学苑出版社2010年版。

《善慧大士语录》，（唐）楼颖编录，《卍续藏经》第69册。

《山右石刻丛编》，（清）胡聘之辑，《石刻史料新编》第1辑第20册。

《圣与俗：宗教的本质》，[罗马尼亚]伊利亚德，杨素娥译，台北桂冠图书股份有限公司2001年版。

《圣贤与圣徒》，黄进兴，北京大学出版社2005年版。

《石刻刻工研究》，程章灿，上海古籍出版社2008年版。

《石门文字禅》，（宋）释惠洪，《四部丛刊初编》本。

《石门文字禅校注》，周裕锴校注，上海古籍出版社2021年版。

《释门正统》，（宋）释宗鉴编，《卍续藏经》第130册。

《诗经原始》，（清）方玉润撰，中华书局1986年版。

《释氏稽古略》，（元）释觉岸，《大正藏》第49卷。

《诗意人生》，莫砺锋，江苏人民出版社2014年版。

《受新岁经》，（西晋）竺法护译，《大正藏》第1卷。

《司马光集》，李文泽、霞绍晖校点，四川大学出版社2010年版。

《四分律比丘含注戒本》，（唐）释道宣，《大正藏》第40卷。

《四库全书总目》，（清）永瑢等撰，中华书局1960年版。

《四库提要辨证》，余嘉锡，中华书局1980年版。

《四明尊者教行录》，（宋）释宗晓编，《大正藏》第46卷。

《四书章句集注》，（宋）朱熹，中华书局1983年版。

（正德）《松江府志》，（明）陈威主修、顾清总纂，《天一阁藏明代方志选刊续编》第6册，上海书店1990年版。

（正德）《松江府志》，（明）陈威主修、顾清总纂，上海市地方志办公室、上海市松江区人民政府地方志办公室编：《上海府县旧志丛书·松江府卷》第1册，上海古籍出版社2011年版。

《宋朝方志考》，顾宏义，上海古籍出版社2010年版。

《宋大诏令集》，佚名，中华书局1962年版。

《宋代佛教社会经济史论集》，黄敏枝，台湾学生书局1989年版。

《宋代佛教史》，闫孟祥，人民出版社2013年版。

《宋代佛教史研究》，[日]高雄义坚，陈季菁译，台湾华宇出版社1987年版。

《宋代佛教政策论稿》，刘长东，巴蜀书社2005年版。

《宋代旅游研究》，王福鑫，河北大学出版社2007年版。

《宋代明州与高丽》，王力军，科学出版社2011年版。

《宋代寺院碑文书写研究》，赵德坤、陈传芝，中国社会科学出版社2018年版。

《宋代寺院经济史稿》，游彪，河北大学出版社2003年版。

《宋代添差官制度研究》，李勇先，天地出版社2000年版。

《宋代文化与文学研究》，张海鸥，中国社会科学出版社2002年版。

《宋代政教关系研究》，汪圣铎，人民出版社2010年版。

《宋登科记考》，傅璇琮主编，江苏教育出版社2005年版。

《宋会要辑稿》，（清）徐松辑，中华书局1997年版。

《宋会要辑稿》，（清）徐松著，刘琳等校点，上海古籍出版社2014年版。

《宋两浙路郡守年表》，李之亮，巴蜀书社2001年版。

《宋人传记资料索引》，昌彼得等编，台湾鼎文书局1986年版。

《宋僧著述考》，李国玲，四川大学出版社2007版。

《宋史》，（元）脱脱等撰，中华书局1985年版。

《宋以后宗族的形成及地域比较》，常建华，人民出版社2013年。

《宋元史学的基本问题》，[日]近藤一成主编，中华书局2010年版。
《宋至清代身分法研究》，[日]高桥芳郎，上海古籍出版社2015年版。
《说文解字》，（汉）许慎撰，中华书局1963年版。
《笋谱》，（宋）释赞宁撰，《文渊阁四库全书》本。
《苏轼诗集》，（清）王文诰辑注，孔凡礼点校，中华书局1982年版。
《苏轼文集》，孔凡礼点校，中华书局1986年版。
《苏轼全集校注》，张志烈、马德富、周裕锴主编，河北人民出版社2010年版。
《苏辙集》，（宋）苏辙著，陈宏天、高秀芳点校，中华书局1990年版。
《隋天台智者大师别传》，（隋）灌顶，《大正藏》第50卷。
《孙尚书大全文集》，（宋）孙觌，《中华再造善本·唐宋编·集部》，北京图书馆出版社2004年版。

T

《镡津文集校注》，（宋）释契嵩，林仲湘、邱小毛校注，巴蜀书社2014年版。
《唐代佛教地理研究》，李映辉，湖南大学出版社2004年版。
《唐五代佛寺辑考》，李芳民，商务印书馆2006年版。
《唐研究》（第2卷）、（第3卷），荣新江主编，北京大学出版社1996年版、1997年版。
（民国）《台州府志》，王丹瑶，《石刻史料新编》第3辑第9册。
《台州金石录》，黄瑞，《石刻史料新编》第1辑第15册。
《汤用彤全集》（第2卷），汤用彤，河北人民出版社2000年版。
《添品妙法莲华经》，（隋）阇那崛多等译，《大正藏》第9卷。
《天潢贵胄：宋代宗室史》，[美]贾志扬，赵冬梅译，江苏人民出版社2005年版。
《天竺别集》，（宋）释遵式述，释慧观重编，《卍续藏经》第101册。
（光绪）《铜梁县志》，（清）韩清桂等修，陈昌等纂，《中国地方志集成·四川府县志辑》第42册，巴蜀书社1992年版。
《通假大字典》，张桁、许梦麟主编，黑龙江人民出版社1998年版。

《潼南县志》，王安镇修，夏璜纂，《中国方志集成·四川府县志辑》第45册，巴蜀书社1992年版。

W

《魏晋南北朝佛教地理稿》，严耕望，上海古籍出版社2007年版。
《维摩诘所说经》，（姚秦）鸠摩罗什译，《大正藏》第14卷。
《文物与物理》，戴念祖，东方出版社1999年。
《文选》，（梁）萧统编，（唐）李善注，上海古籍出版社1986年版。
《文学理论》，[美]雷·韦勒克、奥·沃伦著，刘象愚等译，三联书店1984年版。
《温州历代碑刻二集》，吴明哲编著，上海社会科学院出版社2006年版。
《文字禅与宋代诗学》，周裕锴，高等教育出版社1998年版。
（嘉靖）《翁源县志》，（明）李孔明，《天一阁藏明代方志选刊》第63册，上海古籍书店1982年版。
（乾隆）《翁源县志》，（清）杨宽修，（清）郭正嘉纂，《故宫珍本丛刊》第170册。
《五灯会元》，（宋）普济，中华书局1984年版。
《吴郡志》，（宋）范成大，《中华再造善本·唐宋编·史部》，北京图书馆出版社2003年版。
《武林金石记》，（清）丁敬，《石刻史料新编》第1辑第15册。
《武林石刻记》，（清）倪涛，《石刻史料新编》第2辑第9册。
《五山十刹图与南宋江南禅寺》，张十庆，东南大学出版社2000年版。
《无所有菩萨经》，（隋）阇那崛多等译，《大正藏》第14卷。
《无为集校笺》，（宋）杨杰著，黄小云校笺，黄山书社2014年版。
《吴兴金石记》，（清）陆心源，《石刻史料新编》第1辑第14册。
《武夷新集》，（宋）杨亿，《宋集珍本丛刊》第2册，线装书局2004年版。

X

（嘉庆）《西安县志》，（清）姚宝煃等修，范崇楷等纂，《中国方志丛书·华中地方》第 66 号，台北成文出版社 1970 年版。

《西湖志》，（清）李卫监修、傅王露总纂，《故宫珍本丛刊》第 265 册，海南出版社 2001 年版。

《稀见唐宋文献丛考》，金程宇，中华书局 2009 年版。

（嘉庆）《硖川续志》，（清）王德浩纂，曹宗载编，《中国方志丛书·华中地方》第 593 号，台湾成文出版社 1983 年版。

《咸淳临安志》，（宋）潜说友，《宋元方志丛刊》第 4 册。

《咸淳临安志》，（宋）潜说友纂修，北京图书馆出版社 2006 年版，其一（共 32 册）据南京图书馆藏宋淳熙刻本影印，其二（共 40 册）据中国国家图书馆藏宋咸淳临安府刻本影印。

《现存宋人著述总录》，刘琳、沈治宏编，巴蜀书社 1995 年版。

《相国寺：在唐宋帝国的神圣与凡俗之间》，段玉明，巴蜀书社 2004 年版。

《孝经注疏》，十三经注疏整理委员会整理，北京大学出版社 2000 年版。
《新版敦煌新本六祖坛经》，杨曾文校写，宗教文化出版社 2001 年版。
《新日下访碑录》，北京石刻艺术博物馆编，北京燕山出版社 2013 年版。
《新唐书》，（宋）欧阳修、宋祁，中华书局 1975 年版。
《修习止观坐禅法要》，（隋）智顗，《大正藏》第 46 卷。
《续补寰宇访碑录》，（清）刘声木，《石刻史料新编》第 1 辑第 27 册。
《续高僧传》，（唐）释道宣，《大正藏》第 50 卷。
《续修严州府志》，（明）吕昌期修，俞炳然纂，甘肃省古籍文献整理编译中心、《中国华东文献丛书》编辑委员会编：《中国华东文献丛书》第 1 辑第 18 卷，学苑出版社 2010 年版。

《续资治通鉴长编》，（宋）李焘，中华书局 2004 年版。
《学佛者的信念》，济群法师，甘肃民族出版社 2007 年版。

Y

《严耕望史学论文集》，严耕望，上海古籍出版社 2009 年版。
《雁山志》，（明）朱谏，《中国佛寺史志汇刊》第 2 辑第 10 册。
《偃师金石遗文补录》，（清）武亿原纂，王复补文，《续修四库全书·史部·金石类》第913册。

《砚田留痕：柳州人物书画经眼录》，柳州市地方志编纂委员会办公室编，广西美术出版社2006年版。

（万历）《兖州府志》卷，（明）包大爟纂修，《天一阁藏明代方志选刊续编》第56册，上海书店1990年版。

《杨万里集笺校》，辛更儒笺校，中华书局2007年版。

《艺风堂金石文字目》，（清）缪荃孙，《石刻史料新编》第1辑第27册。

（乾隆）《鄞县志》，（清）钱维乔修，钱大昕等纂，《中国地方志集成·善本方志辑》第1编第75册，凤凰出版社2014年版。

《永乐大典》，（明）解缙等纂，中华书局1986年版。

《舆地碑记目》，（宋）王象之，《石刻史料新编》第1辑第24册。

《舆地纪胜》，（宋）王象之，中华书局1992年版。

《余杭著名人文自然》，杭州市余杭区地方志编纂委员会编，方志出版社2005年版。

《俞佐萍方志论集》，俞佐萍，浙江人民出版社1997年版。

《袁桷集校注》，（元）袁桷著，杨亮校注，中华书局2012年版。

《粤东金石略》，（清）翁方纲，《石刻史料新编》第1辑第17册。

《云村集》，（明）许相卿，《文渊阁四库全书》本。

《云居山志》，（清）释元鹏，白化文主编：《中国佛寺志丛刊》第21册。

《云南阿吒力教经典研究》，侯冲，中国书籍出版社2008年。

《韵语阳秋》，（宋）葛立方，中华书局1985年版。

Z

《藏外佛教文献》第6辑、第8辑，方广锠主编，宗教文化出版社1998年版、2003年版。

《藏传佛教艺术发展史》，谢继胜等，上海书画出版社2010年版。

（光绪）《增修登州府志》，（清）方汝翼等纂修，《中国地方志集成·山东府县志辑》第49册，凤凰出版社2004年版。

《浙江方志考》，洪焕椿，浙江人民出版社1984年版。

《浙江佛教史》，陈荣富，华夏出版社2001年版。

《浙江省人物志》，魏桥主编，浙江人民出版社 2005 年版。

（雍正）《浙江通志》，（清）嵇曾筠、李卫等修，沈翼机等纂，《中国地方志集成·省志辑·浙江》第 7 册，凤凰出版社 2010 年版。

《政治学》，[古希腊]亚里士多德，高书文译，中国社会科学出版社 2009 年版。

《芝园集》，（宋）释元照，《卍续藏经》第 105 册。

《至元嘉禾志》，（元）徐硕编纂，《宋元方志丛刊》第 5 册。

《直斋书录解题》，（宋）陈振孙撰，徐小蛮、顾美华点校，上海古籍出版社 2015 年版。

《中国禅宗与诗歌》，周裕锴，上海人民出版社 1992 年版。

《中国佛教》（第 2 辑），中国佛教协会，知识出版社 1980 年版。

《中国佛教社会史研究》，[日]竺沙雅章，同朋舍 1982 年初版，朋友书店 2002 年增订版。

《中国佛教通史》（第九卷），赖永海主编，江苏人民出版社 2010 年版。

《中国古代诗文名著提要·宋代卷》，傅璇琮总主编，祝尚书该卷主编，河北教育出版社 2009 年版。

《中国居士佛教史》，潘桂明，中国社会科学出版社 2000 年版。

《中国历史地名大辞典》，史为乐主编，中国社会科学出版社 2005 年版。

《中国诗学》，叶维廉，三联书店 1992 年版。

《中国文学批评史》，郭绍虞，商务印书馆 2010 年版。

《中国行政区划通史·宋西夏卷》，周振鹤主编，李昌宪著，复旦大学出版社 2007 年版。

《中国宗族史研究入门》，钱杭，复旦大学出版社 2009 年版。

《诸经要集》，（唐）释道世，《大正藏》第 54 卷。

《竹坡类稿》，（宋）吕午，北京图书馆古籍出版编辑组编：《北京图书馆古籍珍本丛刊》第 89 册，书目文献出版社 1990 年版。

《朱熹的历史世界：宋代士大夫政治文化的研究》，余英时，三联书店 2004 年版。

《朱子语类》，（宋）黎靖德编，王星贤点校，中华书局 1986 年版。

《朱子学与阳明学》，[日]岛田虔次，蒋国保译，陕西师范大学出版社 1986 年版。

《紫柏尊者全集》,《禅宗全书》第 50 册,台北文殊出版社 1989 年版。

《宗镜录》,(宋)释延寿,《大正藏》第 48 卷。

《宗泽集》,(宋)宗泽,浙江古籍出版社 1984 年版。

《祖庭事苑》,(宋)释善卿,《卍续藏经》第 113 册。

《作为修辞的叙事》,[美]詹姆斯·费伦,北京大学出版社 2002 年版。

附录一：宋代文人寺记身份表达用语汇集

《全宋文》第2册第27页	李恕《尊胜石幢题记》	皈依三宝，受八关斋戒者有年矣。
《全宋文》第3册第211页	王承庆《云门山石井记》	劝首弟子泉州节度押□充都纲王承庆、都纲陈居爽、副纲王怀武。
《全宋文》第3册第323页、第323-324页	张汝弼《尊胜幢记》	尊胜陀罗尼者，我佛总持之教。/汝弼早悟苦空，深信因果。闻是请命，欢喜踊跃，恭敬合掌，谨述偈言：我佛大慈悲，能灭诸苦恼。乘是功德山，速成无上道。
《全宋文》第5册第403页	曹延晟《写大般若经施显德寺题记》	清信弟子归义军节度监军使、检校尚书左仆射兼御史大夫曹彦晟，搏割小财，写《大般若经》一帙。
《全宋文》第5册第409页	王嗣宗《祐国寺记》	嗣宗挂籍策名，彤庭影组，素于内典，尤慵旨归。柔公以仆早熟道风，尝师心要，缕述始末，俾绪斯文。
《全宋文》第6册第127页、第128页、同上	张咏《陕府回銮寺记》	粤若我佛之教也，以大悲悯拔无量苦厄。/王命我先师审志大德主焉。/某器其克肖，睹此盛因，略助援毫，用存实录。
《全宋文》第8册第238页	杨缄《大宋解州闻喜东镇保宁禅院记》	缄也凤慕金方之教，幸趋玉笋之班，居士指归，粗能分晓。觉皇付嘱，敢昧赞扬！聊书建刹之因，兼纪出尘之德，刻于贞石，以示后昆。
《全宋文》第10册第26页、第28页、同上	王曙《觉城禅院记》	我佛所以启顿渐之门，示悟修之路。/曙雅游苦早，悟道滋晚。/赞希有事，出和雅音，胡其幸焉，安敢让矣！一来庐阜，即是远公之社人；永镇秋陀，欲刻简栖之碑字。
《全宋文》第10册第193页	某弘《北新安村永安禅院碑记》	我释迦慈父广运悲心，降迹王宫。
《全宋文》第13册第327页	石待问《皇宋明州新修保恩院记》	在昔周、鲁二庄之时，我教已显；爰逮汉、晋两明之后，吾道弥尊。
《全宋文》第14册第409页	杨亿《故河中府开元寺坛长赐紫僧重宣塔记》	予素服能仁之教，尤钦开士之风，且与上谷公道契无生，心专趣大。乐天绮语，固愿赞于佛乘；执戟虫文，岂能宣于真谛？
《全宋文》第14册第411页	杨亿《婺州开元赐新建大藏经楼记》	予固从事于空宗者也，随喜称赞，岂有吝焉？削简含毫，兹用无愧云耳。
《全宋文》第14册第413页	杨亿《潞州新敕赐承天禅院记》	予职在右曹，心师西竺。
《全宋文》第15册第5页	杨亿《金绳院记》	聪师藉予虚名，谓窥秘典，丐词纪实，远不及让，独冥烦之未祛，颇灭裂而为愧耳。

229

文学、文化与文献——宋代寺记的多维研究

《全宋文》第 15 册第 43 页	穆修《明因院罗汉像新殿记》	予儒者，称浮屠之法，惧非所能。
《全宋文》第 16 册第 131 页	李光秀《下宝庵记》	至心仰启上界诸佛、普献燕萨、罗汉、圣僧、天龙八部幽显圣、左肩右膊日月、□□天、大梵天王、帝□□□□□□正报花报、三元大帝、南辰北斗，下自阎罗天子、五道大神、太山□□□国□、十圣大王、善恶童子，此处山林神、当处土地等。
《全宋文》第 16 册第 154 页	朱戒宝《宋阿育王石象宝塔题记》	台州临海县承恩乡岭外保菩萨□□戒弟子朱戒宝。
《全宋文》第 16 册第 196 页	柳峦《海清寺塔记碣》	建塔都维那柳峦。
《全宋文》第 16 册第 248 页	彭乘《重修大中永安禅院记》	予性尚求真，心殊遭悟，未离文字，犹滞筌蹄。
《全宋文》第 17 册第 173 页	夏竦《御书慈孝寺碑额记》	慈孝寺成，朝廷史官颂故实，将昭铭于金石，永垂耀于文象。
《全宋文》第 17 册第 179 页	夏竦《杭州宝云寺记》	某素肄典坟，专谈仁义，未穷观于八藏，难了悟于三宗。奉运使兵部尚书郎江夏黄公世长之命，不敢固辞，但记其兴置年月、传授次第而已。若叙顿渐之宗，开权实之义，破诸有相，以至无生，盖有格言，请俟能者。
《全宋文》第 19 册第 232 页	晏殊《因果禅院佛殿记》	主院僧善修夙承佛员，久住禅丛，摄伽黎之衣，登狮子之座。护我正法，成兹妙因。聊用直言，以祇勤请云尔。
《全宋文》第 20 册第 93 页	叶交《台州临海县敕延丰院记》	交□□无用，庄椿不才，虽厕儒家之流，昧达圣人之教。
《全宋文》第 20 册第 136 页	李嵩叟《修证院法堂记》	有祈福而怖祸者，则倚我法门；睹相而生善者，则瞖我佛事。咸遵报应之说，悉坚信施之心。
《全宋文》第 27 册第 100 页	余靖《潭州太平兴国寺新建戒坛记》	于戏！惟善知识，常利世间而作种种饶益，不轻末学而示以威仪，不住无为而长于诱谕，非名誉利养之徒所能及也。既其俾蜀僧齐乌赍书丐词，嘉其勤修行，愿增长成就一切佛事，无有休息，可记也矣。
《全宋文》第 40 册第 280 页	范镇《重修悟真塔记》	如师者，觉王之忠臣乎！服儒则当与若人游矣。
《全宋文》第 42 册第 316 页	李觏《太平兴国禅院十方住持记》	然非吾儒文之，不足以谨事始而信后裔。
《全宋文》第 48 册第 184 页、同上	徐振《莱阳县趣果寺新修大圣殿记》	噫！广我圣人之道，明我圣人之旨，章缝衣冠，声振海□者，其徒不及二三者，诚无他焉 / 于戏！能树西圣人之教，章西圣人之道，若天之高，地之广、日之明，俾无穷尽，非和上则谁与？
《全宋文》第 51 册第 124 页	文同《成都府楞严院画六祖记》	僧惟中，字慧雅……常呼之曰诗伯。复通吾儒书，学者从质其义。

附录一：宋代文人寺记身份表达用语汇集

《全宋文》第 56 册第 228 页、同上	司马光《秀州真如院法堂记》	光谢曰："光文不足以辱石刻，加平生不习佛书，不知所以云者，师其请诸他人。"/光虽不习佛书，亦尝剽闻佛之为人矣。夫佛盖西域之贤者。其为人也，清俭而寡欲，慈惠而爱物，故服弊补之衣，食蔬粝之食，岩居壁处，斥妻屏子，所以自奉甚约而惮于烦人也。虽草木虫鱼，不敢妄杀，盖欲与物并生而不相害也。凡此之道，皆以涓洁其身，不为物累。盖中国于陵仲子、焦先之徒近之矣。夫圣人之德周，贤者之德偏，周者无不覆，而末流之人犹不免弃本而背原，况其偏者乎？
《全宋文》第 58 册第 141 页	曾巩《菜园院佛殿记》	世儒习圣人之道……由是观之，反不及佛之学者远矣。则彼之所以盛，不由之所自守者衰欤？与之记，不独以著其能，亦以愧吾道之不行也。
《全宋文》第 58 册第 147 页	曾巩《金山寺水陆堂记》	如此至于更千百年，委弃郁塞而不得振于天下者，吾之道是也。
《全宋文》第 58 册第 150 页、第 151 页	曾巩《兜率院记》	其法能为人祸福者，质之于圣人无有也。/噫！子之法，四方人奔走附集者，衎衎施施，未有止也。予无力以拒之者，独介然于心，而掇其尤切者，为是说以与之。其使子之徒，知己之享利也多，而人蒙病已甚，且以告有司，而谂其终何如焉？
《全宋文》第 65 册第 55 页	王安石《扬州龙兴讲院记》	今夫衣冠而学者，必曰自孔氏。孔氏之道易行也，非有苦身窘行，离性禁欲，若彼之难也。而士之行可一乡、才足一官者常少。而浮屠之寺庙被四海，则彼其所谓材者，岂独以彼之材，由此之道，去至难而就甚易，宜其能也。呜呼！失之此而彼得焉，其有以也夫！
《全宋文》第 65 册第 59 页、第 60 页	王安石《涟水军淳化院经藏记》	其为有似乎吾之仁义者，岂非所谓贤于彼而可与言邪？/夫以二人者与余游，而善因属我之勤，岂有它哉？
《全宋文》第 65 册第 325 页、同上	郝矩《新修普净下院记》	兼爱之谈，夸诞之说，不足取，亦立教之一端耳。王仲淹谓西方之教，韩退之谓害过杨、墨，诚非要道，施于中国则泥，宜乎聋俗之所忻慕也。/矩才乏中人，辞愧斋曰，既禀严旨，难于退让，直笔以书，用志岁月。
《全宋文》第 67 册第 158 页	强至《湖州德清县觉华寺藏经记》	吾闻圣人之书曰经，荀、孟而下不预焉。经，常也，盖言弥天地，亘万世，可常行之尔。然则经之称尊矣。而诸佛之书，无小大统名曰经，其尊抑甚矣。吾圣人之书，其言修身诚意、经国家、治天下之术备矣，惟贤者能知其说。彼愚者投其书坠诸地，虽千百过之，孰肯一援手以置安处？谓其无益于己也。

231

《全宋文》第 69 册第 195 页	刘敞《太原府资圣禅院记》	某晚闻道要，无所折衷，能读书史，岂曰多学！为之歌唐，窃季子见微之妙；其若有佛，愧灵运先成之知。辞不获免，因直书云尔。
《全宋文》第 71 册第 85 页	陈舜俞《海惠院经藏记》	白牛居士陈舜俞叙其义而赞之。
《全宋文》第 71 册第 89 页	陈舜俞《秀州华亭县布金院新建转轮经藏记》	上人以予能善解其义其文，可以申赞叹，见属者不远千里云。
《全宋文》第 71 册第 92 页	陈舜俞《秀州华亭县天台教院记》	院既大成，严像且毕，以仆夙体斯道，见嘱随喜云。
《全宋文》第 71 册第 97 页	陈舜俞《明教大师行业记》	其存也，尝与其交居士陈舜俞极谈死生之际而已，属其后事，兹用不能无述也。
《全宋文》第 71 册第 100 页、同上	陈舜俞《福严禅院记》	予居嘉兴，小舟及其门，不远二舍。尝游于院之甲乙时。/院之废兴，则所目击者，因兴感以及人事，遂不愧而为之辞。
《全宋文》第 75 册第 67 页	凌民瞻《明因禅院重建方丈记》	僝工之初，予尝谓师曰：弟子贫不能以财施，弱不能以力施，它日愿施鄙文赞胜事。明年，师故遗书来岳阳，从索斯记。师尝住天峰，盖有甚大缘，事未尝刻一言，乃反记此者，是欲摄我以文施，因得记其岁月焉。
《全宋文》第 75 册第 321 页	罗适《定海重修妙胜禅院记》	呜呼，天下为僧者多劳人以逸己，盍我正法。智荣师能了自性，不为己劳人。又能使一方白衣俗士信佛有大法门，可以出生死，灭罪业，各植大善根，入我佛境。师之所存，不其伟哉！
《全宋文》第 79 册第 235-236 页	沈辽《四明山延胜院碑》	呜呼！后人非吾师之道入人之深，孰能臻是欤？后之人游吾门，瞩吾奥，有不待开击而了然明彻者，则知是道场为吾师其不可终也。若吾师无上之道，三昧之功，门人之所传者，不著于是，乃记其因始。
《全宋文》第 79 册第 393 页	侯溥《寿宁院记》	其教外通吾儒经，善草隶，有诗行于时。
《全宋文》第 83 册第 346 页	张舜民《定平凝寿寺塑佛记》	五行之正气，尚臣吾佛，况于人乎？
《全宋文》第 90 册第 427 页	苏轼《盐官大悲阁记》	由是观之，废学而徒思者，孔子之所禁，而今世之所上也。岂惟吾学者，至于为佛者亦然。/独喜则之勤苦从事于有为，笃志守节，老而不衰，异夫为大以欺佛者，故为记之，且以风吾党之士云。
《全宋文》第 90 册第 428 页、第 429 页	苏轼《胜相院经藏记》	有一居士，其先蜀人，与是比丘，有大因缘。时此居士，稽首西望，而说偈言。
《全宋文》第 90 册第 430 页	苏轼《虔州崇庆禅院新经藏记》	吾非学佛者，不知其所自入，独闻之孔子曰：《诗》三百，一言以蔽之，曰思无邪。"
《全宋文》第 90 册第 434 页、第 435 页	苏轼《南华长老题名记》	明公告东坡居士。/居士曰："诺"。

附录一：宋代文人寺记身份表达用语汇集

《全宋文》第 90 册第 437 页	苏轼《广州东莞县资福禅寺罗汉阁记》	东坡居士，见闻随喜，而说偈言。
《全宋文》第 90 册第 443 页	苏轼《法云寺礼拜石记》	闻我佛修道时，刍尼巢顶，霑佛气分，后皆受报。则礼佛也，其心实重。
《全宋文》第 93 册第 36 页	王巽《建造大钟及回廊充国寿寺供养记》	称呼供养人，"薰沐弟子区文叙。"
《全宋文》第 93 册第 200 页	郭集《敬福三院主赐紫僧清秀幢塔记》	当院侍奉行者郭集。
《全宋文》第 93 册第 341–342 页	上官均《宝林记》	舅氏幼为儒学，识远行纯。既壮，厌科举之累，散迹邱园，冥意势利。白首事亲，谨顺弗违。友其兄弟，怡怡如也；际于友朋乡间，温温如也。虽未尝玩浮屠之书，肆浮屠之教，其于体蹈之实，盖有得于中矣。至于敬向严奉之诚，岂有意于报应欤？
《全宋文》第 97 册第 27 页	林露《慈溪永明寺藏殿记》	是以孔子虽未尝无诲，而终欲无言，亦欲人之知其所以言在乎言意之外，当深思而自得之也。佛氏之教主于见空性，即吾儒之所谓复命也。
《全宋文》第 97 册第 49 页	叶虞仲《福胜院重建佛殿记》	余谓施报之说，吾书固有之，而释氏特冥于死生，推而往来至于无穷，又以为万法未有不自于我。
《全宋文》第 100 册第 76 页	舒亶《翟岩山宝积院轮藏记》	有一居士，施不及财，目睹胜缘，五体投地。恭敬作礼，而发愿言。
《全宋文》第 102 册第 186 页、同上、同上	张商英《东林善法堂记》	无尽居士自河北来。/ 于是以弼等和南稽首白居士言。/ 以待居士也，居士其舍诸？居士曰："汝等说法与过去诸佛异。"
《全宋文》第 102 册第 205 页	张商英《黄龙崇恩禅院记》	孰能起之，无尽居士。住山二十年，革陋兴圮。于肃之道，乃其糠秕。黄鱼在湫，风雨来游。见而不测，胡迹之求！
《全宋文》第 102 册第 278 页	曾旼《惠严禅院法堂记》	予闻释氏之书曰："所言法者，谓众生心，是则摄一切法。释氏之言心法如此，则吾先圣人所谓天下之至神者是也。"
《全宋文》第 102 册第 311 页、第 312 页	吴栻《天宁寺转轮藏记》	有居士者，家住庵峰。信脚闲行，五湖四海。作家相见，不免葛藤。/ 政和元年十月十日，庵峰居士吴栻撰。
《全宋文》第 103 册第 335 页	黄裳《含清院佛殿记》	以悦众凡之目，使知吾佛之尊且贵，不可易也，然后诱以归焉，绍忠之意也。
《全宋文》第 107 册第 188 页	黄庭坚《洪洲分宁县云岩禅院经藏记》	山谷道人自为童儿时数之。
《全宋文》第 107 册第 206 页	黄庭坚《普觉禅寺转轮藏记》	山谷道人为我转此法轮，省老翁无量葛藤。幸为我书之，以告来者。
《全宋文》第 109 册第 12 页	姚挚《永明寺大殿记》	尔时过云居士适至其所，同声随喜，瞻仰赞叹。

《全宋文》第 109 册第 295 页	吕南公《华藏寺佛殿记》	因天下之理迹,而耀之以祸福之利害,然后多欲之生民,莫不悚动而从之。帝公之贵富,臣庶之贱卑,惟听其所煽惑而已。
《全宋文》第 110 册第 89 页、同上	曾肇《滁州龙蟠山寿圣寺佛殿记》	去心之蔽,复性之本而已。所谓直指人心、见性成佛者,其不几于此乎?质之吾儒,孔子言:"性不可得而闻。"孟子则谓:"尽其心,知其性。"杨雄亦曰:"人心,其神矣乎!/予于佛学未能周其文、竟其义也,姑诵予所闻大略,不悖于吾儒者,书而予之。
《全宋文》第 111 册第 224 页	刘光《滁州潞城县金粟山南垂村真如院重修佛殿公德记》	嗟呼!仲尼圣师也,块处于弊幕之下,虽绘七十子至贤、三千徒至众,过门者尚不一顾,矧肯舍金钱崇饰庙貌乎,是吾□师不逮瞿昙之智远矣。
《全宋文》第 112 册第 188 页	李之仪《颍昌府崇宁万寿寺元赐天宁万寿敕赐改作十方住持黄牒刻石记》	姑溪居士李之仪记。
《全宋文》第 117 册第 234 页	周谔《四明山宝积院记》	元祐望日,无住居士周锷记。
《全宋文》第 117 册第 317 页	杨天惠《北园院化僧龛记》	东蜀居士闻而叹曰:异哉!我昔未之见也。
《全宋文》第 120 册第 126 页	秦观《五百罗汉图记》	元丰二年正月十五日弟子秦某记。
《全宋文》第 122 册第 120 页	冯世雄《遂州广利禅寺善济塔记》	于时梓州转运判官公嗟叹圣境法会殊胜,捐资供烛,置诸塔前,共成其美。三人者,非授记曩劫,安能啐啄同时,崇建大缘?
《全宋文》第 123 册第 373 页	陈师道《佛指记》	绍圣三年八月十日,居士陈师道记。
《全宋文》第 123 册第 379 页	陈师道《观音院修满净佛殿记》	余学于释氏,愿自效,使不请,且强与之,况其请之勤耶!
《全宋文》第 123 册第 381 页	陈师道《面壁庵记》	建中靖国元年九月十八日,居士陈师道。
《全宋文》第 125 册第 188-189 页	郭渐《施换塔石额记》	我佛仪像已立在清虚廓落之外。/如显我丈八尊佛。/因忆我佛,诣于圣谷。
《全宋文》第 125 册第 196 页	张惟晟《修岷州长道县寿圣院胜相宝塔第三级记》	绍圣元年五月一日,信士张惟晟。
《全宋文》第 125 册第 443 页	张惟政《修岷州长道县寿圣院胜相宝塔第四级记》	绍圣元年岁次甲戌五月庚午朔,六日壬寅,信佛弟子张惟政记。
《全宋文》第 125 册第 443 页、同上	黄叔豹《同天寺记》	尝以干吾民。浮图宫室乃独侈于天下,又能不取于吾民而自成,何哉?今冲之为屋与食,其器械衣裳皆出于其力,而不求于人,则冲之视其党亦无愧矣,非独无愧于其党也,吾民游惰而不衣食于器与货,是皆可愧矣。
《全宋文》第 128 册第 418 页、第 419 页	赵叔盎《重修广州净慧寺塔记》	故我世尊从无始来,起菩提愿。/今夫一作礼围绕,一随喜赞叹,至易为也,犹鲜克为之,况乎发大施心,作大缘事如林君,非夙受记莂,不忘外护,孰能与此哉!余发信心其亦久,而常念无财,以资檀度。至于作礼围绕,厥路无由,乃若赞叹,随喜固所愿也。

附录一：宋代文人寺记身份表达用语汇集

《全宋文》第 129 册第 373 页	宗泽《义乌满心寺钟记》	予适宰官，代佛宣说。愿咸谛听，无量无边。
《全宋文》第 129 册第 376 页	宗泽《义乌景德禅院新建藏殿记》	以此法味，永施众生，则饥能充而食难尽，病有止而药无穷。究其旨归，何须外求。
《全宋文》第 130 册第 281 页	晁说之《宋成州净因院新殿记》	说之世奉真如法门，为此郡守无状，靡有风教，锱铢夙夜事惟愧。逮此崇新殿，严故佛，则乐从圆之请以记之，庶几善善为邦人之劝也。
《全宋文》第 131 册第 7 页、同上	朱日初《宝胜院造塔记》	奉佛弟子朱日初。/ 弟子朱日初记。
《全宋文》第 131 册第 351 页、同上	邹浩《止止堂记》	释氏三乘之别，犹吾儒上、中、下三品之不同。/ 亦犹吾夫子之为人耳。
《全宋文》第 132 册第 302 页、同上	毛滂《湖州铜山无畏庵记》	吾先圣人有言，君子有三畏，畏天命，畏大人，畏圣人之言。嗟乎，吾儒之多畏如是。/ 予独知师不能无畏也，其畏殆有甚于吾徒。凡人耳目之所适，□之所甘，四肢之所安，吾圣人第为之节文而弗禁也。
《全宋文》第 132 册第 360 页、第 361 页、同上、同上	张某《潞州长子县慈林山寺先贤堂记》	客有居士，面山而居，慕林泉之乐，因以为号，逍遥禅刹，徘徊祠宇。主僧告居士曰。愿居士记其本末 / 居士曰 / 慈林居士张□记。
《全宋文》第 133 册第 174 页	徐敏求《智门禅寺记》	西方仙圣立开导引掖之方，俾有生就善避恶，与吾圣人之道初无以异。
《全宋文》第 133 册第 246 页	谢逸《应梦罗汉记》	今北景德寺革律为禅，未淹三月，而第五尊者出此殊胜，安知过去生中不与我公有大因缘也哉？是为记。
《全宋文》第 134 册第 140 页	李新《泗洲堂记》	我今为子结缘，舍财与成文皆得成佛道，谨皈依而词之。
《全宋文》第 135 册第 172 页	孙沂《江阴县寿圣禅院庄田记》	政和元年重阳日，练江居士孙沂记。
《全宋文》第 136 册第 322 页	尹修《岷州长道县寿圣院六级宝塔记》	既已学吾圣人之道，而又能仰遵释迦之法。
《全宋文》第 137 册第 27 页	叶劝《超隐堂记》	余道友才公则不然。
《全宋文》第 137 册第 34 页	吴宗式《造塔记》	宣州泾县冠盖乡落兴社奉佛弟子吴宗式。
《全宋文》第 141 册第 170 页	尔朱权《长兴万寿寺阁图并记》	足以想见其为人，亦以知古之豪右皈依吾三宝之切至也。
《全宋文》第 142 册第 137 页	闵文叔《洋州念佛岩大悟禅师碑》	我愿以此法门示之众人，传之后世，使闻之者皆发信心而归正觉。
《全宋文》第 147 册第 340 页	叶梦得《胜法寺转轮藏记》	昔吾儒者之言仅出于中国，其道在天下，昭然若揭日月。
《全宋文》第 148 册第 346 页	耿延禧《同庵记》	尔时太秀居士说是法已，重说偈曰。
《全宋文》第 152 册第 228 页、第 229 页	刘一止《湖州报恩光孝禅寺新建观音殿记》	则我之身与子之身，一为比丘，一为居士，俱在三十三应之内。/ 太简刘某居士记，并说偈言。
《全宋文》第 155 册第 321 页、同上	程俱《衢州开化县云门院法华阁记》	因随喜佛事，以偈赞云。/ 稽首于一切，《妙法莲华经》。

235

《全宋文》第155册第325页、同上、第326页	程俱《镇江府鹤林天宁寺大藏记》	稽首正觉尊。/我以法施已。/城中有居士，氏名曰程俱。
《全宋文》第155册第327页	程俱《安养庵记》	时北山中，有一居士。
《全宋文》第155册第338页	程俱《衢州大中祥符寺大悲观世音菩萨阁记》	时北山居士养疾郡郊，闻此胜会，舆被至前，仰瞻圣像。
《全宋文》第158册第252-253页	王庭珪《龙须山转轮经藏记》	称呼他人，"有居士刘存正、胡瑾、张孝友闻而乐起之，各出钱百万以上。"
《全宋文》第160册第374页	孙觌《灵严智积菩萨殿记》	讷公福慧两足，为世导师，常以去骄吝、破贪痴，合于吾儒之说者。
《全宋文》第160册第386页	孙觌《抚州疏山白云禅院大藏记》	不惟妙道至言足以启悟后学册，其才固有大过人者，惜乎隐于浮图中，且老矣，而不列于功名之士也。
《全宋文》第160册第411页	孙觌《显忠资福禅院兴造记》	吾佛光明之所照，与吾君圣德之所被，以贲日月于九原者，垂裕延鸿，与宋无极。
《全宋文》第172册第202页	李纲《寓轩记》	梁溪居士既谪沙阳，官廨陋甚，不可以居，而居于兴国佛宫。
《全宋文》第172册第213页、同上、同上	李纲《澧州夹山普慈禅院转轮藏记》	有一居士，其家梁溪。/时此居士遥瞻宝藏，而说偈言。/是故我皈依，回心无上道。
《全宋文》第174册第190页、第190-191页	俞观能《太平禅寺佛殿记》	宣和五年八月十五日，太平禅寺大佛殿成，妙高居士过而登之，因稽首曰。/时诸大众闻居士言，得未曾有，咸作是言："善哉居士，快说法要！我等今者信解受持，愿并书之，作将来眼。"居士曰："不亦善乎。"
《全宋文》第174册第409页	丁彦师《鸡山生佛阁碑》	噫！西方之教行于中华久矣，其大率以孝慈忠信为本，济时拯弱为心，诱人为善，恐其沦于恶道而不自知也。若究其所以然而不泥于末习，则可谓善学矣。赵氏以孝义著名乡里，是得佛之心法者。
《全宋文》第176册第163页、第164页、同上、同上	王以宁《佛窟山转轮藏记》	南岳道人谓正信居士。/独王居士即我之室。/欲□累居士，居士其许我哉？/寔维居士代为记之。
《全宋文》第177册第338页	何麒《北岩转轮藏记》	麟稽首作记而说偈言。
《全宋文》第180册第344页	李弥逊《支提山天冠应现记》	住山善秀比丘为居士言。/居士闻已，欢喜踊跃，重宣此义，而作偈言。
《全宋文》第180册第346页	李弥逊《太平道院新造三乘小像记》	普现居士作是语时，不唯此会诸法中王，乃至一邻虚尘所现亿万世界河沙诸佛，皆共赞言，如是如是。
《全宋文》第180册第347页、同上、同上	李弥逊《宣州泾县铜峰瑞应塔记》	普现居士南游于城，闻所未睹，故以瑞应榜之。后二十六年，居士于福城东见日智比丘。/居士闻已，稽首赞言。/居士于此幻化境中，乃复如是分别言说。

附录一：宋代文人寺记身份表达用语汇集

《全宋文》第 181 册第 250 页、同上	莫俦《隆庆寺一真轩记》	一真居士馆于潮之北城精舍曰隆庆。其东有屋，衡从函丈，居士葺之，因其号目之曰一真轩。有客过为曰："请问一真之境若何？"居士曰：……／居士书以为记。
《全宋文》第 182 册第 215 页、同上	朱琳《延庆寺塔记》	我佛如来以大慈悲，放普光明，经月不泯，岂以此方之人知造口业，得离兵火之难，故独惓惓示此祥异以警动之耶？／余栖心内典，累年于兹。闻是殊胜，固愿以言语随喜，同作佛事。况复来请，实获我心。
《全宋文》第 183 册第 183 页	邓肃《丹霞清泚轩记》	盖公所嗜之意不在菖蒲，直寄焉耳。赜能为东坡之意乎，明窗净几，坐见古人，如其不然，则所嗜一草芥而已。赜作字吟诗，有吾党风格。
《全宋文》第 184 册第 151 页	张九成《海昌童儿塔记》	"吾圣人岂虚为此纷纷哉？子之辛苦经营，倘有在于斯乎？否则我不知也。"
《全宋文》第 185 册第 211 页	傅达可《轮藏记》	吾祖大士肇建于婺之双林。
《全宋文》第 186 册第 11 页	杨椿《永福禅寺记》	佛之道与吾儒之道同，佛之教与吾儒之教异。贝叶所译，与《周易》《论语》诸书所载意义时有暗合处。周、孔、瞿昙，果有以异乎？抑无以异乎？
《全宋文》第 186 册第 86 页	吴元美《重光寺记》	予素不熟西方之书，姑取其有合于吾孔、孟者，并为之说。
《全宋文》第 186 册第 178 页	张守约《积庆院记》	自佛法入中华，虽吾儒敷教化者务排诋而羞道。
《全宋文》第 188 册第 128-129 页	张浚《天宁万寿禅寺置田记》	其毁弃天伦，绝灭世法，于吾道初若少悖，至于忘嗜欲，绝贪爱，轻富贵，外死生，视天下之物无一可以少动其心，有补于教化者甚大。
《全宋文》第 188 册第 129 页	张浚《自信庵记》	紫岩居士张浚德远书。
《全宋文》第 190 册第 48 页	胡寅《丰城县新修智度院记》	凡其所建立，必求吾儒之能文者以纪述之。
《全宋文》第 190 册第 57 页	胡寅《桂阳监永宁寺轮藏记》	庶吾党之士相与讲明，以止于至善夫。
《全宋文》第 190 册第 102 页、同上、第 103 页	胡寅《罗汉阁记》	有大比丘智京，其号明觉，承临普融，绍临济宗。三返致书武夷居士。／居士辞曰：……／时居士忻然笑曰："我异于是。予欲无言，以请之勤，悉载来语，谓之阁记，亦云可哉。
《全宋文》第 193 册第 224 页	朱辂《卧云庵记》	从吾儒言之。
《全宋文》第 195 册第 292-293 页、第 293 页、同上	胡铨《衡州寿光寺轮藏记》	夫智本，瞿昙氏也，不谒记于其徒，而谒于仆，是故欲闻道以有见焉。／其徒能尊其书，而吾徒不能尊吾书耳。／且以愧吾党云。

《全宋文》第 195 册第 366 页、同上	胡铨《新州龙山少林阁记》	予非学佛者,于浮屠说绝不通晓,汝欲闻浮屠之说以为记,谒诸其徒之能文者可也。不谒诸其徒而谒于予,是固非欲闻浮屠之说也。见我仁义礼乐刑政之盛,君臣父子兄弟朋友之懿,尧、舜、禹、汤、文、武、周公、孔子以为相传而不朽也,故谒吾徒而请之。/ 予既嘉浮屠之乐闻我道。
《全宋文》第 198 册第 78 页	董仲永《六和塔观世音经像碑记》	已定居士董仲永向施小字《观音经》。
《全宋文》第 199 册第 77 页	闻人符《惠力寺舍利众善记》	秦汉以来,世变益薄,人情日诈,谓君子能守吾儒礼义之教则可也。
《全宋文》第 200 册第 339 页	何熙志《潼川府牛头寺罗汉阁记》	吾儒至诚不息,而终至于配天地、覆载万物,若何符节矣,何独于释氏而疑之?
《全宋文》第 206 册第 23 页	李石《安乐院飞轮藏记》	此杨氏之心当与佛同体,而于吾儒不为背本也。
《全宋文》第 209 册第 120 页	王十朋《妙果院藏记》	某书生也,于佛学素不通晓,其将何说以发扬之。
《全宋文》第 210 册第 363 页	范成象《水陆堂记》	乃移书属随顺居士范成象为之记。
《全宋文》第 212 册第 56 页	晁公遡《舍田记》	居士既宣此义,复说偈言。
《全宋文》第 213 册第 357 页、第 358 页、同上	洪适《息庵记》	蛰寮居士觐亲真阳。/ 居士曰:……/ 居士曰:
《全宋文》第 216 册第 179 页、同上、同上	韩元吉《建安白云山崇梵禅寺罗汉堂记》	佛之徒颇知用其说以警惧动化其俗。/ 佛之徒复睨其貌如传舍然。予笑曰:"宋颍盖儒者也,儒之道不语怪以惑民,不取人以自利,今是像之设,不惑民而自利耶?"
《全宋文》第 216 册第 203-204 页	韩元吉《建宁府开元禅寺戒坛记》	岂类于吾儒所为执德之不回而正固之干事者耶?
《全宋文》第 218 册第 310 页	员兴宗《池州改建南泉承恩禅寺记》	居士即稽首翘望,为说偈言。
《全宋文》第 220 册第 86 页	梅权《造塔记》	佛弟子梅权。
《全宋文》第 221 册第 125 页	王存之《隆教院重修佛殿记》	今天下建孔子庙、老子宫、释氏殿,皆崇奉之。独吾夫子以元圣素王之道,为万世衣冠礼乐之主,虽自天子,亲屈万乘之尊而钦祀之,以示尊师重道。
《全宋文》第 221 册第 127 页	王存之《普慈禅院新丰庄开请涂田记》	世之诋释氏者,必曰蚕食于吾农而病之。若其徒有能不惮劳勤,竭力耕垦以食其众,其亦合圣人之意,可书也已。
《全宋文》第 221 册第 266 页	李流谦《(安国寺)王正卿楞严译经像记》	我佛舌倾江、口布谷,初无一字而说彼经。
《全宋文》第 223 册第 128 页	陆游《上天竺复庵记》	死生去来无常,予老矣,安知不先在宝池中,俟师之归,语今日作记事,相与一笑乎?
《全宋文》第 223 册第 98 页	陆游《抚州广寿禅院经藏记》	既诺其请,又具载语守璞者,以励吾党云。

附录一：宋代文人寺记身份表达用语汇集

《全宋文》第231册第233页	周必大《新复报恩善生院记》	予曰："昔人论为政之蠹，释老常居其一。今竭中人几家之产而成尔数十之居，为吾儒者方且庋之，又何记焉？"
《全宋文》第239册第284页	杨万里《石泉寺经藏记》	予不知佛书，且不解福田利益事也，所知者儒书耳。
《全宋文》第254册第276页	娄机《东塔置田度僧记》	自金仙氏入中土，老氏与吾儒之教鼎。时吾儒常贬释氏，谓其凭虚恍洋，无所考证，引绳批根，麾使不得。近吾于中常持衡焉，世变日久，浇诡日滋，吾圣人语不及怪，不以为异示人，而后释氏祸福之说行。
《全宋文》第254册第351页	罗颂《古岩经藏记》	抱周孔之书而熟味之，以究夫性命之极。万一有所自得，而后考佛之书，取其与吾儒合者，明著焉以授之，庶乎其有补。
《全宋文》第254册第351页、第352页	罗颂《江祈院记》	浮屠氏之道，即吾儒所谓一以贯之者。/故因以广之，以为吾党之劝云
《全宋文》第258册第172页	姜如晦《金绳院五百罗汉记》	尔时有一居士，自凡夫境，谛观凡夫作诸妄业，受诸果报，王侯蜾蚁，共一苦聚，心生悲恼，未有咨决，又闻如是大都会中有大业坑，复有如是大功德海，欢喜踊跃，稽首作礼。
《全宋文》第260册第46页	鲍乂叔《东塔广福教院记》	僧人称其为居士，汝佛。"居士以斯言为，其为证明之。"仆曰："有是哉。汝佛如来示不诳语之戒，仆傥未信而言，于心有负。"故撮实以为之记。
《全宋文》第269册第125页	崔敦礼《建康府溧阳县报恩寺度僧田记》	吾儒之道，根于人心，被之天下，若饥食渴饮，不可一日废。学吾学者解褐而仕，仕则以道德为迂阔，以诗、书为陈腐，无有能长虑远图为名教之者。相薰以此，虽有贤作，岂易得志于其间哉！余观渊之用心而有感于吾道也。故为之书。
《全宋文》第273册第355页	王希吕《普向院记》	小臣业儒，文以识之。尚俾来者，知寺之始基。
《全宋文》第273册第356页	王希吕《精严禅寺记》	僧人称呼其为居士，"师尝曰寺成当求记于王居士。"
《全宋文》第274册第427页、第427-428页	陈祖仁《宝梵寺碑》	我佛之法不殚，则律师之模画似矣。道其未醇乎？/予喜师一念正知，愿力洪远，年逾七十，略不退转，因为记之并系以偈言。
《全宋文》第276册第428页	郑舜卿《修永福寺记》	超曰："请居士记之。"
《全宋文》第277册第387页	曾丰《光孝寺重修笔授轩记》	余于佛书，冥如也。揆于吾书，要不出于《易》之寂，《论语》之空。
《全宋文》第278册第2页	曾丰《重建华严寺记》	释学，予不知也。概如俨似吾道，不负其师，所属近孝，盖可书也已。
《全宋文》第278册第4页	曾丰《福庆寺始末记》	揆之吾教，未免为利而行之者，况有不然乎？
《全宋文》第278册第6页	曾丰《重兴院记》	并吾儒教之废莫起者。

239

文学、文化与文献——宋代寺记的多维研究

《全宋文》第279册第75-76页	刘光祖《大雄寺记》	而后吾儒以其事始而决之，而复归于无事。
《全宋文》第280册第64页、同上、同上	陈亮《普明寺长生谷记》	以行吾圣人之常道。/ 因以为其道当与吾圣人并行。/ 吾未见其有补于吾道也。
《全宋文》第282册第363页	魏鲸《福津县广严院记》	吾儒皆事圣人，而至于尊信其道，力行其说，用力之难，且未必浮图氏若也，可不为之叹惜欤。
《全宋文》第282册第394页	杨楫《重建灵峰寺记》	而亦愧夫吾道之不行也欤。
《全宋文》第284册第5页	杜孞《昭化寺记》	以吾儒言之，栾善继，可无忝于肯堂之家嗣矣。
《全宋文》第284册第392页	杨汝明《双溪化城接待寺记》	余遂言于师曰："吾儒之道，食无求饱，居无求安，敏于事，谨于言，就有道而正焉。"
《全宋文》第286册第84页	叶适《宿觉庵记》	呜呼！余老矣，病而力不给，惰而志不进，岂非不复知以古人自期，而遁流汩没于异方之学者哉！
《全宋文》第287册第219页	商逸卿《真如教院华严阁记》	余不溢美，随喜涉笔。
《全宋文》第290册第90页	孙应时《慈溪定香复教院记》	余儒者，雅不道浮图事，而挟余宗家固请。
《全宋文》第290册第95页	孙应时《泰州石庄明僖禅院记》	惜其失身异端，无用于世。其所植立，儒者所不道。
《全宋文》第290册第216页	邹非熊《太和院塔记》	此塔不隳，居士之名不朽。居士姓涂，名中。
《全宋文》第293册第348页	戴燧《迁释迦像记》	鄞峰戴燧从旁叹曰："吾佛以寂灭为乐，诸有皆空，有相无相，若不足计。"
《全宋文》第296册第111页	朱著《太和院续建塔记》	至若长夜灯光破暗，一方信向，用植福田，释氏所谓人天之果，不复详云。
《全宋文》第296册第252页	白玉蟾《福海院记》	琼山居士白玉蟾曰：……
《全宋文》第297册第16页	萧寅《结界记》	此浮图之制，与吾儒并行于天下。
《全宋文》第298册第124页	程珌《富昨寺记》	余非佞佛者，即事而纪之，不敢没其实焉耳。
《全宋文》第298册第125页	程珌《齐祈寺释迦大殿记》	虽然，金仙氏之说，予所不知，然或知其所向焉，则其人之不可为恶也审矣。
《全宋文》第298册第127页	程珌《歙县黄坑院记》	其说茫洋阔大而卒不可泯绝者，吾儒之道实行乎其中也。
《全宋文》第300册第98页	刘宰《京口正平山平等寺记》	余儒家者流，口不读释氏书。
《全宋文》第300册第106页、第107页、同上	刘宰《慈云寺兴造记》	之人也，似非尝有闻于吾道。/ 余学孔子者，于浮屠氏无考焉。之人也，似非尝有闻于吾道。/ 若夫考论礼经，阐明世教，使皆归而求之，则有当世搢绅与吾党之士在，余老矣。
《全宋文》第301册第48页	林时发《散陂寺碑记》	称呼别人为居士，"时有居士从众中出，揖余言曰……"
《全宋文》第301册第294页	钱德谦《静明寺记》	抑吾儒所闻见者。

附录一：宋代文人寺记身份表达用语汇集

《全宋文》第 301 册第 350 页	李心传《崇福院记》	夫子（程颢）之叹，盖有感也。余愿学夫子者，福田利益之报非所敢知，顾以其能充恻隐之端，似可为国家仁政之助。
《全宋文》第 301 册第 350 页	李心传《安吉州乌程县南林报国寺记》	而余为儒者也，自计不当放浮屠氏之言，久未之许。已而，余西归得请，治舰于湖，伟求不已。
《全宋文》第 302 册第 425 页	张方《梵业院重建佛殿记》	我尔不同道，其成功一也。愿尔勉焉。
《全宋文》第 303 册第 371 页	许应龙《嘉兴县重建永昌院记》	敬恭有礼，四海皆为弟兄；先后一揆，千里若合符节。此吾儒之谕也，释氏亦然。
《全宋文》第 303 册第 427 页	幸元龙《奉新县延恩寺记》	使吾儒而皆绍祖之心，则学问而阃奥洙泗，行道则骈臻海宇，不可乎？
《全宋文》第 303 册第 434 页、同上	幸元龙《惠灯寺云版记》	自体以致用，即吾道之感焉遂通者也。/ 其与吾圣人之道果有间乎？
《全宋文》第 303 册第 434 页	幸元龙《新昌县天宝乡宝盖院轮藏记》	西方之人有圣者焉，吾夫子谓其不言而信，不化而行。
《全宋文》第 304 册第 127 页	赵崇晖《白鹤寺记》	既契于予怀，因随喜作记。
《全宋文》第 306 册第 53 页	涂禹《重修澄心寺佛殿碑记》	僧人称呼作者居士，"居士励金刚宝剑。"
《全宋文》第 307 册第 369 页	钱时《神景寺记》	属邦君行乡饮礼。景恢不惮三百里，裹粮以随。因念学绝道丧，风俗之所以不醇者，实由于礼坏。记之作不作未足计，使之一观先王之旧典，而知王道之所以盛，顾不美欤！礼毕，言以授之。
《全宋文》第 315 册第 131 页	吕午《休宁县方兴寺西院新建藏记》	佛之定慧，如吾儒之定应也。不知吾儒亦可效是轮藏，储六经诸子百家，于一运转顷，遂悟所谓定应者乎！
《全宋文》第 315 册第 137 页	吕午《慈竺院记》	且以警吾党之士，而亦以自警云。
《全宋文》第 316 册第 374 页	吴泳《径山寺记》	某不尝醍醐，不嗅薝卜，枯藤败笔，何能铺述盛美！然学自孔氏，所求乎子以事父，臣以事君。
《全宋文》第 322 册第 376 页	徐冲《保宁寺钟楼记》	钟鸣山应，吾儒不为奇，佛家借以立教。
《全宋文》第 324 册第 36 页	袁甫《衢州光孝寺记》	而所以不扰吾民与所以祗承圣意者在是，所以不忘中原者又在是，是知塞天地、横四海之孝，皆由其一念充之也。
《全宋文》第 325 册第 289 页	祖大武《广严寺记》	吾儒之功用实维持之。
《全宋文》第 330 册第 306 页	刘克庄《重建九座太平院记》	况彼宗有功德阴果之说，吾儒有食功食志之辨。
《全宋文》第 333 册第 379 页	许棐《海盐广福永为贤首教院记》	一日，借知寺净喜来白梅屋居士曰："君与寺邻，吾为君友，坏梁又有而祖监丞题墨。前后因缘，如此不绝，敢有请焉。/ 居士曰：……

241

出处	作者篇名	内容
《全宋文》第334册第183-184页	孙德之《广教院重兴记》	余观释氏之教,方取重于世人,而其徒又善为封殖,凡有所兴举,其用力也勤,刻志也坚,故能起仆植僵,无不如意,如泽是已。至于世儒为孔子之学者也,出而任天下之重,往往无勤行之力,坚持之志,求其必世百年效,岂可复得耶?及是言之,其不及释氏远矣。予之记此,其有所感也夫,其有所激也夫!
《全宋文》第346册第217页	杜去轻《建法堂记》	呜呼!释氏之法,恐未尽怪也。吾虽不学释,亦尝求其故矣。
《全宋文》第347册第120页、第121页、同上	欧阳守道《圆通阁记》	佛之道,儒者难言之。/其说未有戾于吾党也。/此则佛之所以为佛,而吾儒之所不屑究言也。
《全宋文》第348册第271页	黄震《龙山寿圣寺记》	又降而元魏,庄列之说益以泛滥,则又溢而剿入佛氏中,以其前日纷乱吾圣人之常者而纷之。
《全宋文》第349册第182页	家铉翁《瑞云寺记》	吾圣人云:居天下之广居,立天下之正位,行天下之大道。
《全宋文》第350册第17页	安刘《钱塘南禅资福院创建佛殿记》	余曰:"是谓求福田利益者欤,奈何中人十家之产也?尔佛岂愿费白日伤货财者?"则曰:"吾仲尼未尝厌厌居陋,而百世道益光明,宜乎恶于异端。"深(僧人德深)辄瞠若,谓:"君自孔氏,则右其教。"
《全宋文》第350册第18页	安刘《南禅资福院施田记》	非其教是自背所师,非其所是自失所尚。吾党何是之取,余独有悟者。
《全宋文》第350册第20页	边明《重建慧聚寺大佛宝殿碑记》	为书其本末,而因以告吾儒之尊其师者,必若良琎而后可。
《全宋文》第352册第107页	姚勉《豫章新建净社院记》	夫宏甫,吾儒之英,其必然乎予之说。
《全宋文》第352册第290-291页	杜子源《衡山澄心院舍山记》	有能移是心,慕吾所谓道,吾徒当无食橡实,垂鹑结僵卧雪屋下者。虽然,饿死事小,失节事大。世之贤人才士与凡学孔氏者必毋以此乞怜要官巨室,则其心泰然,其气浩然,其体舒舒然,何往非自得之境,奚有于普春之立心、之持说者哉!噫!一法通,万法同,普春其毋骇余言。
《全宋文》第353册第31页	舒岳祥《重建台州东掖山白莲寺记》	余又不以二氏之非吾道而慨然为之记。
《全宋文》第354册第59页、同上	马廷鸾《净土院舍田记》	于吾儒之说,未大戾也。/抑亦不乖圣人之道乎?
《全宋文》第354册第321页、同上	王应麟《广恩崇福寺记》	释氏以空寂为教,若外乎伦纪,然其书有《大报恩篇》,言孝与儒合。/南丰所为称学佛者将以勉吾儒也。
《全宋文》第354册第366页	王应凤《广严院重建寺记》	吾徒之饱食安步者,或愧焉。
《全宋文》第356册第271页	家之巽《千顷云记》	吾不学佛,以吾意言之云尔。
《全宋文》第356册第288页	李春叟《庆林寺陈氏舍田记》	我佛弟子,能三箴绕肚,空心坐佛否?

附录二：《全宋文》所收文人寺记信息总集[1]

谨告：笔者原来是用表格形式汇集寺记信息，但表格形式页码有二百多页，因此这里转换成下文如是之格式。

《全宋文》册·卷·页　作者　籍贯　寺记题目　寺院位置　作记时间（年号）　作记时间（公元）　文献来源（名称+卷数）

一·全宋文卷一〇·二二六　　　陈抟　安徽　京兆府广慈禅院新修瑞象记　　陕西　雍熙二年　　985　　《金石续编》13

二·全宋文卷一二·二七　李恕　河南　尊胜石幢题记　四川　雍熙四年　　987　　光绪《益都县图志》27、《益都金石记》2

二·全宋文卷二五·二三九　　　徐铉　江苏　金陵寂乐塔院故玄寂禅师影堂记　江苏　？　　？　　《徐公文集》28

二·全宋文卷二五·二四〇　　　徐铉　江苏　抚州永安禅院记　江西　？　？　　《徐公文集》28

二·全宋文卷二五·二四三　　　徐铉　江苏　邠州定平县传灯禅院记　甘肃　淳化三年三月　992　　《徐公文集》28

二·全宋文卷二五·二四一　　　徐铉　江苏　润州甘露寺新建舍利塔记　江苏　端拱二年二月　989　　《徐公文集》28、《舆地纪胜》7、《北固山志》12、《京口山水志》1

三·全宋文卷四四·一〇八　　　许八娘　？　　造龛像记　　？　建隆四年七月　963　　《唐风楼碑录》

---

[1] 《宋代寺院碑文书写研究》中有"附录"为"基于《全宋文》的宋代寺院碑文统计表"，与本著关注点有所不同，所收篇目也有差别，可参看。见赵德坤、陈传芝：《宋代寺院碑文书写研究》，中国社会科学出版社2018年版。

文学、文化与文献——宋代寺记的多维研究

三·全宋文卷四五·一一〇　　黄麟　？　　开元寺新修佛顶尊胜陀罗尼经幢记　　？　　乾德元年三月　963　　《金石萃编》123

三·全宋文卷四九·一九四　　张邴　？　　颖州开元寺地藏院新修罗汉功德堂记　　安徽　乾德三年正月　965　　道光《阜阳县志》19

三·全宋文卷五〇·二一一　　王承庆　？　　云门山石井记　福建　乾德六年二月　968　　《益都金石记》2

三·全宋文卷五五·三〇六　　龚惟节　？　　大宋故万固寺主月公道者塔记　　山西　开宝六年三月　973　　《山右石刻丛编》11

三·全宋文卷五五·三二四　　张汝弼　？　　尊胜幢记　河南　开宝七年　974　　《八琼室金石补正》82、国家图书馆藏拓片、《洛阳存古录》3、《搜古汇编》50

三·全宋文卷五六·三三八　　□岵　？　　重修龙兴寺东塔记　陕西　开宝八年四月　975　　《金石萃编》125

三·全宋文卷五八·三九〇　　孙承祐　浙江　　灵岩山寺砖塔记　江苏　太平兴国二年　977　　《吴都文粹》8、《吴都法乘》9、《吴郡志》32、《姑苏志》29、《古今图书集成》神异典123、道光《苏州府志》40、民国《灵岩山志》2、民国《吴县志》36上

三·全宋文卷六〇·四一二　　宋白　河北　　修相国寺碑记　河南　？　？　　乾隆《祥符县志》9、康熙《开封府志》19

三·全宋文卷六〇·四二三　　钱俨　浙江　　咸平观音禅院碑铭　江苏　咸平六年六月　1003　　《吴都文粹》8、《吴都法乘》10、《吴郡志》32、《姑苏志》29、道光《苏州府志》41

三·全宋文卷六一·四四九　　毛文恪　？　　法门寺浴室院暴雨冲注唯浴镬器独不漂没灵异记　陕西　太平兴国三年四月　977　　《金石续编》13、《八琼室金石补正》84、《扶风县石刻记》下、《吉金贞石录》3

五·全宋文卷一〇四·四〇三　　曹延晟　？　　写大般若经施显德寺题记　？　　乾德四年　966　　《莫高窟年表》第561页

五·全宋文卷一〇四·四〇七　　王嗣宗　山西　　祐国寺记　　　河南　？　　？　　　《古今图书集成》神异典384、康熙《开封府志》19、乾隆《祥符县志》9

六·全宋文卷一〇七·四七　　　康文兴 ？　　写贤劫千佛名经题记　　？　　雍熙二年十一月　　985　　敦煌卷4601、《莫高窟年表》第597页

六·全宋文卷一一一·一二七　　张咏　山东　　陕府回銮寺记　陕西　开宝七年　　　974　　《乖崖先生文集》8

六·全宋文卷一二七·三八二　　柳开　河北　　宋州龙兴寺浴室院新修消灾菩萨殿壁记　河南　太平兴国二年？　　　977　　《河东先生文集》4

七·全宋文卷一三八·一七八　　王乘　山东　　晋江承天寺陀罗尼经幢记 福建　　淳化二年十一月　　991　　《闽中金石略》3、《福建金石志》5

八·全宋文卷一五六·七〇　　王禹偁 山东　　济州龙泉寺修三门记　　山东　　淳化三年　　　992　　《小畜集》16、《曹南文献录》59

八·全宋文卷一五七·八二　　王禹偁 山东　　龙兴寺三门记碑　山东　太平兴国七年闰十二月 982　　《山左金石志》15、《古今图书集成》神异典115、乾隆《山东通志》35之19上、道光《巨野县志》18

八·全宋文卷一五七·七一　　王禹偁 山东　　黄州齐安永兴禅院记　　湖北　咸平二年八月　999　　《小畜集》17、光绪《黄州府志》38

八·全宋文卷一六三·二〇三　　查道　安徽　　乾明寺僧堂记 ？　大中祥符二年四月　　　1009　　《云卧纪谈》《缁门警训》6

八·全宋文卷一六三·二一三　　梁鼎　四川　　大宋凤翔府青峰山万寿禅院记　　陕西　景德二年一月　1005　　《金石萃编》126、乾隆《宝鸡县志》15、民国《宝鸡县志》14

八·全宋文卷一六四·二三七　　杨缄　？　　大宋解州闻喜东镇保宁禅院记　山西　淳化元年七月十五日　　990　　《山右石刻丛编》

245

11

  八·全宋文卷一六六·二七七 李湛 ? 重修延福禅院记 江苏 至道二年十月 996 《吴都文粹》10之上、《吴郡志》35、《海虞文征》8、道光《苏州府志》43、光绪《常昭合志稿》16

  八·全宋文卷一六六·二八一 李德用? 京兆府武功县宝意寺重修装画弥勒佛阁记 陕西 至道三年九月 997 《八琼室金石补正》86、《陕西金石志》20

  八·全宋文卷一六八·三〇七 罗处约 四川 景德灵隐寺记 浙江 雍熙三年 986 《咸淳临安志》8、《武林灵隐寺志》、6《西湖志》12、《宋代蜀文辑存》1

  八·全宋文卷一六八·三一六 苏易简 四川 白马寺记 河南 淳化二年四月八日 991 《古今图书集成》职方典441、雍正《河南通志》50、《金石萃编》125、《洛阳存古录》9、《宋代蜀文辑存》1

  八·全宋文卷一七二·三八六 李裕 山西 栖岩寺四至记 山西 ? ? 《山右石刻丛编》11

  八·全宋文卷一七三·四一六 张哲 ? 河南府密县敕赐法海院新修法华经舍利石塔记 河南 咸平四年七月 1001 《金石萃编补正》2

  九·全宋文卷一八二·一五一 邓某 山东 重修佛龛记 山东 至道三年五月 997 《益都县图志》27

  九·全宋文卷一八九·二六六 李畋 四川 重修昭觉寺记 成都 ? ? 《成都文类》37、《全蜀艺文志》38、《蜀中名胜记》3、嘉庆《四川通志》8、光绪《重修昭觉寺志》3、民国《简阳县志》13

  一〇·全宋文卷一九六·三 胡则 浙江 重修法轮院记 浙江 大中祥符三年六月 1010 《胡正惠公集》、雍正《浙江通志》232

  一〇·全宋文卷一九七·二六 王曙 河南 觉城禅院记 四川 天禧二年 1018 《成都文类》37、《全蜀艺文志》38、嘉庆《四川通志》38、嘉庆《成都县志》5、嘉庆《华阳县志》39、同治《成都县志》13

一〇·全宋文卷一九九·九七　　张守志 ？　　佛说般若多心经幢记　　？　　景德元年四月　1004　　民国《滑县志》5

一〇·全宋文卷二〇五·一八六　　郭重显 山西　　建尊胜大悲经幢记　　山西　　景德二年十一月　　1005　　国家图书馆藏拓片

一〇·全宋文卷二〇五·一九三　　某弘 ？　　北新安村永安禅院碑记并序　　山西　　景德二年四月　1005　　《汾阳县金石类编》5

一〇·全宋文卷二〇七·二四四　　李道 ？　　佛顶尊胜陀罗尼经幢记　　河北　　景德二年九月　1005　　光绪《重修曲阳县志》12

一〇·全宋文卷二一一·三三五　　卢慎微 浙江　　青山禅寺记　　浙江　　景德三年十一月　　1006　　《敬止录》29、同治《鄞县志》67

一三·全宋文卷二六八·二七八　　郎简 浙江　　永庆院僧知白行业记　　浙江　　？　　？　　《赤城志》35

一三·全宋文卷二六八·二八八　　杨宿 ？　　穹窿山寺记　　江苏　　景德四年五月　1007　　《吴都文粹》8、《吴郡志》33、《吴都法乘》10上之下、正德《姑苏志》29、道光《苏州志》41

一三·全宋文卷二六八·二九三　　王怀信 ？　　造心经幢记　　？　　大中祥符元年正月　　1008　　《安徽通志稿》金石古物考15

一三·全宋文卷二七〇·三二七　　石待问 四川　　皇宋明州新修保恩院记　　浙江　　大中祥符二年四月六日 1009　　《四明尊者教行录》6、雍正《浙江通志》230

一四·全宋文卷二七八·七三　　单和 江苏　　海清寺塔记　　江苏　　天圣十年正月　1032　　道光《云台新志》14

一四·全宋文卷二七九·一〇四　　张君房 湖北　　辟支佛记　　江苏　　景德五年　　1008　　《新编分门古今类事》8

一四·全宋文卷二八〇·一一三　　蔺融 四川　　简州奉圣寺新建斋厅记　　四川　　景祐三年六月二十八日 1036　　《金石苑》6、民国《简阳县志》24、《宋代蜀文辑存》97

一四·全宋文卷二八一·一三六　　王随 河南　　虎丘云严寺记　　江苏　　天圣二年六月　1024　　嘉靖《浒墅关志》16、《吴都文粹》8、《姑苏志》29、《吴郡志》32、《吴都法乘》10上之下、道光《苏州府志》42、道光《重

247

修虎丘山志》22、民国《吴县志》38

一四·全宋文卷二九六·三九九　杨亿　福建　处州龙泉县金沙塔院记　浙江　？　？　《武夷新集》6、光绪《龙泉县志》12

一四·全宋文卷二九六·四〇七　杨亿　福建　连州开元寺重修三门行廊记　广东　？　？　《武夷新集》6

一四·全宋文卷二九六·四〇八　杨亿　福建　故河中府开元寺坛长赐紫僧重宣塔记　山西　？　《武夷新集》6、雍正《山西通志》94

一四·全宋文卷二九六·四〇九　杨亿　福建　婺州开元赐新建大藏经楼记　浙江　景德二年十二月　1005　《武夷新集》6

一四·全宋文卷二九六·四一一　杨亿　福建　潞州新敕赐承天禅院记　山西　景德二年四月八日　1005　《武夷新集》6

一五·全宋文卷二九七·四　杨亿　福建　金绳院记　四川　？　？　《成都文类》37、《全蜀艺文志》38、嘉庆《四川通志》38、嘉庆《成都县志》5、同治《重修成都县志》13

一五·全宋文卷三〇五·一三九　童蒙亨　？　敕赐封崇寺为额记　河北　大中祥符九年八月　1016　《常山贞石志》11

一五·全宋文卷三〇五·一四一　谢用　四川　重修资州法华院记　四川　大中祥符九年十月　1016　《金石苑》《宋代蜀文辑存》4

一六·全宋文卷三二一·一六　郑向文　？　雁荡山灵岩禅寺碑　浙江　天禧二年　1018　永乐《乐清县志》5、《广雁荡山志》9

一六·全宋文卷三二三·三六　穆修　山东　蔡州开元寺佛塔记　河南　天圣六年　1028　《穆参军集》下

一六·全宋文卷三二三·四〇　穆修　山东　亳州法相禅院钟记　安徽　天圣元年　1023　《穆参军集》下、《皇朝文鉴》77

一六·全宋文卷三二三·四三　穆修　山东　明因院罗汉像新殿记　江苏　大中祥符四年　1011　《穆参军集》下

一六·全宋文卷三二五·七九　张仪凤　山西　上党县潜龙山宝云寺碑　山西　天禧三年四月八日　1019　《山右石刻丛编》12

一六·全宋文卷三二六·一一八　张氏　山东　造陀罗尼幢记　山东

天禧四年　　　　1020　《益都县图志》27

一六·全宋文卷三二七·一三一　李光秀　？　下宝庵记　四川　天禧五年八月五日　　1021　道光《乐至县志》10

一六·全宋文卷三二七·一三三　盖可行　山东　造香炉记　山东　天禧五年四月八日　　1021　《潍县志稿》39

一六·全宋文卷三二八·一五四　朱戒宝　浙江　宋阿育王石象宝塔题记　浙江　乾兴元年五月　1022　《台州金石录》2、《两浙金石志》5　一六·全宋文卷三二九·一八七　　钟沃　山西　大宋河中府中条山万固寺新修舍利塔记　山西　天圣二年四月八日　1024　《山右石刻丛编》12

一六·全宋文卷三三〇·一九六　柳峦　江苏　海清寺塔记碣　江苏　　？　《云台金石记》、嘉庆《海州直隶州志》28、道光《云台新志》14

一六·全宋文卷三三一·二一七　吕谔　浙江　福善院铸钟记　浙江　天圣三年二月　1025　《嘉禾金石志》20、《云间志》下、《至元嘉禾志》20、康熙《松江府志》27

一六·全宋文卷三三一·二三三　王明　山东　造香炉记　山东　景祐五年八月　1038　民国《潍县志稿》39

一六·全宋文卷三三一·二三四　孙元　山东　供石香炉记　山东　天圣二年九月　1024　民国《重修泰安县志》14

一六·全宋文卷三三二·二四七　彭乘　四川　重修大中永安禅院记　四川　天圣四年　　1026　《成都文类》36、《宋代蜀文辑存》4、民国《新繁县志》文征补

一七·全宋文卷三五二·一七二　夏竦　江西　赐杭州灵隐山景德灵隐寺常住田记　浙江　天圣四年五月十五　1026　《文庄集》21

一七·全宋文卷三五二·一七三　夏竦　江西　御书慈孝寺碑额记　河南　天圣六年八月一日　1028　《文庄集》21

一七·全宋文卷三五二·一七六　夏竦　江西　青州龙兴寺重修中佛殿记　山东　景祐四年八月初一　1037　《文庄集》21

249

一七・全宋文卷三五二・一七八　夏竦　江西　杭州宝云寺记　浙江　约咸平三年之后　？　《文庄集》21

一七・全宋文卷三五二・一八〇　夏竦　江西　台州延庆院记　浙江　？　？　《文庄集》21、《赤城志》27、民国《临海县志》35

一七・全宋文卷三五九・二八八　孙规　？　宝华寺新记　江苏　？　？　《吴都法乘》卷10上之下、《吴郡志》36上

一七・全宋文卷三六一・三二八　廖偁　湖南　白佛院宝殿记　浙江　景祐二年十月　1035　光绪《浦江县志》15

一七・全宋文卷三六一・三三三　盛延德　江苏　海清寺塔记　江苏　天圣三年十一月　1025　嘉庆《海州直隶州志》28、道光《云台新志》14

一七・全宋文卷三六一・三三七　冯遂　河南　慈云寺石香幢记　河南　天圣五年九月　1027　《林县志》14

一七・全宋文卷三六二・三五六　汤维　？　重修泗州大圣殿记　河南　天圣六年三月　1028　《偃师金石遗文补录》9

一七・全宋文卷三六四・三九〇　苏可久　？　海清寺塔东海知县碑记　江苏　天圣六年六月一日　1028　嘉庆《海州直隶州志》28、道光《云台新志》14

一八・全宋文卷三八六・四二三　范仲淹　江苏　天竺山日观大师塔记　浙江　？　？　《范文正公集》7、《咸淳临安志》80、康熙《钱唐县志》34、雍正《西湖志》26

一九・全宋文卷三九八・二三一　晏殊　江西　因果禅院佛殿记　江西　景德二年　1005　光绪《抚州府志》20

一九・全宋文卷四〇〇・二八二　王逵　河南　齐州灵岩寺千佛殿记　山东　嘉祐五年三月　1060　《八琼室金石补正》101、道光《济南府志》68

二〇・全宋文卷四一三・九二　叶交　福建　台州临海县敕延丰院记　浙江　景祐元年十一月十五日　1034　《两浙金石志》5

二〇・全宋文卷四一四・一一二　梅挚　四川　八功德水记　江苏　？　？　《云谷禅林志》2、《舆地纪胜》17、《至大金陵新志》1、

《金陵梵刹志》3、《宋代蜀文辑存》4、民国《新繁县志·文征补》

二〇·全宋文卷四一四·一二二　李咸宜　山西　　南吉祥寺碑记　山西　？　　？　　　乾隆《陵川县志》25

二〇·全宋文卷四一五·一三六　李嵩叟　？　　　修证院法堂记　浙江　景祐二年十二月　　　1035　《至元嘉禾志》26、万历《崇德县志》8、嘉庆《石门县志》9

二〇·全宋文卷四三〇·四二九　宋庠　　河南　　台州嘉祐院记　浙江　庆历二年八月　1042　　《宋元宪集》36、《赤城志》27、《永乐大典》2603、《延平府志》19、《临海县志》35

二二·全宋文卷四六六·一九五　胡宿　　江苏　　常州兴化寺记　江苏　天圣五年十二月　　　1027　《文恭集》35、《常郡八邑艺文志》2

二二·全宋文卷四六六·一九九　胡宿　　江苏　　题湖州西余山宁化寺弄云亭记　浙江　庆历三年三月　1043　《文恭集》35

二二·全宋文卷四六六·二〇三　胡宿　　江苏　　常州太平兴国寺弥陀阁记　江苏　至和三年三月　1056　《文恭集》35、《常郡八邑艺文志》2

二二·全宋文卷四六六·二〇五　胡宿　　江苏　　下天竺灵山教寺记　浙江　？　　？　　《咸淳临安志》80、《佛法金汤篇》12、《西湖志》13　　二二·全宋文卷四七七·四二八　　张仪　　山东　　造石香炉记　山东　景祐四年　　1037　光绪《益都县图志》27

二二·全宋文卷四七七·四三〇　许钦　　？　　　大宋广州新会县仙涌山重修地藏院记　广东　景祐五年正月　1038　道光《新会县志》12

二三·全宋文卷四七八·一九　　虞僚　　？　　　重建芦山寺碑记　浙江　景祐三年五月　1036　光绪《慈溪县志》42

二三·全宋文卷四八〇·五五　　曾孝基　福建　　广严院记　　浙江　宝元二年　　　1039　道光《东阳县志》24

二四·全宋文卷五一九·三七八　宋祁　　河南　　安州景福寺重修钟楼记　湖北　？　　？　　　《宋景文集》46

二四·全宋文卷五一九·三八二　宋祁　　河南　　衡山福严禅院二泉

251

记　　　　湖南　庆历元年　　　　1041　　《宋景文集》46、光绪《湖南通志》16

二四·全宋文卷五一九·三八三　宋祁　河南　复州乾明禅院记　湖北　？　　？　　　《宋景文集》46

二七·全宋文卷五七〇·六六　　余靖　广东　韶州翁源县净源山耽石院记　　广东　皇祐元年八月　1049　　《武溪集》7、嘉庆《翁源县志》9

二七·全宋文卷五七〇·六七　　余靖　广东　庐山承天归宗禅寺重修寺记　　江西　嘉祐八年十月　1063　　《武溪集》7

二七·全宋文卷五七〇·六九　　余靖　广东　广州南海县罗汉院记　　广东　康定二年　　　1041　　《武溪集》7、《广东文征》55、同治《南海县志》24

二七·全宋文卷五七〇·七〇　　余靖　广东　韶州乐昌献宝林禅院记　广东　康定二年九月　1041　　《武溪集》7、《广东文征》55

二七·全宋文卷五七〇·七二　　余靖　广东　韶州开元寺新建浴室记　广东　庆历六年六月　1046　　《武溪集》7

二七·全宋文卷五七〇·七三　　余靖　广东　韶州重建东平山正觉寺记 广东　皇祐元年四月　1049　　《武溪集》7

二七·全宋文卷五七〇·七四　　余靖　广东　广州乌龙山觉性禅院草堂记　　广东　嘉祐八年正月　1063　　《武溪集》7

二七·全宋文卷五七一·七六　　余靖　广东　江州庐山重修崇胜禅院记 江西　庆历五年　　　1045　　《武溪集》8、《舆地纪胜》30

二七·全宋文卷五七一·七八　　余靖　广东　潮州开元寺重修大殿记　广东　庆历时期　　？　　《武溪集》8、《永乐大典》5345

二七·全宋文卷五七一·七九　　余靖　广东　韶州白云山延寿禅院传法纪　　广东　？　　　？　　《武溪集》8

二七·全宋文卷五七一·八〇　　余靖　广东　南岳云峰山景德寺记　　　湖南　至和二年六月　1055　　《武溪集》8

二七·全宋文卷五七一·八二　　余靖　广东　南岳山云峰景德禅寺重修佛殿记　湖南　嘉祐二年十二月　　　1057　　《武溪集》8

二七·全宋文卷五七一·八三　　余靖　广东　庐山栖贤宝觉禅院石浴室记　江西　？　？　《武溪集》8

二七·全宋文卷五七一·八四　　余靖　广东　韶州曹溪宝林山南华禅寺重修法堂记　广东　康定二年十二月　1041　《武溪集》8、光绪《曲江县志》16

二七·全宋文卷五七一·八六　　余靖　广东　潭州兴化禅寺新铸钟记　湖南　嘉祐二年四月　1057　《武溪集》8

二七·全宋文卷五七一·八七　　余靖　广东　东京左街永兴华严禅院记　河南　嘉祐四年十二月　1059　《武溪集》9

二七·全宋文卷五七一·八九　　余靖　广东　韶州善化院记　广东　康定元年九月　1040　《武溪集》9、《广东文征》55、光绪《曲江县志》16

二七·全宋文卷五七二·九一　　余靖　广东　惠州开元寺记　广东　康定二年六月　1041　《武溪集》9

二七·全宋文卷五七二·九三　　余靖　广东　韶州月华山花界寺传法住持记　广东　？　？　《武溪集》9、光绪《曲江县志》16

二七·全宋文卷五七二·九四　　余靖　广东　筠州洞山普利禅院传法纪　江西　景祐五年正月　1038　《武溪集》9

二七·全宋文卷五七二·九七　　余靖　广东　惠州罗浮山延祥寺记　广东　康定二年六月　1041　《武溪集》9、康熙《罗浮山志全编》11、乾隆《博罗县志》13

二七·全宋文卷五七二·九九　　余靖　广东　循州新修白云山普安寺记　广东　庆历六年七月　1046　《武溪集》9、《舆地纪胜》91、《方舆胜览》37、光绪《惠州府志》3

二七·全宋文卷五七二·一〇〇　　余靖　广东　潭州太平兴国寺新建戒坛记　湖南　？　？　《武溪集》5、《粤西文载》45

二七·全宋文卷五七七·一八八　　叶清臣　江苏　越州萧山县昭庆寺梦笔桥记　浙江　天圣四年三月　1026　《八琼室金石补正》94、《越中金石记》2、《两浙金石志》2、《会稽掇英总集》19、雍正《浙江通志》

253

36、乾隆《绍兴府志》8、乾隆《萧山县志》38、民国《萧山县志稿》31

二七·全宋文卷五七九·二二六　李尧俞　四川　广福寺三岩记　浙江　皇祐元年十二　1049　《名山胜概记》19、《古今游名山记》10、《古今图书集成》职方典1030、《宋代蜀文辑存》11

二八·全宋文卷五九一·一三九　杨适　浙江　重建云溪寺记　浙江　嘉祐四年七月十五　1059　雍正《慈溪县志》14、光绪《慈溪县志》41、《四明山志》2

二八·全宋文卷五九四·一八四　李肩白　？　重建上方碑记　浙江　庆历六年三月十五　1046　道光《海昌备志》12、乾隆《海宁州至》6、民国《海宁州志稿》19

二九·全宋文卷六一五·一三三　吴育　福建　郑州新郑县旌贤崇梵院三贤堂记　河南　至和三年　1056　乾隆《新郑县志》29

三〇·全宋文卷六三七·六四　张奭　？　法门寺重修九子母记　陕西　庆历五年闰五月　1045　《金石续编》14、《金石萃编补正》2、《扶风县石刻记》下

三〇·全宋文卷六三七·七一　孙硕　？　重修镇国寺记　山西　庆历四年七月　1044　《定襄金石考》1、《山右石刻丛编》13

三一·全宋文卷六五八·六〇　文彦博　山西　永福寺藏经记　山西　？　？　嘉庆《介休县志》12、雍正《山西通志》168

三一·全宋文卷六六一·九六　王素　河南　彭州堋口镇新修塔记　四川　嘉祐五年十月　1060　国家图书馆藏拓片、嘉庆《彭县志》9　三一·全宋文卷六六一·一一三　雷简夫　陕西　耀州妙德禅院修新明觉殿记　陕西　嘉祐八年六月　1063　《金石萃编》135

三一·全宋文卷六六二·一二六　陆绛　江苏　宝岩院新建佛殿记　江苏　庆历六年正月一日　1046　《重修琴川志》13、《吴都文粹》9、《吴都法乘》10下、《常昭合志》16、道光《苏州府志》43、《海虞文征》8、光绪《苏州府志》44

三五·全宋文卷七四〇·一二八　欧阳修　江西　河南府重修净垢院记　河南　明道元年　1032　《欧阳文忠公集》63、乾隆《河南府志》84

三五·全宋文卷七四一·一三一　欧阳修　江西　明因大师塔记　河南　景祐元年　　　　1034　《欧阳文忠公集》63、《续文章正宗》15、《文翰类选大成》112、《文编》57、《古今图书集成》神异典 198

三五·全宋文卷七四一·一四一　欧阳修　江西　淅川县兴化寺廊记　河南　明道二年　　　1033　《欧阳文忠公集》63、康熙《南阳府志》6 下、8 康熙《淅川县志》8

三五·全宋文卷七四一·一四二　欧阳修　江西　湘潭县修药师院佛殿记　湖南　景祐三年　　　1035　《欧阳文忠公集》63、《续文章正宗》15、《文编》57、《文章辨体汇选》562、嘉庆《湖南通志》190、嘉庆《湘潭县志》31

三八·全宋文卷八一七·一五五　张方平　河南　蜀州修建天目寺记　四川　皇祐二年六月　1050　《乐全集》33

四〇·全宋文卷八七一·二七九　范镇　四川　重修悟真塔记　？天圣九年　　　1031　《国朝二百家名贤文粹》124

四一·全宋文卷八七八·八〇　苏舜钦　四川　东京宝相禅院新建大悲殿记　河南　庆历二年四月五日　1042　《苏学士文集》13

四一·全宋文卷八七八·八五　苏舜钦　四川　苏州洞庭山水月禅院记　江苏　庆历七年十一月五日　1047　《苏学士文集》1、《方舆胜览》2、《吴郡志》33、《吴都文粹》8、《吴都法乘》10、《姑苏志》29、《名山胜概记》8、《震泽编》3、《古今游名山记》4、《江南通志》44、道光《苏州府志》41、民国《吴县志》36

四一·全宋文卷八八八·二七四　赵抃　浙江　龙游县新修舍利塔院记　浙江　庆历五年十月　1045　《赵清献公集》5

四一·全宋文卷八九〇·二九七　侯可　陕西　京兆府香城善感禅院新井记　陕西　熙宁七年正月　1074　国家图书馆藏拓片、《金石萃编》137、《金石苑》《续语堂碑录》

四二·全宋文卷九一五·三一五　李觏　江西　太平兴国禅院十方住持记　江西　景祐三年九月　1036　《直讲李先生文集》24、《古今图书集成》神异典 25

四二·全宋文卷九一五·三一七　李觏　江西　太平院浴室记　江西

庆历八年　　　　　1048　《直讲李先生文集》24、正德《建昌志》18

　　　四二·全宋文卷九一五·三一八　李觏　江西　建昌军景德寺重修大殿并造弥陀阁记　　江西　庆历七年十月　1047　《直讲李先生文集》24、《皇朝文鉴》80、正德《建昌志》18、《文章正宗》15

　　　四二·全宋文卷九一五·三一九　李觏　江西　景德寺新院记　江西　嘉祐三年九月　1058　《直讲李先生文集》24

　　　四二·全宋文卷九一五·三一九　李觏　江西　回向院记　　江西　皇祐三年　　　　1051　《直讲李先生文集》24

　　　四二·全宋文卷九一五·三二〇　李觏　江西　承天院记　　江西　皇祐三年十一月　　　　1051　《直讲李先生文集》24

　　　四二·全宋文卷九一五·三二二　李觏　江西　承天院罗汉阁记　江西　皇祐五年七月　1053　《直讲李先生文集》24、雍正《江西通志》123

　　　四二·全宋文卷九一五·三二三　李觏　江西　新城院记　江西　皇祐三年十二月　　　　1051　《直讲李先生文集》24、正德《建昌志》18

　　　四二·全宋文卷九一五·三二四　李觏　江西　抚州菜园院记　江西　庆历三年八月　1043　《直讲李先生文集》24

　　　四二·全宋文卷九一五　李觏·三二五　江西　修梓山寺殿记　江西　康定二年九月　1041　《直讲李先生文集》24、正德《建昌志》18、雍正《江西通志》23

　　　四三·全宋文卷九二七·一六八　苏洵　四川　彭州圆觉禅院记　四川　？　　？　　《苏老泉先生全集》15

　　　四三·全宋文卷九二七·一六九　苏洵　四川　极乐院造六菩萨记　四川　嘉祐四年　　　1059　《苏老泉先生全集》15、《国朝二百家名贤文粹》124、《文编》57、《文章辨体汇选》591

　　　四三·全宋文卷九二九·二〇八　元绛　浙江　鹿苑寺记　　江苏　康定二年三月八日　　　1041　《景定建康志》46、《至大金陵新志》11下、《金陵梵刹志》22

　　　四三·全宋文卷九三八·三五九　李大临　四川　圣兴寺护净门屋记　四川　嘉祐三年－五年　　　　1058-1060　《全蜀艺文志》38、嘉庆《四

川通志》38、嘉庆《成都县志》5、嘉庆《华阳县志》39、《宋代蜀文辑存》19

四三·全宋文卷九三八·三七〇　员安舆　四川　灵泉县石门院石像记　四川　元祐三年七月十六日　1088　咸丰《简州志》13、民国《简阳县志》5、《宋代蜀文辑存》33

四三·全宋文卷九三九·三七七　卢觊　陕西　普通塔记　陕西　庆历五年二月　1045　国家图书馆藏拓片、《金石萃编》133、《扶风县石刻记》下、嘉庆《扶风县志》8

四六·全宋文卷九八九·一〇〇　朱处约　？　北岩定林禅院藏经殿记　四川　皇祐四年八月　1052　乾隆《合州志》12、嘉庆《四川通志》39、民国《合川县志》58、《宋代蜀文辑存》99

四六·全宋文卷九九二·一五三　毛维瞻　浙江　明果禅寺记　浙江　元丰二年十月　1079　嘉庆《西安县志》44、嘉庆《衢县志》19

四七·全宋文卷一〇一七·一八八　蔡襄　福建　临安海会寺殿记　浙江　庆历三年正月十五日　1043　《蔡忠惠集》25、《淳祐临安志辑逸》4、《咸淳临安志》83、万历《杭州府志》100、民国《杭州府志》38

四七·全宋文卷一〇二八·三六七　王国臣　湖南　舍东台山凤凰寺大钟记　湖南　皇祐四年六月　1052　同治《湘乡县志》2

四八·全宋文卷一〇四二·一八三　徐振　山东　莱阳县趣果寺新修大圣殿记　山东　庆历五年九　1045　光绪《增修登州府志》65、民国《莱阳县志》3之3下

四八·全宋文卷一〇四二·一九三　王琪　四川　御书阁记　江西　？　？　同治《铅山县志》7

四八·全宋文卷一〇四九·二八八　韩固　河北　法堂记　山西　至和二年三月　1055　康熙《黎城县志》4、乾隆《潞安府志》29

四八·全宋文卷一〇五五·三八九　任伋　四川　泸州开福寺记　四川　？　？　《方舆胜览》62

四九·全宋文卷一〇七六·三一三　张某某　四川　文才寺记　四川　嘉祐三年　1058　民国《三台县志》4

四九·全宋文卷一〇七六·三二一　　　薄洙　？　　汾州大中寺太子禅院坟塔园葬定光佛舍利塔记　山西　嘉祐二年四月　1057　《山右石刻丛编》13、《汾阳县金石类编》5上

五〇·全宋文卷一〇九七·三四八　　　余公弼　？　　宝山院记　江西　？　　？　　《义宁州志》31

五一·全宋文卷一一〇五·一二四　　　文同　四川　成都府楞严院画六祖记　四川　嘉祐六年五月十五　1061　《丹渊集》22、《成都文类》45、《全蜀艺文志》41、嘉庆《华阳县志》39

五一·全宋文卷一一〇六·一四〇　　　文同　四川　静难军灵峰寺新阁记　陕西　嘉祐六年五月初一　1061　《丹渊集》24

五一·全宋文卷一一〇六·一四一　　　文同　四川　邛州凤凰山新禅院记　四川　嘉祐六年五月十五日　1061　《丹渊集》24、《全蜀艺文志》38、嘉庆《四川通志》43、嘉庆《邛州志》43、同治《大邑县志》18

五一·全宋文卷一一〇六·一四二　　　文同　四川　茂州汶川县胜因院记　四川　熙宁二年十月十五日　1069　《丹渊集》24、《全蜀艺文志》38、嘉庆《四川通志》43、《蜀中名胜记》7、光绪《灌县志》13

五一·全宋文卷一一〇七·一四九　　　文同　四川　邛州永福院新修桂华阁记　四川　嘉祐七年壬寅六月十日　1062　《丹渊集》24

五一·全宋文卷一一一二·二四九　　　黄庶　江西　复唯识院记　陕西　皇祐三年　　1051　《伐檀集》下、《金石萃编》134、道光《蓝田县志》附《文征录》卷一、国家图书馆藏拓片

五一·全宋文卷一一一五·三〇九　　　赵瞻　陕西　观空堂记　陕西　熙宁九年九月　1076　《古今图书集成》职方典519、乾隆《鳌屋县志》12

五六·全宋文卷一二二三·二二八　　　司马光　山西　秀州真如院法堂记　浙江　皇祐四年四月　1052　《司马公文集》66、《至元嘉禾志》22、万历《秀水县志》9、雍正《浙江通志》199、228、《古今图书集成》神异典115、光绪《嘉兴府志》18

五八·全宋文卷一二六一·一三二　　　曾巩　江西　分宁县云峰院记　江西　庆历三年九月二十八日 1043　《元丰类稿》17、《曾文定公集》26、《南丰曾先生文粹》5、《皇朝文鉴》79、《文章正宗》续编15、《妙绝古今》4、《方舆胜览》19、《文章辨体汇选》591、《文编》57、《八代文钞》第 32 册、《名山胜概记》23、《古今图书集成》神异典115、乾隆《南昌府志》24、乾隆《宁州志》12

五八·全宋文卷一二六一·一四〇　　　曾巩　江西　菜园院佛殿记　江西　庆历八年　　1048　《元丰类稿》17、《曾文定公集》9、《曾子固集》25、《南丰曾先生文粹》5、《文章正宗》续集15、《文章辨体汇选》591、雍正《江西通志》123、乾隆《临川县志》9、同治《临川县志》18

五八·全宋文卷一二六一·一四六　　　曾巩　江西　金山寺水陆堂记　江苏　庆历九年后　？　《元丰类稿》17、《曾文定公集》9、《曾子固集》26、《南丰曾先生文粹》5、《古今图书集成》神异典115、乾隆《镇江府志》45、《金山志》3、《京口山水志》2、《金山龙游禅寺碑略》1、光绪《丹徒县志》54

五八·全宋文卷一二六一·一四七　　　曾巩　江西　鹅湖院佛殿记　江西　庆历时期　？　《元丰类稿》17、《曾文定公集》5、康熙《广信府志》27、同治《铅山县志》23

五八·全宋文卷一二六二·一五〇　　　曾巩　江西　兜率院记　江西　庆历三年？　1043　《元丰类稿》18、《曾文定公集》9、《南丰曾先生文粹》5、《皇朝文鉴》80、《文章正宗》续集15、《文章辨体汇选》591、《古今图书集成》神异典115、雍正《江西通志》123、乾隆《宁州志》12

五八·全宋文卷一二六三·一七五　　　曾巩　江西　江州景德寺新戒坛记　江西　熙宁十年五月　1077　《元丰类稿》19、《曾文定公集》9

六一·全宋文卷一三三九·三七六　　　苏颂　福建　杨子寺聱隅先生祠堂记　江苏　？　？　《苏魏公文集》64、嘉靖《维扬志》33、乾隆《江都县志》8、嘉庆《重修扬州府志》25、《宋元学案补遗》6

六一·全宋文卷一三三九·三七八　　　苏颂　福建　沂州丞县崇胜寺重修上生院记　山东　？　　？　　《苏魏公文集》64

六一·全宋文卷一三三九·三七九　　　苏颂　福建　灵香阁记　浙江　？　　？　　《苏魏公文集》64

六一·全宋文卷一三三九·三八〇　　　苏颂　福建　温州开元寺重修大殿记　浙江　熙宁十年三月　1077　《苏魏公文集》64

六二·全宋文卷一三五七·二七五　　　徐发　福建　常乐教院寺记　浙江　元丰五年八月　1082　《淳祐临安志辑逸》7

六二·全宋文卷一三五八·二八六　　　王鸿　江西　妙净寺重修三门记　江西　？　　？　　乾隆《赣州府志》37、道光《雩都县志》31

六二·全宋文卷一三六〇·三二四　　　吴师孟　四川　大中祥符禅院记　四川　熙宁九年　？　1076　《成都文类》38、《全蜀艺文志》38、嘉庆《四川通志》38、嘉庆《成都府志》5、同治《成都县志》13、《宋代蜀文辑存》14

六二·全宋文卷一三六二·三六一　　　冯京　湖北　嘉祐禅院记　四川　元丰三年　　1080　《成都文类》38、《全蜀艺文志》38、嘉庆《四川通志》38、嘉庆《成都府志》5、同治《成都县志》13

六五·全宋文卷一四〇八·五一　王安石　江西　城陂院兴造记　江西　嘉祐三年　　1058　《临川先生文集》83

六五·全宋文卷一四〇八·五四　王安石　江西　扬州龙兴讲院记　江苏　庆历六年　　1046　《临川先生文集》83、《皇朝文鉴》79、《文章正宗》续集15、《崇古文诀》20、《文翰类选大成》581、《文章辨体汇选》112、《古今图书集成》神异典115、乾隆《江都县志》17

六五·全宋文卷一四〇八·五八　王安石　江西　真州长芦寺经藏记　江苏　？　　？　　《临川先生文集》83、《文章辨体汇选》591、顺治《六合县志》9

六五·全宋文卷一四〇八·五九　王安石　江西　涟水军淳化院经藏记　江苏　？　　？　　《临川先生文集》83、《文章正宗》续集15、《文章类选》4、光绪《安东县志》2

六五·全宋文卷一四〇八·六二　　王安石　江西　　庐山文殊像献瑞记　江西　元丰元年　　　　1078　《临川先生文集》83、《文章辨体汇选》591、《名山胜概记》24、《文编》57、《古今图书集成》神异典92、《庐山志》12、《王荆公年谱考略》21

六五·全宋文卷一四二四·三二四　　　郝矩　？　　新修普净下院记　河北　嘉祐四年四月　1059　光绪《保定府志》77、国家图书馆藏拓片

六六·全宋文卷一四二七·一六　　钱藻　浙江　瑞石庵记　江苏　治平三年　　　　1066　康熙《常熟县志》13、《吴都文粹》9、光绪《苏州府志》44、《海虞文征》14

六七·全宋文卷一四五四·一五八　　　强至　浙江　湖州德清县觉华寺藏经记　浙江　至和二年三月　1055　《祠部集》33

六七·全宋文卷一四五四·一六〇　　　强至　浙江　灵山教寺记　浙江　至和元年　　　　1054　《咸淳临安志》80

六九·全宋文卷一五〇四·一九三　　　刘攽　江西　太原府资圣禅院记　山西　元丰时期　　　？　　《彭城集》32

六九·全宋文卷一五一四·三四八　　　严逊　四川　山佛惠寺记　重庆　元祐庚午岁二月十五日1090　《金石苑》3、《大足石刻内容总录》第310页

七〇·全宋文卷一五二七·一八二　　　章衡　福建　大宋杭州惠因院贤首教藏记　浙江　元祐元年十二月十八日1086　《八琼室金石补正》105、《慧因寺记》6、《两浙金石志》6、《越中金石之》3

七〇·全宋文卷一五二七·一八四　　　章衡　福建　重修长水疏主楞严大法师塔亭记　浙江　元祐三年五月　1088　《大佛顶首楞严经疏解蒙钞》（《续藏经》第1编第21套第5册）

七〇·全宋文卷一五二七·一八五　　　章衡　福建　敕赐杭州慧因教院记　浙江　元祐三年八月二十八日1088　《慧因寺志》6

七一·全宋文卷一五四四·八五　陈舜俞　浙江　海惠院经藏记　浙江　？　　？　　《都官集》8、《绍熙云间志》下、《古今图书集成》神异典103、康熙《松江府志》26、乾隆《娄县志》10、嘉庆《松江府志》73、《嘉

禾金石志》19

　　七一·全宋文卷一五四四·八六　陈舜俞 浙江　秀州资圣禅院转轮经藏记 浙江　至和元年三月　1054　《都官集》8

　　七一·全宋文卷一五四四·八七　陈舜俞 浙江　明州鄞县镇国禅院记　浙江　嘉祐五年十月　1060　《都官集》8

　　七一·全宋文卷一五四四·八九　陈舜俞 浙江　秀州华亭县布金院新建转轮经藏记　　浙江　嘉祐六年十二月　1061　《都官集》8、《绍熙云间志》下、《至元嘉禾志》19、康熙《松江府志》27、嘉庆《松江府志》76、《嘉禾金石志》19

　　七一·全宋文卷一五四四·九〇　陈舜俞 浙江　湖州安吉县灵峰殿记　浙江　治平四年八月初一　1067　《都官集》8、同治《湖州府志》55

　　七一·全宋文卷一五四四·九一　陈舜俞 浙江　秀州华亭县天台教院记　浙江　熙宁五年正月　1072　《都官集》8、《绍熙云间志》下、《康熙《松江府志》26、乾隆《娄县志》16、嘉庆《松江府志》75、《嘉禾金石志》19

　　七一·全宋文卷一五四四·九七　陈舜俞 浙江　明教大师行业记　浙江　熙宁八年十二月　　1075　《都官集》8、《镡津文集》卷首、《咸淳临安志》70、《武林灵隐寺志》6下

　　七一·全宋文卷一五四四·九九　陈舜俞 浙江　福严禅院记　浙江　至和二年八月 1055　《至元嘉禾志》26、万历《崇德县志》8、嘉庆《石门县志》9、《嘉禾金石志》26

　　七一·全宋文卷一五五五·二九八　　范纯仁 江苏　安州白兆山寺经藏记　　湖北　元丰元年十一月　1078　《范忠宣公集》10、同治《安隆县志》34、光绪《德安府志》5

　　七二·全宋文卷一五八〇·三一六　　王钦臣 河南　广仁禅院碑 甘肃　元丰七年　　1084　《陇右金石录》、康熙《岷州志》17、《甘肃新通志》30

　　七三·全宋文卷一五八七·五四　王安国 江西　治平禅寺记　浙江　?　　?　　光绪《松阳县志》11、雍正《浙江通志》234

262

七三·全宋文卷一五八七·五八　王安国　江西　摄山白云庵记　江苏　？　？　《圣宋文海》7

七三·全宋文卷一五八八·八〇　黄揆　福建　杭州双林院记　浙江　熙宁元年　1068　《咸淳临安志》83

七四·全宋文卷一六一〇·五六　吕陶　四川　圣兴寺僧文爽寿塔记　四川　元丰元年九月　1078　《净德集》14

七四·全宋文卷一六一〇·五七　吕陶　四川　眉州醴泉寺善庆堂记　四川　元丰元年十月　1078年《净德集》14、《国朝二百家名贤文粹》138

七五·全宋文卷一六三三·六七　凌民瞻　？　明因禅院重建方丈记　江苏　熙宁八年　1075　《吴郡志》33、《吴都文粹》8、《吴都法乘》10上之下、光绪《苏州府志》40、民国《吴县志》36下

七五·全宋文卷一六三三·七二　慈梵　浙江　湖州飞英寺浴院记　浙江　熙宁元年三月　1068　《湖州府志》50

七五·全宋文卷一六四三·二三七　杨杰　安徽　隐贤岩记　安徽　治平二年十二月　1065　国家图书馆藏拓片、民国《安徽通志稿·金石古物考》12

七五·全宋文卷一六四三·二三八　杨杰　安徽　延恩衍庆院记　浙江　元丰八年后　？　《西湖志》11、《咸淳临安志》78、《杭州上天竺讲寺志》9

七五·全宋文卷一六四三·二四一　杨杰　安徽　建弥陀宝阁记　浙江　元祐元年正月　1086　《乐邦文类》3

七五·全宋文卷一六四三·二四二　杨杰　安徽　净慈七宝弥陀像记 浙江　？　？　《乐邦文类》3

七五·全宋文卷一六四三·二四四　杨杰　安徽　褒禅山慧空禅院轮藏记　安徽　？　？　《缁门警训》6（《频迦藏》腾11）、同治《铅山县志》7

七五·全宋文卷一六四九·三二〇　罗适　浙江　定海重修妙胜禅院记　浙江　绍圣三年四月八日　1096　《延祐四明志》18、《四明图经》10、《四明文献考》115

文学、文化与文献——宋代寺记的多维研究

七五·全宋文卷一六四九·三二二　　罗适　浙江　永乐教院记　浙江　元祐八年后　？　《赤城志》29、光绪《宁海县志》21

七五·全宋文卷一六五一·三五九　　萧佐　江西　重修资教寺记　江西　嘉祐五年　1060　乾隆《龙泉县志》7

七六·全宋文卷一六六一·一四一　　刘琦　安徽　大宁院塔记　安徽　庆历七年十二月　1047　嘉庆《泾县志》11、《泾川文载》39

七七·全宋文卷一六九〇·三三五　　沈括　浙江　筠州兴国寺禅悦堂记　江西　元丰三年二月　1080　《长兴集》2

七七·全宋文卷一六九〇·三三七　　沈括　浙江　泗州龟山水陆禅院佛顶舍利塔记　江苏　？　？　《长兴集》22

七七·全宋文卷一六九〇·三三九　　沈括　浙江　宣州石盎寺传灯阁记　安徽　？　？　《长兴集》22

七七·全宋文卷一六九一·三四四　　沈括　浙江　东京永安禅院敕赐崇圣智元殿记　河南　？　？　《长兴集》22

七八·全宋文卷一七〇一·一三七　　黄伸　福建　全州湖山塔石龟记　广西　元祐六年九月　1091　《湘山事状全集》9

七八·全宋文卷一七〇四·一八四　　袁毂　浙江　多福院记　浙江　元祐二年二月　1087　《延祐四明志》19、《四明文献考》第253页、《敬止录》29

七八·全宋文卷一七〇四·一九〇　　张森述？　重修高岩门记　广西　熙宁四年三月　1071　乾隆《柳州府志》32

七八·全宋文卷一七〇六·二三四　　蒋之奇　江苏　大宁院大义堂记　安徽　熙宁七年　1074　嘉庆《泾县志》25

七八·全宋文卷一七〇六·二四〇　　蒋之奇　江苏　潭州道林寺四绝堂记　湖南　？　？　《方舆胜览》23

七八·全宋文卷一七〇八·二七八　　吴从吉　河南　独修第五级大悲塔记　河南　熙宁四年九月　1071　嘉庆《宝丰县志》15

七九·全宋文卷一七二三·一七二　　郑富　福建　龙瑞院贤劫千佛宝塔题记　福建　元丰五年十月　1082　江西省博物馆卢茂村供稿

七九・全宋文卷一七二五・一九四　　沈辽　浙江　龙游寺宴堂记　江苏　熙宁五年二月　1072　《云巢编》8、《金山志》17、光绪《丹徒县志》

七九・全宋文卷一七二五・一九七　　沈辽　浙江　大悲阁记　浙江　熙宁元年八月　1068　《云巢编》补遗、民国《萧山县志稿》8

七九・全宋文卷一七二八・二三五　　沈辽　浙江　四明山延胜院碑　浙江　？　？　《云巢编》7

七九・全宋文卷一七二八・二三八　　沈辽　浙江　花药山法堂碑　湖南　元丰二年　1079　《云巢编》7

七九・全宋文卷一七三八・三九一　　侯溥　河南　寿宁院记　四川　熙宁元年　1068　《成都文类》38、《全蜀艺文志》38

七九・全宋文卷一七三八　侯溥　河南　圣寿寺重装灵感观音记　四川　熙宁三年　1070　《成都文类》38

七九・全宋文卷一七三八・三九六　　侯溥　河南　灵泉县瑞应院祈雨记　四川　熙宁七年五月　1074　《成都文类》38、《全蜀艺文志》38

七九・全宋文卷一七三八・三九八　　侯溥　河南　寿量禅院十方住持记　四川　熙宁七年　1074　《成都文类》38

八〇・全宋文卷一七三九・三〇　郭祥正　安徽　净众寺法堂记　福建　？　？　《舆地纪胜》131、万历《漳州志》1、乾隆《福建通志》9

八〇・全宋文卷一七四九・一九二　　周袞　江西　流源永兴院记　江西　绍圣三年七月十五日　1096　道光《金溪县志》54

八一・全宋文卷一七六二・四〇　葛蘩　江苏　庆善寺天台教院记　浙江　元丰元年十月一日　1078　《淳祐临安志辑逸》4、道光《海昌备志》12、民国《海宁州志稿》19

八一・全宋文卷一七六二・四一　葛蘩　江苏　净业院结界记　浙江　元祐元年五月甲子　1086　《至元嘉禾志》23、光绪《海盐县志》7

八一・全宋文卷一七六二・四二　葛蘩　江苏　真定府龙兴寺大悲阁记　河北　绍圣四年二月十五日　1097　《常山贞石志》12、《金石苑》、光绪《正定县志》15

八二·全宋文卷一七八二·一〇七　　李驛　？　　开元寺重塑佛像记　广东　熙宁七年二月　1074　光绪《曲江县志》16、道光《广东通志》207、同治《韶州府志》26

八二·全宋文卷一七九三·二七五　　黄廉　江西　海会寺新篁记　山西　？　？　雍正《泽州府志》46、乾隆《阳城县志》12、同治《阳城县志》14

八二·全宋文卷一七九三·二八九　　钱勰　浙江　灵香阁记　浙江　熙宁五年二月　1072　《严陵集》8

八二·全宋文卷一七九三·二九一　　石汝砺　广东　南山寿圣寺水车记　广东　元丰七年十月五日　1084　《广东文征》55、同治《韶州府志》26

八二·全宋文卷一七九三·二九四　　王殊　？　寿圣寺碑　陕西　熙宁七年五月立碑　1074　咸丰《澄城县志》20上

八三·全宋文卷一八〇四　王安礼　江西　明仙和尚记　山西？　？　？　《永乐大典》8783、《四库辑本别集拾遗》第562页

八三·全宋文卷一八一九·三四六　　张舜民　陕西　定平凝寿寺塑佛记　甘肃　？　？　《皇朝文鉴》84

八四·全宋文卷一八二七·一三二　　李禧　河北　陇西郡李氏尊胜陀罗尼经幢记　河北　熙宁十年四月初三日　1077　光绪《重修曲阳县志》12

八四·全宋文卷一八二八·一五一　　龚原　浙江　新修双塔庙记　浙江　？　？　《国朝二百家名贤文粹》124

八四·全宋文卷一八二八·一五二　　龚原　浙江　遂昌妙靖院记　浙江　？　？　《处州府志》28

八四·全宋文卷一八二八·一五四　　龚原　浙江　三相堂记　江西　绍圣五年七月十五日　1098　同治《永新县志稿》4

八四·全宋文卷一八三一·二一八　　盛次仲　河南　明州慈溪县香山智度寺真应大师赐号碑　浙江　元丰五年六月　1082　光绪《慈溪县志》50

八四·全宋文卷一八三九·三三四　　廖佚　？　　横龙寺记

湖南　熙宁九年十月十五日　1076　道光《衡山县志》49

八四·全宋文卷一八三九·三四一　　常景　山西　造像记　河南？　元丰二年七月　1079　《八琼室金石补正》88、国家图书馆藏拓片

八四·全宋文卷一八四〇·三四八　　王巩　山东　湘山无量寿佛碑　广西　？　？　《粤西文载》41、《湘山事状全集》4、嘉庆《广西通志》240

九〇·全宋文卷一九六八·四〇七　　苏轼　四川　净因院画记　河南　元祐三年　　1088　《苏文忠公全集》11、《皇朝文鉴》82、《文章正宗》续集14、《文章辨体汇选》609、《八代文钞》第28册、《渊鉴类函》328、《西楼帖》

九〇·全宋文卷一九六九·四二三　　苏轼　四川　中和胜相院记　四川　元丰三年　　1080　《苏文忠公全集》12、《国朝二百家名贤文粹》124、《黄氏日钞》38、《成都文类》38、《文编》57、嘉庆《华阳县志》39

九〇·全宋文卷一九六九·四二五　　苏轼　四川　四菩萨阁记　四川　熙宁元年十月二十六　1068　《苏文忠公全集》12、《成都文类》38、《文章辨体汇选》591、《全蜀艺文志》38中、康熙《眉山县志》4

九〇·全宋文卷一九六九·四二六　　苏轼　四川　盐官大悲阁记　浙江　熙宁八年　　1075　《苏文忠公全集》12、《国朝二百家名贤文粹》124、《黄氏日钞》62、《咸淳临安志》85、《文编》57、嘉靖《海宁县志》9、万历《杭州府志》100、雍正《浙江通志》227、《海塘录》8

九〇·全宋文卷一九六九·四二八　　苏轼　四川　胜相院经藏记　四川　元丰三年　　1080　《苏文忠公全集》12、《观澜文集》丙集8、《文编》57

九〇·全宋文卷一九六九·四二九　　苏轼　四川　虔州崇庆禅院新经藏记　江西　绍圣二年五月二十七日1095　《苏文忠公全集》12、乾隆《赣州府志》37

九〇·全宋文卷一九七〇·四三二　　苏轼　四川　黄州安国寺记　湖北　元丰三年四月六日　1080　《苏文忠公全集》12、《国

朝二百家名贤文粹》124、《文章正宗》续集15、弘治《黄州府志》8、民国《湖北通志》91、光绪《黄冈县志》24

九〇·全宋文卷一九七〇·四三三　　苏轼　四川　荐诚禅院五百罗汉记　山东　元丰八年　1085　《苏文忠公全集》12、乾隆《曹州府志》20、乾隆《泰安府志》25、道光《东平府志》19、道光《巨野县志》18

九〇·全宋文卷一九七〇·四三五　　苏轼　四川　应梦罗汉记　浙江　元丰四年正月二十一日 1081　《苏文忠公全集》12、民国《杭州府志》23

九〇·全宋文卷一九七〇·四三六　　苏轼　四川　广州东莞县资福禅寺罗汉阁记　广东　元符三年　1100　《苏文忠公全集》12、《文章辨体汇选》477、《八琼室金石补正》108、道光《广东通志》229、民国《东莞县志》89

九〇·全宋文卷一九七〇·四三八　　苏轼　四川　方丈记　广东　绍圣元年　1094　《苏文忠公全集》12

九〇·全宋文卷一九七〇·四四三　　苏轼　四川　法云寺礼拜石记　河南　元祐八年七月　1093　《苏文忠公全集》12

九〇·全宋文卷一九七一·四四四　　苏轼　四川　赵先生舍利记　？　元丰三年十一月十五日 1080　《苏文忠公全集》12

九二·全宋文卷二〇〇五·二八七　　张著　河南　敕赐相州林虑县净居禅院额记　河南　治平四年　1067　民国《林县志》14

九三·全宋文卷二〇一七·三六　王巽　广东　建造大钟及回廊充国寿寺供养记　广东　熙宁十年十月十六日　1077　光绪《广州府志》100

九三·全宋文卷二〇二七·二〇〇　　郭集　？　敬福三院主赐紫僧清秀幢塔记　河南　元丰四年正月　1081　民国《滑县县志》6

九三·全宋文卷二〇三六·三四一　　上官均　福建　宝林记　福建　元符三年十月　1100　光绪《重纂邵武府志》28、民国《重修绍武县志》24

九六·全宋文卷二〇九五·一七六　　苏辙　四川　光州开元寺

重修大殿记　河南　元丰六年五月初五　　1083　《栾城集》23、《国朝二百家名贤文粹》124

九六·全宋文卷二〇九五·一七七　　苏辙　四川　筠州圣寿院法堂记　江西　元丰四年六月　1081　《栾城集》23、同治《瑞州府志》18、同治《高安县志》22

九六·全宋文卷二〇九五·一七八　　苏辙　四川　庐山栖贤寺新修僧堂记　江西　元丰四年五月　1081　《栾城集》23、《国朝二百家名贤文粹》125、《舆地纪胜》25、《佛法金汤篇》《释氏资鉴》《文章辨体汇选》562、《名山胜概》24、《八代文钞》第30册、《庐山纪事》5、雍正《江西通志》123、同治《庐山志》6、同治《南康府志》7

九六·全宋文卷二〇九五·一七九　　苏辙　四川　杭州龙井院讷斋记　浙江　？　？　《栾城集》23、《国朝二百家名贤文粹》141、《咸淳临安志》78、《文章辨体汇选》591、《名山胜概》13、《八代文钞》第30册、《杭州上天竺讲寺志》8、《西湖志》11（原注：三地方志误作苏轼文）

九六·全宋文卷二〇九六·一九一　　苏辙　四川　汝州龙兴寺修吴画殿记　河南　绍圣元年五月二十五　1094　《栾城后集》21、《国朝二百家名贤文粹》144、《永乐大典》2949

九六·全宋文卷二〇九六·一九七　　苏辙　四川　坟院记　四川　政和二年九月　1112　《栾城第三集》10、民国《眉山县志》13

九六·全宋文卷二〇九六·一九八　　苏辙　四川　成都大悲阁记　四川　元丰四年？　1081　《苏文忠公全集》12、《成都文类》38、《观澜文集》丙集8、《崇古文诀》25、《鹤林玉露》丙编1、《文编》57、《文章辨体汇选》591、《八代文钞》第28册、《全蜀艺文志》38、《古今图书集成》神异典92、嘉庆《四川通志》38、民国《海宁州志稿》19

九七·全宋文卷二一〇七·二二　袁说　河南　开化寺碑　四川　元丰元年二月　1078　民国《荣县志》14

九七·全宋文卷二一〇八·二七　林露　浙江　慈溪永明寺藏殿记　浙江　元丰中？　天顺《宁波郡志》9、雍正《慈溪县志》14、光绪《慈溪县志》41

九七·全宋文卷二一〇八·三四　郑佃　？　　妙胜禅寺记　浙江　元丰三年三月十五日　1080　《延祐四明志》48、《四明文献考》114、雍正《浙江通志》230、《四明图经》10

九七·全宋文卷二一〇九·四八　叶虞仲　江西　福胜院重建佛殿记　浙江　元丰八年八月三日　1085　道光《玉山县志》31上

九七·全宋文卷二一一〇·七五　黎珣　江西　荆南弥勒瑞像碑　湖北　绍圣四年　1097　嘉庆《湖北通志》91、《湖北金石志》9

九七·全宋文卷二一一四·一四一　张纬　河北　保州抱阳圣教院重修相公堂记　河北　元丰三年二月　1080　民国《满城县志略》14

九八·全宋文卷二一四七·二八三　范祖禹　四川　龙门山胜善寺药寮记　河南　元丰六年十月　1083　《范太史集》36

一〇〇·全宋文卷二一七八·二九　郑侠　福建　新修南山圣寿禅寺记　广东？？　？　《西塘集》3

一〇〇·全宋文卷二一八一·七六　舒亶　浙江　翟岩山宝积院轮藏记　浙江　？　？　《舒懒堂诗文存》3、《四明文献考》第121页、《四明图经》10

一〇一·全宋文卷二二〇八·二二〇　陆佃　浙江　越州宝林院重修塔记　浙江　？　？　《陶山集》11

一〇一·全宋文卷二二〇八·二二一　陆佃　浙江　台州黄岩县妙智寺记　浙江　？　？　《陶山集》11

一〇一·全宋文卷二二一二·二八二　孙渐　四川　温江县观音院芝堂记　四川　元符元年十一月　1098　《成都文类》39、《宋代蜀文辑存》97

一〇一·全宋文卷二二一三·三〇二　王宥　山西　大宋绛州稷山县十方善寺故大乘戒师义宗和尚塔记　山西　元丰五年十月　1082　《山右石刻丛编》14

一〇二·全宋文卷二二三一·一七九　张商英　四川　普通寺记　四川　熙宁初1077年前　《成都文类》38

一〇二·全宋文卷二二三一·一八二　张商英　四川　太原府寿阳方山李长者造论所昭化院记　山西　元祐三年　1088　《华严经决

疑论》卷4之下（《续藏经》第1编第7套第2册）

一〇二·全宋文卷二二三一·一八四　　张商英　四川　定襄县新修打地和尚塔院记　　山西　元祐五年二月　1090　《山右石刻丛编》15、《定襄金石考》1、《宋代蜀文辑存》13

一〇二·全宋文卷二二三一·一八五　　张商英　四川　林虑山圣灯记　　河南　元祐五年十一月　　1093　民国《林县志》14

一〇二·全宋文卷二二三一·一八六　　张商英　四川　东林善法堂记　　江西　元祐六年四月　1094　《嘉泰普灯录》30

一〇二·全宋文卷二二三一·一九〇　　张商英　四川　抚州永安禅院僧堂记　　江西　元祐七年十二月　　1095　嘉靖《抚州府志》16、《缁门警训》3、《古今图书集成》神异典25、乾隆《临川县志》18、同治《临川县志》、光绪《抚州府志》20、《宋代蜀文辑存》13

一〇二·全宋文卷二二三二·一九二　　张商英　四川　抚州永安禅寺法堂记　　江西　绍圣二年　　1095　嘉靖《抚州府志》16、《缁门警训》10、乾隆《临川县志》5、《宋代蜀文辑存》13

一〇二·全宋文卷二二三二·一九四　　张商英　四川　随州大洪山灵峰禅寺记　　湖北　崇宁元年正月　1102　民国《湖北通志》102、《缁门警训》10、《古今图书集成》职方典269、山川典159、光绪《德安府志》5、《湖北金石志》10、《宋代蜀文辑存》13

一〇二·全宋文卷二二三二·一九六　　张商英　四川　昭化寺李长者龛记　山西　政和八年十月　1118　《金石续编》17、雍正《山西通志》215、《金石苑》《山右石刻丛编》17、《宋代蜀文辑存》14

一〇二·全宋文卷二二三二·二〇三　　张商英　四川　洪州宝峰禅院选佛堂记　　江西　崇宁间？　　《缁门警训》3、光绪《江西通志》121、《宋代蜀文辑存》13

一〇二·全宋文卷二二三二·二〇四　　张商英　四川　黄龙崇恩禅院记　江西　？　　？　　光绪《江西通志》、乾隆《南昌府志》24、同治《义宁州志》31、《宋代蜀文辑存》13

一〇二·全宋文卷二二三二·二〇六　　张商英　四川　潞州紫岩禅院千手千眼大悲殿记　　山西　？　　？　　《山右石刻丛编》15、民国《襄

垣县志》7、《宋代蜀文辑存》13

一〇二·全宋文卷二二三二·二〇九　　张商英　四川　盱眙龟山水陆院记　江苏　？　　？　　《方舆胜览》47

一〇二·全宋文卷二二三六·二七六　　曾旼　福建　显亲庆远院记　浙江　元丰元年五月　1078　《淳祐临安志辑逸》5

一〇二·全宋文卷二二三六·二七八　　曾旼　福建　惠严禅院法堂记　江苏　元丰二年　　1079　《吴都文粹》9、《吴郡志》《吴都法乘》10、道光《苏州府志》43、道光《昆新两县续修合志》10、《昆山县志》10

一〇二·全宋文卷二二三六·二七九　　曾旼　福建　天峰院记　江苏　元丰六年　　1083　《吴都文粹》8、《吴都法乘》10、《吴郡志》32、正德《姑苏志》29、道光《苏州府志》41

一〇二·全宋文卷二二三七·二九三　　徐禧　江西　洪州安龙山兜率禅院记　江西　元丰五年正月九日　1082　《国朝二百家名贤文粹》124

一〇二·全宋文卷二二三八·三一一　　吴栻　福建　天宁寺转轮藏记　四川　政和元年十月　1111　《国朝二百家名贤文粹》125、《成都文类》39、《全蜀艺文志》38、《蜀藻幽胜录》3

一〇二·全宋文卷二二三八·三二二　　姚崇道　山西　大宋陕州芮城县塔寺创修法堂记　山西　？　　？　　《山右石刻丛编》14、《搜古汇编》53

一〇二·全宋文卷二二三九·三三八　　邹极　江西　圣容寺记　江西　绍圣三年四月　1096　同治《崇仁县志》2

一〇二·全宋文卷二二三九·三三九　　邹极　江西　重建石磴义泉禅院记　江西　崇宁元年九月　1102　同治《宜黄县志》45

一〇三·全宋文卷二二六四·三二八　　黄裳　福建　崇宁万寿寺记　山东？　？　　？　　《演山集》16

一〇三·全宋文卷二二六四·三三五　　黄裳　福建　含清院佛殿记　？元丰时期　？　　《演山集》17

一〇三·全宋文卷二二六五·三四八　　黄裳　福建　东林太平兴

龙禅寺记　　江西　元祐三年　　　　1088　《国朝二百家名贤文粹》124

一〇四·全宋文卷二二六九·四三　　　王雱　江西　慧力寺轮藏记　江西　熙宁四年后　　?　　道光《清江县志》23

一〇四·全宋文卷二二七〇·六二　　　张处士　河南　庄丘寺石香炉记　河南　元祐元年七月二十八日 1086　民国《重修滑县志》6

一〇四·全宋文卷二二七七·二一七　　项传　浙江　证心院记　浙江　元丰八年七月　1085　《四明图经》10、《四明文献考》第122页、道光《慈溪县志》42

一〇七·全宋文卷二三二四·一八四　　黄庭坚　江西　江州东林寺藏经记　江西　元祐时期　?　《山谷全书·正集》17

一〇七·全宋文卷二三二四·一八六　　黄庭坚　江西　南康军开先禅院修造记　江西　?　?　《山谷全书·正集》17

一〇七·全宋文卷二三二四·一八八　　黄庭坚　江西　洪洲分宁县云岩禅院经藏记　江西　?　?　《山谷全集·正集》17

一〇七·全宋文卷二三二四·一八九　　黄庭坚　江西　洪洲分宁县青龙山兴化禅院记　江西　?　?　《山谷全书·正集》17

一〇七·全宋文卷二三二四·一九〇　　黄庭坚　江西　太平州芜湖县吉祥禅院记　安徽　?　?　《山谷全书·正集》17

一〇七·全宋文卷二三二四·一九二　　黄庭坚　江西　南康军都昌县清隐禅院记　江西　?　?　《山谷全书·正集》17、《名山胜概记》11下

一〇七·全宋文卷二三二四·一九三　　黄庭坚　江西　吉州隆庆禅院转轮藏记　江西　?　?　《山谷全集·正集》17

一〇七·全宋文卷二三二四·一九五　　黄庭坚　江西　怀安军金堂县庆善院大悲阁记　四川　?　?　《山谷全书·正集》17、《全蜀艺文志》38

一〇七·全宋文卷二三二四·一九六　　黄庭坚　江西　泸州大云寺滴乳泉记　四川　?　?　《山谷全书·正集》17、《名山胜概记》44

一○七·全宋文卷二三二四·一九六　　黄庭坚　江西　吉州西峰院三秀亭记　　江西　？　？　《山谷全书·正集》17、《名山胜概记》26

一○七·全宋文卷二三二四·一九七　　黄庭坚　江西　吉州慈恩寺仁寿塔记　　江西　？　？　《山谷全书·正集》17、《国朝二百家名贤文粹》124　一○七·全宋文卷二三二四·一九八　黄庭坚　江西　天钵禅院准禅师舍利塔记　　？　？　？　《山谷全书·正集》17

一○七·全宋文卷二三二四·一九九　　黄庭坚　江西　自然堂记　？　？　？　《山谷全书·正集》17、《国朝二百家名贤文粹》137

一○七·全宋文卷二三二五·二○一　　黄庭坚　江西　江陵府承天禅院塔记　　湖北　绍圣二年　1095　《山谷全书·别集》2、《豫章先生遗文》3、《湖北金石志》10

一○七·全宋文卷二三二五·二○二　　黄庭坚　江西　成都府慈因忠报禅院经藏阁记　　四川　元祐七年九月　1092　《山谷全书·别集》2、《豫章先生遗文》3

一○七·全宋文卷二三二五·二○四　　黄庭坚　江西　萍乡县宝积禅寺记　江西　崇宁二年十一月　1103　《山谷全书·别集》2、《豫章先生遗文》3、《益公题跋》10

一○七·全宋文卷二三二五·二○五　　黄庭坚　江西　普觉禅寺转轮藏记　？　元祐九年四月　1094　《山谷全书·别集》2

一○七·全宋文卷二三二五·二一六　　黄庭坚　江西　清隐院顺济龙王庙记　　江西　元丰六年　1083　《山谷全书·续集》10、雍正《江西通志》162、《金石苑·搜古汇编》53、《宝录堂收藏金石记》

一○八·全宋文卷二三五一·三四七　　范纯粹　江苏　范氏功德寺恩许度僧记　　江苏　元祐四年　1089　《范文正公褒贤祠录》1、《范文正公褒贤集》（《范文正公集》附）2

一○九·全宋文卷二三五三·一一　　姚孳　浙江　永明寺大殿记　　浙江　崇宁五年　1106　雍正《慈溪县志》14、雍正《浙江通志》

230、光绪《慈溪县志》41

一○九·全宋文卷二三五七·八○　　徐恪　?　石像大士记　江苏　元祐元年三月　1086　《吴都文粹》续集31、《吴都法乘》2、《虎丘山志》22、道光《苏州府志》136

一○九·全宋文卷二三七一·二九三　　吕南公　江西　大仁院重建佛殿记　江西　熙宁八年十一月　1075　《灌园集》9

一○九·全宋文卷二三七一·二九四　　吕南公　江西　华藏寺佛殿记　江西　元丰元年六月　1078　《灌园集》9

一○九·全宋文卷二三七二·三○五　　吕南公　江西　普安院佛殿记　江西　元丰八年十二月　1085　《灌园集》9

一○九·全宋文卷二三七二·三○七　　吕南公　江西　真如禅院十方住持新记　江西　元丰八年八月　1085　《灌园集》9

一一○·全宋文卷二三八一·八八　　曾肇　江西　滁州龙蟠山寿圣寺佛殿记　安徽　?　?　《曲阜集》4、《南滁会景编》7、《琅琊山志》1、康熙《滁州志》29

一一○·全宋文卷二三八八·二一○　　李之纯　山东　大圣慈寺画记　四川　?　?　《成都文类》45、《全蜀艺文志》41、嘉庆《四川通志》38、嘉庆《华阳县志》39、民国《华阳县志》30

一一一·全宋文卷二四○一·九五　　毕仲游　河南　代范忠宣撰通慧禅院移经藏记　湖北　元丰二年五月十九日　1079　《西台集》6

一一一·全宋文卷二四○八·二二四　　刘光　?　潞州潞城县金粟山南垂村真如院重修佛殿公德记　山西　元祐三年五月　1088　《山右石刻丛编》14

一一二·全宋文卷二四二五·一八四　　李之仪　山东　炤默堂记　江西　?　?　《姑溪居士文集》36

一一二·全宋文卷二四二五·一八五　　李之仪　山东　重修云岩寿宁禅院记　江西　政和二年　1112　《姑溪居士文集》36

一一二·全宋文卷二四二五·一八七　　李之仪　山东　颍昌府崇宁万寿寺元赐天宁万寿敕赐改作十方住持黄牒刻石记　河南　?　?

《姑溪居士文集》37

一一二·全宋文卷二四二五·一八九　李之仪　山东　代人作褒禅舍田记？　政和二年十月一日　1112　《姑溪居士文集》37

一一二·全宋文卷二四二五·一九〇　李之仪　山东　天禧寺新建法堂记 江苏　政和六年九月十五日　1116　《姑溪居士文集》37

一一七·全宋文卷二五二五·一八九　强浚明　浙江　寿圣院记 江苏　元祐八年九月　1093　《吴都法乘》10上之下、《吴都文粹》8、《吴郡志》33、民国《吴县志》30下

一一七·全宋文卷二五二五·一九三　章玮　浙江　重新童儿塔记　浙江　元祐三年五月　1088　民国《海宁州志稿》19、乾隆《海宁州志》6、道光《海昌备志》12、《淳祐临安志辑逸》6

一一七·全宋文卷二五二五·一九五　王基　？　解州解县静林山兴化寺新修卢舍那佛大殿记　元祐三年十二月一日　1088　《山右石刻丛编》15、乾隆《解州全志》13

一一七·全宋文卷二五二七·二三四　周谔　浙江　四明山宝积院记　浙江　治平后？　乾隆《鄞县志》25、《两浙金石志》6、《清真年谱》

一一七·全宋文卷二五二七·二三八　俞伸　浙江　明州慈溪县普济寺罗汉殿记　浙江　元祐七年九月　1092　光绪《慈溪县志》50

一一七·全宋文卷二五三二·三一七　杨天惠　四川　北溪院化僧龛记　四川　崇宁五年十二月　1106　《成都文类》39、《宋代蜀文辑存》26

一一七·全宋文卷二五三三·三二四　杨天惠　四川　正法院常住田记　四川　政和七年四月　1117　《成都文类》39、《宋代蜀文辑存》26

一一九·全宋文卷二五五九·五七　刘弇　江西　澄碧轩记 江西　熙宁十年七月　1077　《龙云集》23

一一九·全宋文卷二五六九·二四二　赵嗣业？　大唐克幽禅师塔记　四川　元祐五年　1090　《蜀中广记》88、乾隆《潼川府志》

8、道光《蓬溪县志》13、《宋代蜀文辑存》17

一一九·全宋文卷二五七〇·二六六　　文宗义　安徽　宝胜禅院造塔记　安徽　大观四年七月　1110　民国《安徽通志稿·金石古物考》15、嘉庆《泾县志》12

一一九·全宋文卷二五七一·二七五　　黄公颉　福建　光福寺铜观音像记　江苏　？　？　《吴郡志》33、《吴都文粹》8、《吴都法乘》2、《古今图书集成》神异典92

一二〇·全宋文卷二五八五·一二六　　秦观　江苏　雪斋记　浙江　元丰三年四月十五日　1080　《淮海集》38、《国朝二百家名贤文粹》141、《方舆胜览》1、《文章正宗》续集13、《咸淳临安志》77、《永乐大典》2538、万历《杭州府志》18、99、《名山胜概记》13、《古今游名山记》10、康熙《钱塘县志》33、《古今图书集成》职方典953、雍正《西湖志》11、民国《杭州府志》4、30

一二一·全宋文卷二六一四·二一八　　李昭玘　山东　任城修佛殿记　山东　？　？　《乐静集》6

一二一·全宋文卷二六二一·三四一　　江公望　浙江　九峰庵记　浙江　政和五年二月　1115　《严陵集》8

一二一·全宋文卷二六二一·三四二　　江公望　浙江　兴福院记　浙江　政和六年八月　1116　《严陵集》8

一二一·全宋文卷二六二一·三四三　　江公望　浙江　龙泉院记　浙江　政和六年三月　1116　《严陵集》8

一二一·全宋文卷二六二一·三四四　　江公望　浙江　惟庵记　浙江　政和七年正月　1117　《严陵集》8

一二二·全宋文卷二六二九·八七　　李复　陕西　七祖院吴生画记　山西　绍圣三年　1096　《潏水集》6

一二二·全宋文卷二六三一·一一九　　冯世雄　四川　遂州广利禅寺善济塔记　四川　崇宁二年　1103　《金石苑》《八琼室金石补正》108、《宋代蜀文辑存》28

一二二·全宋文卷二六三一·一二一　　冯世雄　四川　真相寺石观音记　四川　大观二年二月　1108　道光《安岳县志》7、嘉庆《四川通

277

志》42、《宋代蜀文辑存》6

一二二·全宋文卷二六三七·二二九　　　史之才　陕西　凉飔阁记　甘肃　元祐七年后　　？　　道光《甘肃新通志》92

一二三·全宋文卷二六六九·三七二　　　陈师道　江苏　佛指记　山东　绍圣三年八月　1096　《后山居士文集》14

一二三·全宋文卷二六六九·三七九　　　陈师道　江苏　观音院修满净佛殿记　　江苏　元符元年九月　1098　《后山居士文集》15

一二三·全宋文卷二六六九·三八〇　　　陈师道　江苏　面壁庵记　山东　建中靖国元年九月　　1101　《后山居士文集》15、《泰山志》17

一二四·全宋文卷二六七三·五六　　　　王师说　山东　回山寺碑记　湖南　元丰时期　　？　　道光《永州府志》18 中

一二五·全宋文卷二六九三·一〇　　　　杨时　福建　虎头岩记　湖南　熙宁时期　　？　　《杨龟山先生集》24、《国朝二百家名贤文粹》131、嘉庆《湖南通志》178、同治《浏阳县志》22

一二五·全宋文卷二六九三·一三　　　　杨时　福建　乾明寺修造记　福建　建中靖国时期　？　《杨龟山先生集》24

一二五·全宋文卷二六九三·一四　　　　杨时　福建　白云庵记　福建　？　　？　　《杨龟山先生集》24、乾隆《将乐县志》

一二五·全宋文卷二六九三·一五　　　　杨时　福建　含云寺真祠遗像记　福建　政和时期　　？　　《杨龟山先生集》24

一二五·全宋文卷二六九三　　　杨时　福建　资圣院记　福建　政和时期　　？　　《杨龟山先生集》24、乾隆《将乐县志》4

一二五·全宋文卷二七〇五·一八四　　　宋志祐　山东　石坟铭记　山东　元丰七年十一月　　1084　光绪《增修诸城县续志·金石考》

一二五·全宋文卷二七〇五·一八八　　　郭渐　河南　施换塔石额记　河南　绍圣元年　1094　民国《安阳县志·金石录》7

一二五·全宋文卷二七〇六·一九六　　　张惟晟　甘肃　修岷州长道县寿圣院胜相宝塔第三级记　甘肃　绍圣元年五月　1094　《陇右金石录》3

附录二：《全宋文》所收文人寺记信息总集

一二五·全宋文卷二七〇六·一九七　　张惟政　甘肃　修岷州长道县寿圣院胜相宝塔第四级记　甘肃　绍圣元年五月　1094　《陇右金石录》3

一二五·全宋文卷二七〇六·二〇〇　　怀素　山东　宋禅师清则塔记　山东　绍圣元年　1094　民国《临沂县志》12

一二五·全宋文卷二七〇六·二〇六　　周刊　?　释迦寺碑　广西　元符二年　1099　《粤西文载》41、《临桂县志》20、嘉庆《广西通志》240

一二五·全宋文卷二七〇七·二一七　　黄叔豹　江西　同天寺记　湖南　绍圣中　?　乾隆《沅州府志》38、《古今图书集成》职方典1269、嘉庆《湖南通志》191、同治《沅州府志》21、同治《新修麻阳县志》10

一二五·全宋文卷二七〇九·二五二　　邹起　?　杭州临安县净土院新建释迦殿记　浙江　绍圣二年四月十五日　1095　《两浙金石志》7

一二五·全宋文卷二七〇九·二六六　　杜徽之　甘肃　胜相塔记　甘肃　绍圣二年六年　1095　《陇右金石录》3

一二五·全宋文卷二七一〇·二六九　　鲁伯能　浙江　东禅寺碑记　浙江　?　?　同治《安吉县志》14、《吴兴掌故集》7、同治《湖州府志》55

一二八·全宋文卷二七六七·九三　　张耒　江苏　智轸禅师塔记　江苏　?　?　《柯山集》41

一二八·全宋文卷二七六七·一〇一　　张耒　江苏　景德寺西禅院慈氏殿记　湖北?　元符二年　1099　《柯山集》42

一二八·全宋文卷二七六八·一〇八　　张耒　江苏　太宁寺僧堂记　江苏　?　?　《柯山集》42、《淮安艺文志》2

一二八·全宋文卷二七七二·一九二　　郭思　河南　游灵岩记　山东　大观二年　1108　国家图书馆藏拓片

一二八·全宋文卷二七七三·二一一　　宋端符　河北　重修黄垒院殿记　山东　绍圣四年三月　1097　民国《牟平县志》9、同治《宁海州

279

文学、文化与文献——宋代寺记的多维研究

志》3

一二八·全宋文卷二七七八·二八三　赵一娘　四川　造像记　四川　绍圣三年四月　1096　《大足石刻内容总集》第317页

一二八·全宋文卷二七七八·二八六　卫京　河南　玉兔寺重修钟楼记　山西　绍圣三年十一月？　1096　《山右石刻丛编》16

一二八·全宋文卷二七七八·二八九　张秉仁　河南　陀罗尼经幢记　河南　绍圣三年四月　1096　嘉庆《鲁山县志》18

一二八·全宋文卷二七八〇·三八〇　郭受　河南　妙智讲寺记　浙江　元祐六年五月　1091　《敬止录》31、乾隆《鄞县志》25

一二八·全宋文卷二七八一·三九九　石君倚　？　崇皇寺题记　陕西　绍圣四年六月　1097　嘉靖《高陵县志》2

一二八·全宋文卷二七八一·四一八　赵叔盎　？　重修广州净慧寺塔记　广东　绍圣四年　1097　道光《南海县志》28

一二九·全宋文卷二七八六·一五四　李洵　河北　怀州修武县十方胜果寺记　河南　绍圣四年闰二月十五日　1097　道光《修武县志》10

一二九·全宋文卷二七九二·二七八　周焘　湖南　多宝佛塔记　浙江　元祐八年二月　1093　《咸淳临安志》85、道光《新城县志》21、民国《新登县志》8、民国《杭州府志》38

一二九·全宋文卷二七九七·三七二　宗泽　浙江　义乌满心寺钟记　浙江　宣和六年十一月　1124　《忠简公集》3

一二九·全宋文卷二七九七·三七五　宗泽　浙江　义乌景德禅院新建藏殿记　浙江　？　？　《忠简公集》3

一三〇·全宋文卷二八一六·二八〇　晁说之　河南　宋成州净因院新殿记　甘肃　宣和五年十月七日　1123　《嵩山文集》16

一三〇·全宋文卷二八一六·二八一　晁说之　河南　成州新修大梵寺记　甘肃　宣和六年三月十一日　1124　《嵩山文集》16

一三一·全宋文卷二八二三·二　范致明　福建　大乘山普严禅院记　河南　崇宁五年十一月　1106　民国《方城县志》8、乾隆《裕州志》6

一三一·全宋文卷二八二三·七　朱日初　安徽　宝胜院造塔记　安徽　大观三年六月　1109　嘉庆《泾县志》12、《搜古汇编》56、民国《安徽通志稿·金石古物考》15

一三一·全宋文卷二八二四·三二　赵宗辅　陕西　宋故京兆府鄠县白云山庄主利师塔记　陕西　元符二年十月　1099　《金石萃编》142

一三一·全宋文卷二八四一·三二七　邹浩　江苏　难聘观音画像记　湖北　绍圣元年　1094　《道乡集》25

一三一·全宋文卷二八四二·三四四　邹浩　江苏　承天寺大藏记　江苏　绍圣四年　1097　《道乡集》26

一三一·全宋文卷二八四二·三四六　邹浩　江苏　永州法华寺经藏记　湖南　绍圣元年　1094　《道乡集》26

一三一·全宋文卷二八四二·三四九　邹浩　江苏　华严阁记　广西　？　？　《道乡集》26、《粤西文载》41、嘉庆《广西通志》240、道光《兴安县志》13

一三一·全宋文卷二八四二·三五一　邹浩　江苏　止止堂记　广西　？　？　《道乡集》26、《粤西文载》30、嘉庆《广西通志》233

一三一·全宋文卷二八四二·三五六　邹浩　江苏　衡岳寺大殿记　湖南　？　？　《道乡集》26、《南岳志》11

一三二·全宋文卷二八五九·三〇二　毛滂　浙江　湖州铜山无畏庵记　浙江　政和元年　1111　《东台集》9

一三二·全宋文卷二八六二·三六〇　张某　？　潞州长子县慈林山寺先贤堂记　山西　？　？　光绪《长子县志》7

一三三·全宋文卷二八六三·一二　李潜　江苏　崇明寺大佛殿庄功德记　江苏　元符三年正月　1100　《江苏金石记》10、《句容金石志》4

一三三·全宋文卷二八六六·五九　刘渭　浙江　蓬莱山寿圣寺记　浙江　崇宁元年三月　1102　《延祐四明志》18、《四明图经》10、雍正《浙江通志》230、民国《象山县志》31

一三三·全宋文卷二八六七·七五　　　鲍慎由　浙江　灵感观音碑记　浙江　绍圣四年　　1097　《咸淳临安志》80、《杭州上天竺讲寺志》2

一三三·全宋文卷二八七〇·一二七　　　郑鳌　安徽　兴化寺修塔记　安徽　崇宁元年二月　1102　民国《安徽通志稿·金石古物考》15

一三三·全宋文卷二八七二·一七三　　　段蠋　河北　造石香炉题记　河北　崇宁元年三月二日　1102　《常山贞石志》12

一三三·全宋文卷二八七二·一七四　　　徐敏求　江苏　智门禅寺记　浙江　崇宁元年　1102　《延祐四明志》18、民国《象山县志》32

一三三·全宋文卷二八七六·二四三　　　谢逸　江西　上高净众禅院记　江西　大观二年九月十五日　1108　《溪堂集》7

一三三·全宋文卷二八七六·二四四　　　谢逸　江西　应梦罗汉记　江西　？　？　《溪堂集》7、《古今图书集成》神异典92、乾隆《临川县志》6

一三四·全宋文卷二八九四·一三九　　　李新　四川　泗洲堂记　？　？　？　《跨鳌集》16

一三四·全宋文卷二八九五·一四五　　　李新　四川　引素轩记　？　？　？　《跨鳌集》17

一三四·全宋文卷二八九五·一四六　　　李新　四川　即心堂记　？　？　？　《跨鳌集》17

一三四·全宋文卷二八九五·一四九　　　李新　四川　长江三圣禅寺记　？　？　？　《跨鳌集》17

一三四·全宋文卷二八九五·一五〇　　　李新　四川　九华禅寺记　？　？　？　《跨鳌集》17

一三五·全宋文卷二九一四·一四二　　　曹之元　？　韩士宗墓幢　河南　崇宁三年九月　1104　《搜古汇编》56、《洛阳存古录》

一三五·全宋文卷二九一五·一七一　　　孙沂　江苏　江阴县寿圣禅院庄田记　江苏　政和元年九月　1111　民国《江苏通志稿·金石》10

附录二：《全宋文》所收文人寺记信息总集

一三五·全宋文卷二九一七·一九三　　杨之道　？　　福严净影山场之记　山西　崇宁四年　　1105　《山右石刻丛编》16

一三五·全宋文卷二九一八·二二〇　　萧宗贵　安徽　宋宝胜禅院造塔记　安徽　大观四年七月十六日　1110　《搜古汇编》56

一三五·全宋文卷二九二〇·二五一　　蔡悾　山东　香积院行记　四川　建炎二年四月九日　　1128　《全蜀艺文志》64

一三六·全宋文卷二九三八·二五〇　　慕容彦逢　江苏　香山天宁观音禅院新塑大阿罗汉记　河南　？　　？　《摘文堂集》12

一三六·全宋文卷二九四二·三〇九　　焦積　山西　西山治平寺庄帐记　山西　大观二年五月　1108　《山右石刻丛编》16

一三六·全宋文卷二九四三·三二二　　尹修　？　　岷州长道县寿圣院六级宝塔记　　甘肃　绍圣三年六月　1096　《陇右金石录》3

一三六·全宋文卷二九四四·三四七　　李桓　？　重建三明寺记　　山东　宣和三年六月　1121　同治《几辅通志》182

一三七·全宋文卷二九四七·二七　　叶劝　？　　超隐堂记　江苏　政和七年　　1117　《吴都法乘》10 上之下、《吴都文粹》8

一三七·全宋文卷二九四七·三四　　吴宗式　安徽　造塔记　安徽　大观二年十二月　　1108　嘉庆《泾县志》12、民国《安徽通志稿·金石古物考》15

一三七·全宋文卷二九五五·一四八　　周行己　浙江　介轩记　浙江　？　　？　《浮沚集》4

一三七·全宋文卷二九五五·一四九　　周行己　浙江　闲心普安禅寺修造记　　浙江　？　　？　《浮沚集》4、民国《瑞安县志》7

一三七·全宋文卷二九五八·一九八　　汪革　江西　水梁罗汉院钟楼记　江西　元符二年六月十五日　1099　同治《临川县志》18

一三七·全宋文卷二九五八·二〇二　　李俊　安徽　泾县宝胜禅院造塔记　　安徽　大观二年十一月初七　1108　民国《安徽通志稿·金石古物考》15、嘉庆《泾县志》12

一三七·全宋文卷二九六三·二七八　　魏宪　江苏　半塘重修塔

283

记　　江苏　绍兴七年七月　1137　《吴都文粹》8、《绍定吴郡志》34、《吴都法乘》9、正德《姑苏志》42、道光《苏州府志》42、同治《苏州府志》42、民国《吴县志》38

一三七·全宋文卷二九六三·二八二　　程迈　安徽　重修涌泉寺碑　福建　绍兴十二年五月　　1142　《鼓山志》7

一三七·全宋文卷二九六四·二九五　　张弼　?　寿圣禅院记　浙江　大观二年　　1108　道光《海昌备志》12、乾隆《海宁州志》6、民国《海宁州志稿》19

一三七·全宋文卷二九六四·二九六　　孙冲　江苏　常州江阴县寿圣渊禅师塑象记　江苏　大观三年十月　1109　民国《江苏通志稿·金石》10

一三七·全宋文卷二九六四·三〇八　　王询　安徽　宝胜禅院造塔记碑　安徽　大观二年九月　1108　嘉庆《泾县志》12、民国《安徽通志稿·金石古物考》15

一三八·全宋文卷二九七一·五三　　元昊　陕西　内乡县刻经厌狱厉崇碑记　河南　政和元年十一月　　1111　《古今图书集成》职方典460、康熙《内乡县志》9

一三八·全宋文卷二九七二·九〇　　文轸　四川　绵州开元寺石像记　四川　大观元年　　1107　嘉庆《四川通志》43、同治《绵州志》28、民国《绵竹县志》2

一三八　全宋文卷二九八九·三四七　　李公彦　江西　金像记　浙江　元丰三年十月　1080　嘉庆《泰山志》

一四〇·全宋文卷三〇一一·一四　　唐庚　四川　卓锡泉记　广东　?　?　《唐先生文集》5、《圣宋文选》23、《古今事文类聚》前集18、嘉靖《惠州志》5、康熙《罗浮山志全编》11、乾隆《博罗县志》13

一四〇·全宋文卷三〇一一·一五　　唐庚　四川　游汤泉记　广东　?　?　《唐先生文集》5、《苕溪渔隐丛话》后集26、《古今合璧事类备要》前集9、《古今事文类聚》前集18、嘉靖《惠州志》16、《名山胜概记》42、《罗浮志》8、乾隆《博罗县志》13

附录二：《全宋文》所收文人寺记信息总集

一四〇·全宋文卷三〇一一·一六　　唐庚　四川　佛迹记　广东　？　？　《唐先生文集》5、《罗浮志》8、《罗浮山志全编》11、乾隆《博罗县志》13

一四〇·全宋文卷三〇一二·二四　　唐庚　四川　书大鉴碑阴记　广东　？　？　《唐先生文集》5

一四一·全宋文卷三〇三四·八〇　　赵子明　？　灵岩寺谢雨记　山东　政和五年四月　1115　《山左金石志》18、《济南金石志》4、《泰山志》1

一四一·全宋文卷三〇三四·八六　　胡愈　广东　修飞来殿碑记　广东　政和六年　1116　光绪《广州府志》101、康熙《禺峡山志》20

一四一·全宋文卷三〇三六·一一六　　江窐　？　龙泉寺记　江西　崇宁后？　《崇仁县志》2

一四一·全宋文卷三〇三七·一四七　　郑雄飞　？　嵊县圆超禅院记　浙江　崇宁五年四月　1106　《剡录》8

一四一·全宋文卷三〇三八·一六九　　尔朱权　陕西　长兴万寿寺阁图并记　陕西　大观元年七月十五日　1107　《金石萃编》146

一四一·全宋文卷三〇三九·一八六　　蒋津　？　龟山记　江苏　？　？　《名山胜概记》5

一四一·全宋文卷三〇四〇·二一一　　殷智皋　安徽　宝胜禅院造塔记　安徽　徽宗时？　嘉庆《泾县志》12、民国《安徽通志稿·金石古物考》15

一四一·全宋文卷三〇四〇·二一六　　吴镶　河南　永福寺新钟记　山西　政和时期　？　光绪《屯留县志》6

一四一·全宋文卷三〇四一·二一八　　周铢　浙江　天寿院记　浙江　宣和三年　1121　乾隆《鄞县志》25、《敬止录》31

一四一·全宋文卷三〇四一·二二七　　赵公杰　？　明因院宝塔施砖记　浙江　大观三年三月十三日　1109　《东瓯金石志》4

一四一·全宋文卷三〇四一·二二九　　张徽　安徽　宝胜禅院造

塔记　安徽　　大观三年九月　1109　嘉庆《泾县志》12、民国《安徽通志稿·金石古物考》15

一四二·全宋文卷三〇五五·九二　　朱褒　江西　保福院记　江西　政和六年十一月　　1116　同治《南丰县志》37、乾隆《建昌府志》69

一四二·全宋文卷三〇五八·一二八　　盖屿　？　慧聚寺山图序记　江苏　政和元年十一月　　1111　《吴都法乘》10上、《淳祐玉峰志》下、康熙《昆山县志》10、同治《苏州府志》43

一四二·全宋文卷三〇五八·一三五　　闵文叔　陕西　洋州念佛岩大悟禅师碑　陕西　？　　？　康熙《汉南郡志》18

一四二·全宋文卷三〇五九·一五三　　曹景俭　陕西　西河新修普济寺记　陕西　政和二年十月　1112　《八琼室金石补正》110、咸丰《澄城县志》20

一四二·全宋文卷三〇六三·二一九　　郭庭俊　？　施钱造塔记　安徽　政和二年三月　1112　民国《安徽通志稿·金石古物考》15

一四五·全宋文卷三一二五·一七八　　李櫰　？　大荐福寺重修塔记　陕西　政和六年五月二十七日1116　《金石萃编》147、《考古》1985年第1期

一四五·全宋文卷三一三〇·二六四　　安立　？　宋盖倚等造香炉记　山东　政和四年四月四日　　1114　民国《潍县志稿》39、国家图书馆藏拓片

一四五·全宋文卷三一三二·二九八　　王庭秀　浙江　普明律寺记　浙江　建炎元年六月　　1127　《延祐四明志》18、民国《象山县志》32

一四五·全宋文卷三一三四·三二九　　郭印　四川　超悟院记　四川　？　　？　《成都文类》40、《宋代蜀文辑存》39

一四五·全宋文卷三一三六·三六〇　　吴氏小四娘　安徽　宝胜禅院吴氏包镇造塔记　安徽　政和五年二月十五日　1115　民国《安徽通志稿·金石古物考》15

一四五·全宋文卷三一三八·三九三　　晏敦复　江西　梵慧院释迦文殿记　浙江　绍兴时期　　？　《四明文献考》《宝庆昌国县志》1、

《四明图经》10

一四六·全宋文卷三一三九·七　史徽　浙江　崇教寺记　浙江　建炎二年　　1128　民国《海宁州志稿》19

一四六·全宋文卷三一四〇·二一　　耿干　陕西　元鉴师灵幢记　山东　宣和后　？　民国《临沂县志》12

一四六·全宋文卷三一四〇·三〇　　许难　福建　灵石俱胝院记　福建　？　？　《闽中金石志》11、乾隆《福州府志》6

一四六·全宋文卷三一四三·六五　　赵复圭　？　大宋赵州高邑县乾明院建塔记　河北　政和五年二月初一日　1115　民国《高邑县志》9

一四六·全宋文卷三一四三·六九　　陈逸　江苏　灵泉井记　江苏　政和五年十二月　1115　《咸淳临安志》37、万历《杭州府志》23、道光《海昌备志》11、民国《海宁州志稿》19

一四六·全宋文卷三一六〇·三五九　　王安中　山西　新殿记　广西　绍兴二年四月十七日立石　1132　《八琼室金石补正》112、《粤西金石略》7、嘉庆《广西通志》221

一四七·全宋文卷三一八三·三三七　　叶梦得　江苏　建康府保宁寺轮藏记　江苏　？　？　《石林居士建康集》4、《景定建康志》46、《金陵梵刹志》48

一四七·全宋文卷三一八三·三三九　　叶梦得　江苏　胜法寺转轮藏记　江苏　政和五年六月　1115　《重修琴川志》13、《吴郡志》35、《吴都法乘》3、《吴都文粹》9、《姑苏志》30、道光《苏州府志》43、光绪《苏州府志》44、《海虞文征》14

一四八·全宋文卷三二〇一·三三四　　王澄　山东　报恩塔记　山东　政和六年四月　1116　《济南金石志》2、乾隆《历城县志》23、国家图书馆藏拓片

一四八·全宋文卷三二〇二·三四六　　耿延禧　河南　同庵记　四川　绍兴十五年　1145　《成都文类》39

一五二·全宋文卷三二七七·二二四　　刘一止　浙江　湖州德清县城山妙香禅院记　浙江　绍兴十一年后　？　《苕溪集》22、同

治《湖州府志》53

一五二·全宋文卷三二七七·二二七　　刘一止　浙江　湖州报恩光孝禅寺新建观音殿记　浙江　？　　？　　《苕溪集》22、《吴兴金石记》9

一五二·全宋文卷三二七七·二三〇　　刘一止　浙江　湖州石冢村青莲院记　浙江　绍兴二十六年五月　1156　《苕溪集》22、同治《湖州府志》47

一五四·全宋文卷三三〇四·六　陈渊　福建　甘露寺题名记　江苏　崇宁五年七月　1106　《莫堂集》20

一五五·全宋文卷三三三九·三一九　　程俱　浙江　衢州常山县重建保安院记　浙江　崇宁四年　　1105　《北山小集》18、雍正《浙江通志》233

一五五·全宋文卷三三三九·三二〇　　程俱　浙江　衢州开化县云门院法华阁记　　浙江　约崇宁时期　？　《北山小集》18

一五五·全宋文卷三三三九·三二二　　程俱　浙江　衢州开化县灵山寺大藏记　浙江　？　　？　　《北山小集》18

一五五·全宋文卷三三三九·三二三　　程俱　浙江　杭州於潜县治平寺重建佛殿记　　浙江　宣和后？　《北山小集》18、《咸淳临安志》84、民国《杭州府志》38

一五五·全宋文卷三三三九·三二五　　程俱　浙江　镇江府鹤林天宁寺大藏记　江苏　靖康时期　　？　《北山小集》18

一五五·全宋文卷三三三九·三二六　　程俱　浙江　照堂记　浙江　崇宁四年六月　1105　《北山小集》18

一五五·全宋文卷三三三九·三二七　　程俱　浙江　安养庵记　浙江　崇宁五年八月　1106　《北山小集》18、《乐邦文类》3

一五五·全宋文卷三三四〇·三三八　　程俱　浙江　衢州大中祥符寺大悲观世音菩萨阁记　　浙江　？　？　《北山小集》19

一五六·全宋文卷三三四七·二六　　王映　四川　灵岩寺饭僧记　山东　政和八年六月　1118　《山左金石志》18、嘉庆《泰山志》17、《岱览》24

一五七·全宋文卷三三九七·四四三　　　江苏　於潜县明智寺记　浙江　？　　？　　　《咸淳临安志》84、《浙江通志》227

一五八·全宋文卷三四一二·二五一　　　王庭珪　江西　西峰寺重修三秀亭记　江西　绍兴二十九年五月十八日　1159　《泸溪文集》34、雍正《江西通志》124、道光《鄱阳县志》31、同治《庐陵县志》

一五八·全宋文卷三四一二·二五二　　　王庭珪　江西　龙须山转轮经藏记　江西　绍兴时期　？　　《泸溪文集》34

一五八·全宋文卷三四一二·二五五　　　王庭珪　江西　隆庆禅寺五百罗汉堂记　江苏　绍兴十三年　1143　《泸溪文集》34

一五八·全宋文卷三四一三·二六六　　　王庭珪　江西　重修东华寺记　江西　宣和二年十二月　1120　《泸溪文集》35

一五八·全宋文卷三四一三·二六七　　　王庭珪　江西　题华严寺壁　？　建炎四年　1130　《泸溪文集》48

一六〇·全宋文卷三四七九·三五四　　　孙觌　江苏　抚州曹山宝积院僧堂记　江西　绍兴二年十月　1132　《鸿庆居士文集》21、同治《宜黄县志》45

一六〇·全宋文卷三四八〇·三七三　　　孙觌　江苏　灵严智积菩萨殿记　江苏　绍兴十五年八月　　　1145　《鸿庆居士文集》22、《吴郡志》32、《姑苏志》29、《吴都文粹》8、道光《苏州府志》41、《江南通志》44

一六〇·全宋文卷三四八一·三七八　　　孙觌　江苏　平江府枫桥普明禅院兴造记　江苏　绍兴十六年八月　1146　《鸿庆居士文集》22、《吴都法乘》10上之下、《吴郡志》33、《姑苏志》29、《吴都文粹》8、光绪《苏州府志》40、《寒山寺志》1

一六〇·全宋文卷三四八一·三八〇　　　孙觌　江苏　兴化军节度仙游县香山记　福建　绍兴十六年八月　1146　《鸿庆居士文集》22

一六〇·全宋文卷三四八一·三八二　　　孙觌　江苏　常州永庆禅院兴造记　江苏　绍兴十九年六月　1149　《鸿庆居士文集》22

一六〇·全宋文卷三四八一·三八四　　孙觌　江苏　平江府吴江县无碍院普贤感应记　江苏　绍兴二十年三月　1150　《鸿庆居士文集》22、《吴都法乘》10下之上、《吴郡志》36、《吴都文粹》9、《姑苏志》30、道光《苏州府志》43

一六〇·全宋文卷三四八一·三八五　　孙觌　江苏　抚州疏山白云禅院大藏记　江西　绍兴二十年　1150　《鸿庆居士文集》22

一六〇·全宋文卷三四八一·三八九　　孙觌　江苏　常州资圣禅院兴造记　江苏　绍兴二十二年四月　1152　《鸿庆居士文集》22

一六〇·全宋文卷三四八一·三九〇　　孙觌　江苏　常州无锡县开利寺藏院记　江苏　绍兴二十三年六月　1153　《鸿庆居士文集》22

一六〇·全宋文卷三四八三·四〇九　　孙觌　江苏　显忠资福禅院兴造记　浙江　绍兴十一年三月　1141　《鸿庆居士文集》23

一六〇·全宋文卷三四八三·四一五　　孙觌　江苏　崇安寺五轮藏记　江苏　隆兴元年六月　1163　《鸿庆居士文集》23

一六二·全宋文卷三五二九·二八〇　　周紫芝　安徽　时山观音像记　？　绍兴九年十月六日　1139　《太仓稊米集》60

一六三·全宋文卷三五四二·一三八　　李正民　江苏　法喜寺改十方记　浙江　绍兴十四年十二月　1144　《至元嘉禾志》23、光绪《海盐县志》7

一六三·全宋文卷三五四二·一三九　　李正民　江苏　资圣寺佛殿记　浙江　绍兴十五年十二月　1145　《至元嘉禾志》23、光绪《海盐县志》7

一六七·全宋文卷三六三七·一一一　　李世美　河北　净安禅院祖师清公和尚塔记　河南　宣和三年十一月望日　1121　道光《河内县志》20

一七二·全宋文卷三七六〇·一九九　　李纲　福建　报本殿记　福建　宣和二年七月　1120　《梁溪集》132

一七二·全宋文卷三七六〇·二〇二　　李纲　福建　寓轩记 福建　宣和二年四月　1120　　《梁溪集》132、嘉庆《延平府志》19、同治《沙县志》19

一七二·全宋文卷三七六一·二〇九　　李纲　福建　报德庵芝草记　福建　宣和二年八月　1120　　《梁溪集》132

一七二·全宋文卷三七六一·二一〇　　李纲　福建　蕲州黄梅山真慧禅院法堂记　　湖北　建炎二年四月　1128　《梁溪集》133、光绪《黄州府志》39、光绪《黄梅县志》35、民国《湖北通志》92

一七二·全宋文卷三七六一·二一二　　李纲　福建　澧州夹山普慈禅院转轮藏记　　湖南　约建炎二年　1128　　《梁溪集》133

一七二·全宋文卷三七六一·二一六　　李纲　福建　邵武军泰宁县瑞光岩丹霞禅院记　福建　绍兴元年八月　1131　　《梁溪集》133、光绪《邵武府志》28

一七二·全宋文卷三七六一·二一七　　李纲　福建　汀州南安岩均庆禅院转轮藏记　　福建　绍兴元年六月　1131　　《梁溪集》133

一七二·全宋文卷三七六一·二一九　　李纲　福建　松风堂记　福建　绍兴二年闰四月　　　　1132　　《梁溪集》133

一七三·全宋文卷三七六九·二　　李景渊　？　　寿圣禅院修造记　浙江　宣和四年二月　1122　　《台州金石略》4

一七三·全宋文卷三七七七·一四八　　李孝端　山东　遂宁府蓬溪县新修净戒院记　　四川　宣和五年　　1123　　《金石苑》、道光《蓬溪县志》5

一七四·全宋文卷三七九七·八四　　吕本中　安徽　仙居县净梵院记　浙江　？　　？　　《嘉定赤城志》29、光绪《仙居县志》23、《宋元学案补遗》36

一七四·全宋文卷三七九八·一一〇　　王孝竭　？　　江阴县寿圣院泛海灵感观音记　江苏　宣和六年二月　1124　　嘉靖《江阴县志》19、《江苏金石志》10、国家图书馆藏拓片

一七四·全宋文卷三八〇二·一六六　　朱弁　江西　台山瑞应记　山西　金皇统元年六月　　　　1141　　《续清凉传》下

一七四·全宋文卷三八〇二·一六八　　朱弁　江西　代州清凉山记　山西　？　？　《古今图书集成》山川典32、《名山胜概》36

一七四·全宋文卷三八〇四·一八九　　俞观能　浙江　太平禅寺佛殿记　浙江　宣和六年十一月十五　1124　乾道《四明图经》10、《四明文献考》、民国《象山县志》31

一七四·全宋文卷三八一六·四〇八　　丁彦师　山西　鸡山生佛阁碑　甘肃　绍兴十四年正月　1140　《陇右金石录》4

一七四·全宋文卷三八一八·四三九　　王佐　四川　渠州珠山佛现记　四川　宣和二年　1120　《金石苑》《宋代蜀文辑存》36

一七五·全宋文卷三八二三·六三　　李邴　山东　千僧阁记　浙江　？　？　《径山志》7、《佛法金汤篇》14、《大会普觉禅师年谱》、嘉庆《余杭县志》15

一七六·全宋文卷三八五二·一六三　　王以宁　湖南　佛窟山转轮藏记　浙江　绍兴二年十二月　1132　《台州金石录》5

一七六·全宋文卷三八六四·三六七　　沈与求　浙江　水陆报应记　陕西　绍兴五年七月　1135　《沈忠敏公龟溪集》11

一七七·全宋文卷三八七六·一九三　　王洋　江苏　书郑氏舍田记　？　？　？　《东牟集》13

一七七·全宋文卷三八七六·一九四　　王洋　江苏　泗洲院记　浙江　？　？　《东牟集》13

一七七·全宋文卷三八八五·三三八　　何麒　北岩转轮藏记　重庆　绍兴十年五月　1140　乾隆《合州志》12、《宋代蜀文辑存》47

一七九·全宋文卷三九二二·一五三　　范浩　浙江　景德寺诸天阁记　江苏　靖康元年十一月十六日　1126　《吴郡志》35、《吴都文粹》9、《吴都法乘》10下之上、道光《苏州府志》43、道光《昆新两县志》10

一八〇·全宋文卷三九五六·三四二　　李弥逊　福建　福州乾元寺度僧记　福建　？　？　《竹溪先生文集》22

一八〇·全宋文卷三九五六·三四三　　李弥逊　福建　支提山天冠应现记　福建　？　？　《竹溪先生文集》22

一八〇·全宋文卷三九五六·三四五　　李弥逊　福建　太平道院新造三乘小像记　湖南　？　　？　　《竹溪先生文集》22

一八〇·全宋文卷三九五六·三四六　　李弥逊　福建　宣州泾县铜峰瑞应塔记　安徽　？　　？　　《竹溪先生文集》22

一八一·全宋文卷三九六八·一四七　　冯檝　四川　大中祥符院大悲像并阁记　四川　绍兴时期　　？　　《成都文类》40、《宋代蜀文辑存》38

一八一·全宋文卷三九六九·一四九　　冯檝　四川　南禅寺记　四川　绍兴二十二年　1152　光绪《遂宁县志》4、《宋代蜀文辑存》38

一八一·全宋文卷三九六九·一五〇　　冯檝　四川　密印寺钟楼记　浙江　？　　？　　《至元嘉禾志》26、万历《崇德县志》9、光绪《桐乡县志》5

一八一·全宋文卷三九七一·一七八　　夏之文　福建　净慧禅院看经寮记　江苏　绍兴十九年　1149　《重修琴川志》13、《海虞文征》4

一八一·全宋文卷三九七三·二二五　　罗汝楫　安徽　重建兜率寺记　浙江　绍兴十九年　1149　《严陵集》9

一八一·全宋文卷三九七四·二五〇　　莫俦　江苏　隆庆寺一真轩记　广东　建炎二年　1128　《永乐大典》5345

一八一·全宋文卷三九七四·二五一　　莫俦　江苏　淀山建塔记　上海　绍兴十八年七月　1147　《古今图书集成》神异典123、康熙《松江府志》27、嘉庆《松江府志》76

一八一·全宋文卷三九七七·三一一　　黄彦平　江西　罗山妙心院华严经室记　江西　？　　？　　《三余集》4

一八一·全宋文卷三九八〇·三六二　　喻提举　？　　书睦州福胜院记碑阴　江西　建炎时期　　？　　康熙《广信府志》17

一八一·全宋文卷三九八〇·三七四　　孙邦　浙江　宝乘寺结界记　浙江　建炎二年正月　1128　民国《新登县志》8、道光《新建县志》21、民国《杭州府志》38

一八二·全宋文卷三九九二·一七九　　王铚　安徽　包山禅院记　江苏　绍兴二年正月　1132　《吴都文粹》8、《吴郡志》34、《吴都法乘》

293

10下之上、《具区志》10、《古今图书集成》职方典685、道光《苏州府志》41、民国《吴县志》36上

一八二·全宋文卷三九九四·二一四　　朱琳　浙江　延庆寺塔记　浙江　建炎四年　　1130　光绪《松阳县志》11

一八二·全宋文卷三九九八·二七六　　吕求中　安徽　藏玺书于璩源寺记　浙江　建炎四年九月　1130　同治《江山县志》5

一八二·全宋文卷三九九八·二八四　　冯温舒　？　翠山禅寺兴建记　浙江　绍兴八年四月　1138　《敬止录》第8册

一八三·全宋文卷四〇〇九·二七　　何汝贤　四川　禹迹山院记　四川　绍兴元年十二月　　1131　嘉靖《保宁府志》14、《蜀藻幽胜录》3、《宋代蜀文辑存》65

一八三·全宋文卷四〇一三·九五　　卫昂　？　冲相寺赵彦达饯别石记　四川　绍兴元年六月　1131　光绪《广安州新志》39

一八三·全宋文卷四〇一七·一七五　　邓肃　福建　南剑天宁塑像记　福建　靖康时期　？　《栟榈集》17

一八三·全宋文卷四〇一七·一七七　　邓肃　福建　沙县福圣院重建塔记　福建　靖康元年春　1126　《栟榈集》17

一八三·全宋文卷四〇一七·一七九　　邓肃　福建　兴化重建院记　福建　政和时期　？　《栟榈集》17

一八三·全宋文卷四〇一八·一八一　　邓肃　福建　栖云日新轩记　福建　靖康元年三月　1126　《栟榈集》18

一八三·全宋文卷四〇一八·一八三　　邓肃　福建　丹霞清泚轩记　福建　宣和三年八月　1121　《栟榈集》18

一八三·全宋文卷四〇一八·一八四　　邓肃　福建　沙邑栖云寺法雨记　福建　？　？　《栟榈集》18

一八三·全宋文卷四〇一八·一八五　　邓肃　福建　一枝庵记　福建　靖康时期　？　《栟榈集》18

一八四·全宋文卷四〇四二·一五〇　　张九成　浙江　海昌童儿塔记　浙江　绍兴九年十月　1139　《横浦先生文集》17、《咸淳临安志》85、嘉靖《海宁县志》9、乾隆《海宁州志》6

一八四·全宋文卷四〇四二·一五四　　张九成　浙江　竹轩记 广东　？　　？　　《横浦先生文集》17、同治《大庾县志》14

一八四·全宋文卷四〇四三·一七六　　张九成　浙江　惟尚禅师塔记　浙江　绍兴十年　　1140　《咸淳临安志》85、嘉靖《海宁县志》9、乾隆《海宁州志》6、《海昌备志》12

一八四·全宋文卷四〇五六·四〇八　　邵博　河南　嘉州兴化禅院记　四川　？　　？　　《国朝二百家名贤文粹》125

一八四·全宋文卷四〇五六·四一〇　　邵博　河南　清音亭记　四川　？　　？　　雍正《四川通志》41

一八五·全宋文卷四〇六四·一二六　　王之道　安徽　绍兴府法华山维卫像记　浙江　？　　？　　《相山集》23

一八五·全宋文卷四〇六七·二一一　　傅达可　浙江　轮藏记　浙江　绍兴四年八月　1134　《海昌备志》12、民国《海宁州志稿》19

一八五·全宋文卷四〇六八·二三五　　丁昌朝　浙江　浔溪祇园寺庄田记　浙江　绍兴二十一年五月　　1151　同治《湖州府志》49、民国《南浔志》36、《南浔石刻文考》第1册

一八五·全宋文卷四〇七九·四二一　　潘良贵　浙江　宝林禅寺记并引　浙江　绍兴六年二月　1136　《默成文集》3、雍正《浙江通志》232、嘉庆《义乌县志》18

一八六·全宋文卷四〇八一·九　　杨椿　江苏　象耳山重修太平兴国禅寺记　四川　？　　？　　《国朝二百家名贤文粹》125

一八六·全宋文卷四〇八一·一〇　　杨椿　江苏　永福禅寺记　四川　隆兴二年五月　1164　《国朝二百家名贤文粹》125

一八六·全宋文卷四〇八三·三六　　刘昉　广东　祥云寺行记　四川　绍兴十八年正月　　1148　《全蜀艺文志》64、《古今游名山记》15、《蜀中名胜记》21、嘉庆《四川通志》40

一八六·全宋文卷四〇八六·八五　　吴元美　福建　重光寺记　福建　绍兴十年四月　1140　民国《永泰县志》3

一八六·全宋文卷四〇九一·一七七　　张守约　四川　积庆院记　四川　？　　？　　《蜀藻幽胜录》3、嘉靖《保宁府志》14、《宋代

蜀文辑存》100

一八七·全宋文卷四一一七·二一一　　张嵲　湖北　观音记　浙江　？　？　《紫微集》31

一八七·全宋文卷四一一七·二一三　　张嵲　湖北　处州龙泉西山集福教院佛经藏记　浙江　绍兴十五年　1145　《紫微集》31

一八八·全宋文卷四一三六·一二八　　张浚　四川　天宁万寿禅寺置田记　四川　绍兴三年　1133　《成都文类》39、《宋代蜀文辑存》45

一八八·全宋文卷四一三六·一二九　　张浚　四川　自信庵记　？　绍兴八年四月　1138　《云卧纪谈》下、《宋代蜀文辑存》45

一八八·全宋文卷四一三六·一三〇　　张浚　四川　云岩禅寺藏记　江苏　绍兴九年　1139　《吴都文粹》8、《吴郡志》32、《吴都法乘》3、《姑苏志》29、道光《苏州府志》42、《宋代蜀文辑存》45

一八八·全宋文卷四一三六·一三一　　张浚　四川　重建保安寺记　浙江　？　？　万历《秀水县志》9、《宋代蜀文辑存》45

一八八·全宋文卷四一三六·一三二　　张浚　四川　祖印禅院记　浙江　？　？　《宝庆会稽续志》3

一八八·全宋文卷四一三六·一三三　　张浚　四川　殿记　？　？　？　《大会普觉禅师年谱》

一八八·全宋文卷四一三七·一四四　　张浚　四川　重修鼓山白云涌泉禅寺碑　福建　绍兴十二年　1142　《鼓山志》7

一八八·全宋文卷四一四八·三二三　　朱松　江西　尊胜院佛殿记　福建　绍兴十年　1140　《韦斋集》10

一九〇·全宋文卷四一八〇·四八　　胡寅　福建　丰城县新修智度院记　江西　绍兴时期　？　《斐然集》20、雍正《江西通志》125、乾隆《南昌府志》23

一九〇·全宋文卷四一八〇·四九　　胡寅　福建　湘潭县龙王山慈云寺新建佛殿记　湖南　绍兴三年　1133　《斐然集》20

一九〇·全宋文卷四一八〇·五六　　胡寅　福建　桂阳监永宁寺轮藏记　湖南　？　？　《斐然集》20、《文献统考》127、

《荆川稗编》70、《南宋文录录》10

一九〇·全宋文卷四一八〇·五八　　胡寅　福建　衡岳寺新开石渠记　湖南　？　？　《斐然集》20

一九〇·全宋文卷四一八三·一〇二　　胡寅　福建　罗汉阁记　湖南　？　？　《斐然集》21

一九〇·全宋文卷四一九八·三三八　　谢伋　河南　大宋台州临海县佛窟山昌国禅院新开涂田记　浙江　绍兴十三年三月　1143　《台州金石录》5

一九一·全宋文卷四二〇四·七三　　曹勋　河南　净慈创塑五百罗汉记　浙江　绍兴二十九年正月　1159　《松隐文集》30、《咸淳临安志》78、《西湖志》10、康熙《钱塘县志》34

一九一·全宋文卷四二〇四·七五　　曹勋　河南　天竺荐福寺忏主遵式敕赐师号塔名记　浙江　绍兴三十年　1160　《松隐文集》30

一九一·全宋文卷四二〇四·七六　　曹勋　河南　六和塔记　浙江　？　？　《松隐文集》30、《咸淳临安志》82、《西湖志》11、《西湖游览志》24、康熙《钱塘县志》34

一九一·全宋文卷四二〇四·七八　　曹勋　河南　径山罗汉记　浙江　绍兴三十年正月　1160　《松隐文集》30

一九一·全宋文卷四二〇四·八〇　　曹勋　河南　径山续画罗汉记　浙江　乾道九年六月　1173　《松隐文集》30

一九一·全宋文卷四二〇四·八二　　曹勋　河南　崇先显孝禅院记　浙江　隆兴元年七月　1163　《松隐文集》30

一九一·全宋文卷四二〇五·八四　　曹勋　河南　显恩寺记　浙江　乾道七年七月　1171　《松隐文集》31、民国《临海县志》35

一九一·全宋文卷四二〇五·八五　　曹勋　河南　仙林寺记　浙江　绍兴时期　？　《松隐文集》31

一九一·全宋文卷四二〇五·八七　　曹勋　河南　清隐庵记　浙江　乾道元年三月　1165　《松隐文集》31、同治《湖州府志》

297

一九一	全宋文卷四二〇五·九〇	曹勋	河南	战场立经幢记	?	?	?	《松隐文集》31
一九一	全宋文卷四二〇五·九〇	曹勋	河南	净严僧田记	?	?	?	《松隐文集》31
一九一	全宋文卷四二〇五·九二	曹勋	河南	净严度僧记	?	?	?	《松隐文集》31、《永乐大典》8706
一九二	全宋文卷四二二六·六一	钟离松	江苏	宝积莲社画壁记	?	乾道九年九月	1173	《乐邦文类》3
一九三	全宋文卷四二五一·六七	范宗尹	湖北	宝积禅院记	浙江	?	?	光绪《重修嘉善县志》6
一九三	全宋文卷四二六一·二二四	朱辂	四川	卧云庵记	四川	?	?	《成都文类》44
一九三	全宋文卷四二六八·三四五	冯时行	四川	龙多山鹫台院记	重庆	绍兴三十二年十一月	1162	乾隆《合州志》12、《舆地纪胜》159、《宋代蜀文辑存》46
一九四	全宋文卷四二八九·二九八	程敦厚	四川	眉州多悦镇宝华寺藏经殿记	四川	绍兴十年十月	1140	《国朝二百家名贤文粹》125
一九四	全宋文卷四二九二·三四〇	贾廷佐	浙江	禅智院记	浙江	绍兴十五年十二月	1145	《金华文征》5、道光《东阳县志》24
一九四	全宋文卷四二九二·三四一	贾廷佐	浙江	宋婺州东阳县昭福院殿记	浙江	绍兴十七年三月	1147	《两浙金石志补遗》
一九五	全宋文卷四三二〇·三六五	胡铨	江西	新州龙山少林阁记	广东	绍兴十六年	1146	《胡澹庵先生文集》17
一九五	全宋文卷四三二一·三八九	胡铨	江西	衡阳观音寺殿记	湖南	绍兴二十九年二月	1159	《胡澹庵先生文集》18
一九五	全宋文卷四三二一·三九一	胡铨	江西	衡州寿光寺轮藏记	湖南	绍兴三十年五月	1160	《胡澹庵先生文集》18

附录二：《全宋文》所收文人寺记信息总集

一九六·全宋文卷四三二二·一　胡铨　江西　此庵记？　乾道二年四月　1166　《胡澹庵先生文集》19

一九六·全宋文卷四三四二·三五〇　岳飞　河南　广德军金沙寺壁题记　湖南　建炎四年四月　1130　《金石粹编》19、《咸淳毗陵志》14、《荆溪外纪》19、道光《永州府志》18下、光绪《湖南通志》276

一九七·全宋文卷四三四五·七　许端友　安徽　为僧肇知山作法相澄心堂记　？　绍兴二十三年十月　1143　《永乐大典》7240

一九七·全宋文卷四三七〇·四一八　王之望　湖北　台州重修普安禅寺记　浙江　绍兴时期　？　《汉滨集》14、《台州金石录》5

一九八·全宋文卷四三七五·七八　董仲永　河南　六和塔观世音经像碑记　浙江　绍兴二年七月　1132　《越中金石记》8

一九八·全宋文卷四三八〇·一九四　尤著　江苏　觉林寺文献公祠堂记　江苏　？　？　《锡山尤氏文存》

一九八·全宋文卷四三七八·一三五　龚槐　？　移建法云寺记　江苏　？　？　嘉庆《重修扬州府志》29

一九九·全宋文卷四三九四·二七　王伯庠　山东　敕谥宏智禅师行业记　？　乾道二年六月　1166　《宏智正觉禅师广录》9

一九九·全宋文卷四三九四·三八　张有成　　光福院西睦定身记　四川　绍兴十六年　1146　《成都文类》40

一九九·全宋文卷四三九五·五一　唐文若　四川　报恩寺行记　四川　绍兴二十六年七月　1156　《全蜀艺文志》64、嘉庆《四川通志》40、《宋代蜀文辑存》50

一九九·全宋文卷四三九六·七六　闻人符　浙江　惠力寺舍利众善记　浙江　？　？　嘉靖《海宁县志》9、乾隆《海宁州志》6、《海昌备志》12、民国《海宁州志稿》19

一九九·全宋文卷四三九六·七八　闻人符　浙江　灵池寺重建大佛殿记　浙江　？　？　乾隆《海宁州志》6

二〇〇·全宋文卷四四一五·五九　史浩　浙江　广寿慧云禅

299

寺之记 浙江　绍熙时期　　　？　　《武林金石记》10

二〇〇·全宋文卷四四三〇·三三八　　何熙志 四川　潼川府牛头寺罗汉阁记　四川　绍兴二十九年十二月　1159　《国朝二百家名贤文粹》125

二〇〇·全宋文卷四四三二·三六六　　孙朝隐 四川　永庆院记　四川　绍兴十八年　1148　《成都文类》40

二〇六·全宋文卷四五六六·二二　　李石 四川　安乐院飞轮藏记　四川　？　？　《方舟集》11

二〇六·全宋文卷四五六六·二八　　李石 四川　隆州重修超觉禅寺记　四川　？　？　《方舟集》11

二〇六·全宋文卷四五七六·二七四　　钱端礼 浙江　应天塔记　浙江　？　？　《宝庆会稽续志》3

二〇六·全宋文卷四五八一·三六七　　王咸久 四川　灵峰院钟楼记　四川　绍兴二十年正月　1150　《金石苑》《八琼室金石补正》113、《宋代蜀文辑存》99

二〇六·全宋文卷四五八二·三七九　　喻樗 浙江　书福胜院记碑阴　江西　建炎三年　1129　同治《玉山县志》2

二〇七·全宋文卷四五九五·二一一　　李梓 ？　永福院记　江苏　绍兴二十一年八月　1151　《吴郡志》36、《吴都文粹》9、《吴都法乘》10、道光《苏州府志》43

二〇七·全宋文卷四五九五·二一四　　赵耆 ？　增修大悲阁记　四川　绍兴十一年　1141　《成都文类》39

二〇九·全宋文卷四六三五·一二〇　　王十朋 浙江　妙果院藏记　浙江　绍兴时期　？　《梅溪先生后集》26

二〇九·全宋文卷四六三五·一二二　　王十朋 浙江　雁荡山寿圣白岩院记　浙江　宣和三年后　？　《梅溪先生后集》26、永乐《乐清县志》5、《古今游名山记》10、《名山胜概记》22、《广雁荡山志》11

二〇九·全宋文卷四六三五·一二三　　王十朋 浙江　雁荡山本觉院殿记 浙江 绍兴二十八 1158　《梅溪先生后集》26、《广雁荡山志》2　二一〇·全宋文卷四六七一·三六三　　范成象 江苏　水陆堂记

江苏　乾道二年　　　　　1166　《虎丘山志》22、《吴都法乘》10 上之下、《吴都文粹续集》31、道光《苏州府志》132

二一二·全宋文卷四六九九·五〇　　　晁公遡　山东　定慧院记　四川　绍兴十三年？　1143　《嵩山集》50

二一二·全宋文卷四六九九·五六　　　晁公遡　山东　舍田记？　？　？　《嵩山集》50

二一三·全宋文卷四七四一·三五七　　洪适　江西　息庵记　广东　？　？　《盘洲文集》30

二一三·全宋文卷四七四二·三七五　　洪适　江西　资福院记　江西　？　？　《盘洲文集》32

二一五·全宋文卷四七八〇·二四一　　汪应辰　江西　法海院记略　江西　？　？　同治《玉山县志》2

二一六·全宋文卷四七九七·一七九　　韩元吉　河南　建安白云山崇梵禅寺罗汉堂记　福建　？　？　《南涧甲乙集》15

二一六·全宋文卷四七九七·一八〇　　韩元吉　河南　隐静山新建御书毗卢二阁记　安徽　乾道时期　？　《南涧甲乙集》15

二一六·全宋文卷四七九七·一八四　　韩元吉　河南　崇福庵记　江西　乾道四年十月　1168　《南涧甲乙集》15

二一六·全宋文卷四七九七·一八九　　韩元吉　河南　崇胜戒坛记　江苏　淳熙五年五月　1178　《南涧甲乙集》15

二一六·全宋文卷四七九八·二〇三　　韩元吉　河南　建宁府开元禅寺戒坛记　福建　淳熙十年五月　1183　《南涧甲乙集》15

二一六·全宋文卷四七九九·二一八　　韩元吉　河南　景德寺五轮藏记　安徽　乾道时期　？　《南涧甲乙集》16

二一六·全宋文卷四七九九·二一九　　韩元吉　河南　广教院重修转轮藏记　江西　？　？　《南涧甲乙集》16

二一七·全宋文卷四八二三·二五一　　周麟之　江苏　圆通阁瑞光记　浙江　？　？　《海陵集》22、《海陵文征》2

二一八·全宋文卷四八四七·三〇九　　员兴宗　四川　池州改建南泉承恩禅寺记　安徽　？　？　《九华集》19

二一八·全宋文卷四八四七·三一一　　　员兴宗　四川　金绳院观音塑像记　四川　?　　?　　《九华集》19、《成都文类》40

二一九·全宋文卷四八五三·五五　　　曾协　江西　超宗道人妙用庵记 ?　乾道元年十一月　　1165　《云庄集》4

二一九·全宋文卷四八六三·二一七　　　陈武子 福建　吴江重修圣寿禅院之记　江苏　淳熙三年　　1176　《吴都法乘》10下之上

二一九·全宋文卷四八六五·二六一　　　孙观国 四川　重修桥院寺碑记　四川　乾道三年　　1167　同治《彰明县志》57、《宋代蜀文辑存》60　　二一九·全宋文卷四八六九·三三○　徐畸 浙江　重游禹山会大智院新修记　浙江　淳熙十二年十一月十四日　　1185　道光《东阳县志》25

二二○·全宋文卷四八七六·八六　　　梅权　安徽　造塔记 安徽 绍兴三十一年三月　　1161　《安徽通志稿·金石古文物考》15、嘉庆《泾县志》12

二二一·全宋文卷四八九四·七二　　　青阳仲广　四川　天王寺塔记 四川　?　　?　　嘉庆《四川通志》42、光绪《井研县志》16、《宋代蜀文辑存》72

二二一·全宋文卷四八九四·七五　　　曹冠　浙江　东阳中兴寺环翠阁记　浙江　淳熙七年　　1180　道光《东阳县志》23、《金华文征》5

二二一·全宋文卷四八九七·一二五　　　王存之 浙江　隆教院重修佛殿记 浙江　隆兴元年二月二日　　1163　《四明文献考》第118页、《四明图经》10

二二一·全宋文卷四八九七·一二六　　　王存之 浙江　普慈禅院新丰庄开请涂田记　浙江　隆兴元年三月二日　　1163　《四明文献考》第123页、《四明图经》10、光绪《定海厅志》27

二二一·全宋文卷四九○五·二五一　　　李流谦 四川　重修法明寺记　　四川　?　　?　　《澹斋集》15

二二一·全宋文卷四九○五·二五三　　　李流谦 四川　龙角山福志寺修造记　四川　?　　?　　《澹斋集》15

附录二：《全宋文》所收文人寺记信息总集

二二一·全宋文卷四九〇六·二六三　　李流谦　四川　重修安国寺记　四川　？　？　《澹斋集》16

二二一·全宋文卷四九〇六·二六四　　李流谦　四川　瓦屋山瑞像记　四川　？　？　《澹斋集》16

二二一·全宋文卷四九〇六·二六五　　李流谦　四川　（安国寺）王正卿楞严译经像记　四川　？　？　《澹斋集》16

二二一·全宋文卷四九〇六·二六六　　李流谦　四川　祥符寺千佛记　？　绍兴　？　《澹斋集》16

二二一·全宋文卷四九〇六·二六七　　李流谦　四川　性空寺画阿罗汉记　四川　？　？　《澹斋集》16

二二二·全宋文卷四九一八·七八　　洪迈　江西　重建佛殿记　江苏　淳熙十四年八月　1187　《古今图书集成》神异典115、《至顺镇江志》9、《京口山水志》2、《金山龙游禅寺志略》1

二二二·全宋文卷四九二〇·一一五　　洪迈　江西　上天竺讲寺碑　浙江　？　？　《杭州上天竺讲寺志》9、《西湖志》13、《洪文敏公集》7

二二三·全宋文卷四九四一·八一　　陆游　浙江　云门寿圣院记　浙江　绍兴二十七年十一月　1157　《渭南文集》17、《名山胜概记》17、《八代文钞》第35册、《渊鉴类函》29

二二三·全宋文卷四九四一·八六　　陆游　浙江　青州罗汉堂记　江苏　隆兴二年七月　1164　《渭南文集》17

二二三·全宋文卷四九四一·八八　　陆游　浙江　黄龙山崇恩禅院三门记　江西　乾道三年正月　1167　《渭南文集》17、乾隆《南昌府志》24、同治《义宁州志》31

二二三·全宋文卷四九四二·九八　　陆游　浙江　抚州广寿禅院经藏记　江西　淳熙七年十一月　1180　《渭南文集》18、雍正《浙江通志》125、同治《临川县志》11

二二三·全宋文卷四九四二·一〇二　　陆游　浙江　圆觉阁记　浙江　淳熙十年十一月　1183　《渭南文集》18、《咸淳临安志》83、《经山志》7、嘉庆《余杭县志》17

二二三·全宋文卷四九四二·一〇三　　陆游　浙江　能仁寺舍田记　　浙江　淳熙十三年五月　　　　1186　《渭南文集》18

二二三·全宋文卷四九四二·一〇五　　陆游　浙江　明州阿育王山买田记　　浙江　淳熙十六年十一月　1189　《渭南文集》19

二二三·全宋文卷四九四二·一〇六　　陆游　浙江　建宁府尊胜院佛殿记　　福建　绍熙二年六月　1191　《渭南文集》19、康熙《建宁府志》43、康熙《建安县志》8

二二三·全宋文卷四九四三·一〇九　　陆游　浙江　重修天封寺记　　浙江　绍熙三年三月　1192　《渭南文集》19

二二三·全宋文卷四九四三·一一〇　　陆游　浙江　严州重修南山报恩光孝寺记　　浙江　绍熙四年二月　1193　《渭南文集》19

二二三·全宋文卷四九四三·一一五　　陆游　浙江　法云寺观音殿记　　浙江　庆元五年七月　1199　《渭南文集》19

二二三·全宋文卷四九四三·一一七　　陆游　浙江　会稽县新建华严院记　　浙江　庆元五年八月　1199　《渭南文集》19、雍正《浙江通志》231

二二三·全宋文卷四九四四·一二四　　陆游　浙江　智者寺兴造记　　浙江　嘉泰三年十月　1203　《渭南文集》20、雍正《浙江通志》261　二二三·全宋文卷四九四四·一二八　陆游　浙江　上天竺复庵记　　浙江　开禧元年四月　1205　《渭南文集》20、《咸淳临安志》80、《名山胜概记》13、《西湖志》13、雍正《浙江通志》261

二二三·全宋文卷四九四四·一三二　　陆游　浙江　湖州常照院记　　浙江　开禧三年二月　1207　《渭南文集》21

二二三·全宋文卷四九四四·一三三　　陆游　浙江　法慈忏殿记　浙江　绍熙五年　1194　《渭南文集》21

二二三·全宋文卷四九四五·一三九　　陆游　浙江　灵秘院营造记　　浙江　嘉定元年五月　1208　《渭南文集》21

二二三·全宋文卷四九四五·一五六　　陆游　浙江　嘉定府中峰寺记　四川　？　？　嘉庆《四川通志》41

二二三·全宋文卷四九五六·三三五　　窦思永　？　　庆善寺铜僧

伽瑞像记　　浙江　隆兴二年九月　1164　《海昌备志》12、乾隆《海宁州志》6

二二三·全宋文卷四九五六·三四六　　曾逮　河南　诏复能仁寺记　浙江　乾道七年　　1171　永乐《乐清县志》5、乾隆《广雁荡山志》3、民国《乐清县志》15

二二三·全宋文卷四九五七·三四八　　黄希　江西　白土寺普惠大师碑记　江西　隆兴二年　　1164　同治《宜黄县志》45 之 2

二二四·全宋文卷四九六一·五　姜特立　浙江　琅山长生库记　江苏　？　？　《梅山续稿》附录

二二四·全宋文卷四九六一·九　周必正　江西　高丽寺札付碑阴记　浙江　？　？　《两浙金石志》10

二二四·全宋文卷四九六三·四四　　范处义　浙江　兴教院记　浙江　嘉泰二年　　1202　光绪《兰溪县志》3

二二四·全宋文卷四九八四·三九〇　　范成大　江苏　成都古寺名笔记　四川　淳熙时期　？　　《全蜀艺文志》42《范成大遗著辑存》第 159 页　　二二五·全宋文卷四九九三·一一三　祝禹圭　浙江　湘山法堂记　广西　乾道七年　　1171　《湘山事状全集》9

二二五·全宋文卷五〇〇〇·二三六　　尤袤　江苏　报恩光孝寺僧堂记　浙江　淳熙六年　　1179　《梁溪文稿》文钞、《嘉定赤城志》27、民国《临海县志》35

二二五·全宋文卷五〇〇一·二四三　　尤袤　江苏　轮藏记　浙江　淳熙八年　　1181　《梁溪遗稿》文钞、《咸淳临安志》5

二二五·全宋文卷五〇〇一·二四五　　尤袤　江苏　定业院新铸铜钟记　浙江　淳熙四年－六年　　？　　《梁溪遗稿》文钞补编

二二五·全宋文卷五〇〇一·二四六　　尤袤　江苏　雪巢记　浙江　淳熙时期　？　　《梁溪文稿》文钞、《赤城集》15

二二五·全宋文卷五〇〇八·三五一　　熊克　福建　镇江重建罗汉寺记　江苏　乾道五年　　1169　《至顺镇江志》9

二二五·全宋文卷五〇一二·四二一　　彭椿年　浙江　黄岩兴善寺记　浙江　淳熙三年十月　1176　光绪《黄岩县志》37

二三〇	全宋文卷五一二九·三六三	周必大	江西	先太师潭州益阳县清修寺留题记	湖南	绍熙四年 1193 《省斋文稿》19、《益公题跋》12
二三一	全宋文卷五一四九·二三二	周必大	江西	新复报恩善生院记	江西	淳熙元年十二月十一日 1174 《省斋文稿》40
二三一	全宋文卷五一五一·二七二	周必大	江西	庐山圆通寺佛殿记	江西	庆元六年 1200 《平园续稿》40
二三一	全宋文卷五一五一·二七三	周必大	江西	汀州定光庵记	福建	嘉泰三年十月 1203 《平园续稿》40
二三九	全宋文卷五三五〇·二八四	杨万里	江西	石泉寺经藏记	江西	淳熙三年 1176 《诚斋集》72
二三九	全宋文卷五三五〇·二八五	杨万里	江西	长庆寺十八罗汉记	江西	淳熙三年四年间 ? 《诚斋集》72
二三九	全宋文卷五三五〇·二八九	杨万里	江西	兴崇院经藏记	江西	淳熙六年十月 1179 《诚斋集》72、《永乐大典》13453
二三九	全宋文卷五三五四·三四九	杨万里	江西	永新重建宝峰寺记	江西	庆元五年 1199 《诚斋集》76
二四一	全宋文卷五三八二·六三	李大正	福建	宝界寺景贤堂记	江西	? ? 同治《南安府志》20
二四一	全宋文卷五三八五·一二一	李洪	江苏	盐官县南福严禅院记	浙江	乾道三年十月十日 1167 《芸庵类稿》6、《海昌备志》12、民国《海宁州志稿》19
二四一	全宋文卷五三八五·一二三	李洪	江苏	隆恩庵记	浙江	乾道四年五月晦日 1168 《芸庵类稿》6
二四二	全宋文卷五四一〇·一四七	苏谔	四川	净土禅寺新塑罗汉记	浙江	乾道六年 1170 《敬乡录》7、《金华文征》5
二五四	全宋文卷五七〇三·一〇八	张孝祥	安徽	隐静修造记	安徽	绍兴二十五年 1155 《于湖居士文集》13
二五四	全宋文卷五七一五·二七五	娄机	浙江	东塔置田度		

僧记　浙江　嘉泰四年　　　1204　《至元嘉禾志》《嘉禾金石志》22、光绪《嘉兴府志》18

二五四·全宋文卷五七一五·二七七　　娄机　浙江　兴圣禅院记　浙江　嘉定二年　　　1209　《至元嘉禾志》18、《嘉禾金石志》18、万历《秀水县志》9

二五四·全宋文卷五七一六·二九七　　蒲舜举　?　广化寺记　甘肃　乾道九年八月　1173　光绪《甘肃新通志》92、《陇右金石志》4、乾隆《成县新志》4

二五四·全宋文卷五七一六·三○七　　丁可　浙江　福田庄记　浙江　?　　?　　《嘉定赤城志》28、《三台文献录》4、《天台山方外志》11、20

二五四·全宋文卷五七一九·三五○　　罗颂　安徽　古岩经藏记　安徽　淳熙十年十一月　1183　《罗鄂州遗文》《溧川足征录》

二五四·全宋文卷五七一九·三五三　　罗颂　安徽　江祈院记　安徽　乾道时期　　?　《罗鄂州遗文》

二五八·全宋文卷五八○○·一四四　　李泳　?　般若会善知识祠记　浙江　淳熙二年六月　1175　《两浙金石志》9、《阿育王山志》7、乾隆《鄞县志》23、《八琼室金石补正》115

二五八·全宋文卷五八○一·一四六　　李时习　江苏　三塔白龙潭记　浙江　淳熙元年十月　1174　《至元嘉禾志》22、雍正《浙江通志》219、光绪《嘉兴府志》10

二五八·全宋文卷五八○二·一七○　　姜如晦　?　金绳禅院增广常住田记　四川　淳熙时期　　?　《成都文类》41

二五八·全宋文卷五八○二·一七一　　姜如晦　?　金绳院五百罗汉记　四川　淳熙五年　　　1178　《全蜀艺文志》38、《宋代蜀文辑存》97

二五八·全宋文卷五八○三·一七六　　李长庚　湖南　新建龙回寺碑　湖南　乾道九年六月　1173　同治《永州府志》18下、嘉庆《隆回县志》9

二五九·全宋文卷五八二二·五六　　周孚　山东　焦山普济禅

307

院僧堂记　　　江苏　　淳熙元年？　　　1174　　《蠹斋铅刀编》23

　　　二五九·全宋文卷五八二二·六〇　　周孚　山东　金山重建南水陆堂记　　　江苏　　淳熙元年四月十日　　1174　　《蠹斋铅刀编》24

　　　二五九·全宋文卷五八二二·六一　　周孚　山东　建康府句容县圆寂寺记　　　江苏　？　？　《蠹斋铅刀编》24、《句容金石记》5

　　　二五九·全宋文卷五八二二·六三　　周孚　山东　蒙庵记？？　？　《蠹斋铅刀编》24

　　　二五九·全宋文卷五八三六·三一二　　罗愿　安徽　徽州城阳院五轮藏记　　　安徽　　淳熙二年四月十五　1175　《罗鄂州小集》3

　　　二五九·全宋文卷五八三九·三六四　　林亦之　　福建　游罗汉院记　　　江苏　？　？　《纲山集》8

　　　二六〇·全宋文卷五八四三·四四　　鲍义叔　浙江　真如宝塔记　浙江　庆元时期　　？　《至元嘉禾志》22、万历《秀水县志》9、《古今图书集成》神异典123

　　　二六〇·全宋文卷五八四三·四五　　鲍义叔　浙江　东塔广福教院记　浙江　庆元时期　？　《至元嘉禾志》22、光绪《嘉兴府志》18

　　　二六五·全宋文卷五九六八·二二　　楼钥　浙江　雪窦山锦镜记　　　浙江　　淳熙十二年　　1185　《攻愧集》57、《延祐四明志》18

　　　二六五·全宋文卷五九六八·二五　　楼钥　浙江　天童山千佛阁记　浙江　？　？《攻愧集》57、《天童寺志》2

　　　二六五·全宋文卷五九六九·二八　　楼钥　浙江　安岩华严院记　　？　？《攻愧集》57

　　　二六五·全宋文卷五九六九·三〇　　楼钥　浙江　径山兴圣万寿禅寺记　　　浙江　？　？《攻愧集》57、《径山志》7、嘉庆《余杭县志》15、民国《杭州府志》38

　　　二六五·全宋文卷五九六九·三三　　楼钥　浙江　江州普照院记　江西　？　？《攻愧集》57

　　　二六五·全宋文卷五九六九·三四　　楼钥　浙江　魏塘大圣塔

记 浙江 ？ ？ 《攻愧集》57

二六五·全宋文卷五九六九·三五 楼钥 仰山太平兴国禅寺记 江西 ？ ？《攻愧集》57

二六五·全宋文卷五九七〇·五四 楼钥 汪氏报本庵记 浙江 ？ ？ 《攻愧集》60

二六五·全宋文卷五九七〇·五六 楼钥 长汀庵记 浙江 ？ ？ 《攻愧集》60

二六五·全宋文卷五九七一·六五 楼钥 上天竺讲寺十六观堂记 浙江 嘉定元年 1208 《咸淳临安志》80、《上天竺讲寺志》7

二六五·全宋文卷五九七一·六七 楼钥 昌国州超果寺记 浙江 绍熙三年 1192 《大德昌国州图志》7

二六八·全宋文卷六〇六一·三五五 龚颐正 安徽 绍兴中提举徐谊给寿宁万岁院常平田记 江苏 绍熙三年 1192 《吴都文粹》7

二六八·全宋文卷六〇六五·四三四 王信 浙江 华严阁记 浙江 淳熙十三年 1186 《咸淳临安志》80、《淳祐临安志辑逸》2、《西湖志》13

二六九·全宋文卷六〇七四·一二三 崔敦礼 江苏 地藏经文变相图记 ？ 隆兴元年后 ？ 《宫教集》6

二六九·全宋文卷六〇七四·一二四 崔敦礼 江苏 建康府溧阳县报恩寺度僧田记 江苏 淳熙三年十一月二十五日 1176 《宫教集》6

二六九·全宋文卷六〇七四·一二五 崔敦礼 江苏 海虞山宝严寺田记 江苏 ？ ？ 《宫教集》6

二七二·全宋文卷六一五八·二九四 沈焕 浙江 净慈寺记 浙江 绍熙元年八月 1190 《定川遗书》1、《四明文献考》第300页、《四明续志》11、光绪《奉化县志》15

二七二·全宋文卷六一五八·三〇三 许尚 上海 广化漏泽院记 上海 淳熙六年正月 1179 康熙《松江府志》26

二七二·全宋文卷六一六〇·三三一 毛士龙 ？ 东塔院记

浙江　淳熙六年十月　1179　永乐《乐清县志》5

二七二·全宋文卷六一六〇·三三二　毛士龙？　　西塔院记　浙江　淳熙时期　　？　永乐《乐清县志》5

二七二·全宋文卷六一六一·三五八　王正德　江苏　昭觉寺无量寿佛殿记　四川　淳熙七年？　1180　《成都文类》41

二七三·全宋文卷六一八三·三五三　王希吕　安徽　普向院记　浙江　乾道八年　1172　《咸淳临安志》79、《西湖志》12

二七三·全宋文卷六一八三·三五五　王希吕　安徽　精严禅寺记　浙江　淳熙六年　1179　《至元嘉禾志》18、雍正《浙江通志》228

二七四·全宋文卷六二一〇·三七一　袁说友　福建　陈氏舍田道场山记　浙江　淳熙十三年　1186　《东塘集》18

二七四·全宋文卷六二一三·四二七　陈祖仁　四川　宝梵寺碑　四川　淳熙十一年十一月　1184　《金石苑》、道光《蓬溪志》5、《宋代蜀文辑存》72

二七六·全宋文卷六二六三·四二七　郑舜卿　福建　修永福寺记　湖南　淳熙七年三月望日　1180　《九疑山志》3、隆庆《永州府志》17、《古今图书集成》山川典170、光绪《宁远县志》2

二七七·全宋文卷六二六九·一〇一　张布　浙江　台州净安禅院兴建记　浙江　淳熙十四年五月　1187　《台州金石录》7

二七七·全宋文卷六二八六·三八六　曾丰　江西　光孝寺重修笔授轩记　广东　淳熙十四年　1187　《缘督集》18

二七八·全宋文卷六二八七·一　曾丰　江西　重建华严寺记　福建　绍熙二年　1191　《缘督集》19

二七八·全宋文卷六二八七·三　曾丰　江西　福庆寺始末记　江西　绍熙二年　1191　《缘督集》19

二七八·全宋文卷六二八七·五　曾丰　江西　重兴院记　江西？　？　？　《缘督集》19

二七八·全宋文卷六二八七·一四　曾丰　江西　隆山寺轮藏记　江西　淳熙五年？　1178　《缘督集》19

二七八·全宋文卷六二八八·一七　　　曾丰　　江西　　南曹山集善禅院轮藏记　　江西　淳熙五年？　　1178　《缘督集》20

二七八·全宋文卷六二八八·二二　　　曾丰　　江西　　圆觉庵记　？　庆元时期　？　《缘督集》21

二七八·全宋文卷六二八九·三六　　　曾丰　　江西　　丰乐寺藏记　江西　嘉泰二年　1202　《缘督集》22

二七八·全宋文卷六三一一·三七四　　游九言　福建　　能仁寺佛殿记　江苏　庆元三年　　1197　《至大金陵新志》11下

二七九·全宋文卷六三一七·七五　　　刘光祖　四川　　大雄寺记　四川　庆元五年　　1199　乾隆《中江县志》4、民国《简阳县志·诗文存》5、《宋代蜀文辑存》70

二八〇·全宋文卷六三四三·六二　　　陈亮　　浙江　　普明寺置田记　浙江　？　？　《陈亮集》25

二八〇·全宋文卷六三四三·六三　　　陈亮　　浙江　　普明寺长生谷记　浙江　？　？　《陈亮集》25

二八〇·全宋文卷六三四三·六六　　　陈亮　　浙江　　北山普济院记　浙江　？　？　《陈亮集》25、雍正《浙江通志》261

二八二·全宋文卷六三九五·一三七　　赵恺　孝宗子　供舍利金塔记　浙江　淳熙二年闰九月　1175　《阿育王山志》3

二八二·全宋文卷六三九九·一九二　　何澹　　浙江　　崇因荐福禅院金光明阁记　浙江　淳熙十六年七月一日　1189　光绪《龙泉县志》12

二八二·全宋文卷六三九九·一九三　　何澹　　浙江　　灵芝崇福寺记　浙江　绍熙二年后　？　雍正《西湖志》10、《咸淳临安志》79

二八二·全宋文卷六四〇六·三一六　　倪思　　浙江　　重建净相院佛殿记　浙江　绍熙二年二月　1191　《咸淳临安志》78、《西湖志》10

二八二·全宋文卷六四〇九·三六二　　魏鲸　　？　　　福津县广严院记　甘肃　淳熙十五年八月　1184　《陇右金石录》4、同治《武阶备志》17、光绪《甘肃新通志》92

311

二八二·全宋文卷六四一一·三九三　　杨楫　福建　重建灵峰寺记　福建　？　？　　嘉庆《福鼎县志》8

二八三·全宋文卷六四一三·六　　俞烈　浙江　环翠阁记　浙江嘉泰时期　？　　《咸淳临安志》83

二八三·全宋文卷六四一三·二〇　　张寅　甘肃　万寿山观音祠记　甘肃　庆元五年六月　1199　《陇右金石志》4、《甘肃新通志》30

二八四·全宋文卷六四三九·四　杜旟　浙江　昭化寺记　浙江淳祐三年七月　1243　《癖斋下集》附、《金华文征》5、雍正《浙江通志》232

二八四·全宋文卷六四四〇·二八　　刘褒　福建　兴教寺记　浙江　？　？　　乾隆《鄞县志》25

二八四·全宋文卷六四五九·三七一　　李元信　四川　惠寂院记　四川　？　？　　光绪《铜梁县志》13、《宋代蜀文辑存》73

二八四·全宋文卷六四六〇·三八六　　杨亢　四川　显严院修创记　浙江　庆元五年八月　1199　《临安志辑逸》5

二八四·全宋文卷六四六〇·三九二　　杨汝明　四川　双溪化城接待寺记　浙江　？　？　　《径山志》7、《宋代蜀文辑存》79

二八四·全宋文卷六四六一·四〇六　　黄由　江苏　普光教院记略　上海　绍熙中？　　嘉庆《松江府志》76

二八六·全宋文卷六四九二·六四　　叶适　浙江　白石净慧院经藏记　浙江　淳熙八年十一月　1181　《水心文集》9、民国《乐清县志》15

二八六·全宋文卷六四九三·八三　　叶适　浙江　温州开元寺千佛阁记　浙江　嘉定元年九月　1208　《水心文集》9

二八六·全宋文卷六四九三·八四　　叶适　浙江　宿觉庵记　浙江　嘉定二年二月　1209　《水心文集》9

二八七·全宋文卷六五二一·一八〇　　蔡开　浙江　崇福寺经藏记　浙江　庆元三年十一月　1197　《至元嘉禾志》27、万历《崇德县志》8、嘉庆《石门县志》9、《嘉禾金石志》26

二八七·全宋文卷六五二二·二一八　　　商逸卿　浙江　　真如教院华严阁记　浙江　　嘉定五年八月　1212　《至元嘉禾志》22、光绪《嘉兴府志》18

二八九·全宋文卷六五六三·六　　周甫　　江苏　　吴塘接待院庄田记　江苏　　庆元五年四月　1199　《重修琴川志》13、康熙《常熟县志》13、《海虞文征》8

二八九·全宋文卷六五六三·七　　周甫　　江苏　　胜法寺佛像记　江苏　嘉泰元年正月　1201　《重修琴川县志》13、《海虞文征》14

二八九·全宋文卷六五六九·一〇七　　赵汝谈　浙江　　保寿院记　浙江　端平三年　　　1236　《咸淳临安志》77、《西湖志》11、民国《平阳县志》80

二九〇·全宋文卷六五九一·九　　孙应时　浙江　　慈溪定香复教院记　浙江　绍熙二年正月　1191　《烛湖集》9

二九〇·全宋文卷六五九一·九二　　　孙应时　浙江　　福昌院藏殿记　　浙江　庆元二年二月　1196　《烛湖集》9、光绪《余姚县志》11

二九〇·全宋文卷六五九一·九三　　　孙应时　浙江　　法性寺记　浙江　嘉泰时期　　？　　　《烛湖集》9、光绪《余姚县志》11

二九〇·全宋文卷六五九一·九四　　　孙应时　浙江　　泰州石庄明僖禅院记　江苏　？　　　？　　　《烛湖集》9

二九〇·全宋文卷六五九八·二一六　　　邹非熊　江西　　太和院塔记　江西　绍熙三年　　　1192　同治《宜黄县志》45

二九〇·全宋文卷六五九八·二一六　　　邹非熊　江西　　龙泉院新塑佛像记　江西　嘉泰三年　　　1203　同治《宜黄县志》45

二九〇·全宋文卷六五九八·二二九　　　吴柔胜　安徽　　正觉寺记　江苏　？　　？　　　光绪《高淳县志》14

二九三·全宋文卷六六七七·二六七　　　张孝扬　河南　　陵溪大佛寺石壁题名记　四川　庆元四年七月　1198　道光《蓬溪县志》6

二九三·全宋文卷六六八二·三四三　　　章光大　？　　无垢院记　浙江　庆元六年　　　1200　光绪《兰溪县志》3、雍正《浙江通志》232

二九三·全宋文卷六六八二·三四八　　　戴燧　浙江　　迁释迦像记

313

浙江　嘉泰三年　　　1203　《咸淳临安志》84

二九四·全宋文卷六六九八·二〇五　　郑佺　？　　乾明寺古殿记　江苏　庆元时期　　？　　《江苏通志稿》金石13

二九四·全宋文卷六七〇一·二五九　　钟离熹　江苏　宝积莲社画壁记后记　浙江　庆元五年十月　1199　《乐邦文集》3

二九四·全宋文卷六七〇六·三四九　　苏仁弼　广西　法座圆成赞并记　广西　庆元六年七月　1200　光绪《临桂县志》9、嘉庆《广西通志》224、《广西石刻》上

二九六·全宋文卷六七四四·一一〇　　朱著　福建　太和院续建塔记　江西　嘉定三年春　　1210　同治《宜黄县志》45

二九六·全宋文卷六七五二·二五二　　白玉蟾　海南　福海院记　江西　嘉泰后　？　　同治《德化县志》13、同治《九江府志》49、民国《庐山志》10

二九六·全宋文卷六七六〇·三七一　　王补之　河南　惠寂院观音记　浙江　庆元三年　　　1197　《至元嘉禾志》22、嘉庆《嘉兴县志》9、光绪《嘉兴府志》18

二九七·全宋文卷六七六一·一六　　萧寔　？　　结界记　浙江　嘉泰元年　　　1201　《敬止录》30、同治《鄞县志》67

二九八·全宋文卷六七九三·一二三　　程珌　安徽　富昨寺记　浙江　庆元后？　《洺水集》11

二九八·全宋文卷六七九三·一二四　　程珌　安徽　齐祈寺释迦大殿记　浙江　庆元后？　《洺水集》11

二九八·全宋文卷六七九三·一二六　　程珌　安徽　重建方兴寺记　？　？　？　《洺水集》11

二九八·全宋文卷六七九三·一二七　　程珌　安徽　歙县黄坑院记　安徽　？　？　《洺水集》11、《歙县金石志》2

二九八·全宋文卷六七九三·一二七　　程珌　安徽　饶州明教禅寺重建应真阁记　江西　？　？　《洺水集》11

二九八·全宋文卷六七九三·一二九　　程珌　安徽　净慈山重建报恩光孝禅寺记　浙江　？　？　《洺水集》11、《咸淳临安志》

78、《西湖志》10、《敕建净慈寺志》2

二九八·全宋文卷六七九三·一三一　　程珌　安徽　临安府五丈观音胜相寺记　浙江　绍定二年　　1229　《洺水集》11、《淳祐临安志辑佚》5、《咸淳临安志》77、《武林梵志》2

二九八·全宋文卷六七九三·一三四　　程珌　安徽　重建福全禅院记　浙江　嘉定十六年　　1223　《咸淳临安志》82、《西湖志》11

三〇〇·全宋文卷六八四二·九七　　刘宰　江苏　京口正平山平等寺记　江苏　？　？　《漫堂集》21、《至顺镇江志》9

三〇〇·全宋文卷六八四三·一〇二　　刘宰　江苏　重建龙泉布金寺记　江苏　？　？　《漫堂集》21

三〇〇·全宋文卷六八四三·一〇六　　刘宰　江苏　慈云寺兴造记　江苏　开禧后？　《漫堂集》21、《至顺镇江志》9

三〇〇·全宋文卷六八四六·一五五　　刘宰　江苏　庄氏赡坟田记　？　端平元年　　1234　《漫堂集》23

三〇〇·全宋文卷六八四六·一五六　　刘宰　江苏　白云精舍记　？　？　？　《漫堂集》23

三〇一·全宋文卷六八六一·一〇　　苏林　四川　栖真教院记　浙江　？　？　光绪《兰溪县志》3

三〇一·全宋文卷六八六三·四八　　林时发　福建　散陂寺碑记　河南　开禧三年　　1207　乾隆《罗山县志》8

三〇一·全宋文卷六八七〇·一六五　　度正　重庆　华藏义冢记　重庆　淳熙十五年　　1188　《性善堂稿》11

三〇一·全宋文卷六八七三·二〇八　　张虑　浙江　补陀院记　浙江　绍定二年正月　　1229　天顺《宁波郡志》9、光绪《慈溪县志》41

三〇一·全宋文卷六八七八·二九二　　赵康年　四川　重新龙怀梵刹砌路记　四川　嘉定九年闰七月　　1216　民国《中江县志》16、《宋代蜀文辑存》93

三〇一·全宋文卷六八七八·二九四　　钱德谦　福建　静明寺记　江苏　嘉定元年正月　1208　《至顺镇江志》9

三〇一·全宋文卷六八七九·三二三　　王日益　？　白云庵记

浙江　？　？　　　　《咸淳临安志》26

三〇一·全宋文卷六八八一·三四九　　李心传　四川　崇福院记　浙江　嘉定时期　？　　　《咸淳临安志》77、《西湖志》11

三〇一·全宋文卷六八八一·三五〇　　李心传　四川　安吉州乌程县南林报国寺记　　浙江　端平元年八月　1234　《两浙金石志》11、《南宋文录录》12、《南浔石刻文考》《宋代蜀文辑存》77

三〇二·全宋文卷六九一二·四二四　　张方　四川　梵业院重建佛殿记　四川　嘉定十年八月　1217　咸丰《资阳县志》47、光绪《梓州志》27、《宋代蜀文辑存》77

三〇三·全宋文卷六九一三·一六　　黄公振　福建　福源寺田记　江苏　嘉定十二年二月　　1219　民国《吴县志》36上

三〇三·全宋文卷六九三〇·三七一　　许应龙　福建　嘉兴县重建永昌院记　　浙江　宝祐二年　　1254　光绪《嘉兴县志》9

三〇三·全宋文卷六九三三·四一四　　幸元龙　江西　灵山寺刘屯田员外郎祠堂记　　江西　嘉定二年四月　1209　《松垣文集》3

三〇三·全宋文卷六九三三·四一六　　幸元龙　江西　净慈寺屯田刘公凝之祠堂记　　江西　嘉定三年七月　1210　《松垣文集》3、《三刘家集》附录、雍正《江西通志》126

三〇三·全宋文卷六九三三·四二六　　幸元龙　江西　奉新县延恩寺记　江西　绍定元年　　1228　《松垣文集》5

三〇三·全宋文卷六九三三·四二八　　幸元龙　江西　奉新宝云寺上善堂记　　江西　绍定五年　　1232　《松垣文集》5

三〇三·全宋文卷六九三三·四二八　　幸元龙　江西　高安灵山寺记　江西　开禧元年二月　1205　《松垣文集》5

三〇三·全宋文卷六九三四·四三一　　幸元龙　江西　白云山超果寺记　江西　嘉定四年九月　1211　《松垣文集》5、雍正《江西通志》126　三〇三·全宋文卷六九三四·四三二　幸元龙　江西　超果寺水石记　江西　嘉定四年春　　1211　《松垣文集》5

三〇三·全宋文卷六九三四·四三四　　幸元龙　江西　惠灯寺云版记　？　？　？　　　《松垣文集》5

附录二：《全宋文》所收文人寺记信息总集

三〇三·全宋文卷六九三四·四三四　　幸元龙 江西　新昌县天宝乡宝盖院轮藏记　　江西　？　　？　　《松垣文集》6

三〇四·全宋文卷六九四二·一四三　　林岊　福建　湘山寺钟楼记　广西　嘉定十四年五月　　1221　《湘山事状全集》9

三〇四·全宋文卷六九四四·一六八　　张侃　江苏　乾元寺诗壁记　江苏　嘉定十七年三月　　1224　《拙轩集》6

三〇四·全宋文卷六九四四·一七一　　张侃　江苏　唐隆宣大师开山记 江苏　嘉定十五年正月　　1222　《拙轩集》6

三〇四·全宋文卷六九四七·二三〇　　赵崇晖 ？　　白鹤寺记　浙江　？　　？　　永乐《乐清县志》5、雍正《浙江通志》234

三〇四·全宋文卷六九四七·二三七　　薛叶　？　　育王上塔碑记　浙江　嘉定四年？　1211　《阿育王山志》3

三〇四·全宋文卷六九四七·二四二　　吕楚老 四川　香积寺题刻　四川　嘉定七年四月初八　1214　乾隆《潼川府志》9、民国《三台县志》2

三〇六·全宋文卷六九七六·一〇　　袁䇲同 ？　　清凉寺碑　四川　嘉定五年十一月　1212　民国《中江县志》16

三〇六·全宋文卷六九七八·五一　　涂禹　？　　重修澄心寺佛殿碑记　江西　嘉定五年五月　1212　光绪《南昌文征》13

三〇七·全宋文卷七〇一一·二三六　　洪咨夔 浙江　临安真相院修造记 浙江　绍定六年正月　1233　《平斋集》9

三〇七·全宋文卷七〇一五·三〇六　　李仲光 福建　禅居寺记　福建　淳祐三年　　1255　嘉靖《建阳县志》6

三〇七·全宋文卷七〇一八·三六九　　钱时　浙江　神景寺记　？　？　？　　《蜀阜存稿》3

三〇八·全宋文卷七〇三七·二五四　　郑清之 浙江　（净慈寺）双井记 浙江　？　　？　　《咸淳临安志》78、《淳祐临安志辑逸》3、雍正《西湖志》5、《安晚堂集辑补》

三〇八·全宋文卷七〇三七·二五五　　郑清之 浙江　拨赐田产记　浙江　绍定时期　　？　　《咸淳临安志》79、雍正《西湖志》10、《安

317

晚堂集辑补》

三〇八・全宋文卷七〇三七・二六二　　郑清之　浙江　宝庆显忠寺记　　浙江　？　　？　　同治《鄞县志》6

三〇八・全宋文卷七〇三九・二八四　　黄君亮　福建　广州马氏舍田记　广东　嘉定九年　　1216　《曹溪通志》3

三〇八・全宋文卷七〇四〇・三〇六　　赵希錧　河南　龙泉寺重建法堂记　江西　嘉定十五年　　1222　同治《宜黄县志》45

三〇八・全宋文卷七〇四三・三五七　　周弼　山东　静安教寺记　上海　嘉定时期　　？　　康熙《松江府志》26

三一三・全宋文卷七一八三・四一五　　真德秀　福建　径山三塔记　浙江　？　　？　　《西山文集》25

三一五・全宋文卷七二一一・一五　　张珽　浙江　常熟县慧日寺修造记　　江苏　嘉定十二年　　1219　康熙《常熟县志》13、《宝祐重修琴川志》13、《吴都法乘》10下之上、《吴都文粹》续集34、《海虞文征》8、光绪《苏州府志》44

三一五・全宋文卷七二一七・一三一　　吕午　安徽　休宁县方兴寺西院新建藏记　　安徽　淳祐四年六月　　1244　《竹坡类稿》2

三一五・全宋文卷七二一七・一三二　　吕午　安徽　灵山院记　安徽　嘉熙三年二月　1239　《竹坡类稿》2

三一五・全宋文卷七二一七・一三四　　吕午　安徽　清泉院记　安徽　嘉熙四年五月　1240　《竹坡类稿》2

三一五・全宋文卷七二一七・一三六　　吕午　安徽　慈竺院记　安徽　淳祐元年正月　1241　《竹坡类稿》2

三一六・全宋文卷七二五六・三七二　　吴泳　四川　径山寺记　浙江　？　　？　　《鹤林集》36、《咸淳临安志》83、《径山志》7、万历《杭州府志》100、《西天目祖山志》1

三一七・全宋文卷七二六一・二　王公振　福建　福源寺田记　江苏　嘉定十二年二月望日　1219　康熙《具区志》10

三一九・全宋文卷七三二〇・一三六　　陈耆卿　浙江　延庆院免科折记　浙江　？　　？　　《三台文献录》3、《赤诚集》13

三一九·全宋文卷七三二七·二七二　　朱舜庸　江苏　方山上定林寺之记　江苏　嘉定十三年正月　　1220　民国《江苏通志稿·金石志》15、《金陵梵刹志》10、《江宁金石记》5

三二〇·全宋文卷七三四〇·八六　　程公许　四川　兴圣寺记　浙江　淳祐十一年五月　　1251　《至元嘉禾志》18

三二〇·全宋文卷七三四〇·八九　　程公许　四川　重建开宝仁王寺记　浙江　？　　？　《咸淳临安志》76、《淳祐临安志辑逸》2、《西湖志》13、《宋代蜀文辑存》83

三二〇·全宋文卷七三六〇·三六八　　岳珂　河南　重修忠简宗公功德院碑记　江苏　嘉定十四年　　1221　光绪《丹徒县志》6、道光《京口山水志》5

三二〇·全宋文卷七三六〇·三七三　　岳珂　河南　镇江普照寺记　江苏　绍定四年　　1231　《至顺镇江志》9

三二二·全宋文卷七四〇八·三七六　　徐冲　？　保宁寺钟楼记　江苏　嘉定十六年八月　　1223　《吴都文粹》续集34、正德《姑苏志》30

三二二·全宋文卷七四一〇·四一一　　姜元鼎　？　新迁崇因院记　浙江　嘉定十六年九月　　1223　光绪《浦江县志》15

三二三·全宋文卷七四一三·二六　　高罗月　？　开元禅寺记　湖南　嘉定十六年　　1223　万历《郴州志》12

三二三·全宋文卷七四二一·一八一　　傅自得　江西　大觉寺长明灯记　江西　？　　？　《隐居通议》17

三二四·全宋文卷七四三八·三五　　袁甫　浙江　衢州光孝寺记　浙江　？　　？　《蒙斋集》12

三二四·全宋文卷七四三八·三七　　袁甫　浙江　衢州石塘桥院记　浙江　？　　？　《蒙斋集》12

三二五·全宋文卷七四七一·一九六　　黎子予　？　重修安平院记　浙江　宝庆二年六月　　1226　《淳祐临安志辑逸》6

三二五·全宋文卷七四七三·二三二　　王胄　福建　狮子庵记　广东　宝庆三年　　1227　《罗浮志》8、《罗浮山之全编》11、《古

319

今图书集成》山川典190、乾隆《博罗县志》13

三二五·全宋文卷七四七六·二八八　　祖大武　?　　广严寺记　江苏　宝庆时期　　?　　光绪《溧水县志》17、《至大金陵新志》12下

三三〇·全宋文卷七六〇三·二九六　　刘克庄　福建　云峰院重修建法堂记　　福建　淳祐时期　　?　　《后村先生大全集》91

三三〇·全宋文卷七六〇三·三〇五　　刘克庄　福建　重建九座太平院记　福建　开庆元年?　1259　《后村先生大全集》91

三三〇·全宋文卷七六〇六·三四一　　刘克庄　福建　荐福院方氏祠堂记　福建　?　?　《后村先生大全集》93、《闽中金石略》10

三三〇·全宋文卷七六〇六·三四四　　刘克庄　福建　宴云寺玉阳先生韩公祠堂记　　福建　?　　?　　《后村先生大全集》93

三三三·全宋文卷七六六一·九　　史岩之　浙江　积庆教寺碑　浙江　宝祐四年四月　1256　《越中金石记》16

三三三·全宋文卷七六七五·二五六　　徐鹿卿　江西　云封禅寺重修造记　广东　宝庆时期　　?　　《清正存稿》5

三三三·全宋文卷七六七七·二九七　　郑镗　?　　遵公舍田之记　浙江　绍定二年　1229　《续栝苍金石志》2

三三三·全宋文卷七六七八·三一四　　陈振孙　浙江　华胜寺记　浙江　嘉定四年十二月　　1211　光绪《溧水县志》22

三三三·全宋文卷七六八〇·三七九　　许棐　浙江　海盐广福永为贤首教院记　浙江　?　　?　　《献丑集》

三三四·全宋文卷七六九五·一八一　　孙德之　浙江　普济寺记　浙江　?　　?　　《太白山斋遗稿》上

三三四·全宋文卷七六九五·一八三　　孙德之　浙江　广教院重兴记　　上海　?　　?　　《太白山斋遗稿》上

三三四·全宋文卷七六九五·一八四　　孙德之　浙江　西山接待庵记　　浙江　?　　?　　《太白山斋遗稿》上

三三四·全宋文卷七六九五·一八九　　孙德之　浙江　四明杖锡四窗胜处亭记　　浙江　?　　?　　《太白山斋遗稿》上

附录二：《全宋文》所收文人寺记信息总集

三三四·全宋文卷七六九五·一九〇　　孙德之　浙江　　圆通庵记　浙江　　？　　？　　《太白山斋遗稿》上

三三四·全宋文卷七七〇九·四一二　　应㒖　浙江　　普慈寺敬实堂记　嘉熙二年五月一日　　1238　《大德昌国州图志》7

三三四·全宋文卷七七一〇·四三八　　裘由庚　江西　　云盖龙寿禅寺复田记　　江西　　绍定六年七月　1233　《金石萃编》152

三三六·全宋文卷七七三七·七　　林希逸　福建　　重建昆山县广孝寺记　　江苏　　咸淳三年　　1267　《鬳斋续集》10

三三六·全宋文卷七七三七·八　　林希逸　福建　　重建敛石寺记　福建　咸淳三年　　1267　《鬳斋续集》10

三三六·全宋文卷七七三七·一一　　林希逸　福建　　泉州重修兴福寺记　福建　咸淳五年十二月　　　1269　《鬳斋续集》10

三三六·全宋文卷七七三七·一二　　林希逸　福建　　慧通大师真身阁记　浙江　　？　　？　　《鬳斋续集》10

三三六·全宋文卷七七三八·二〇　　林希逸　福建　　重造应天寺记　　福建　咸淳五年三月　1269　《鬳斋续集》11

三三六·全宋文卷七七三八·二一　　林希逸　福建　　潮州开元寺法堂记　广东　咸淳五年六月　1269　《鬳斋续集》11

三三六·全宋文卷七七三八·二七　　林希逸　福建　　重建永隆院记　　浙江　　？　　？　　《咸淳临安志》79、《西湖志》10

三三六·全宋文卷七七三八·二八　　林希逸　福建　　寿圣禅寺记　浙江　　？　　？　　《咸淳临安志》81

三三六·全宋文卷七七三八·二九　　林希逸　福建　　西亭兰若记　上海　　景定三年九月　1262　嘉庆《松江府志》76、康熙《松江府志》26

三三七·全宋文卷七七六一·一六　　侯安石　广东　　长生库碑记　广东　？　　？　　《曹溪通志》3

三三八·全宋文卷七七八五·二一　　常棐　？　　福业院记　浙江　　端平三年九月　1236　光绪《海盐县志》7、雍正《浙江通志》228

三四〇·全宋文卷七八五八·三三七　　李曾伯　河南　　泗州普照寺重修大圣殿记　　江苏　淳祐三年十二月　　1243　《可斋续稿

321

三四一·全宋文卷七八六五·六二　　周仲虎　?　灵云寺记　浙江　淳祐时期　?　雍正《浙江通志》232

三四一·全宋文卷七八七六·二五一　　赵孟坚　浙江　德清县平阳岭兴善施水庵记　浙江　?　?　《彝斋文编》3、同治《湖州府志》53

三四一·全宋文卷七八七六·二五六　　赵孟坚　浙江　兴圣寺蔬地记　浙江　?　?　《彝斋文编》3

三四一·全宋文卷七八七七·二六二　　赵孟坚　浙江　重建慈恩塔院记　浙江　淳祐五年　1245　《至元嘉禾志》18

三四二·全宋文卷七九〇八·三五〇　　方岳　安徽　重修珠溪院记　安徽　嘉定五年　1212　《秋崖集》36

三四二·全宋文卷七九〇八·三五二　　方岳　安徽　狼山寺重建僧堂记　安徽　淳祐三年六月　1243　《秋崖集》36

三四二·全宋文卷七九〇八·三五八　　方岳　安徽　只怎么轩记　?　淳祐四年三月望日　1244　《秋崖集》36

三四三·全宋文卷七九二九·二五八　　云峰寺僧　?　李二娘捐田地碑记　广西　淳祐元年十一月　1241　《桂林石刻》上

三四三·全宋文卷七九三〇·二九三　　陈景沂　浙江　招隐寺玉蕊花记　江苏　?　?　《全芳备祖》前集6、《古今合璧事类备要》别集23

三四三·全宋文卷七九三二·三一九　　楼杙　浙江　明真讲寺记　浙江　?　?　光绪《余姚县志》11、乾隆《绍兴府志》39、《四明山志》2

三四三·全宋文卷七九三二·三二〇　　楼杙　浙江　重修灵鹫兴圣教寺记　浙江　?　?　《咸淳临安志》80、《西湖志》12、《增修云林寺志》5、《淳祐临安志辑逸》3

三四三·全宋文卷七九三二·三二一　　楼杙　浙江　白云山慈圣院圆通殿记　浙江　淳祐四年十一月　1244　《越中金石记》5、《两浙金石志》12、光绪《余姚县志》11

三四三·全宋文卷七九三七·四〇四　　徐植　？　　招提教院置田记　浙江　嘉熙四年三月　1240　《至元嘉禾志》18

三四四·全宋文卷七九五二·二三八　　高斯得　四川　钱塘南山开化寺记　浙江　？　？　　《耻堂存稿》4

三四四·全宋文卷七九五七·三三三　　黄英复　上海　莲社记　上海　淳祐十二年三月　1252　正德《松江府志》18、康熙《松江府志》26、嘉庆《松江府志》76、光绪《金山县志》8

三四五·全宋文卷七九八一·四一〇　　宋理宗　河南　天竺广大灵感观音殿记　浙江　宝祐二年　1254　《咸淳临安志》42、《西湖志》13

三四六·全宋文卷七九八五·五〇　　吴文震　广东　重修光孝寺佛殿记　广东？　？　　《广东文征》55

三四六·全宋文卷七九八七·九四　　谢图南　福建　重修资福寺罗汉阁记　广东　淳祐六年　1246　民国《东莞县志》90

三四六·全宋文卷七九八九·一二四　　冯梦得　福建　演福禅寺记　浙江　咸淳六年　1270　《咸淳临安志》11

三四六·全宋文卷七九九四·二〇四　　车若水　浙江　塔灯记　浙江　？　？　　《赤诚后集》9、《三台文献录》4

三四六·全宋文卷七九九五·二一五　　杜去轻　浙江　兴教寺祭田记　浙江　淳祐八年二月　1248　《癖斋小集》附录、光绪《兰溪县志》3

三四六·全宋文卷七九九五·二一六　　杜去轻　浙江　建法堂记　浙江　淳祐十年七月　1250　光绪《慈溪县志》3

三四六·全宋文卷七九九五·二一七　　杜去轻　浙江　时思庵记　浙江　？　？　　光绪《慈溪县志》3

三四七·全宋文卷八〇一七·一〇四　　欧阳守道　江西　袁州慈化院刻漏记　江西　？　？　　《巽斋文集》15

三四七·全宋文卷八〇一八·一一九　　欧阳守道　江西　螺山灵泉院记　江西　宝祐四年　1256　《巽斋文集》17、民国《吉安县志》7

三四七·全宋文卷八〇一八·一二〇　　欧阳守道　江西　圆通

阁记　江西　？　　？　　　《巽斋文集》17

　　三四七・全宋文卷八〇一八・一二七　　欧阳守道　江西　龙须山旃檀林记　　江西　景定三年春　1262　《巽斋文集》17

　　三四七・全宋文卷八〇二一・一七二　　蔡廷玉　湖北　崇胜寺钟铭记　　湖南　咸淳九年　　1273　《八琼室金石补正》121、光绪《湖南通志》283

　　三四七・全宋文卷八〇二七・二八三　　吴璸　？　禅林寺记　江苏　？　　？　　光绪《高淳县志》14

　　三四八・全宋文卷八〇五一・二六五　　黄震　浙江　普宁寺修造记　　江苏　咸淳元年四月　1265　《黄氏日钞》86

　　三四八・全宋文卷八〇五一・二六八　　黄震　浙江　大禹寺记　浙江　咸淳四年五月　1268　《黄氏日钞》86

　　三四八・全宋文卷八〇五一・二七〇　　黄震　浙江　龙山寿圣寺记　　浙江　咸淳四年四月　1268　《黄氏日钞》86、《咸淳临安志》77

　　三四八・全宋文卷八〇五三・三〇六　　黄震　浙江　绍兴府重修圆通寺记　　浙江　咸淳七年二月　1271　《黄氏日钞》87

　　三四八・全宋文卷八〇五五・三四二　　黄震　浙江　宝庆院新建观音殿记　　浙江　德祐元年正月　1275　《黄氏日钞》88、成化《宁波郡志》9、雍正《慈溪县志》14

　　三四九・全宋文卷八〇七一・一八一　　家铉翁　四川　瑞云寺记　浙江　？　　？　　《则堂集》2

　　三四九・全宋文卷八〇八八・四六六　　徐闻诗　浙江　本觉禅院记　浙江　宝祐三年二月　1255　《至元嘉禾志》22

　　三四九・全宋文卷八〇八八・四七二　　李谨　湖南　重修广州净慧寺塔记后识　广东　宝祐二年二月　1254　同治《南海县志》28、光绪《广东通志》209、《广州府志》101

　　三四九・全宋文卷八〇八八・四七四　　胡应发　安徽　重修保圣寺记　　江苏　？　　？　　光绪《高淳县志》14

　　三五〇・全宋文卷八〇八九・九　陈宗礼　江西　六祖大鉴禅师殿记

324

广东　咸淳五年十一月　　　　1269　《广州府志》102、《金石苑》《八琼室金石补正》121

三五〇·全宋文卷八〇九〇·一七　　　安刘　浙江　钱塘南禅资福院创建佛殿记　　浙江　景定五年　　1264　《咸淳临安志》82、《西湖志》12　三五〇·全宋文卷八〇九〇·一八　安刘　浙江　南禅资福院施田记　　浙江　？　　？　　《咸淳临安志》82

三五〇·全宋文卷八〇九〇·一九　　　边明　江苏　重建慧聚寺大佛宝殿碑记　江苏　宝祐六年四月　1258　道光《昆新两县志》10

三五〇·全宋文卷八〇九二·五一　　　钱益　广东　重修慧云寺记　　广东　淳祐三年八月　1243　民国《东莞县志》90

三五〇·全宋文卷八〇九二·五二　　　钱益　广东　新建圆明寺记　　广东　？　　？　　民国《东莞县志》90

三五一·全宋文卷八一二二·二四一　张兹仪？　南华寺新建免丁库记　　广东　宝祐元年　　1253　《曹溪通志》3

三五二·全宋文卷八一四一·一〇六　姚勉　江西　豫章新建净社院记　江西　？　　？　　《雪坡舍人集》36

三五二·全宋文卷八一五一·二七六　周方　江西　重修兴圣寺记　　浙江　咸淳九年　　1273　《至元嘉禾志》18

三五二·全宋文卷八一五一·二八九　杜子源？　衡山澄心院舍山记　安徽　宝祐四年八月　1256　民国《安徽通志稿·金石古物考》4、《搜古汇编》62

三五二·全宋文卷八一五八·四二九　叶西庆？　绍公忌供舍田记　　浙江　宝祐六年三月　1258　《续栝苍金石志》2

三五二·全宋文卷八一五一·二八一　王乔　？　鹤鸣里清源寺仙人洞记　？　淳祐六年十一月　1246　《兰皋集》卷末、《皕宋楼藏书志》92

三五二·全宋文卷八一六〇·四六一　陈宜中　浙江　大仁院佛阁记　　浙江　淳祐时期　　？　　《咸淳临安志》78、雍正《西湖志》10

三五三·全宋文卷八一六三·二九　　舒岳祥　浙江　重建台州东

掖山白莲寺记 浙江 ? ? 《阆风集》11

三五三·全宋文卷八一六五·六六 谭应斗 江西 雁塔记 江西 ? ? 同治《乐平县志》1

三五四·全宋文卷八一八八·五八 马廷鸾 江西 净土院舍田记 ? ? ? 《碧梧玩芳集》17

三五四·全宋文卷八一八八·六六 马廷鸾 江西 披云堂记 江西 ? ? 同治《饶州府志》27、同治《乐平县志》1

三五四·全宋文卷八二〇二·三二〇 王应麟 浙江 广恩崇福寺记 浙江 淳祐时期 ? 《深宁先生文钞撼余编》1、《延祐四明志》17、《敬止录》31、成化《宁波郡志》9、雍正《慈溪县志》14

三五四·全宋文卷八二〇二·三二一 王应麟 浙江 宝庆寺记 浙江 ? ? 《深宁先生文钞撼余编》1、成化《宁波郡志》9、雍正《浙江通志》230、雍正《慈溪县志》41

三五四·全宋文卷八二〇五·三六五 王应凤 浙江 广严院重建寺记 浙江 ? ? 《咸淳临安志》76、《西湖志》13

三五四·全宋文卷八二〇九·四二七 李涛 甘肃 觉华寺记 广东 景定四年四月 1263 民国《东莞县志》90

三五五·全宋文卷八二一八·一一二 谢枋得 江西 宁庵记 福建 ? ? 《叠山集》7、《古今图书集成》学行典226

三五五·全宋文卷八二二〇·一五〇 张大圭 浙江 重修藏记 浙江 咸淳二年正月 1266 天顺《宁波郡志》9、光绪《慈溪县志》41

三五五·全宋文卷八二二一·一五七 董楷 浙江 重兴延庆寺记 上海 咸淳六年二月 1270 光绪《重修华亭县志》22

三五六·全宋文卷八二四〇·六九 朱栴 浙江 增修厚德庵记 浙江 咸淳五年三月 1269 民国《南浔志》13

三五六·全宋文卷八二四一·七五 缪君珆 江西 重修报恩光孝禅寺记 江苏 ? ? 《至顺镇江志》9

三五六·全宋文卷八二四一·七七 曾宋珍 广东 云溪寺舍田祠记 广东 咸淳五年正月 1269 民国《东莞县志》90、《广东文征》55

附录二：《全宋文》所收文人寺记信息总集

三五六・全宋文卷八二四七・一七九　　方逢振　浙江　普安寺记　浙江　？　　？　　《山房遗文》

三五六・全宋文卷八二四七・一八九　　常棽　四川　宋敕赐半塘寿圣院记　　江苏　咸淳六年七月　1270　《吴都法乘》10上之下、民国《吴县志》38

三五六・全宋文卷八二五〇・二三六　　孙矗　？　　明因寺记　浙江　咸淳六年四月　1270　雍正《浙江通志》231、《四明山志》2、光绪《上虞县志》39、光绪《上虞县志校续》42

三五六・全宋文卷八二五二・二七〇　　家之巽　四川　千顷云记　江苏　咸淳九年正月　1273　《吴都文粹》31、《吴都法乘》10上之下、道光《苏州府志》132、《重修虎丘山志》22、民国《吴县志》38、《宋代蜀文辑存》95

三五六・全宋文卷八二五三・二八八　　李春叟　广东　庆林寺陈氏舍田记　广东　？　　？　　《东莞遗民录》2、《广东文征》

三五七・全宋文卷八二八七・四一四　　赵宇夫　江西　郴州上仙寺记　江西　咸淳十年正月　　1274　万历《郴州志》12

三五七・全宋文卷八二八七・四二〇　　李居仁　？　　祇园寺记　江苏　咸淳时期　　？　　《吴都文粹续集》33、《吴都法乘》10下、《具区志》10、道光《苏州府志》41

三五八・全宋文卷八二八八・一一　　李念祖　？　　智林寺道一火莲记　江苏　咸淳十年　1274　《海虞文征》14、《虞邑遗文录》1

三五八・全宋文卷八二八九・二四　　陈奎　江西　重修石建寺碑记　江西　咸淳六年　1270　道光《东乡县志》

三五九・全宋文卷八三二〇・一八九　　文天祥　江西　道林寺衍六堂记　湖南　咸淳九年　1273　《文山全集》9

三五九・全宋文卷八三二四・二八一　　石余亨　浙江　慈圣寺耆旧舍飞泉田记　浙江　咸淳十年十月　　1274　《天台山志》20

三六〇・全宋文卷八三三八・一一三　　郑思肖　福建　十方禅刹僧

327

| 堂记 | ? | ? | ? | 《郑所南先生文集》 |

三六〇·全宋文卷八三四一·一六〇　叶谦　江西　明因教院记　浙江　?　?　光绪《兰溪县志》3